ANNOTATED TEACHER'S EDITION   LEVEL ONE

RUSSIAN
Face to Face

A Communicative Program
in Contemporary Russian

Mercy messa...
The app has
es:

D1345513

ANNOTATED TEACHER'S EDITION   **LEVEL ONE**

RUSSIAN
Face to Face

A Communicative Program
in Contemporary Russian

George W. Morris
St. Louis University High School
St. Louis, Missouri USA

Mark N. Vyatyutnev
    AND
Lilia L. Vokhmina
A. S. Pushkin Institute of the Russian Language
Moscow, Russian Federation

Project Director:
Dan E. Davidson
American Council of Teachers of Russian and
Bryn Mawr College

 National Textbook Company
NTC a division of *NTC Publishing Group* • Lincolnwood, Illinois USA

In association with the American Council of Teachers of Russian, USA, and
Russky Yazyk Publishers, Moscow, Russian Federation.

Introduction

Russian Face to Face I consists of a *Student Textbook*, a *Workbook*, audiocassettes, and this *Annotated Teacher's Edition* of the Textbook. There is also an accompanying answer key, containing answers to all the exercises.

    The primary goal of **Russian: Face to Face I** is to provide a basic knowledge of vocabulary and structures that will enable young people to communicate in Russian. At the same time, students are introduced to the history and culture of Russia.

Russian Face to Face I: Contents and Structure

The *Textbook* consists of a Pre-Lesson and twenty regular lessons of work. Every fifth lesson reviews the materials of the previous four. An Appendix is also provided. The Appendix contains a List of Common Russian Names and Diminutives; Tables of Noun, Pronoun, and Adjective Inflections and Verb Conjugations; a List of Common Classroom Expressions, and Russian-English and English-Russian Vocabularies.

The Pre-Lesson

The purpose of this preliminary lesson is to introduce the Russian alphabet and give students a basic understanding of Russian history and culture. Cognates are used in an informative context to teach the sounds and letters of the Russian alphabet.

The Regular Lessons

Each lesson (except for the review lessons) consists of four sections, organized around a common theme. In sections A, B, and C brief, but authentic, examples of real language introduce and practice new material. These are translated in the *Teacher's Edition*.

Photographs and drawings have been selected to broaden the student's understanding, and grammatical explanations and tables are provided where needed. An important element of each lesson is the brief cultural commentaries, which further develop the theme of the lesson.

    The division of each lesson into segments designated by letters of the alphabet clarifies the organization of the lesson. All the materials in a lettered segment are centered around the single function named at the beginning of that section. The grammatical structures and vocabulary introduced in that section give the student the basic tools needed to perform that specific linguistic function. The cultural material in a lettered segment teaches the student about the role of language in Russian culture.

In each regular lesson, section **D** consists of phonetic drills, special readings, an overview of the skills learned in the lesson, and a lesson glossary. Special phonetics exercises are provided for the practice of sounds and intonation patterns. However, you should always be alert to problems of intonation and pronunciation, encouraging the students to reproduce materials patterned on the tapes as exactly as possible.

Two contrasting kinds of reading materials are provided from the very beginning: texts that have been simplified for full comprehension with little or no outside assistance and fully authentic texts selected to develop the student's ability to seek out specific information, even when the text cannot be totally understood. Occasionally, readings are provided in both English and Russian to make the content more readily available to the student and to permit comparison. Each regular lesson ends with a recapping of the functions learned, together with an activity designed to help the student further integrate these communicative functions. The lesson vocabulary, in which active vocabulary items are signaled by an asterisk, gives meanings and other important information about new words.

The Review Lessons

Review lessons consist of three sections. The first, *Functions,* contains all the communicative tasks which students have learned to perform in the lessons covered. The second section, *Grammatical Forms and Vocabulary*, gives additional review and exercises for mastery. The third, *Summary Exercises*, gives the student an opportunity to use all the lesson materials in new and different situations.

The Appendix

This part contains a List of Russian Names, Tables of Russian Grammar, and comprehensive Russian-English and English-Russian Vocabularies.

The Student Workbook

Like the Textbook, the Student Workbook also consists of a Pre-lesson and twenty lessons. Materials appear in the same order as in the Textbook. The Workbook provides opportunities for additional written practice after materials have been learned orally in the classroom.

The Audio-cassettes

The audiocassettes contain all the materials indicated in the Teacher's Edition of the Textbook by the symbol ⬛ . This includes all of the introductory conversations, the phonetic exercises, some of the reading texts, and the songs presented in some of the lessons.

Russian Face to Face I: Objectives & Methods

All four skills (Listening, Speaking, Reading, and Writing) are necessary for full communicative competence. At the beginning level, much attention is given to the oral-aural skills. At the beginning of each lesson, students hear and listen to new conversations that are centered around a specific linguistic function, develop their understanding through numerous repetitions, then learn to speak them aloud with comprehension and ease. These are provided as models of real conversational patterns and need not be memorized. Students should look upon them as guides to be used in forming new conversations. Communication happens through students' use of meaningful statements and questions in their Russian conversations.

Students should be given an opportunity to understand these new materials inductively, but you should also provide explanations when they are needed. Initial responses may be incomplete or fragmented, but successful communication should be acknowledged. Textbook exercises are designed for oral practice of vocabulary and sentence patterns, but you should use only those that are needed to internalize the material.

Every teacher will use these textbook materials in a way that is somewhat different from his/her colleagues. Your background and the size and nature of the class will largely determine the methodologies that can be used successfully. The master teacher uses many different approaches in a classroom environment that is free of stress and where Russian is displayed and used extensively for real communication.

There is a place in the classroom for many different kinds of language activities. These include, but are not limited to, choral readings, total physical response activities, oral drilling of new or difficult structures, group activities, cooperative learning activities, memorization and oral performance of conversations and other materials, listening comprehension, question-answer, substitution, and translation drills. When choosing any class activities, you should consider the age, maturity, and learning styles of the individual class members.

You should keep in mind that students have individual learning styles. For example, some students learn most efficiently when materials are presented orally, while others are best served by written presentations. Some will accomplish more if they are given careful explanations of structure when new materials are first introduced, but others remember best what they have discovered for themselves. While it is impossible to fully individualize classroom instruction, it helps to remember that a variety of activities and approaches will not only keep classes more interesting, but may also make it possible to help more students learn efficiently.

The language learning experience may be heightened by the application of knowledge from many other areas. For example, the athlete's use of visualization to heighten performance in sports activities suggests that helping students to see themselves as successful in language learning may have broader implications than is usually understood. If a student spends some preparation time visualizing a successful short conversation in Russian (for example, simply greeting a stranger and learning the stranger's name), he/she will probably be able to complete that relatively small task more successfully. While such focused visualization has been used infrequently, all teachers know the value of fostering a student's feeling of achievement.

Try to foster the students' confidence in their ability to communicate in Russian. This implies reinforcing successful linguistic behavior through encouragement and praise, as well as avoidance of unnecessary correction of errors. Students do not choose to speak with grammatical inaccuracies or with poor pronunciation. As they gain confidence and skill at communicating their ideas in Russian, they will also improve their level of grammatical and phonetic correctness. Thus, it follows that performance at the novice level need not be wholly accurate to be worthwhile. Nor does the teacher need to fear that the student will necessarily develop long-lived bad speaking habits if his/her mistakes remain uncorrected. So long as an adequate number of good, correct models of real language are provided, the student will measure his/her own performance against that standard and will conform to it to the best of his/her ability.

Most students begin their study of a foreign language without any language-learning skills. In developing their own ways to learn a language, students will find it helpful to ask themselves questions such as these:

1) Do I know the best way for me to study a foreign language, or should I accept the approach in my textbook?
2) What would be the ideal way for me to learn a language?
3) When I encounter new materials, do I try to get the general idea first?
4) Do I ask for additional information when I don't understand?
5) Do I want to know basic words in English before I listen to or read a text?
6) Do I study facial expressions and gestures when I don't understand?
7) Does it help me to hear a text repeated?

8) Do I connect new information and meanings with associated material?

9) Do I try to anticipate what is next based upon what has already occurred?

10) Can I remember phrases and words that I don't really understand?

11) Do I group vocabulary words to make them easier to remember?

12) Do I understand and memorize rules before using the language to communicate, or is it best for me to learn to speak before learning grammar?

13) Do I ask about the structure of a new phrase?

14) Do I analyze the structure of expressions that I know and use?

15) Do I ask for an explanation when something doesn't follow the rules?

16) Do I mentally repeat everything said in class?

17) Do I mentally try to answer questions addressed to others during class?

18) Do I hold conversations with myself in Russian?

19) Do I ask for help expressing my thoughts when I'm not sure how to?

20) Do I try to express myself differently when someone fails to understand?

21) Do I reuse expressions learned in class, or do I have to construct them anew every time I need them?

22) Do I think of what I want to say in English and then translate it into Russian?

23) Do I use gestures when I have trouble expressing myself?

24) Do I sometimes remain silent to avoid making a mistake in speaking?

25) Do I correct myself when I make a mistake?

You should use these questions from time to time in helping groups and individual students develop approaches to language learning. We suggest using them as tools for self-discovery, but you may wish to rephrase them as rules for study.

Russian Face to Face I: Comments on Russian Phonetics

These comments on Russian pronunciation and intonation are provided for reference, since many teachers will not have another source for checking the basic facts of Russian phonetics. At some point, it may be helpful to reproduce the table of hard and soft sounds for your students. A table of voiced and unvoiced consonant pairs may also prove helpful.

The intonation constructions may be completely unfamiliar to some students. The descriptions we have given will help you to listen more successfully for inaccuracies in students' sentence intonation and will help you provide them with explanations when they have difficulty hearing changes in relative pitch.

I. Stressed vowels.

There are substantial differences in the phonetics systems of Russian and English. These differences require that the student pay careful attention to developing good pronunciation habits in Russian.

There are ten vowel letters in Russian, paired in writing according to whether they occur after soft or hard consonants. Exceptions occur only when certain spelling rules are applied. The vowel ы is pronounced somewhat farther back in the mouth than is и, but each of the remaining pairs represents the same vowel sound when stressed.

| "hard" vowels | а | э | ы | о | у |
| "soft" vowels | я | е | и | ё | ю |

Vowels are pronounced without force and combine with consonants smoothly. Stressed vowels are relatively short in Russian, but are longer and more vigorously pronounced than unstressed vowels. The following observations may help the teacher, but most learning of pronunciation will occur through modeling and imitation.

The stressed vowel а is an open back vowel, pronounced without labialization.

The vowels о and у are pronounced with the lips more rounded and tense than when pronouncing similar English vowels. The Russian у is pronounced with the lips slightly less rounded than when о is pronounced.

The vowel и is pronounced with the mouth only slightly open and with the center of the tongue raised toward the hard palate. The sides of the tongue are pressed against the side teeth. The tip of the tongue presses against the lower front teeth, and the lips are extended backwards.

The vowel ы does not exist in English. It is a high-middle vowel, pronounced without labialization. It is articulated in much the same way as is у, but with the corners of the mouth drawn backwards. This vowel sound is encountered only after hard consonants.

The stressed vowel е is pronounced as a mid-front vowel, unlabialized.

X

Care must be taken to avoid the pronunciation of Russian vowels like long vowels in English. Long vowels tend to become diphthongs, which do not exist in correct Russian pronunciation.

II. Unstressed vowels.

In Russian, a stressed syllable is both longer and more tense than unstressed syllables. Unstressed syllables undergo both a qualitative and a quantitative reduction. There are two stages of reduction:

The first stage of reduction is that of the first unaccented syllable before the stressed syllable, the initial syllable, or the final syllable of a word. The second stage of reduction is that of the second, third, or fourth syllable before the stressed syllable or any syllable after the word stress.

In the first stage of reduction, the vowels **a** and **o** are pronounced very much like the English vowel **u** in the words "bus" and "Sunday," though with less tension and less careful articulation.

The unstressed vowels **a** and **o** at the second stage of reduction are only half as long as when stressed. This sound is similar to the sound of the vowel in the final syllable of the words "better" and "master."

The unstressed vowel **э** is pronounced like **ы** in the first stage of reduction and like the final syllable of the words "better" and "master" in other positions.

The vowels **е**, **а**, and **я** are pronounced like **и** after soft consonants in all unstressed syllables.

Speakers of English must take care to pronounce only one stressed syllable in a non-compound word. Qualitative reduction of vowels also requires careful training. English speakers must also avoid pronouncing the final unaccented syllable of a word more strongly than the previous one.

III. Russian consonants.

The Russian consonantal system contains voiced and voiceless pairs. Most consonants also have hard (unpalatalized) and soft (palatalized) counterparts.

Palatalization is the process by which the articulation of a consonant is modified somewhat by flattening the center of the tongue along the hard palate. Palatalization is a significant element and is used to distinguish between words such as у́гол/у́голь, был/бил, ест/есть.

The consonants ж, ш, and ц are always hard, while the consonants ч, щ and й are always soft. These consonants do not have counterparts.

Russian speakers palatalize consonants throughout the length of the sound. Students find it most difficult to pronounce these soft consonants correctly when they occur at the end of a word or immediately before a hard consonant. They also have difficulty producing alternating hard and soft consonants in a word.

Six Russian consonant letters (and their soft variants) are paired according to voicing. Some consonants are not paired, as indicated in the table below.

voiced	б	в	г	д	ж	з	л	м	н	р	й
unvoiced	п	ф	к	т	ш	с	х	ц	ч	щ	

Voicing is the only way of differentiating between some Russian words. In Russian, voiced consonants are fully voiced. This means that the vocal cords vibrate throughout the sounding of the consonant. In English, voiced consonants begin as unvoiced consonants and only end with true voicing. English speakers typically fail to voice a consonant before a voiced consonant or to devoice before an unvoiced consonant within a word or phrase.

As with vowels, modeling and imitation of correct pronunciation is the best way to develop good speaking habits. The following notes may help the teacher deal with specific problems that arise.

The Russian consonants н, д, т, с, з, and л are not pronounced like their English counterparts. In Russian, the tip of the tongue rests behind the lower front teeth, while the front of the tongue is positioned near the upper teeth.

The Russian consonants ж and ш must be pronounced with the tip of the tongue curled backward, touching the roof of the mouth behind the alveolar ridge on the hard palate. Special care must be taken not to soften the pronunciation by flattening the tongue against the roof of the mouth.

The Russian consonants м, п, ф, and к are articulated much as in English. However, they are pronounced with less tension, and Russian п and к must be pronounced without aspiration.

For pronunciation of Russian р, the tip of the tongue must vibrate.

English speakers typically pronounce Russian ц with some softness, and fail to pronounce the consonant ч with sufficient softness, while pronouncing these affricatives with too little blending.

The Russian fricative х does not have a counterpart in English. It is pronounced almost like к except that the tongue does not touch the palate, thus leaving a narrow passage for the flow of air. English **h** is unlike Russian **x**. The vowels **o** and **y** may be used to place the pronunciation of this consonant correctly.

IV. Russian intonation.

Intonation patterns are an important element of communication and require careful attention. Students will have little or no knowledge of intonation patterns in English, so the teacher may wish to introduce the topic by showing how significant an element intonation can be. Virtually any declarative sentence in English can be used to show how drastically meaning changes with different intonations.

Intonation may be described as the musical element in language, since it primarily concerns the changes in the relative pitch of the voice as a speaker pronounces a sentence. The basic Russian intonation constructions taught in level one are described below:

1. **ИК-1** (Intonation Construction 1). This is the basic intonation pattern used for declarative sentences. The voice pitch is lowered to the intonation center of the sentence, after which it must continue to fall.

2. **ИК-2** (Intonation Construction 2). This construction is used in expressing questions with a question word. The intonation center of the sentence is strongly stressed, and is followed by an abrupt drop of the voice. The intonation center may move to express different shades of meaning without changing the basic content of the question.

3. **ИК-3** (Intonation Construction 3). This intonation is typical of questions without a question word. In it, there is a sharp rise in the voice to the intonation center, followed by a fall of the voice. A shift in the intonation center changes the meaning of the question and the way it must be answered. In a declarative sentence, this construction expresses lack of completion and is characteristic of conversational style.

4. **ИК-4** (Intonation Construction 4). The pitch of the voice drops to the intonation center lower than mid-range, followed by a smooth rise. In a question, this intonation is used to express a comparison and surprise, while in a statement, it expresses incompleteness (in official style).

5. **ИК-5** (Intonation Construction 5). There are two intonation centers. On the vowel sound of the first, the voice rises, and on the second, it descends with a stronger stress. This is used to express exclamations.

Although other intonation constructions exist, the five given above are the most useful and will be encountered most frequently in everyday communicative situations.

The explanations given above are not intended to be complete, authoritative descriptions of either teaching methods or the Russian sound system. Rather, we hope that we have been able to anticipate and answer many of the questions that will arise at this level of Russian study.

We hope that these general comments and the specific teaching suggestions that follow will be helpful. Most importantly, we wish you and your students great success in using this textbook. We hope that all the teachers who use this text will be generous with comments and suggestions for improvement.

Symbols and special indications

Boldface in the text indicates the first appearance
of a vocabulary item

Recorded materials

*   Vocabulary item for active mastery

АБ   Reading text for complete understanding, using vocabulary

Reading text for comprehension of most important information

LEVEL ONE

RUSSIAN
Face to Face
A Communicative Program in Contemporary Russian

George W. Morris
St. Louis University High School
St. Louis, Missouri USA

Mark N. Vyatyutnev
AND
Lilia L. Vokhmina
A. S. Pushkin Institute of the Russian Language
Moscow, Russian Federation

Project Director:
Dan E. Davidson
American Council of Teachers of Russian and
Bryn Mawr College

National Textbook Company
NTC a division of *NTC Publishing Group* • Lincolnwood, Illinois USA

In association with the American Council of Teachers of Russian, USA, and
Russky Yazyk Publishers, Moscow, Russian Federation.

Acknowledgments

The authors and editors are pleased to acknowledge the generous assistance of the Geraldine R. Dodge Foundation and of Scott McVay of the Foundation in supporting the development of this Russian-American collaborative textbook series. We are also grateful to Bryn Mawr College, St. Louis University High School, and the A. S. Pushkin Institute (V. G. Kostomarov, Director) for supporting personnel, co-authors, and evaluation of successive versions of the present textbook.

The project has benefited greatly from the advice of its project consultants, who have commented on the text materials at various stages of their evolution: Jane Barley (New York State Department of Education), Zita Dabars (Friends School, Baltimore), Thomas Garza (University of Texas, Austin), Frederick Johnson (Northfield-Mt. Hermon School, Northfield, Massachusetts), and Nadezhda Troshina (Vladimir Pedagogical Institute, Vladimir, R. F.).

We are particularly grateful to those teachers, students, and colleagues who participated in the field testing of this textbook and whose suggestions have been of great help in improving its quality, in particular to Zita Dabars, Frederick Johnson, Helen Meigs (Alderdice High School, Pittsburgh, Pennsylvania), and Susan Williams (St. Louis, Missouri). It has not been possible to incorporate all the suggestions we have received, and the authors bear exclusive responsibility for this text. We continue to welcome the suggestions of teachers and students for further improvement of these materials.

Phonetics materials provided by M. N. Shutova.

Editors: N. N. Kouznetcova
Design: M. A. Polujan, N. I. Terechov
Artists: J. S. Shabelnic

Contents

ЧАСТЬ ПÉРВАЯ

ЧАСТЬ ВТОРАЯ

ЧАСТЬ ЧЕТВЁРТАЯ

Symbols and special indications

Boldface in the text indicates the first appearance of a vocabulary item

*   Vocabulary item for active mastery

А Б   Reading text for complete understanding, using vocabulary

Reading text for comprehension of most important information

Introduction

When you look at the ocean from the shore or walk across a fresh, green field, or see tall mountains on the far horizon, the earth seems enormous and infinite. But Soviet cosmonauts and American astronauts who saw the Earth from space helped us to understand how small and defenseless it is. This relatively small planet is our common home, in spite of the enormous and numerous differences among the peoples who live here. Although these differences sometimes lead to misunderstandings and lack of cooperation, we realize that life would be much less interesting, perhaps even unbearably boring if we were all alike. This is why we do need to get to know and understand our neighbors. We need to be able to share our appreciation for our common home.

You have chosen to learn the Russian language. We believe you have chosen well. And millions of boys and girls in Russia have chosen to study English. They, too, have made an excellent choice. Because of these wise decisions, you will be able to more fully understand each other when you come face to face.

The study of a foreign language is a first important step toward truly understanding another people and, consequently, towards real peace on this small planet. Your efforts will help determine whether our planet will be a marvelous home for all who live on it.

We hope you will meet with great success in your efforts to learn the language the Russians speak! As the Russians say it, „Желаем успехов!"

The Authors

A Postscript on Language and Culture

Knowledge of a language presumes a knowledge of the culture of the country, where that language is spoken. Listen to the recording as you examine these pictures of the Soviet Union and Soviet people.

Here, we present a brief concert of Russian classical music. You will hear the sounds of Russian bells and the music of the great Russian composers Glinka, Mussorgsky, Tchaikovsky, and Rakhmaninov.

If you listen carefully, you will sense some of the vastness and beauty of Russia, you will be able to picture the beauty of a sunrise over the Moscow River, hear the rustle of grass on the plains, and feel the freshness and coolness of Russian forests.

And, upon hearing an excerpt from *Aragonese jota* by Glinka, you will begin to know how open the Russian people are to the cultures of other nations.

Pre-Lesson

Students should follow
the textbook as the ma-
terials of the Pre-Lesson
are read aloud. If the
recording is not avail-
able, or if the teacher
prefers, students may be
asked to read the English
aloud, pausing to permit
the teacher to insert ev-
ery Russian word.

Point out to students
that the examples of pro-
nunciation are only ap-
proximate, and that the
best way to learn the
sounds of Russian is to
carefully imitate a native
Russian speaker.

A The Russian Alphabet Has Thirty-three Letters

Like English letters, the letters of the Russian alphabet have
names, but the letters are sometimes pronounced differently when
used in words. You will learn them step-by-step. Examine the table
below which gives the names of Russian letters and shows examples of their approximate pronunciation in English. Use this table
as a reference only, and do not attempt to memorize the alphabet
at this point.

Cyrillic Letter	Name	Examples of Approximate Pronunciation in English
А а	а	car
Б б	бэ	but
В в	вэ	visa
Г г	гэ	gallery
Д д	дэ	doctor
Е е	е	yet
Ё ё	ё	yolk
Ж ж	жэ	measure
З з	зэ	visa
И и	и	visa
Й й	й (и кра́ткое)	boy
К к	ка	class, kind
Л л	эл (эль)	luck
М м	эм	mother
Н н	эн	contact, name
О о	о	old, note
П п	пэ	pull
Р р	эр	rod
С с	эс	sit
Т т	тэ	talk
У у	у	food
Ф ф	эф	philosopher
Х х	ха	who
Ц ц	це	meets
Ч ч	чэ	chair, match
Ш ш	ша	shop
Щ щ	ща	sheep
Ъ ъ	твёрдый знак	hard sign (silent letter)
Ы ы	ы	charity
Ь ь	мя́гкий знак	soft sign (silent letter)
Э э	э	excuse
Ю ю	ю	use
Я я	я	yard

Reading Practice

The letters а, е, з, к, м, о, с, and т look and sound very much like the corresponding printed letters in English (although м and т are not written like the corresponding English letters). Also practice reading the letters р, ш, д which are not like English letters.

A "cognate" is a word that is almost the same in two languages. There are many cognates in Russian and English. Listen and repeat these cognate words and guess their meanings.

It is probably time to point out that accents are shown on Russian words only for foreigners studying Russian. Stress is not usually indicated in texts intended for native speakers of the language.

At the very beginning of this lesson, point out that the cognates are grouped to facilitate practice of correct pronunciation of unstressed vowels. Here, you should point out that both o and a have the same sounds when not stressed. The same is true of the vowels e and и.

a. старт — start   кот — cat   акт — act   шторм — storm
    сорт — sort   шарм — charm   корт — court   Марс — Mars
    том — tome*   тост — toast   шок — shock

b. дáта — date   мóда — mode   сóда — soda
    рóза — rose   дрáма — drama   атáка — attack

c. áтом — atom   дóктор — doctor   оркéстр — orchestra
    кóсмос — cosmos   мотóр — motor   томáт — tomato

d. метрó — metro   сестрá — sister   секрéт — secret

In this exercise, and in others of the same type in the Pre-Lesson, students should listen and repeat the list of cognate words as the teacher (or the voice on the tape) says the words. Then, ask them to read the words aloud either together or individually. After they are comfortable with the pronunciation, go through the list with them, having them guess meanings.

Russian letters o and a sound alike when they are not accented or stressed. When the letter e is unaccented or unstressed, it should be pronounced like "ee" in English.

Everything Is Not What It Seems

You may have seen the Russian letters on the hockey or basketball jerseys of a Russian sports team that was playing in your town. Or perhaps you saw CCCP on the side of an airliner or a spacecraft. Unless someone in your family knows Russian and has helped you, you probably didn't know that the Russian letter C is pronounced like the English letter "S" and that P sounds something like the English "R."

These letters stand for the Russian words Сою́з Сове́тских Социалисти́ческих Респу́блик, which mean "Union of Soviet Socialist Republics." Most Russians live in Росси́я (Russia).

You may, of course, elect to give any of the materials of the Pre-Lesson in your own words. If this is done, the Russian words of each section should still be pronounced and students should find the Russian words and learn to recognize them.

---

* tome is an infrequently used synonym for volume

A Russian male is a ру́сский and a Russian female is a ру́сская. The plural form, ру́сские, includes all Russian people.

The Russian abbreviation for "United States of America" is США. U.S. citizens live in США or Аме́рика, and an American male is an америка́нец. An American female is an америка́нка.

Listen and repeat these Russian words, which name countries and nationalities. Learn those that are important to you.

The list of countries and associated words is provided so that students can learn how to refer to themselves and their homeland. In addition to these, you may wish to have them learn others.

США	америка́нец	америка́нка	америка́нцы
СССР	сове́тский	сове́тская	сове́тские
Росси́я	ру́сский	ру́сская	ру́сские
Кана́да	кана́дец	кана́дка	кана́дцы
Англия	англича́нин	англича́нка	англича́не
Индия	инди́ец	индиа́нка	инди́йцы

The Meeting of Russians and Americans
At the Elbe at the End of World War II

The Crews of Apollo-Soyuz

Why Russian Is Written in the Cyrillic Alphabet

Russian is written with an alphabet known as Cyrillic (кири́лли-ца). The earliest written forms of Russian were devised by Slavonic monks from the Greek Orthodox church. In addition to bringing the Eastern version of Christianity to Russia, they used many Greek letters in the new alphabet that they devised. You have probably encountered the Greek letter "П" in mathematical formulas. If so, you probably already suspect that the Russian letter П is like the English letter "P." One of these Slavonic monks, known today as Saint Cyrill (Кири́лл), was given credit for the new alphabet, a later version of which was named after him.

How the Cyrillic Alphabet Compares

Compare the letters of the Russian alphabet with those of the Greek and Latin (which we use to write English) alphabets. The Glagolytic alphabet (глаго́лица), an early form of Cyrillic, is also shown.

A α	A a	A a	✝
B β	B b	Б б	Ꙍ
Γ γ	C c	В в	Ꝅ
Δ δ	D d	Г г	%
E ε	E e	Д д	ꙅ
Z ζ	F f	E e	Э
H η	G g	Ё ё	ꙗ
Θ θ	H h	Ж ж	ꙡ
Letters of the Greek Alphabet	Letters of the Latin Alphabet	Letters of the Russian Alphabet	Letters of the Glagolytic Alphabet

Review the Materials of This Section

You have learned to recognize new letters and words in this section. Write them out. Pay particular attention to the words in the box below, which contain all the letters you have studied. These words will help you to practice the sounds and letter combinations that you need to learn. Test your skill at pronouncing and writing these words with a classmate.

Explain that Russians rarely print letters, but write them in longhand from the very beginning. Write the words on the board, carefully demonstrating the formation of individual letters.

After students have practiced them in class, assign further practice as homework.

США	СССР	том	ма́ма
сестра́	ро́за	до́ктор	метро́

In the next class period, check their homework by giving them a dictation quiz.

You may quiz this material by providing printed lists of the words and having students write them out in longhand, along with English meanings.

Handwriting practice is also provided in the Pre-Lesson section of the Student Workbook.

B Russia Covers Eleven Time Zones

Russia (Россия) stretches across both Europe (Европа) and Asia (Азия). From east to west it spans almost ten thousand kilometers and contains eleven time zones. Russia would be even larger today if a Russian tsar (царь) had not sold Alaska (Аляска) to the U.S.A. in 1867 for little more than seven million dollars.

If you think that Russia is a land of cold and snow, you are only partially correct. A large part of the northeastern region of Siberia (Сибирь) is covered by permafrost, and life can be very difficult there. But along the shores of the Black Sea (Чёрное мо́ре) there are genuine subtropical areas. And when it is thirty degrees below zero in the north, it can be as much as eighty-five degrees in the south on the same day.

You may wish to have the students use a classroom map and point out the places named in this section. Students should be encouraged to develop their knowledge of geography and may be asked to point out the most significant geographical entities.

Add that Russians were also among the first to settle what is now California, in the eighteenth century.

You may wish to have students research Russian settlements in Hawaii, California, and Alaska and report on what they have discovered.

Russia Has More Than 140 Million Inhabitants

The population of Russia is more than 140 million. And many ethnic Russians also live in nearby countries. Russia's neighbors include Ukrainians and White Russians, Georgians and Tadzhiks, Uzbeks and Kazakhs, Koreans and Armenians, Germans and Estonians who speak their own native language and have their own grammars and alphabets, some of which are quite ancient.

ასვგდეუზიკ&ლ&6ო
პრსტუფქ&ღუ&ჩ(3 dჶ
ჳ6Xჳ

ასვგეუზთიკლ&6ოპრს
ტუ&ქ&ღუ& დ(3 dჶჳჴ6ჳჩჯ

ՍԲԳԴԵՋԷՐԹԺԻԼԽԾՎՀ
ՋՂՃՄՅՆՉՈ ՋՋՈՍՎՏՐ
ՑԻՓԲՕՖ

աբգդեզէըթժիլխծկհձղ
ճմշոչպջռսվտրցւփ քօֆ

Example of Georgian Alphabet   **Example of Armenian Alphabet**

The Role of the Russian Language

Many of Russia's neighbors speak Russian in addition to their native language. It is the Russian language that allows people from various ethnic groups to understand each other and to conduct everyday business.

At the Map of Russia

If you examine the map of Russia, you will see that Siberia (Сибирь) is the name of a region within Russia and is not a separate entity. The capital city of Russia (Россия) is Moscow (Москва).

Give additional material on geography, if you wish. If a large classroom map is available, natural features may also be traced.

Explain that it is not necessary to memorize all the place names, but that students should learn the most important, as they will occur frequently in the textbook.

Some of the Best Known Natural Features Are Rivers

Most speakers of English have heard of some of the important natural features of the European region of Russia. The Volga (**Волга**), the Don (**Дон**), the Dnieper (**Днепр**), the Dvina (**Двина**), and the Neva (**Нева**) are famous European rivers. The Urals (**Урал**) and the Caucasus (**Кавказ**) are well-known mountain ranges. And most people have also heard of the Caspian Sea (**Каспийское море**)—which is really a lake, the Black Sea (**Чёрное море**), and Lake Baikal (**озеро Байкал**), which is located in Siberia (**Сибирь**).

Reading Practice

Old letters: **а, е, з, к, м, о, с, т, р, ш, д.**
New letters: **в, г, и, л, н.**

1. Listen and repeat these Russian words that name important rivers.

Волга	Дон	Кама	Ока
Лена	Двина	Днестр	Нева

2. Listen and repeat these Russian words that name important cities.

Москва	Ленинград*	Минск	Ташкент
Ереван	Одесса	Киев*	Ростов*

3. Listen and repeat these cognate words and guess their meanings.

a. класс class   газ* gas   грамм gram   текст text

b. ваза vase   гол goal   металл metal   доллар dollar
   виза visa   салат salad   артист artist   стандарт standard
   тема theme   визит visit

---

* An important aspect of correct Russian pronunciation involves the voicing and devoicing of consonants. Many Russian consonants occur in pairs, as illustrated by this table:

voiced	Б	В	Г	Д	Ж	З
unvoiced	П	Ф	К	Т	Ш	С

The rules for pronunciation of consonants are as follows:

1) at the end of words or phrases, and before unvoiced consonants, voiced consonants are always pronounced as their unvoiced equivalent;

2) before voiced consonants in connected speech, unvoiced consonants become voiced.

There will be numerous occasions to remind students of these rules and practice correct pronunciation.

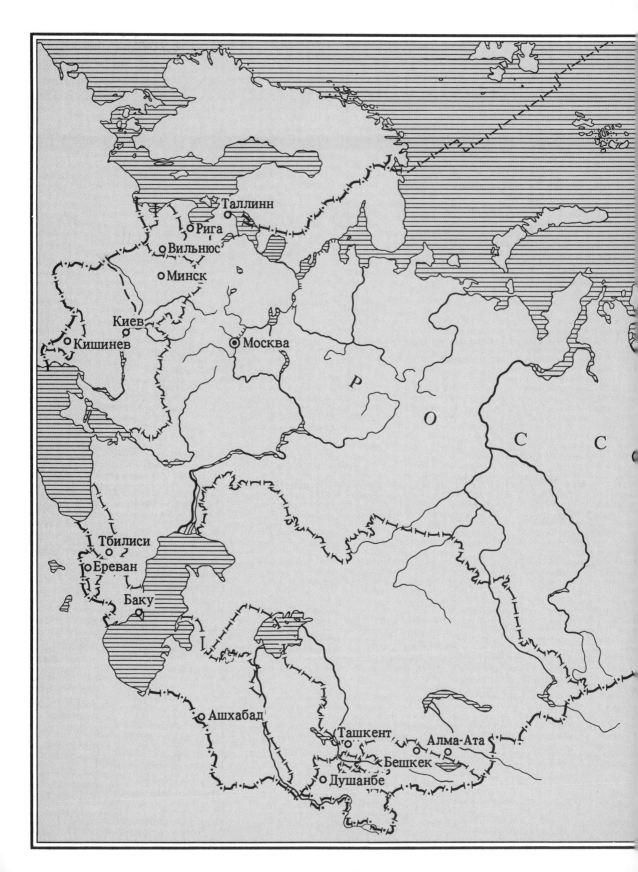

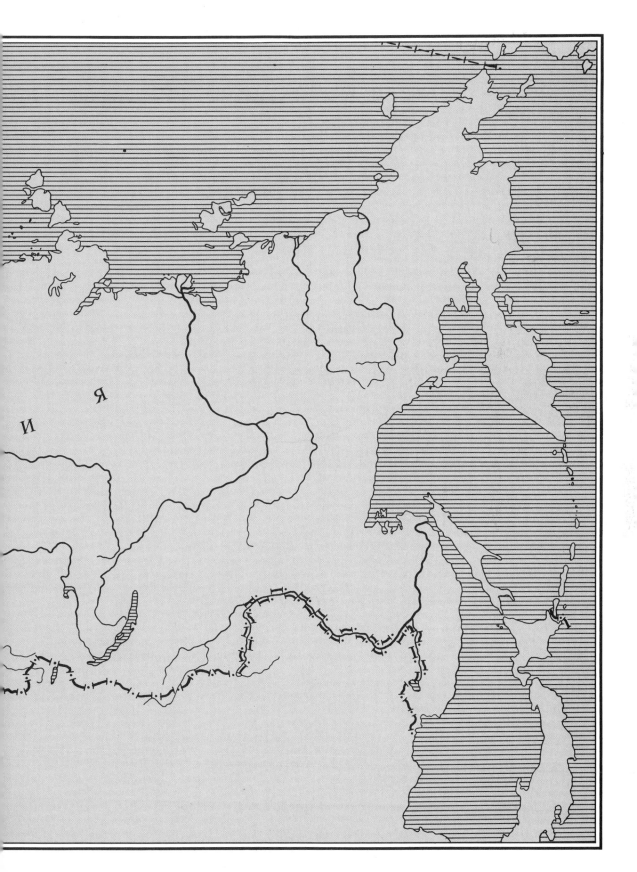

c.	систе́ма	system	дире́ктор	director	агроно́м	agronomist*
	аре́на	arena	адвока́т	advocate**	генера́л	general
	анте́нна	antenna	термо́метр	thermometer	стадио́н	stadium
					интере́с	interest

d.	телеви́зор	television	телегра́мма	telegram	акаде́мик	academician

Review the Materials in This Section

You have learned to recognize new letters and words in this section. Write them out. Pay particular attention to the words in the box below, which contain all of the letters you have studied. These words will help you to practice the sounds and letter combinations you need to learn. Test your skill at pronouncing and writing these words with a classmate.

Во́лга	ви́за	стадио́н	аре́на
Дон	агроно́м	анте́нна	текст
Москва́	систе́ма	гол	

C Russia Begins Its Independent Existence

If you want to understand a people, it is not enough to learn only their language. History also explains a lot about why people behave the way they do. What follows is probably the shortest history of Russia that has ever appeared in print.

In ancient times many Slavic tribes lived in the expansive forests and on the plains of eastern Europe. In the beginning of the ninth century, Kievan Rus (Ки́евская Русь) was a city-state that surrounded the city of Kiev (Ки́ев). In 988, during the reign of the great prince Vladimir (Влади́мир), Kievan Rus adopted Christianity and literacy and culture began to develop. In the eleventh century, during the reign of Yaroslav the Wise (Яросла́в Му́дрый), Kievan Rus flourished and contact with other European countries was established. The royal houses of France and Norway intermarried with those of the Slavic princes. But a struggle for power among Yaroslav's descendants weakened Kiev. In the middle of the thirteenth century the Mongol-Tatar horde (монго́ло-тата́рская орда́) arrived from the southeast and conquered Rus.

Please expand upon these historical notes, if you wish. However, we consider this information a necessary minimum and hope you will spend some time in making it available to students.

---

* agronomist is a specialist in the science of farming

** advocate is an infrequently used synonym for lawyer

I. Glazunov, *The Storm of a City*

The Mongol-Tatars ruled the Russians for more than two hundred years. By the time they were overthrown in about 1500, the center of Russian government had moved north and east of Kiev to Moscow **(Москва́)**. Russia was isolated from the influences of western European culture and history, although it had become very strong by the sixteenth century and had spread its borders beyond the Ural Mountains **(Ура́л)**. Russian tsars had unlimited power over their subjects and many were known for their cruelty. Who hasn't heard of Ivan the Terrible **(Ива́н Гро́зный)**?

Moscow Kremlin Interiors

Russia Under Peter the Great and His Successors

When Peter I (Пётр I), 1672-1725, proclaimed himself emperor in 1721, Russia became an important part of Europe again. As the great genius of Russian literature, Alexander Pushkin (Алекса́ндр Пу́шкин), 1799-1837, expressed it, Peter I "cut through a window onto Europe." He conducted bloody wars with Sweden and Turkey while overcoming the opposition of his own nobles.

Peter I built a new capital on the shores of the Neva River (Нева́) in order to bring his government closer to the rest of Europe. St.Petersburg (Санкт-Петер-бу́рг)*, founded in 1703, soon became one of the most magnificent cities of Europe.

Russia was a part of the European political scene again, but the effects of the Mongol-Tatar yoke and the backwardness caused by the country's long isolation could not be overcome quickly. Although Russian tsars were wealthy and well educated, they remained the most reactionary rulers in Europe. Even Catherine II (Екатери́на II), 1729-1796, who corresponded with the great French philosophers Voltaire and Diderot, was a very harsh ruler. The tsars had enormous, unlimited power, and they were the largest slaveholders in Russia.

The peasant masses revolted again and again. The best known leaders of peasant revolts were Ivan Bolotnikov (Ива́н Боло́тников), Stepan Razin (Степа́н Ра́зин), and Yemelian Pugachev (Емелья́н Пуга-чёв). Even today their exploits are recalled in Russian folk songs.

Peter I

Catherine II

St.Petersburg.
The Cathedral of Our Lady of Kazan

---

* from 1924 to 1991, Leningrad (Ленингра́д)

Stepan Razin

Yemelian Pugachev

The early part of the nineteenth century was significant for the struggle against Napoleon, who met defeat in the boundless Russian steppes in 1812.

The Remnants of Napoleon's Army in Flight

After their victorious march through Europe, the glorious descriptions of returning soldiers caused the Russian people to take a new look at society. In December of 1825 some discontented officers organized a revolt of nobles against serfdom. This unsuccessful revolt was an important first step in ending slavery in Russia.

These revolts were suppressed with special cruelty but the autocracy eventually understood that the time had come and serfdom was finally abolished in Russia by Alexander II (Алекса́ндр II) in 1861.

The Beginnings of the Twentieth Century

By the beginning of the twentieth century railroads, factories, and plants were being built. The industrial revolution had reached Russia and along with it new pressures for change and development throughout Russian society. Music and the arts flourished, but the governmental system was less flexible and could not make rapid changes.

In 1914, World War I began and it brought more misfortune and hardship. The Russian revolution erupted in 1917 and ended with the Bolsheviks in power and Lenin (Ле́нин), 1870-1924, at the helm.

The result of the Communist revolution of 1917 was the formation of the Union of Soviet Socialist Republics (Сою́з Сове́тских Социалисти́ческих Респу́блик) or Soviet Union (Сове́тский Сою́з), which lasted until late 1991. Since language, culture, and history are inextricably related, you will learn much more about the history and people of Russia as you continue your study of the Russian Language.

The Cruiser *Aurora*

Lenin

Early Efforts at Industrialization

Peasants Learn to Read and Write

Athletes Parade on Red Square on May 1

Your Motherland Calls

Churchill, Roosevelt, and Stalin Met in Yalta. February, 1945

Victory Parade on Red Square. June, 1945

Yuri Gagarin Became the First man in Space on April 12, 1961

Explosion for Peace
(Destruction of Rockets)

Reading Practice

Old letters: а, е, з, к, м, о, с, т, р, ш, д, в, г, и, л, н.
New letters: б, ж, п, у, ь, я.

1. Listen and repeat these names of important persons in Russian history.

Влади́мир	Оле́г	Екатери́на	Ле́нин
Яросла́в	И́горь	Алекса́ндр	Ста́лин
Ольга	Ива́н	Степа́н Ра́зин	

2. Listen and repeat these cognate words and try to guess their meanings.

a.
пост	post	буке́т	bouquet	журна́л	journal	гара́ж	garage
спорт	sport(s)	бале́т	ballet	контро́ль	control	мира́ж	mirage
ба́за	base	портре́т	portrait	спекта́кль	spectacle	студе́нт	student
бо́мба	bomb	проте́ст	protest	бага́ж	baggage	спу́тник	sputnik

b.
сувени́р	souvenir	институ́т	institute	авто́бус	bus*
культу́ра	culture	иде́я	idea	аппара́т	apparatus
пу́блика	public	поли́тика	politics	баскетбо́л	basketball

c.
бакте́рия	bacteria	акаде́мия	academy	ассамбле́я	assembly

Review the Materials of This Section

You have learned to recognize new letters and words in this section. Write them out. Pay particular attention to the words in the box below, which contain all of the letters you have studied. They will help you to practice the sounds and letter combinations that you need to learn. Test your skill at pronouncing and writing these words with a classmate.

Влади́мир	ба́за	бале́т	портре́т
Яросла́в	журна́л	поли́тика	авто́бус
Ольга	пу́блика	контро́ль	культу́ра

---

* bus is a contraction of the original word autobus

D Some Russian Contributions to World Literature and Art

Many people throughout the world study Russian so that they can read Russian literature in its original language. Russian writers and composers of the nineteenth century are the pride not only of Russian but of world literature and art. These illustrations show some of the works of Russian writers that have been published in English.

Some English Influences on Russian Culture

Russians are known for absorbing the culture of other people. The works of Agatha Christie (**Агáта Крúсти**), Mark Twain (**Марк Твен**), Ernest Hemingway (**Эрнéст Хемингуэ́й**), and Jack London (**Джек Лóндон**) are still popular and are published in large quantities. They are some of the most beloved authors of generations of Russian people. Many contemporary novels are also translated from English and published in Russia each year.

Reading Practice

Old letters: а, е, з, к, м, о, с, т, р, ш, д, в, г, и, л, н, б, ж, п, у, ь, я.
New letters: ё, й, х, ц, ч.

1. Listen and repeat these names of important persons in Russian and American literature and music.

a.	Толстóй Чайкóвский	Чéхов	Достоéвский	Пýшкин
b.	Марк Твен	Джек Лóндон	О'Гéнри	Гéршвин

2. Listen and repeat these cognate words and try to guess their meanings.

a. май   May   чек   check   цирк   circus
    хор   chorus/choir*   центр   center   царь   tsar

b. актёр   actor   майóр   major   партнёр partner
    боксёр   boxer   хоккéй   hockey   цемéнт   cement

c. хи́мия   chemistry   администра́ция   administration
    чемпио́н   champion   коммуника́ция   communication
    хара́ктер   character   цивилиза́ция   civilization
    хулига́н   hooligan   ассоциа́ция   association
    аттракцио́н attraction

Review the Materials of This Section

You have learned to recognize new letters and words in this section. Write them out. Pay particular attention to the words in the box below, which contain all of the letters you have studied. These words will help you to practice the sounds and letter combinations you need to learn. Test your skill at pronouncing and writing these words with a classmate.

Толсто́й	май	актёр	царь
Че́хов	центр	бокс	хи́мия
Пу́шкин	цивилиза́ция		

E Athletes Perform Well

The Soviet Union was proud of its athletes. Soviet and American athletes frequently competed in international competitions. Both sides won remarkable victories that will be remembered for many years.

---

* Students may be amused or embarrassed at the inclusion of the word хop.

Give its meaning(s) immediately, and point out how important correct pronunciation is. As illustrated by this and other words in the list, this initial Russian letter is frequently equivalent to English ch and is equivalent to English h in relatively few words.

Team Sports in Russia

The most popular sport **(спорт)** in Russia is soccer **(футбо́л)**. The second most popular is hockey **(хокке́й)**. American football and baseball **(бейсбо́л)** are largely unknown, although some teams are beginning to play baseball in preparation for the time when it becomes an Olympic sport.

Reading Practice

Old letters: а, е, з, к, м, о, с, т, р, ш, д, в, г, и, л, н, б, ж, п, у, ь, я, ё, й, х, ц, ч.

New letters: ф, щ, ъ, ы, э, ю.

1. Listen and repeat these names of popular sports.

футбо́л	football	баскетбо́л	basketball	волейбо́л	volleyball
хокке́й	hockey	бейсбо́л	baseball	гандбо́л	handball
те́ннис	tennis	ре́гби	rugby	пинг-по́нг	ping-pong
гольф	golf	бокс	boxing	культури́зм	body building
атле́тика	athletics	бадминто́н	badminton		

2. There are no cognates with the letter щ, which is used only in spelling words of Slavic derivation. Read these words with the letter щ:

Shchi — a cabbage soup with meat and sour cream as ingredients.

щи	борщ	пи́ща

Borshch — similar to shchi, but with the addition of beets, which give it a reddish color.

3. Listen and repeat these cognate words and try to guess their meanings.

a. фра́за	phrase	ю́мор	humor	субъе́кт	subject	брюне́т	brunet
фо́рма	form	дуэ́т	duet	фонта́н	fountain	салю́т	salute
фру́кты	fruit	юри́ст	jurist	экспе́рт	expert		
э́кспорт	export	объе́кт	object	дельфи́н	dolphin		

b. эква́тор	equator	фото́граф	photograph	эмигра́нт	emigrant
экза́мен	exam	проду́кты	products	музыка́нт	musician
				абсолю́т	absolute

c. экономика economics   фотография photograph
инъекция injection   атмосфера atmosphere
продукция production   эксперимент experiment
экология ecology

Review the Materials of This Section

You have learned to recognize new letters and words in this section. Write them out. Pay particular attention to the words in the box below, which contain all of the letters you have studied. These words will help you to practice the sounds and letter combinations you need to learn. Test your skill at pronouncing and writing these words with a classmate.

футбол	щи	дельфин	объект
хоккей	юмор	гольф	экология
баскетбол	фрукты	экономика	музыкант

F We Have a Lot in Common

As you study the Russian language, you will become better acquainted with the Russian people and you will see how much Russians have in common with your. Like you, young Russians love to dance and talk with each other and rejoice when classes end and vacations begin. Young Russians want to be independent, but they love their family, their school, their city, and their country. Look at these young people who are involved in their own activities and expressing their own feelings.

As you complete work on the Pre-Lesson, discuss whether any members of the class have had personal contacts with any Russians. If they have, they may have some interesting comments.

Ask your students to talk about why they chose to study Russian. What expectations do they have? If they have unrealistic expectations, do begin the process of helping them to set more realistic, obtainable goals. This may help them avoid disappointment and disillusionment later.

ЧАСТЬ ПЕРВАЯ

Урок 1
(Первый урок)

Здравствуйте.
Как вас зовут?

Section	Main Structures	Functions	Grammatical Concepts	Language & Culture
A	Здра́вствуй, Бори́с! До́брое у́тро, Бори́с! Здра́вствуйте, Пётр Ива́нович! До свида́ния, Мари́на!	Greeting people	Familiar/ singular and polite/ plural	Russian first names and patronymics
B	— Как тебя́ зову́т? — Меня́ зову́т Ма́ша.	Asking someone's name	Asking questions	Russian last names The first day of school
C	— Это Анто́н? — Да, э́то Анто́н. — Нет, э́то Ира.	Identifying individuals	Questions that are answered with a yes or no	The "final bell" in school
D	**Phonetics and Reading** Pronunciation and Practice „Здра́вствуйте, Том Со́йер"		**Overview of the Lesson** Vocabulary	

A Greeting People

Здра́вствуй, Бори́с.   Hello, Boris.
До свида́ния, Ни́на.   Goodbye, Nina.

A1 Examine these photographs. Listen and practice the sounds of these brief exchanges.

— Здра́вствуй, Бори́с!   "Hello, Boris!"   — Здра́вствуй, Ни́на!   "Hello, Nina!"
— Здра́вствуй, Анто́н!   "Hello, Anton!"   — Здра́вствуй, А́нна!   "Hello, Anna!"

"Introduce" the people in the photographs by reading the captions for the students. They may then read the captions for themselves.

Это Бори́с Во́лков.

Это Ната́ша Но́викова.

Это Ива́н Никола́евич Смирно́в.

Это А́нна Петро́вна За́йцева.

Это Ка́тя Крыло́ва и Анто́н Петро́в.

Explain that э́то is a sentence element that is frequently encountered as an introductory word like the English "This is ..." or "There is ..." but carries very little real meaning. Although it will be explained later, if students note the absence of the verb "to be," tell them that the present tense of this verb is rarely used in everyday situations.

A2 Boys and girls of the same age use only the first name (и́мя) when they talk to each other. When they greet each other they use здра́вствуй.

Explain that здра́вствуйте is the polite form of address when a younger person is speaking to an older person or when anyone is greeting a stranger or someone who is not well known. In addition, this form is the one used to address more than one person. Здра́вствуй is used to greet one close friend or relative. Здра́вствуй is also used frequently by adults in addressing a child (up to 15 or 16 years old).

A3 Some common Russian first names and their diminutives.

Boys' Names		Girls' Names	
Full Form	*Diminutive Form*	*Full Form*	*Diminutive Form*
Алекса́ндр	Са́ша	Алекса́ндра	Са́ша
Анто́н	Анто́н*	А́нна	А́ня
Бори́с	Бо́ря	Валенти́на	Ва́ля
Валенти́н	Ва́ля	Екатери́на	Ка́тя
Ви́ктор	Ви́тя	Еле́на	Ле́на
Влади́мир	Воло́дя	Мари́на	Мари́на*
Никола́й	Ко́ля	Мари́я	Ма́ша
И́горь	И́горь*	Ни́на	Ни́на*
Оле́г	А́лик	Светла́на	Све́та
Рома́н	Ро́ма	Татья́на	Та́ня

Russian has a highly developed system of diminutives (nicknames) which are used among close friends or family. Great care must be taken to use them correctly (only when the relationship is appropriate). Students should use only full names unless they are absolutely certain that the diminutive is acceptable to the person addressed.

A4 Practice greeting each other, using different first names and diminutives.

Point out that the Appendix contains additional Russian names, if the students cannot find what they need in the lesson. You may want to use Russian names for your students in the classroom. One way to help everyone deal with Russian names is to provide each student with a seating chart with the names of all of the members of the class in both English and Russian. Alternatively, hand lettered name tags or paper name plates could be provided.

 A5 More about how to greet each other.

In the morning.

— До́брое у́тро, Бори́с.
— До́брое у́тро, Мари́на.

"Good morning, Boris."
"Good morning, Marina."

In the evening.

— До́брый ве́чер, Бори́с.
— До́брый ве́чер, Мари́на.

"Good evening, Boris."
"Good evening, Marina."

In the afternoon.

— До́брый день, Бори́с.
— До́брый день, Мари́на.

"Good afternoon, Boris."
"Good afternoon, Marina."

You may want to have students guess the meaning of these greetings without looking them up in the vocabulary, since they know the time of day each is used.

---

* This first name does not have a special diminutive form.

A6 Examine the drawings and practice the sounds of these brief dialogs.

— **Здра́вствуйте, Пётр Ива́нович!**
— Здра́вствуй, Оле́г!

"Hello, Pyotr Ivanovich!"
"Hello, Oleg!"

— Здра́вствуйте, Анна Никола́евна!
— Здра́вствуйте, Пётр Ива́нович!

"Hello, Anna Nikolaevna!"
"Hello, Pyotr Ivanovich!"

— Здра́вствуйте, Пётр Ива́нович!
— Здра́вствуй, Аня!

"Hello, Pyotr Ivanovich!"
"Hello, Anya!"

— Здра́вствуйте, **ребя́та!**
— Здра́вствуй, Ни́на!

"Hello, fellows!"
"Hello, Nina!"

— Здра́вствуйте, **това́рищи!**
— Здра́вствуйте, Пётр Ива́нович!

"Hello, comrades!"
"Hello, Pyotr Ivanovich!"

Ребя́та (fellows) is frequently used to greet a group of friends. Това́рищи (comrades) is frequently encountered in formal situations. It is the equivalent of "Ladies and Gentlemen!" in English and is used at the beginning of a speech, or when calling a meeting to order.

When a young person greets a group of boys and girls or an adult he uses the word здра́вствуйте. If he is addressing a person older than he, then he uses that person's first name and patronymic. Remember that a foreigner addressing a Russian for the first time should use this form, unless greeting a young child.

A man adds the special suffix -ович (-евич) to his father's name to form the patronymic. Women use -овна (-евна). A woman named Анна whose father's name is Анто́н is addressed as Анна Анто́новна. A Михаи́л whose father is Серге́й is known as Михаи́л Серге́евич. You may have heard of Лев Никола́евич Толсто́й or Пётр Ильи́ч Чайко́вский. Толсто́й and Чайко́вский are family names (фами́лия). Russians do not use a patronymic when addressing a foreigner, since most foreign first names would form rather strange-sounding patronymics. Examine these common first names and the patronymics.

Give students your first name and patronymic, if you have not done so. Explain that Russian students always use the first name and patronymic to address their teachers. If your name does not lend itself readily to using this form, let students address you in the same way they do other teachers in your school, though you may wish to have them use the Russian equivalent of Mr. (господи́н) or Miss/Mrs. (госпожа́) with your last name.

Full Form	*Masculine Patronymic*	*Feminine Patronymic*
Алекса́ндр	Алекса́ндрович	Алекса́ндровна
Анто́н	Анто́нович	Анто́новна
Бори́с	Бори́сович	Бори́совна
Валенти́н	Валенти́нович	Валенти́новна
Ви́ктор	Ви́кторович	Ви́кторовна
Влади́мир	Влади́мирович	Влади́мировна
Никола́й	Никола́евич	Никола́евна
Игорь	Игоревич	Игоревна
Оле́г	Оле́гович	Оле́говна
Пётр	Петро́вич	Петро́вна
Рома́н	Рома́нович	Рома́новна

The patronymic and its use will be a complete mystery to many of your students, since it is so different from English. It will be necessary to repeat frequently that it really is the Russian way to express deference or respect, just as the honorifics Miss/Mrs./Mr. do in English, and that there is no real alternative.

A8 When you visit Russia you will encounter adults as well as persons your own age. The list of first names in part **A3** and the patronymics in section **A7** will help you. Work in pairs and practice greeting adults the way a Russian would. Don't forget about **Доброе у́тро! До́брый день!** and **До́брый ве́чер!** These greetings are the same whether you are greeting adults or people your own age.

A9 Tell how many adults and how many children are involved in each of these three conversations. You may use English.

 1. — Здра́вствуйте, Любо́вь Алекса́ндровна!
   — Здра́вствуй, Игорь.

1. A woman and a boy are talking.

2. — Здра́вствуйте, Андре́й Андре́евич!
   — Здра́вствуй, Ле́на!

2. A man and a girl are speaking.

3. — Здра́вствуй, Оле́г!
   — Здра́вствуйте, Наде́жда Никола́евна и
   Пётр Ильи́ч!

3. A boy and two adults are involved.

A10 Are these people men or women? Answer in English.

 1. — Здра́вствуйте, Ива́н Константи́нович!
   — Здра́вствуйте, Ири́на Рома́новна!

1. Ivan Konstantinovich is a man and Irina Romanovna is a woman.

2. — Здра́вствуйте, Пётр Ви́кторович!
   — Здра́вствуйте, Ю́рий Бори́сович!

2. Pyotr Viktorovich and Yuri Borisovich are men.

3. — Здра́вствуйте, Мари́я Анто́новна!
   — Здра́вствуйте, Ни́на Миха́йловна!

3. Maria Antonovna and Nina Mikhailovna are both women.

A11 Look at these Russians. Some day you will meet Russian people with names like these. How will you greet them? Demonstrate your knowledge of everyday conversational etiquette.

Никола́й Ива́нович Па́влов

Здра́вствуйте, Никола́й Ива́нович!

Оле́г Миха́йлович Скворцо́в

Здра́вствуйте, Оле́г Миха́йлович!

Ни́на Петро́вна Миха́йлова

Здра́вствуйте, Ни́на Петро́вна!

Серге́й Но́виков

Здра́вствуй, Серге́й!

Ле́на Быстро́ва

Здра́вствуй, Ле́на!

A12 Listen to the dialogs. Tell as much as you can about the persons involved.

— Здра́вствуй, Боб.
— Здра́вствуйте, ребя́та.

1. A member of a group addresses Bob, who is the same age. He then greets the group.

— До́брое у́тро, Анна Ива́новна.
— До́брое у́тро, Гри́ша.

2. A boy named Grisha wishes a good morning to Anna Ivanovna, who returns the greeting.

— До́брый ве́чер, Анто́н Бори́сович!
— Здра́вствуй, Ива́н.

3. A boy, Ivan, wishes a good evening to the man, Anton Borisovich, who responds with a hello.

A13 Saying goodbye.

"Goodbye, Marina!"
"Goodbye, Igor!"

— До свида́ния, Мари́на!
— До свида́ния, И́горь!

"Goodbye, Natasha!"
"Goodbye, Anton!"

— До свида́ния, Ната́ша!
— До свида́ния, Анто́н!

"Goodbye, Ivan Petrovich!"
"Goodbye, Oleg!"

— До свида́ния, Ива́н Петро́вич!
— До свида́ния, Оле́г!

"Goodbye, Anna Ivanovna!"
"Goodbye, Nina!"

— До свида́ния, Анна Ива́новна!
— До свида́ния, Ни́на!

A14 До свида́ния (literally "Until our meeting") is used by both adults and children when saying goodbye to one or more persons.

A15 Now that you know how, practice saying goodbye to the Russians in the photographs in section A11. Learning a language takes a lot of practice.

1. До свида́ния, Никола́й Ива́нович!   2. До свида́ния, Оле́г Миха́йлович!
3. До свида́ния, Ни́на Петро́вна!   4. До свида́ния, Серге́й!   5. До свида́ния, Ле́на!

A16 Greeting close friends.

— Приве́т, Аня!
— Приве́т, Ма́ша. **Как дела́?**
— Спаси́бо. Хорошо́.

"Hi, Anya!"
"Hi, Masha! How are things?"
"Fine. Thanks."

— Пока́, Ма́ша!
— Пока́, Аня!

"So long, Masha!"
"So long, Anya!"

A17 These forms are used only among very good acquaintances. A young person in Russia would never use these forms in speaking to an adult. If you want to avoid mistakes in greeting people or saying goodbye, use the forms that are acceptable in polite or formal relationships:

— Здра́вствуйте!
— До свида́ния.

When section A is completed, tell students to prepare for a vocabulary dictation quiz on the next class day. Tell them exactly what to expect when the assignment is given, since most or all of them will not have taken this kind of quiz before: "The words will be read aloud by the teacher. You will be expected to write the Russian word(s) with correct spelling and give the English meaning." The words and phrases suggested for oral dictation testing in this section are: до свида́ния, здра́вствуй, здра́вствуйте, спаси́бо, хорошо́, э́то, и, ребя́та.

B Asking Someone's Name

— Как тебя/вас зовут?   "What's your name?"

— Меня зовут Маша.   "My name is Masha."

Before starting work on this section, you may wish to return to the beginning of the lesson and review the goals.

B1 Examine these drawings and photographs and practice the sounds of these brief dialogs.

Tell students that the conjunction a is used to introduce an idea that is in contrast to a previous statement. English uses both "and" and "but" in such situations.

— **Как тебя зовут?**

— **Меня** зовут Маша.
А тебя?

— Игорь.

"What is your name?"
"My name is Masha. And yours?"
"Igor."

— Как **вас** зовут?

— Меня зовут Ирина
Александровна.

"What is your name?"
"My name is Irina
Aleksandrovna."

— Как тебя зовут?

— Наташа.

"What is your name?"
"Natasha."

— Как тебя зовут?

— Игорь, а тебя?

— Меня зовут Кирилл.

"What is your name?"
"Igor, and yours?"
"My name is Kirill."

— Как вас зовут?

— Меня зовут Иван
Петрович.

"What is your name?"
"My name is Ivan Petrovich."

The grammatical structure of Как тебя/вас зовут should not be studied at this point. However, it may prove helpful to explain that this is an example of the use of equivalent statements in the two languages (not exact translations). The exact translation would be something like "How do (they) call you?" although no native speaker of English would use that sentence to ask a person's name. Point out that зовут is not a noun, but a verb.

B2 When a young man sees a girl he wants to meet, he can approach her and say:

— Меня́ зову́т Джон. А вас как зову́т?

And she will give her name if she is as bold as he, saying:

— Меня́ зову́т Га́ля.

You already know that adults and children are addressed in different ways.You must also ask adults and children for their names differently. A child or a teenager is asked:

— Как тебя́ зову́т?

But an adult hears:

— Как вас зову́т?

Fortunately, the answer has only one form:

— Меня́ зову́т...

B3 Choose a Russian first name from the appendix. It would be best to choose a name that is similar to yours (Nick would be Никола́й or Ко́ля in Russian, Mary would be Мари́я or Ма́ша). But don't tell which name you have chosen. Find out which names others have chosen by asking the question: „Как тебя́ (вас) зову́т?" Answer the question the way a Russian would.

B4 Russian Last Names

You already know several Russian first names (и́мя) and patronymics (о́тчество). Russians also have a distinctive family name or фами́лия. The most common Russian surname is Ивано́в (for males) or Ивано́ва (for women).

This surname is derived from the first name Ива́н, as are many of the most common last names, such as: Петро́в, Си́доров, Па́влов, Ники́тин, Миха́йлов, and others.

Some common last names are derived from professions: Кузнецо́в (Smith), Пло́тников (Carpenter), Пу́шкин (Cannon).

Other names were formed from the names of animals: Во́лков, За́йцев, Медве́дев, Ко́тов, Воробьёв, Ка́рпов.

Ми́ша Во́лков

Анто́н За́йцев

Са́ша Медве́дев

Кири́лл Ко́тов

Ва́ля Воробьёва

Ко́стя Ка́рпов

The words и́мя, and о́тчество are merely given in passing and students need not learn them here. However, the word фами́лия may be emphasized, since they will begin to learn it in section B5.

B5 When you ask „Как тебя́ зову́т?“ a Russian will usually give only a first name (children) or a first name and patronymic (adults). To learn the last name requires a second question: „Как твоя́ фами́лия?“

— Как тебя́ зову́т?

— Ка́тя.

— А как твоя́ фами́лия?

— Во́лкова.

B6 Dramatize situations with other members of the class. Introduce each other, asking and answering the question „Как вас (тебя) зовут?"

B7 Conduct a short conversation with one of your classmates. Follow these directions.

Student 1: Greet your partner.
Student 2: Answer the greeting and ask his/her name.
Student 1: Give your name and ask his/her name in return.
Student 2: Answer with your name. Say goodbye, using his/her name.
Student 1: Respond.

— Здравствуйте.
(Доброе утро/
Добрый день).
— Здравствуйте.
(Доброе утро/
Добрый день).
Как вас зовут?
— Меня зовут Миша/
Маша.
А как вас зовут?
— Меня зовут Джон/
Джейн.
До свидания, Миша/
Маша.
— До свидания, Джон/
Джейн.

B8 The First Day of School

The first day of school for Russian youngsters is September 1 (if the first falls on a Sunday, the first day of school is one day later). The school is decorated with banners and posters and everyone wears a neatly pressed school uniform. There are special speeches, music, flowers for the teachers, and chances to find out from friends everything they did over the vacation period.

A uniform is no longer required in many Russian schools and many others are considering whether it should remain as a trademark of their school. Some schools which decided to drop the requirement earlier have reinstituted it.

When section B is completed, tell students to prepare for a vocabulary dictation quiz on the next class day. The words and phrases suggested for oral dictation testing in this section are:а, Как вас зовут? Как тебя зовут? Меня зовут... Как твоя фамилия? You will probably want to review some of the words from section A as well.

C Identifying Individuals

— Это Антóн?	"Is that Anton?"
— Да, э́то Антóн.	"Yes, that's Anton."
— Нет, э́то Ира.	"No, that's Ira."

C1 Examine these drawings and practice the sounds of these brief dialogs.

Call the students' attention to the particularly important role played by intonation in these dialogs, which contain questions without a question word.

— Это Антóн?

— Да, э́то Антóн.

"Is that Anton?"
"Yes, that's Anton."

Students should be careful to use the appropriate intonation pattern. Be alert to substitution of English intonation patterns, since those patterns frequently carry very different meanings in Russian.

— Это Натáша?

— Нет, э́то Ира.

"Is that Natasha?"
"No, that's Ira."

C2 Никола́й, Рома́н, Мари́на, Светла́на, И́горь, and Ка́тя are shown in both the drawing and the "photograph." Can you identify them? Find out who is who.

Keep in mind that it is not particularly important whether all agree that the caricature is of a particular person. The effort here should be to ask and answer the question „Это Никола́й/Рома́н...?"

Point to each caricature and ask „Это Никола́й?/Это Рома́н?" etc. Student answers should follow the pattern „Да, это Никола́й./Нет, это Рома́н". etc.

C3 The "Final Bell" in School

Most Russian students attend school for ten years, although in many areas it has been increased to eleven years. The last year of school is especially tense and difficult for a student who wants to attend a university or enroll in a major institute. He or she must do very well on oral and written final exams in addition to passing entrance examinations for the university or institute he or she has chosen, where admission standards are very high and competition is fierce.

The last day of classes, called День после́днего звонка́ (day of the final bell), is especially anticipated. After final exams and a graduation ceremony there are numerous parties and new graduates often parade through the streets, singing school songs and enjoying each other's company until morning.

До свида́ния, шко́ла!

Goodbye, school!

When section C is completed, tell students to prepare for a vocabulary dictation quiz on the next class day. You will probably want to review some particularly difficult or important words from sections A, B and C.

D Phonetics and Reading

D1 **Pronunciation Practice.** Students should practice the names until they can pronounce them with appropriate reduction of vowels and without hesitation between syllables.

1. Practice the correct pronunciation of these Russian names.

Борис	Николай	Олег	Роман	Владимир
Александр	Валентин	Екатерина	Елена	Светлана
Боря	Валя	Витя	Володя	Коля
Катя	Таня	Аня		

2. Practice this intonation pattern which is used for simple declarative sentences.

Это Саша.   Это Лена.   Это Маша.

Это Володя.   Это Серёжа.

The intonation construction of simple declarative sentences (ИК-1) is characterized by a drop of speaking pitch on the last stressed syllable of the sentence. If there are any subsequent (unstressed) syllables, they must be pronounced on the same pitch as the final stressed syllable.

3. Practice this intonation pattern used for simple questions.

Это Саша?   Это Лена?   Это Маша?

Это Володя?   Это Серёжа?

The intonation pattern of questions without a question word (ИК-2) must be pronounced with a strong raising of pitch. The influence of the student's native English intonation for interrogatives is particularly strong, so special care must be taken to model the intonation of the recording carefully.

4. Contrast and practice the intonation patterns that were learned above.

Это Саша.	Это Саша?
Это Лена.	Это Лена?
Это Маша.	Это Маша?
Это Володя.	Это Володя?
Это Серёжа.	Это Серёжа?

5. Practice saying these phrases smoothly, without interruptions in the flow of the words.

Это Анна?
Это Анна Ивáновна?
Это Анна Ивáновна Вóлкова?

Это Борúс?
Это Борúс Петрóвич?
Это Борúс Петрóвич Кузнецóв?

Это Марúна?
Это Марúна Владúмировна?
Это Марúна Владúмировна Соколóва?

D2 Read the text below.

Это Москвá. Это **проспéкт Мúра.**

This is Moscow. This is Prospect Mira.

Это институ́т.

This is an institute.

Это студéнт Олéг Николáев.

This is the student Oleg Nikolaev.

D3 Examine the newspaper clipping from the Russian newspaper «Собесе́дник» and try to answer these questions.

Tell students that the symbols « » are special international quotation marks, used for titles of books, movies, etc.

1) What is the name of the play?

1) The name of the play is "Adventures of Tom Sawyer."

2) Who presented the play in Moscow?

2) The play was presented in Moscow by a group from the U.S.A.

ЗДРАВСТВУЙТЕ, ТОМ СОЙЕР!

«Том Сойер» в Москве

На сцене Центрального Детского театра идут репетиции спектакля «Приключения Тома Сойера» по знаменитой книге Марка Твена. Спектакль ставит постановочная группа из Соединённых Штатов Америки: режиссёр Джон Крэнни, композитор Элан Шортер, художник Марджери Келлог. Наш корреспондент встретился с Джоном Кренни.

D4 If you study the following statement and sound out the words carefully, you should be able to understand almost everything. The only word that possibly you cannot guess is Дéтский (Children's).

Здрáвствуйте, Том Сóйер

В Москвé в Центрáльном Дéтском теáтре режиссёр из США Джон Крéнни репетúрует спектáкль „Приключéния Тóма Сóйера".

TOM SAWYER IN MOSCOW
ON THE SCENE OF THE CENTRAL
CHILDREN'S THEATER THEY ARE
REHEARSING THE PLAY
"ADVENTURES OF TOM SAWYER"

Hello, Tom Sawyer

In Moscow in the Central Children's Theater the director John Crenny from the U.S.A. is rehearsing the play "Adventures of Tom Sawyer."

D5 Read each dialog and explain in English what is wrong with each.

1. — Здрáвствуйте, Алексáндр Васúльевич! Как делá?

   — Спасúбо, Пéтя, хорошó.

   — До свидáния, Алексáндр Васúльевич!

   — До свидáния, Пéтя.

   1. The boy, Petya, should not use the question Как делá? when addressing an adult. It is too informal and familiar.

2. — Как тебя́ зовýт?

   — Меня́ зовýт Марúя Николáевна.

   — Привéт, Марúя Николáевна.

   2. You cannot ask an adult his/her name using the familiar pronoun тебя́. Nor can you greet an adult using привéт.

3. — Здрáвствуй, Сáша!

   — Здрáвствуй, Вúктор Сергéевич!

   3. The boy, Sasha, should not have addressed an adult using the familiar form.

In this lesson, you have learned:

1) what Russians say to each other when they meet and when they say goodbye;
2) about Russian first names, patronymics, and last names;
3) how to answer simple questions in the affirmative and in the negative;
4) how to find out a person's name and give your own when asked;
5) how to read and understand material in a Russian newspaper.

Some Russian guests have come to your school and have been given name tags. Their names are given below as they appear on their name tags. Tell which of them are adults and which are children and how you would greet each of them.

Tell how would you say goodbye to each of these people.

Vocabulary

a and, but

А тебя? And (what about) you?

да yes

Доброе утро! Good morning!

Добрый вечер! Good evening!

Добрый день! Good afternoon!

До свидания! Goodbye! (until we see each other)

здравствуй hello (to one close friend)

здравствуйте hello (to an older person)

и and

имя (n.) first name

Как вас зовут? What is your name? (polite)

Как ваша фамилия? What is your last name? (polite)

Как дела? How are you? (very informal)

Как твоя фамилия? What is your last name? (familiar)

Как тебя зовут? What is your name? (familiar)

меня зовут... my name is... (they call me...)

нет no (there is not)

отчество (n) patronymic, a name based upon father's name

пока bye (only used with very close friends)

привет hi (only used with very close friends)

проспект (m.) avenue, prospect

ребята (pl.) guys, kids, lads, gang

спасибо thanks

товарищи (pl.) comrades

фамилия (f.) last name, family name

хорошо good, well

школа (f.) school

это this is, that is

Урок 2
(Второй урок)

Кто это?
Что это?

Section	Main Structures	Functions	Grammatical Concepts	Language & Culture
A	— Кто э́то? — Это америка́нец. — Как его́ зову́т? — Его́ зову́т Билл.	Finding out about people and animals	Interrogative pronoun кто	Names Russians use for animals
B	— Что э́то? Это тетра́дь? — Нет, э́то не тетра́дь. Это дневни́к.	Finding out about things	Interrogative pronoun что Negative answers The particle не	A student diary
C	— Где Анто́н? — Вот он. — Где Билл и Джон? — Вот они́.	Finding out where someone or something is	Gender of nouns Personal pronouns он, она́, оно́, они́ Conjunction и	Grades in Russian schools
D	**Phonetics and Reading** Pronunciation Practice „Ми́кки-Ма́ус в Москве́"		**Overview of the Lesson** Vocabulary	

A Finding out about People and Animals

— Кто э́то? "Who is that?"

— Э́то америка́нец. "That's an American."

— Как его́ зову́т? "What's his name?"

— Его́ зову́т Билл. "His name is Bill."

A1 **Аня Моро́зова** didn't know that American students would be at her school.

— Ната́ша, **кто э́то?**

— Э́то америка́нец.

— Америка́нец?

— Да, америка́нец.

— А **как его́ зову́т?**

— Его́ зову́т Билл.

"Natasha, who's that?"
"It's an American."
"An American?"
"Yes, an American."
"And what's his name?"
"His name is Bill."

Tell students that the question „Кто э́то?" as used here is just like the English "Who's that?" Later, they will discover that this question is frequently used to ask for a person's profession or station in life.

— Ната́ша, а кто э́то?

— Америка́нка.

— **Как её зову́т?**

— Джейн.

"Natasha, and who's that?"
"It's an American."
"What's her name?"
"Jane."

Remind students of the question Как вас/тебя́ зову́т? in the previous lesson. This is the same question with a different (third person) direct object. It probably cannot be said too frequently that the word зову́т in these questions is a verb and means "they call" when the question is translated literally.

A2 The two girls approach the American.

— Аня, э́то Билл.

— Здра́вствуй, Аня. Меня́ зову́т Билл.
   Я америка́нец.

— А я ру́сская.

— **Очень прия́тно.**

— Очень прия́тно.

"Anya, this is Bill."
"Hello, Anya. My name is Bill.
I'm an American."
"And I am a Russian."
"I'm very pleased to meet you."
"I'm very pleased to meet you."

A3 Dramatize, following the pattern of the conversation above: Bill and Mary approach the Russian boy, **Ко́ля.** Mary introduces Bill.

A4 Look at this photograph and try to guess which students are Americans and which are Russians. Follow this pattern:

— Кто э́то?

— Это америка́нец.

— А как его́ зову́т?

— Его́ зову́т Дик.

— Кто э́то?

— Это ру́сская.

— А как её зову́т?

— Её зову́т Ма́ша.

Tell students that the point of the photographs is that it is virtually impossible to tell any difference.

A5 Work in pairs. One student should indicate a photograph and ask: „Кто э́то?" The other responds: „Это . . . ".

A6 Introduce your classmates to each other. Follow the model.

— _____ , э́то _____ .
— Здра́вствуйте, _____ . Очень прия́тно.
— Здра́вствуйте, _____ . Очень прия́тно.

A7 Аня and Ната́ша are showing their American friends pictures of some of the most popular Russian cartoon characters. They have already been through the stack of pictures once. Now they point to them one at a time and ask: „Кто э́то?" You (their American friends) find it easy, since your sharp eyes have spotted the labels on the pictures.

You can respond with phrases such as:

„Э́то кот Леопо́льд".

Кот Леопо́льд is a cartoon character best known for his repeated use of the phrase „Ребя́та, дава́йте жить дру́жно!" ("Fellows, let's live together in a friendly fashion.") even though the mice in his life are continuously upsetting things.

Крокоди́л Ге́на and Чебура́шка appear in the cartoons of the same name. Крокоди́л Ге́на, the "kindest crocodile in the world," plays the accordion and sings the song „День рожде́ния" ("Birthday").

Кот Леопо́льд

Крокоди́л Ге́на

Бурати́но

Волк

За́яц

Чебура́шка

Волк and За́яц like the American "Roadrunner" cartoons always end up all right, although the wolf is frequently flattened by trucks or rocks or falls from enormous heights while trying to catch the hare, who leads a charmed life.

Бурати́но, the Russian equivalent to Pinocchio, is extremely popular among Russian children.

Чебура́шка was originally a strange, lonely doll, who was so lovable that he ended up with many friends.

A8 When they are talking about animals Russians use the same interrogative words as they do when speaking of humans. How many ways can you translate the Russian phrase „Кто это?" into English?

Russian nouns are either animate or inanimate. When you ask about a pet dog or cat or even a fish in Russian, you must refer to it as „Кто это?" Choose one of these pictures and (in Russian) ask a classmate what it is.

The Russian question can be either "Who is that?" or "What is that?" in English, since Russian includes all animate beings in the meaning of the question word „кто". Students will be quick to say that English only includes people in the definition of the word "who."

A9 Names Russians Use for Animals

The most popular names for dogs in Russian are Рекс, Рой, Джек, Дик, Жучка, Бобик, Тузик, Шарик, Дружок (Little Friend), Пушок (Fluffy). Cats are given names like Мурка, Васька, Пушок. A parrot is often called Попка or Жора. And the first thing a parrot learns to say is „Жора — хороший мальчик". (Zhora is a good boy.) or „Попка — дурак". (Polly is a fool.)

If you want to chase a dog away in Russian, you say „Фу!" For a cat, the word is „Брысь!"

A rooster is always called Петя and a bear is always called Миша in Russian. And, in many traditional Russian folk tales, the bear even has a patronymic and last name — Михаил Потапыч Топтыгин.

A10 Ask the names of these pets. Choose any name above and respond. Remember that you would choose **eró** or **eё** in your question (and your answer), depending on the kind of the animal.

Кто э́то?

When section A is completed, tell students to prepare for a vocabulary dictation quiz for the next class. The words and phrases suggested for oral dictation testing in this section are: америка́нец, америка́нка, Как его́/её зову́т?, кто, о́чень прия́тно, ру́сский, ру́сская, я.

B Finding out about Things

— Что это? Это
тетрáдь?

"What's that? Is that a
notebook?"

— Нет, это не тетрáдь.
Это дневнúк.

"No, it's not a notebook.
It's a diary."

Before starting work on this section, you may wish to return to the beginning of the lesson and review the goals.

B1 Bill, an American student, asks about a notebook lying on the desk.

— Натáша, **что** это? Это **тетрáдь?**

— Нет, это **не** тетрáдь. Это **дневнúк.**

"Natasha, what's that? Is it a notebook?"
"No, it's not a notebook. It's a diary."

The particle не is placed immediately before the word it negates. Students should be careful to pronounce it as a part of the following word, without stress.

B2 Examine this student diary and try to discover some of the subjects studied.

A typical student diary
where students keep class
schedules, a record of
assignments, and where
teachers write evaluations
of that student's work.

B3 Learn these Russian words.

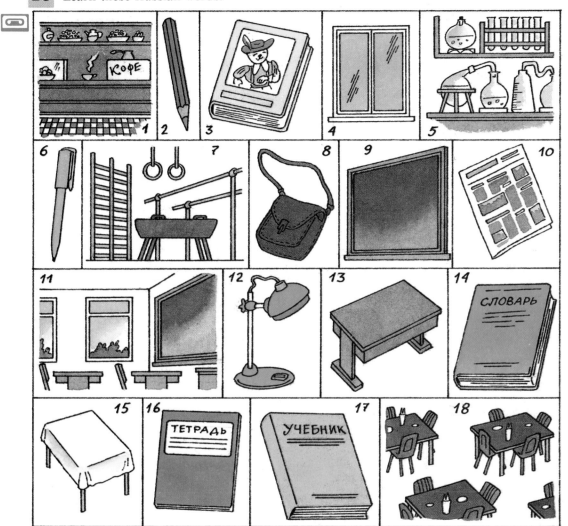

1. буфе́т	7. спортза́л	13. па́рта
2. каранда́ш	8. су́мка	14. слова́рь
3. кни́га	9. доска́	15. стол
4. окно́	10. газе́та	16. тетра́дь
5. лаборато́рия	11. класс	17. уче́бник
6. ру́чка	12. ла́мпа	18. столо́вая

1. buffet	10. newspaper
2. pencil	11. classroom
3. book	12. lamp, light
4. window	13. desk (for two)
5. laboratory	14. dictionary
6. pen	15. table, desk
7. gymnasium	16. notebook
8. bag	17. textbook
9. board	18. dining room

Add any words you feel are important in class that have been omitted here. As you go through these vocabulary items, be sure that students understand that the word класс in Russian refers only to the classroom or the class group, never to the activity (lesson).

B4 Identify the word in each grouping that is out of place.

каранда́ш	спортза́л	слова́рь
ру́чка	газе́та	уче́бник
тетра́дь	буфе́т	кни́га
уче́бник	лаборато́рия	тетра́дь
па́рта	класс	окно́

In the first column па́рта does not fit, since all the other words refer to objects connected with written language.

In the second column газе́та should be omitted, since the other words refer to locations.

Окно́ does not fit in the third column, since the other things are made of paper.

B5 Practice asking and telling names of classroom objects.

B6 These sentences illustrate how не is used to negate portions of Russian sentences.

— Это Ни́на Петро́вна?

— Нет, э́то не Ни́на Петро́вна, э́то Ни́на Алексе́евна.

"Is that Nina Petrovna?"
"No, that's not Nina Petrovna; it's Nina Alekseevna."

— Это Рома́н?

— Нет, э́то не Рома́н, э́то Оле́г.

"Is that Roman?"
"No, it's not Roman; it's Oleg."

— Это шко́ла?

— Нет, э́то не шко́ла, э́то институ́т.

"Is that a school?"
"No, it's not a school; it's an institute."

— Это кни́га?

— Нет, э́то не кни́га, э́то тетра́дь.

"Is that a book?"
"No, it's not a book; it's a notebook."

— Это слова́рь?

— Нет, э́то не слова́рь, э́то уче́бник.

"Is that a dictionary?"
"No, it's not a dictionary; it's a textbook."

— Это каранда́ш?

— Нет, э́то не каранда́ш, э́то ру́чка.

"Is that a pencil?"
"No, it's not a pencil; it's a pen."

B7 The following objects have been drawn from unusual vantage points. Ask a classmate: „Что э́то?“ or: „Это . . . ?“ to find out whether he/she can name them.

  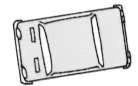

Book. Lamp. Car.

B8 Send one student out of the room. The class then picks one of the new vocabulary words. The student returns and must guess the word using the question: „Это . . . ?" Members of the class take turns and answer: „Нет, это не . . . ." or: „Да, это . . . ."

When section B is completed, tell students to prepare for a vocabulary dictation quiz for the next class.

The words and phrases suggested for oral dictation testing in this section are: газе́та, дневни́к, каранда́ш, класс, кни́га, не, слова́рь, стол, су́мка, тетра́дь, уче́бник, что, шко́ла. You will probably want to review some of the words from section A as well.

C Finding out Where Someone or Something Is

— Где Анто́н?   "Where is Anton?"

— Вот он.   "Here/There he is."

— Где Билл и Джон?   "Where are Bill and John?"

— Вот они́.   "Here/There they are."

C1 The teacher doesn't see Bill.

— Где Билл?   "Where is Bill?"
— Вот он!   "Here he is!"

— Где Ма́ша?   "Where is Masha?"
— Вот она́.   "Here she is."

C2 Mike can't find his things.

As you work on this material, try to help students discover for themselves that inanimate objects have gender in Russian.

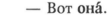

— Где су́мка?   "Where is (my) bag?"
— Вот она́!   "Here it is!"

— А где дневни́к?   "And where is (my) diary?"
— Вот он.   "Here it is!"

— Где письмо́?   "Where is (my) letter?"
— Вот оно́.   "Here it is."

C3 Nouns that refer to males (Антон, Ваня, Джон, Миша) are always masculine; words that name females (Маша, Анна, Мэри) are feminine. The gender of other Russian nouns is determined by spelling: nouns that end in -a or -я (Москва, школа, парта) are feminine; nouns that end in -o or -e are neuter (письмо, окно, упражнение); and nouns that end in a hard consonant (стол, дневник, учебник) are masculine.

Determining the gender of nouns that end in a consonant followed by a soft sign (ь) is more difficult for a nonnative speaker. The gender of such nouns must be memorized. For example, тетрадь is feminine, but словарь is masculine.

C4 You must use the correct pronoun when referring to objects and persons. All masculine nouns are replaced by он, feminine nouns by она, and neuter nouns by оно.

Compare these brief dialogs:

— Где Роман?
— Вот он.

— Где Маша?
— Вот она.

— Где журнал?
— Вот он.

— Где ручка?
— Вот она.

— Где письмо?
— Вот оно.

C5 Determine the gender of these unfamiliar Russian words. If necessary, check the glossary or a dictionary. The gender of nouns is always shown in dictionaries.

комната	(f), room	мясо	(n), meat
самолёт	(m), airplane	деревня	(f), village
собака	(f), dog	кошка	(f), cat
ёж	(m), hedgehog	площадь	(f), square
портфель	(m), briefcase	город	(m), town
лагерь	(m), camp	костюм	(m), costume, suit
дом	(m), house	страна	(f), country
море	(n), sea	кольцо	(n), ring

In this exercise there are three words whose gender cannot be determined without help. This is a good time for students to learn to refer to the vocabularies for the gender of those three words.

C6 The same plural pronoun, they (они), is used for all three genders.

— Где Ната́ша и Ма́ша?

— Вот они́.

"Where are Natasha and Masha?"
"Here they are."

— Где ру́чка и каранда́ш?

— Вот они́.

"Where are (my) pen and pencil?"
"Here they are."

C7 Work in pairs, looking at the photographs and drawings in the textbook. In the time that you are given, ask as many questions as you can using „Где ... ?" and answer using „Вот он", „Вот она́", „Вот оно́", and „Вот они́".

C8 Grades in Russian Schools

The highest grade in Russian schools is a 5 (отли́чно); the next highest is a 4 (хорошо́), followed by 3 (удовлетвори́тельно), and 2 (пло́хо, неудовлетвори́тельно). In rare cases, when the number of mistakes is high, the teacher may give a grade of 1 (едини́ца). Term grades are given four times a year. In June, after comprehensive oral and written exams, grades are assigned for the entire year's work. A student's grades determinine whether he/she will go on to the next class.

Literal meanings for the grading words are:
отли́чно — excellent,
хорошо́ — good,
удовлетвори́тельно — satisfactory,
пло́хо — poor,
неудовлетвори́тельно — unsatisfactory and
едини́ца — one.

C9 Examine this work by an eighth-grade student, who has been studying English since the second grade. He received a grade of 2. Do you agree with this grade?

September, Wednesday. 14
Test.
At the Seaside
look! The children are running into the water. The water is nice and warm. The boys and girls are hot. They have just stopped pleing volley-ball. It is always pleasent to swim in the see when it is hot.
Some of the cheldren are good swimers, but Jane and Kate have jast learnd to swim. They never swim far aut in the deep water. They always swim with their friends.

2.

When section C is completed, tell students to prepare for a vocabulary dictation quiz for the next class. The words and phrases suggested for oral dictation testing in this section are: вот, где, дом, он, она́, оно́, они́, письмо́. You will probably want to review some particularly difficult or important words from sections A and B as well.

D Phonetics and Reading

D1   Pronunciation Practice.

Help students with the correct pronunciation of т and д (tongue behind the lower front teeth, unlike English "t" and "d").

1. Practice the correct pronunciation of т.

вот	нет	кот	зову́т
э́то	Ната́ша	газе́та	Бурати́но
кто	стол	прия́тно	па́рта

2. Practice the correct pronunciation of д.

да	Дик	дом	
крокоди́л	каранда́ш	Дружо́к	дневни́к

3. Practice the correct pronunciation of ль (soft л).

портфе́ль	кольцо́	Леопо́льд	Ле́на

Help students with the correct pronunciation of soft л and р (tongue flattened against the roof of the mouth).

4. Practice the correct pronunciation of рь (soft р).

ла́герь	слова́рь	Ри́та	Мари́я

5. Practice the correct pronunciation of the unstressed vowel o.

соба́ка	портфе́ль	костю́м	кольцо́
доска́	слова́рь	окно́	го́род

Remind students to listen and imitate the speaker carefully to reduce the vowels o and a.

6. Practice the correct pronunciation of the unstressed vowel a.

ко́мната	ко́шка	па́рта	Са́ша
Мари́я	Мари́на	Влади́мир	газе́та

7. Practice the intonation of an interrogative sentence with a question word.

Что э́то?   Кто э́то?

Как тебя́ зову́т?   Как его́ зову́т?

The intonation pattern of questions with a question word is new, so students will have to be careful.

8. Practice these sentences, which have contrasting intonation patterns.

— Что э́то? Э́то тетра́дь?   — Что э́то? Э́то портфе́ль?

— Нет, э́то дневни́к.   — Нет, э́то су́мка.

— Кто э́то? Э́то Дружо́к?

— Нет, э́то кот Леопо́льд.

— Как тебя́ зову́т? Анна?

— Нет, меня́ зову́т Мари́я.

Drill 8 contrasts the new intonation pattern with the old.

— Кто э́то? Э́то Жу́чка?

— Нет, э́то Дог.

— Как его́ зову́т? Ко́ля?

— Нет, его́ зову́т Ри́чард.

9. Learn this Russian tongue-twister.

Learning the tongue-twister should be optional.

На дворе́ трава́, на траве́ дрова́, не руби́ дрова́ на траве́ двора́.

In the courtyard there is grass, on the grass is firewood, don't chop wood on the grass of the courtyard.

D2 Examine this article that appeared in the newspaper «Моско́вский комсомо́лец», and explain which delegation came to Moscow.

Юбилей и триумф мышонка

Он начинал как художник-карикату-рист. Нет, не Микки-Маус, а его со-здатель, его талантливый папа — Уолт Дисней. Мышонок оказался хорошим ребенком и принёс папе всемирную не-увядающую славу и многие миллионы долларов...

В программе пребывания делегации «Уолт Дисней компани» в Москве съем-ки видеофильма, встречи, переговоры — последних, правда, не так много, как этого хотелось бы, но Рой К. Дис-ней, вице-председатель компании, по-хоже, доволен...

The delegation that came to Moscow was from Walt Disney Co.

D3 Examine this simplified version of the article. If you carefully sound out the words, you will understand almost everything.

Ми́кки-Ма́ус дал Уо́лту Дисне́ю мно́го миллио́нов до́лларов. Сейча́с делега́ция «Уо́лт Дисне́й ко́мпани» нахо́дится в Москве́.

А вот Ми́кки-Ма́ус на Кра́сной пло́щади.

Mickey Mouse earned Walt Disney many millions of dollars. Now a Walt Disney Co. office is located in Moscow. And here is Mickey Mouse in Red Square.

In this lesson, you have learned:

1) how to ask the identity of a person or thing;
2) how to ask and indicate a location;
3) how to introduce yourself;
4) how to use pronouns in referring to animate and inanimate nouns;
5) how to distinguish the gender of most Russian nouns.

Pretend that you are at a party. Both American and Russian young people have been invited. Since you don't know all of them you ask the host (or hostess) who the guests are. Ask quietly, since you don't want to be overheard. Then you go up to a guest and introduce yourself. These sample dialogs may help you.

Dialog 1
(with the host/hostess)

— Ната́ша, кто э́то?

— Это Ира, она́ ру́сская.

— А э́то кто?

— Америка́нец.

— А как его́ зову́т?

— Его́ зову́т Джек.

"Natasha, who is that?"
"That's Ira, she is Russian."
"And who's that?"
"An American."
"And what's his name?"
"His name is Jack."

Dialog 2
(with the unknown guest)

— Здра́вствуйте, меня́ зову́т Билл. Я америка́нец.

— Здра́вствуйте, Билл. Меня́ зову́т Ната́ша.

— Очень прия́тно, Ната́ша.

— Очень прия́тно, Билл.

"Hello, my name is Bill. I'm American."
"Hello, Bill. My name is Natasha."
"Very pleased to meet you, Natasha."
"Very pleased to meet you, Bill."

Vocabulary

Буратино *(m.)* a cartoon character similar to Pinocchio

буфе́т *(m.)* snack bar

волк *(m.)* wolf

*вот here (is, are)

*газе́та *(f.)* newspaper

*где where, in what location

дневни́к *(m.)* daybook, diary

доска́ *(f.)* board, chalkboard

дура́к *(m.)* fool

за́яц *(m.)* hare, rabbit

*Как его́ зову́т? What's his name?

*Как её зову́т? What's her name?

*каранда́ш *(m.)* pencil

*кни́га *(f.)* book

крокоди́л *(m.)* crocodile

*кто who

лаборато́рия *(f.)* laboratory

ла́мпа *(f.)* lamp, light

ма́льчик *(m.)* boy

*не *(negative particle)* not

*окно́ *(n.)* window

*он he, it *(referring to a masculine noun)*

*она́ she, it *(referring to a feminine noun)*

*они́ they *(referring to all plural nouns)*

*оно́ it *(referring to neuter nouns)*

*о́чень very

*Очень прия́тно. Very pleased to meet you.

па́рта *(f.)* school desk

*письмо́ *(n.)* letter

*ру́чка *(f.)* pen

*слова́рь *(m.)* dictionary

спортза́л *(m.)* gym, athletic facility

*стол *(m.)* table

столо́вая *(f.)* dining room

*су́мка *(f.)* bag

*тетра́дь *(f.)* notebook

упражне́ние *(n.)* exercise

туале́т *(m.)* toilet, rest room

уче́бник *(m.)* textbook

хоро́ший good

Чебура́шка *(m.)* a cartoon character

*что what

*я I

Урок 3
(Третий урок)

Наша семья

Before you begin this lesson, set the stage by asking students to bring in pictures of their family, so that they will be able to talk about them. Alternatively, they could bring in pictures of families taken from magazines, etc.

Section	Main Structures	Functions	Grammatical Concepts	Language & Culture
A	— Это наша семья: мой папа, моя мама и я.	Talking about the family	Possessive adjectives мой, твой, наш, ваш	The Russian family
B	— Где твой брат? — Он в институте.	Asking and telling about locations	Nouns in prepositional case with в and на to tell location	The age at which young people marry in Russia
C	— Ты не знаешь, где папа? — Нет, я не знаю, где он.	Asking whether someone knows something	Present tense of Conjugation I Adverb тоже Combining sentences with что, кто, где	Women at work outside the home
D	**Phonetics and Reading** **Pronunciation Practice** „Наша семья"		Проект „Саманта" **Overview of the Lesson** Словарь	

A Talking about Family

— Это на́ша семья́:
мой па́па, моя́ ма́ма и я.

"This is our family:
my father, my mother, and I."

A1 Игорь and Ната́ша are showing each other family photographs.

Review the gender of nouns and the personal pronouns before studying this conversation.

Focus students' attention on the word семья́ and its meaning. Be prepared to correct any students who remember the word фами́лия and want to use it with a meaning other than "surname."

— Это на́ша семья́: ма́ма, па́па и я.

"This is our family: mama, papa, and I."

— А это на́ша семья́. Это мой па́па, это моя́ ма́ма, это мой **брат**, моя́ сестра́, это мой де́душка и ба́бушка.

"And this is our family. This is my papa; this is my mama; this is my brother and my sister; this is my grandfather and grandmother."

— А вот это я.

"And here I am."

Russian families are usually small. And almost all women work in jobs outside of the home. Many children go to nursery schools (**ясли**) or kindergarten (**детский сад**). The job of caring for a child often falls to a grandmother (**бабушка**).

Russian families often consist of three generations living together. Thus, the grandmother or grandfather is readily available to help with the children.

In large cities most couples have only one child, although the national average in Russia is two children per family. The average is much higher in Central Asia.

Many Russian women want careers, but in most families, the wife has little choice but to work, since her husband's income is not enough to support the family.

Бабушка и внук

Детский сад

Семья

A4 The Russian possessive adjectives **мой** and **наш** have three corresponding nominative singular forms in Russian. But there is only one Russian nominative plural form.

You may wish to make an extensive listing of nouns already studied, writing them on the board and grouping them according to gender.

Masculine	Feminine	Neuter	Plural
мой наш папа брат дедушка	моя наша мама сестра бабушка	моё наше	мой наши дедушка и бабушка
журнал словарь дом	школа тетрадь	письмо окно	

Have some students point out objects around them, using the possessive adjectives they know: „Это мой карандаш", „Это наш класс", etc.

A5 Никита drew a picture of the members of his family and showed his picture to Алёша. Алёша asked: „Кто э́то?" about each person. Никита answered in this way: „Это мой брат. Его́ зову́т Ва́ня". One classmate should pretend to be Никита and answer other students' questions about the drawing on the next page.

A6 Bring snapshots of your family to school and show them to the class. Describe who is in each photograph (give the person's name and relationship to you). If you prefer, you may make your own humorous drawings of family members instead of bringing snapshots. You can also work in pairs, using this model:

— Кто э́то?
— Это мой брат.
— Как его́ зову́т?
— Его́ зову́т Джон.

"Who's this?"
"That's my brother."
"What's his name?"
"His name is John."

If the students have brought in family pictures, they can be used here. If not, magazine photographs and drawings you bring will work just as well. Students may feel the need to give last names. If they do, remind them of the word фами́лия, introduced in lesson 1. Remind them again of the difference between семья́ and фами́лия.

Since students have not yet studied его́/её/их as possessive adjectives, you may have to help them to avoid their use.

A7 Ната́ша is showing Ира photographs of a young man and a young woman.

"Who is that?"
"That's my brother."
"That's your brother? And what's his name?"
"His name is Alik. He's an athlete."

— Кто э́то?

— Это мой брат.

— Это **твой** брат? А как его́ зову́т?

— Его́ зову́т Алик. Он **спортсме́н**.

"And is that your sister?"
"No, that's our teacher."
"Your teacher?"
"Yes, our teacher."

— А э́то **твоя́** сестра́?

— Нет, э́то **на́ша** учи́тельница.

— **Ва́ша** учи́тельница?

— Да, на́ша учи́тельница.

A8 The form of the possessive adjective **твой** (like **мой** and **наш**)
depends upon the gender of the noun it is used with. Since
you have already learned the forms of the possessive adjective **мой**
these forms (**твой, твоя́, твоё, твой**) will be simple to remember.

— Это твой брат?

— Да, э́то мой брат.

> "Is that your brother?"
> "Yes, that's my brother."

— Это твой брат и сестра́?

— Да, э́то мой брат и сестра́.

> "Is that your brother and sister?"
> "Yes, that's my brother and sister."

— Это твоя́ сестра́?

— Да, э́то моя́ сестра́.

> "Is that your sister?"
> "Yes, that's my sister."

— Это **ваш** дом?

— Да, э́то наш дом.

> "Is that your house?"
> "Yes, that's our house."

A9 Examine this family tree, which shows some important vocabulary.

You may wish to omit nouns for more distant relationships, such as муж, жена, внук, внучка for later.

A10 How would these people introduce each other?

Виктор Иванович и Маша — отец и дочь.

— Это мой папа, Виктор Иванович.
— Это моя дочь Маша.

Victor Ivanovich and Masha are father and daughter.

"This is my father, Victor Ivanovich."
"This is my daughter, Masha."

1. Олег и Катя — брат и сестра.

2. Александр Петрович и Оля — дедушка и внучка.

3. Ольга Николаевна и Ваня — мать и сын.

4. Николай Фёдорович и Костя — отец и сын.

5. Борис Юрьевич и Нина Ивановна — муж и жена.

6. Джон и Генри Джонс — дедушка и внук.

1. — Это моя сестра, Катя.
   — Это мой брат, Олег.
2. — Это моя внучка, Оля.
   — Это мой дедушка, Александр Петрович.
3. — Это мой сын, Ваня.
   — Это моя мама, Ольга Николаевна.
4. — Это мой сын, Костя.
   — Это мой отец, Николай Фёдорович.
5. — Это моя жена, Нина Ивановна.
   — Это мой муж, Борис Юрьевич.
6. — Это мой внук, Генри.
   — Это мой дедушка, Джон.

A11 Examine these photographs with a classmate. Find out who the people are and ask about names and relationships. Your questions will be similar to these.

— Кто э́то?
— Это твой брат?
— Это твоя́ сестра́?
— Это твой брат и сестра́?

or

— Это твои ба́бушка и де́душка?
— Это твой па́па?
— Это твоя́ ма́ма?

Your answers may be like these:

— Да, э́то мой брат/па́па/де́душка.
— Да, э́то моя́ сестра́/ма́ма/ба́бушка.

Ольга Никола́евна Ивано́ва

Марк Ива́нович Во́лков

Татья́на Оле́говна Уткина

Ни́на Алекса́ндровна Но́викова

A12 There are many borrowed words in Russian, especially among young people, and many of them are so new that many older Russians don't understand them. If you sound out the words carefully, you will probably understand the cartoon without looking up any words.

—СЫН МОЙ МЕ́НЕДЖЕР, ВНУК-РО́КЕР, А МОЯ́ ЖЕНА́ - МОЙ СПО́НСОР.

"My son is a manager; my grandson is a rocker; and my wife is my sponsor."

A13 Don't forget that the words мой, моя́, моё, мой, and твой, твоя́, твоё, твои́ can be used with all nouns. Practice naming things around you using words you have already learned. You might begin with „Это мой класс" or „Это моя́ па́рта". See who can make the most possessive statements.

First, quickly move about the room picking up objects belonging to students and placing them on your desk. Then ask students „Это твой/твоя́/твоё/твои́...?" Give the student his/her belongings when he/she answers correctly.

A14 Look at the pictures and indicate who says:

„Это наш дом". „Это моя сестра". „Это моя семья". „Это мой брат".

Students should simply point to picture in question as they read each sentence aloud.

The dog says: "This is our house."

The fox says: "This is my sister."

The duck says: "This is my family."

The squirrel says: "This is my house."

If you want to continue regular vocabulary dictations when section A is completed, tell students to prepare for a vocabulary dictation quiz. The words suggested for oral dictation testing in this section are: бабушка, брат, дедушка, жена, мама, моя, муж, наша, папа, семья, сестра, сын, твой.

B Telling about Locations

— Где твой брат?   "Where is your brother?"
— Он в институ́те.   "He's at the institute."

B1 Ира calls Ната́ша on the telephone.

— Алло́!
— Алло́! Это Ната́ша?
— Да, э́то я.
— Здра́вствуй, Ната́ша. Это Ира.
— Приве́т, Ира.
— Скажи́, а твой брат до́ма?
— Нет, он в институ́те.
— Хорошо́, спаси́бо. До свида́ния.
— До свида́ния.

"Hello."
"Hello. Is this Natasha?"
"Yes, it's me."
"Hello, Natasha. This is Ira."
"Hi, Ira."
"Tell me, is your brother home?"
"No, he's at the institute."
"Fine, thank you. Goodbye."
"Goodbye."

Remind students that алло́ is only used in answering the phone. It is never appropriate in greeting people.

When Russians answer the phone, the first thing they say is usually „Алло́" or „Да", without naming themselves.

B2 A Russian noun is always in one of six cases, depending upon how it is used in a particular sentence. You already know the nominative case. This case is used to name the person or object that is the subject of the sentence: Это Анто́н. Это шко́ла. A dictionary lists nouns in the nominative form. A noun that answers the question где? with a preposition to name a place or location must be given in a **prepositional case** form. Some people call this case **locative**, since it is often used in giving locations. Why do most people call it the prepositional case? Because it is only used with prepositions.

Two prepositions are used in naming locations: в (in) and на (on).

— Где твой брат?
— Он в институ́те.

— Где твоя́ тетра́дь?
— В столе́.

— Где твои́ кни́ги?
— На столе́.

Nominative Case (что?)

школа
класс

Prepositional Case (где?)

в шко́ле
в кла́ссе

Noun Case Forms

	Masculine	*Feminine*	*Neuter*
Nominative (кто? что?)	институ́т	шко́ла	письмо́
Genitive	-	-	-
Accusative	-	-	-
Dative	-	-	-
Instrumental	-	-	-
Prepositional (где?)	(в) институ́те (на) столе́	(в) шко́ле	(в) письме́

You should remember, however, that the phrase "at home" is expressed in Russian without using any preposition.

— Где твоя́ ма́ма?

— Она́ до́ма.

Some students will understand this grammatical material without assistance, but most will need to hear it in your own words. Be prepared to explain it more than once.

B3 Examine the pictures, then answer the following questions.

1. Где газе́та?
2. Где су́мка?
3. Где каранда́ш?

4. Где волк?
5. Где за́яц?
6. Где тетра́дь?

Газе́та на окне́.
Су́мка в столе́.
Каранда́ш в кни́ге.

Волк в су́мке.
За́яц в па́рте.
Тетра́дь на столе́.

Tell students that words like тетра́дь (feminine nouns ending in ь) will be studied a little later.

Write the words класс, стол, па́рта, доска́, шко́ла, дневни́к, газе́та, уче́бник, and спортза́л on the board and have students say sentences expressing location. Give them cues, where practical, by showing a pen in a closed textbook, pointing out a newspaper on the desk, etc.

B4 Some nouns are always used with **в** and others are always used with **на**. Memorize the words below. This list can be used as the basis for a drill where you ask students for the locations of relatives, friends, the president, the principal, a rock star, etc.

Nominative	Prepositional	Nominative	Prepositional
магазин	в магазине	завод	на заводе
аптека	в аптеке	почта	на почте
поликлиника	в поликлинике	улица	на улице
клуб	в клубе	фабрика	на фабрике
театр	в театре	фирма	на фирме
офис	в офисе		
больница	в больнице		

Students need not answer with real locations of the people named.

Two English prepositions can be used to translate the prepositions **в** and **на**. Which? (Hint: "on" is not one of those meanings.)

You may wish to add words that you particularly need in your classroom, such as ферма (на), концерт (на), проспект (на).

B5 There are historical reasons for using **в** and **на** in certain cases. Russian schoolchildren are no less troubled by the English prepositions "in" and "at." They are never sure whether to say something happened "in school" or "at school." Exercises like the one that follows (from a Russian textbook of English) are difficult for them.

It is entirely possible that your students will not feel there is any great difference between "at" and "in." They should be all the more interested in the fact that Russian English teachers teach that there is an important difference and that students are expected to learn this distinction.

Fill in the prepositions where necessary: at, in, with, of, for, on, after.
1. Pete wants me to help him ... mathematics. 2. Are you going to take part ... the competition? 3. We all know that the boy is good ... literature. 4. Lots ... our boys and girls go ... ... sport. 5. ... rainy weather we stayed ... home. 6. She was ... duty and had to stay ... the classroom ... school.

B6 Make some signs with names of places such as театр, школа, клуб, офис, больница (as many as you wish) and tape them to the classroom seats. These seats then become the places named.

Use those place names and explain where the students in those chairs are located.

Remember that **скажи** is only used in situations when you are addressing a close friend. When addressing a group or when the polite form is appropriate use **скажите**. The polite word **пожалуйста** is frequently used as part of this formula.

Follow the example:

— Скажи, где Иван?   *or*   — Скажите, пожалуйста, где Иван?
— Он в поликлинике.

B7 Look at the drawings and answer the questions:
Где Антóн? Где Сáша? Где Мáша? Где Натáша?

Антóн на пóчте. Сáша в клýбе. Мáша в магазúне. Натáша на стадиóне.

B8   About Marriage

Young people in Russia usually marry between the ages of twenty-two and twenty-six. Women marry a little younger than men. Some marry at eighteen.

Some marriages end in divorce when the young people were not ready for marriage, when there were difficulties with housing, or when parents interfered in the marriage. Sometimes the divorce is caused by alcoholism.

A wedding day is a big day of celebration, and there are many happy marriages that last for a lifetime.

If you wish, tell students to prepare for a vocabulary dictation quiz for the next class. The new words and phrases suggested for oral dictation testing in this section are: аллó, институт, магазúн, óфис, пожáлуйста, поликлúника, дóма, скажú, улица. You will probably want to review some of the words from section A as well.

Students will probably be interested in knowing that a large proportion of Russian weddings take place in a дворéц бракосочетáния and that they resemble civil weddings in the U.S. Church weddings are becoming more frequent.

More often than not, because of the housing shortage, newlyweds must move in with either the bride's or the groom's family. It normally takes years to get an apartment through regular government channels.

C Asking Whether Someone Knows Something

— Ты не зна́ешь, где па́па?	"Do you know where papa is?"
— Нет, я не зна́ю, где он.	"No, I don't know where he is."

C1 Mother is surprised to see **Ви́тя** home so early.

— А, Ви́тя! Ты до́ма?

— Да. Приве́т, ма́ма.

— А па́па **то́же** до́ма?

— Нет.

— А ты не **зна́ешь**, где он?

— Нет, не зна́ю.

"Ah, Vitya! You're home?"
"Yes. Hi, mama."
"And is papa also at home?"
"No."
"And you don't know where he is, do you?"
"No, I don't know."

— А, Ви́тя! Ты до́ма?

— Приве́т, ма́ма. Я до́ма.

— А па́па то́же до́ма?

— Нет, не до́ма.

— А ты не зна́ешь, где он?

— Нет, я не зна́ю.

"Ah, Vitya! You're home?"
"Hi, mama. I'm home."
"And is papa also at home?"
"No, he's not at home."
"And you don't know where he is, do you?"
"No, I don't know."

C2 Listen and repeat these dialogs.

— Ты не зна́ешь, где па́па?

— Зна́ю. Он на заво́де.

"You don't know where papa is, do you?"
"I do. He's at the plant."

— Ты зна́ешь, где ма́ма?

— Нет, не зна́ю.

"Do you know where mama is?"
"No, I don't know."

— Ты зна́ешь, где па́па?

— Да, зна́ю, он на заво́де.

"Do you know where papa is?"
"Yes, I know; he's at the plant."

— Ты зна́ешь, где ма́ма?

— Зна́ю, она́ в о́фисе.

"Do you know where mama is?"
"I know; she's at the office."

C3 The question "Do you know..." may be asked in either the affirmative or the negative (using **не** before the verb). The meaning in either case is the same. The negative version is more conversational, a little less formal.

When you know the answer to a question, you can simply say: „Я зна́ю...". When you do not know, then you must say: „Я не зна́ю". You could say in a more complete way:

— Я (не) зна́ю, кто э́то.

— Я (не) зна́ю, что э́то.

— Я (не) зна́ю, где твоя́ кни́га.

— Я (не) зна́ю, где Анто́н.

C4 You probably know the song "Frère Jacques." There is also a Russian version that can help you to remember the verb **знать** (to know) and the word **ничего́** (nothing). After you learn it in class, sing it for your family to show them how much Russian you have learned.

Я не зна́ю ничего́!

I don't know, I don't know anything, anything!
Don't know anything, don't know anything, well, well!

Я не зна́ - ю, я не зна́ - ю ни - че - го́ ни - че - го́!

Ни - че - го́ не зна́ - ю, ни - че - го́ не зна́ - ю хо - ро - шо́ хо - ро - шо́!

C5 Russian verbs change their endings, depending upon the subject that is performing the action. You have already encountered two forms of the verb **знать** (to know):

Я зна́ю.   Ты зна́ешь.

When you address your teacher or other adults (or anytime you are speaking to more than one person), you should always use the polite (second person plural) form of the verb:

— Вы не зна́ете, где мой слова́рь?

— Вот он.

— Спаси́бо.

C6 Study this conversation; then act it out. How many characters
have speaking parts? Which ones are they? What does Wolf
want the others to call him?

— Вы зна́ете, кто я?

— Ты Волк.

— Вы не зна́ете, кто я. Скажи́, За́яц, кто я?

— Ты чемпио́н, Волк.

— Не „ты“, а „вы“!

— Волк, вы чемпио́н!

— Спаси́бо, За́яц.

"Do you know who I am?"
"You are Wolf."
"You don't know who I am."
"Tell me, Hare, who I am?"
"You are a champion, Wolf."
"Not „ты“, but „вы!“"
"Wolf, you're a champion."
"Thanks, Hare."

There are three speaking parts: Wolf, Hare, and one
other, which is not specified. Wolf wants the others to
call him "Champion."

C7 Work in pairs to practice using the verb знать. Follow this model.

— Ты (не) зна́ешь, где Ива́н?

— Он в магази́не.

— А где Андре́й?

— Он то́же в магази́не.

"You don't know where Ivan is, do you?"
"He's at the store."
"And where's Andrei?"
"He's also at the store."

Other locations to use:

магази́н	заво́д	апте́ка
по́чта	у́лица	поликли́ника
фа́брика	клу́б	теа́тр
фи́рма	о́фис	больни́ца

Make this drill more interesting by changing names and locations as much as you
can.

C8 Most Russian women work outside of the home. Examine these photographs, and try to understand the caption.

Женщины на работе.

The words and phrases suggested for oral dictation in this section are:знаешь, ничего, тоже, ты, чемпион.

D Phonetics and Reading

D1 Pronunciation Practice.

1. Practice the correct pronunciation of the preposition в in combination with vowels and with other voiced consonants.

в апте́ке	в институ́те	в о́фисе	в газе́те
в больни́це	в магази́не	в Петербу́рге	в Москве́

Students will practice pronouncing the preposition в as a part of the word that follows.

2. Practice the correct pronunciation of the preposition в in combination with unvoiced consonants.

в клу́бе	в теа́тре	в поликли́нике	в словаре́
в су́мке	в портфе́ле	в ко́мнате	

The preposition в is still pronounced as part of the following word, but must also be devoiced, becoming like an ф.

3. Practice the correct pronunciation of the preposition на in combination with the word that it precedes.

на по́чте	на у́лице	на фи́рме	на фа́брике
на заво́де	на па́рте	на уро́ке	на столе́

The preposition на is also pronounced as a part of the following word. Tell students that this is the general rule with all prepositions.

4. Practice the correct intonation with these questions.

— Вы не зна́ете, где апте́ка?

— Ты не зна́ешь, где поликли́ника?

— Ма́ша, ты не зна́ешь, где моя́ су́мка?

— Ко́ля, ты не зна́ешь, где мой каранда́ш?

Students are reviewing the intonation of question sentences without a question word (ИК-3). Remind them to imitate the speaker carefully.

D2 Study this short text; then answer the questions. Since you have not studied Russian numbers, you should work in pairs and check each other's understanding of the text by asking and answering the questions in English.

Наша семья

Вот наша семья. Это мой папа, моя мама, дедушка, бабушка, мой брат Ваня, моя сестра Лена и я, Антон.

Мой папа — инженер на заводе. Моя мама — врач в больнице. Мой брат — студент. Моя сестра — студентка. Мой дедушка — мастер на фирме. А моя бабушка дома. И это хорошо.

1) How many people are there in the family?
2) How many sons are there?
3) How many persons work?
4) How many persons don't have jobs?
5) Where do some of these people work?

Remember that Russian usually omits the verb "is/are." Sometimes, however, a dash "—" is written to show where the linking idea falls.

Our Family

Here is our family. This is my papa, my mama, grandfather, grandmother, my brother Vanya, my sister Lena, and me, Anton.

My papa is an engineer. My mama is a doctor in a hospital. My brother is a student. My sister is a student. My grandfather is a foreman in a company. And my grandmother is at home. And that is good.

1. There are seven people in the family.
2. There are two sons (three, if you consider that the father may be the son of the grandfather).
3. Three persons have jobs.
4. Four persons don't have jobs.
5. Papa works at a plant, mama at the hospital, grandfather in a company

D3 Read this dialog.

На заводе

— Здравствуйте.

— Здравствуйте. Как ваша фамилия?

— Кротова.

— А ваша?

— Кротов.

— Вы брат и сестра?

— Нет, муж и жена.

— Муж и жена? Это хорошо.

Ask students some questions about the dialog in English and/or Russian.
1. How many people are involved in the conversation?
2. What is the wife's name? (Как её зовут?)
3. What is the husband's name? (Как его зовут?)
4. Where is the conversation taking place? (Где они?)

At the Plant

"Hello."
"Hello. What is your last name?"
"Krotova."
"And yours?"
"Krotov."
"Are you brother and sister?"
"No, we are husband and wife."
"Husband and wife? That's good."

**Маша и Олег Кротовы.
Они муж и жена.**

D4 There has been a lot of talk about family in this lesson. We should also remember that we are part of an extended global family, in which we are all related in our desire for a good, peaceful life for everyone. One young person who did what she could to help was Samantha Smith. Study this short newspaper article called «Проéкт «Самáнта» and answer the question "Where are the Soviet youngsters going?"

Samantha Smith was a 12 year-old girl, who wrote to the Soviet leader telling of her dreams for peace between the U.S.A. and the U.S.S.R. He responded, inviting her to visit the Soviet Union.

Samantha and her mother were greeted with great enthusiasm in Soviet cities and her travels were widely publicized.

Samantha Smith died in an airline crash a couple of years afterwards and a fund was set up both to honor her memory and to help make her dreams of peace a reality by funding exchanges of young people.

ПРОЕКТ «САМАНТА»

Вот уже полгода в помещении Государственной республиканской детской библиотеки действуют Центр детской дипломатии и пресс-центр проекта.

В эти дни в Центре идет напряженная работа — готовится делегация для поездки на родину Саманты — в штат Мэн, где наши дети будут гостями американского Фонда Саманты Смит. Кто будет включен в группу, решают сами дети. А пока каждый претендент разрабатывает свою программу: ведь дети едут не как простые туристы, а как участники проекта, и у каждого должны быть свои замыслы, идеи, своя цель поездки. А кто на этот раз не поедет за рубеж, готовится к встрече американских гостей, которые по нашему приглашению приезжают в Советский Союз.

Юрий ЯКОВЛЕВ,
писатель, президент
проекта «Саманта».

D5 Here is a simplified version of part of the article «Проéкт «Самáнта» for those of you who want to know every word. Try to read and understand this sentence completely without help.

В Москвé нахóдится Центр дéтской дипломáтии и пресс-цéнтр проéкта.

The Center of Children's Diplomacy and the press center of the project are located in Moscow.

Overview of the Lesson

In this unit you have learned:

1) how to name the members of your family and tell something about them;
2) how to indicate possession using possessive adjectives;
3) how to tell about the locations of people and objects using nouns with prepositions в and на;
4) how to indicate whether someone knows something;
5) how to introduce family members and name their professions;
6) more about scanning texts for information without knowing every word.

Examine this family group. Pretend that this is your own family, and talk about each member. You should be able to name them, explain how they are related to you, say what their professions are, and explain where they work.

Словарь

алло́ hello *(only for telephone use)*
*апте́ка *(f.)* drugstore, pharmacy
*ба́бушка *(f.)* grandmother
*больни́ца *(m.)* hospital
*брат *(m.)* brother
*в in
*ваш, ва́ша, ва́ше, ва́ши your
   (plural/polite)
внук *(m.)* grandson
вну́чка *(f.)* granddaughter
врач *(m.)* doctor
*вы you *(plural/polite)*
*де́душка *(m.)* grandfather
*до́ма at home
*дочь *(f.)* daughter
*жена́ *(f.)* wife
заво́д *(m.)* plant
*знать (зна́ю, зна́ешь, зна́ют) to
   know
инжене́р *(m.)* engineer
клуб *(m.)* club
*магази́н *(m.)* store, shop
*ма́ма *(f.)* mother
ма́стер *(m.)* foreman
*мать *(f.)* mother
ме́неджер *(m.)* manager
*моё, мой, мой, моя́ my
*муж *(m.)* husband

*на on, in, at
*наш, на́ша, на́ше, на́ши our
*ничего́ nothing
*оте́ц *(m.)* father
о́фис *(m.)* office
*па́па *(m.)* papa, father
*пожа́луйста please
покупа́ть (покупа́ю, покупа́ешь, поку-
   па́ют) to buy
поликли́ника *(f.)* clinic
*по́чта *(f.)* post office
ро́кер *(m.)* motorcycle club member
*семья́ *(f.)* family
*скажи́(те) tell, say *(imperative)*
спо́нсор *(m.)* sponsor
*спортсме́н *(m.)* athlete, sportsman
*студе́нтка *(f.)* student
*сын *(m.)* son
*твой, твоя́, твоё, твои́ your
   (singular/familiar)
теа́тр *(m.)* theater
*то́же also, too
*ты you *(singular/familiar)*
*у́лица *(f.)* street
*учи́тельница *(f.)* teacher
фа́брика *(f.)* plant, factory
*фи́рма *(f.)* firm, business, company

Урок 4
(Четвёртый урок)

Где что находится?

Section	Main Structures	Functions	Grammatical concepts	Language & Culture
A	— Скажи́те, пожа́луйста, где нахо́дится магази́н «Москви́чка»? — На Но́вом Арба́те.	Asking locations	The verb находи́ться in 3rd person singular	Russian stores and their names
B	сувени́р — сувени́ры кни́га — кни́ги	Expressing plurality	The plural of nouns	Streets and squares in cities
C	— Где ты живёшь? — Я живу́ в Москве́, на у́лице Дру́жбы.	Asking where someone lives	Present tense of the verb жить	Homes and apartments in Russia
D	**Phonetics and Reading** Pronunciation Practice „Москва́. Кра́сная пло́щадь"		„Джи́нсы "Levis" всегда́ в мо́де" Overview of the Lesson Слова́рь	

A Asking Locations

— Скажи́те, пожа́луйста,
  где нахо́дится магази́н
  „Москви́чка“?

— На Но́вом Арба́те.

"Tell me where
the 'Moscovite' store is
located, please."

"On New Arbat Avenue."

A1 На у́лице. Ири́на не зна́ет, где магази́н.

Explain to your students that either скажи́те, пожа́луйста (tell me, please) or извини́те, пожа́луйста (excuse me, please) is used to address a passerby, when you need to ask information.

"Tell me, please, where is the 'Moscovite' store located?"
"I don't know."

— Скажи́те, пожа́луйста, где **нахо́дится**
  магази́н **„Москви́чка“**?

— Я не зна́ю.

"Excuse me, you don't know where the 'Moscovite' store is, do you?"
"The 'Moscovite' store? It's on New Arbat Avenue."

— **Извини́те**, вы не зна́ете, где нахо́дится
  магази́н „Москви́чка“?

— Магази́н „Москви́чка“? На Но́вом Арба́те.

A2 The „Москви́чка“ store uses the word for a female
inhabitant of the city of Moscow as its name to show that it is
a store for fashionable women of the capital. The term for a male
Moscovite is москви́ч (also the name of a popular automobile).

A3 Russian does not have a generally accepted noun of address. For foreigners, **господи́н** and **госпожа́** (frequently used in Russia before the revolution) are used almost exclusively, but these terms are not normally used for Russians. Some would like to bring back old nouns of address, but for the present, at least, there is no real equivalent of the English Mr./Mrs./Miss/Ms. that can be used for native Russians.

Граждани́н/гражда́нка (citizen/citizeness) are used with some frequency, as is това́рищ (comrade). The latter is most frequently used with a job title, as in това́рищ милиционе́р (comrade policeman).

Господи́н/госпожа́ may be making a comeback. One frequently hears the plural form (господа́) on Pushkin Square, used by people selling their special interest newspapers.

Waitresses and female salesclerks are usually addressed as де́вушка (girl), even when they are obviously well past that stage of life. Men are frequently addressed as молодо́й челове́к (young man) well into middle age.

A4 **At the Information Bureau**

The nominative case can be used here in the answer to the question "where?" since it is a formal response at a спра́вочное бюро́, and not a conversational answer. In most other situations, the answer would be на Пу́шкинской пло́щади.

— Где нахо́дится **кинотеа́тр** „Росси́я“?

— Пу́шкинская пло́щадь, метро́ „Пу́шкинская“. Вот **а́дрес** и **телефо́н.**

— Спаси́бо.

— Где нахо́дится Большо́й теа́тр?

— На Театра́льной пло́щади, метро́ „Охо́тный ряд“.

"Where is the 'Rossiya' movie theater located?"
"Pushkin Square, subway (stop) 'Pushkinskaya'. Here is the address and telephone."
"Thanks."

"Where is the Bolshoi Theater located?"
"On Theater Square, subway (stop) 'Okhotny Ryad'."

A5 The prepositional case form of **пло́щадь** is **(на) пло́щади.** This is the normal prepositional case ending for feminine nouns that end in -a in the nominative singular.

A6 Russian cities usually have many information booths. Here you can get information about telephone numbers; addresses of friends; bus, streetcar, and subway routes; and transfers.

There are no telephone books in public telephone booths. Dial 09, and the free information operator will provide any telephone number you might need except for personal numbers.

Telephone books are not a part of Russian life. Sometimes telephone books are printed and sold at newsstands, but they sell out quickly and may not be available again for a long time.

A7 Places people often ask about.

УНИВЕРСАМ	**ПАРК**	**ГАСТРОНОМ**
УНИВЕРМАГ	**МУЗЕЙ**	**КАФЕ**
РЕСТОРАН	**МЕТРО**	**ТУАЛЕТ** **ПОЧТА**
АПТЕКА	**БИБЛИОТЕКА**	**КИНОТЕАТР**
СТАДИОН	**ПЛОЩАДЬ**	**УЛИЦА**
ТЕАТР	**РЫНОК**	

These words can be used as another opportunity to answer questions about location in a different way. First, list as many streets as students can remember (but don't list any that would require declension of an adjective!). Then have students ask and answer the questions Скажи́те, пожа́луйста, где нахо́дится универса́м/парк/ гастроно́м?.. or Извини́те, вы не зна́ете, где универма́г/музе́й?.. Your list could also include: у́лица Ми́ра, проспе́кт Ле́нина, пло́щадь Гага́рина, пло́щадь Пу́шкина.

(Remind students that the prepositional case of пло́щадь is пло́щади.)

There aren't any large shopping centers or large supermarkets in Russia. Food is purchased in a гастроном or a универсам.

The универсам resembles our supermarkets more than any other Russian store. There is self-service (the last syllable of the word универсам literally means "self"). Lines frequently form to buy new merchandise.

Don't confuse the word универмаг with универсам. Универмаг is a large department store.

In Moscow there are large stores where you can buy interesting souvenirs and other items. The largest store in Moscow is ГУМ or Государственный универсальный магазин (State Universal Store). It is located on Red Square.

Государственный универсальный магазин (ГУМ)

A9 Look at a Moscow city map. Practice pointing out and explaining where places are located. You might say:

— Где музей?

— Вот он.

(— Где нахóдится музéй?
— Музéй на ýлице Петрóвка.)

or:

(— Музéй нахóдится на ýлице
Петрóвка.)

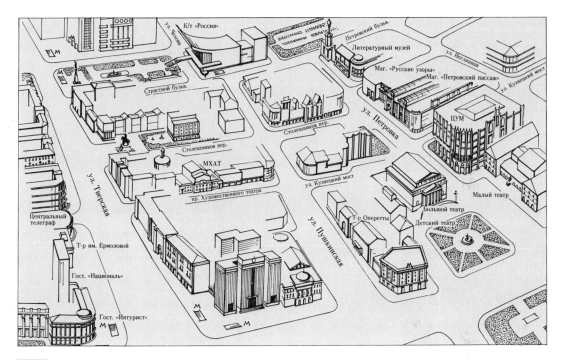

A10 Some Russian visitors ask where a store, drugstore,
stadium, post office, or movie theater are located. Answer
their questions, using a city map, if possible. Follow one of these
models:

— Скажи́, пожáлуйста, где нахóдится пóчта?

— Вот (**вон***) онá.

(— Онá нахóдится вот **здесь**/вон **там**.)

— Скажи́, пожáлуйста, где нахóдится аптéка?

— Аптéка нахóдится на ýлице Вашингтóна. Вот здесь.

Tell students that it is
always possible to use
the English name of a
street when talking about
their own cities and
towns in Russian. The
correct way is на ýлице
Green. In writing, the
name would usually be
given in transliteration
(на ýлице „Грин“).

If you want to continue regular vocabulary dictations when section A is completed, tell students to prepare for a
vocabulary dictation quiz. The words suggested for oral dictation in this section are: áдрес, вон, здесь, кинотеáтр,
метрó, москви́ч, нахóдится, плóщадь, извини́те, телефóн, там.

---

* **Вон** is used instead of **вот** when an object or location is more distant (but can still be pointed out).

B Expressing Plurality

сувени́р — сувени́ры	souvenir — souvenirs
кни́га — кни́ги	book — books

B1 John is walking along a street reading signs.

СУВЕНИРЫ
КНИГИ
ПОДАРКИ
ПРОДУКТЫ
ЦВЕТЫ

Souvenirs
Books
Gifts
Produce
Flowers

The name of a store in Russian is frequently just the plural form of the noun that names the objects sold there.

Some other examples, if you wish to add to the list: Но́ты (Sheet Music), Ка́рты (Maps), Тка́ни (Fabrics), Значки́ (Pins).

B2 On all these signs you see the endings -ы or -и. The nominative plural of almost all masculine and feminine nouns is formed with this ending. The nominative plural of neuter nouns is formed by adding -а or -я.

	Singular	Plural
Masculine	журна́л	журна́лы
	каранда́ш	карандаши́
	слова́рь	словари́
	музе́й	музе́и
Feminine	шко́ла	шко́лы
	ру́чка	ру́чки
	тетра́дь	тетра́ди
Neuter	окно́	о́кна
	упражне́ние	упражне́ния

Students should definitely learn the spelling rule given here. Tell them that it applies to all Russian words, not just the plural forms of nouns.

The ending -и occurs instead of -ы after the letters ж, ш, ч, щ (hushings), г, к, х (gutturals) and whenever the noun ends in -ь or -й (словáрь, тетрáдь, музéй).

Some masculine nouns like америкáнец and подáрок have what is known as a "filler" vowel in their nominative singular form. Whenever a vowel is added at the end of such a noun, the filler vowel is dropped (америкáнцы, подáрки).

B3 Without using a dictionary, decide which of these signs are singular and which are plural.

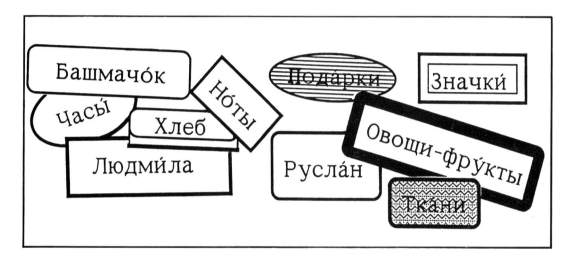

B4 Form the nominative plural of each of these nouns. Some of them you know, others you will learn later.

Журнáл, газéта, стол, **открытка, конвéрт, картина, пирóг, кáрта, гостиница,** улица, **квартира,** óзеро, **мяч, шáпка,** мóре, **рóбот,** машина, упражнéние, карандáш, рýчка.

Журнáлы, газéты, столы, открытки, конвéрты, картины, пироги, кáрты, гостиницы, улицы, квартиры, озёра, мячи, шáпки, моря, рóботы, машины, упражнéния, карандаши, рýчки.

B5 Streets and Squares in Russian Cities

Every Russian city used to have a Lenin Street (**у́лица Ле́нина**), a Soviet Street (**Сове́тская у́лица**), a Peace Street (**у́лица Ми́ра**), a Freedom Street (**у́лица Свобо́ды**), an Avenue or Square of the Revolution (**проспе́кт Револю́ции, пло́щадь Револю́ции**), and even streets such as Builder's Street (**у́лица Строи́телей**) or Metallurgist's Street (**у́лица Металлу́ргов**). Simple numbers or letters were not used to name Russian streets.

Several years ago there was a popular Soviet movie called *Irony of Fate...* (**„Иро́ния судьбы́..."**) by the director **Ряза́нов**, which was based on the idea that Russian cities were all alike. The main character boarded the wrong plane and ended up in the wrong city. He even found his home address without noticing the mistake. Everything was the same as in his home city. Even the apartment and furniture were similar to his own. The only surprise for the hero was that some strange people were living in "his" apartment.

In recent years, many old streets, squares, and towns have regained their old, historic names. One example in the center of Moscow is **у́лица Осто́женка**, which was known for many years as **Метростро́евская у́лица**.

B6

Moscow is constructed in concentric circles, with the Kremlin at the center. Locate Red Square, the Bolshoi Theater, the Historical Museum, the Lenin Museum, the Lenin Library, the old building of Moscow University, and other places of interest. Discuss these famous sites with a classmate, using this pattern:

— Скажи́, где нахо́дится **гости́ница** „Интури́ст"?

— Гости́ница „Интури́ст" нахо́дится на Тверско́й у́лице. Вот здесь.

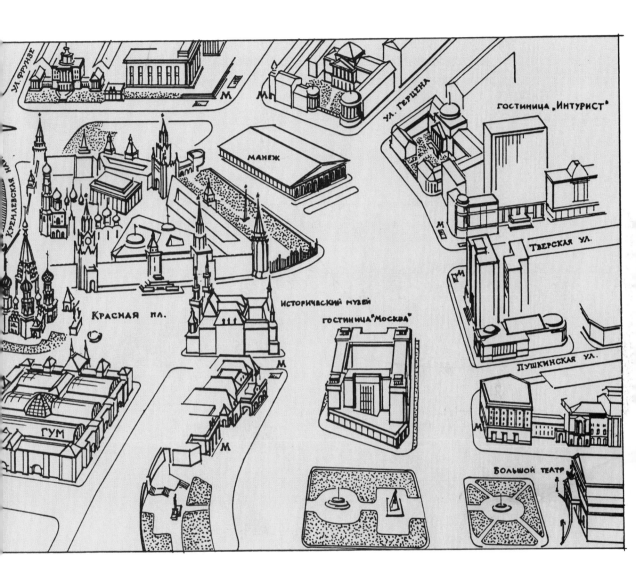

The Russian for the places students are asked to locate is: Кра́сная пло́щадь, Большо́й теа́тр, Библиоте́ка и́мени Ле́нина, Моско́вский Госуда́рственный университе́т (МГУ).

You may ask them to find some or all of the following: у́лица Арба́т (Arbat Street), Америка́нское посо́льство (American Embassy), Моссове́т (Moscow City Council), Тверска́я у́лица (Tverskaya Street), па́мятник Юрию Долгору́кому (Statue to Yurij Dolgorukij), МакДо́нальдс на Пу́шкинской пло́щади (McDonald's on Pushkin Square).

C Asking Where Someone Lives

— Где ты живёшь?　　　　　　"Where do you live?"

— Я живу́ в Москве́, на　　　　　"I live in Moscow, on
улице Дру́жбы.　　　　　　　Friendship Street."

C1　Ка́тя is lost. A policeman asks her where she lives.

— Как тебя́ зову́т?

— Ка́тя.

— А где ты живёшь, Ка́тя?

— Я не зна́ю.

— А как твоя́ фами́лия?

— Моро́зова.

— Мы зна́ем, где она́ живёт.

— Вы зна́ете, где она́ живёт?

— Да, зна́ем. Она́ живёт здесь, на у́лице Космона́втов, 10. Мы то́же живём там.

"What's your name?"
"Katya."
"And where do you live, Katya?"
"I don't know."
"And what's your family name?"
"Morozova."
"We know where she lives."
"You know where she lives?"
"Yes, we know. She lives here on Cosmonaut Street, 10. We also live there."

C2　Learn the forms of the verb **жить** (to live) in the present tense. Compare its forms with those of **знать**, studied earlier.

я	зна́ю	живу́	мы	зна́ем	живём
ты	зна́ешь	живёшь	вы	зна́ете	живёте
он/она́	зна́ет	живёт	они́	зна́ют	живу́т

The verb endings here are variations of the same grammatical forms. When these endings are stressed, the e becomes a ё.

C3 Practice your new knowledge of verb forms. Which dialog matches which drawing?

Have a contest to see who can form the most sentences using both of the verbs знать and жить. Я зна́ю, где ты живёшь. Ты зна́ешь, где он живёт.

"I know where you live."
"Where?"
"In that tree."

— Я зна́ю, где ты живёшь.
— Где?
— На де́реве.

"Where do you live?"
"On the roof."

— Где вы живёте?
— На кры́ше.

"They live ón the roof, but I live here."
"That's good."
"And where does the dog live?"
"It lives there."

— Они́ живу́т на кры́ше, а я живу́ здесь. Хорошо́!
— А где живёт соба́ка?
— Она́ живёт там.

C4 When we are in a foreign country speaking another language for the first time, we may forget the address of the place where we are staying. In order to avoid being totally lost, practice finding your way home. Use a map, along with the notes you took before leaving your room; also, ask passers-by.

C5 Russian and American students are exchanging addresses.

— Где ты живёшь?

— Я живу́ в Москве́, на Куту́зовском проспе́кте, а ты?

— Я живу́ в Ба́лтиморе. Вот мой а́дрес.

— Спаси́бо. А вот мой а́дрес.

— Спаси́бо.

— Пожа́луйста.

"Where do you live?"
"I live in Moscow, on Kutuzov Avenue, and you?"
"I live in Baltimore. Here is my address."
"Thanks. And here is my address."
"Thank you."
"You're welcome."

Have each student select a hotel and act out a dialog with a partner, following this model.

— Где ты живёшь?
— В гости́нице...
— А где она́ нахо́дится?
— На у́лице...

After using the names of hotels given in the textbook, have students do the same kind of exercise, using the names of hotels in their own town. Remind them that it is not necessary to translate the names of places.

Do not teach the prepositional forms of adjectives at this point. На Куту́зовском проспе́кте should be treated as a lexical item only. You may, however, wish to point out that this street was named for the famous Russian general Куту́зов, who defeated the armies of Napoleon in the war of 1812.

Tell students that foreign names, such as Baltimore, which have endings like masculine and feminine Russian nouns, take the same endings as the Russian nouns they resemble: Нью-Йорк—Арха́нгельск, Флори́да— Москва́, etc. But nouns such as Цинцинна́ти or Олбани are not declined.

C6 You now know how to tell people where you live and you can exchange addresses with new friends. Practice this knowledge with your classmates.

C7 Houses and Appartments

In large Russian cities, virtually everyone lives in an apartment. In villages, people prefer to live in their own houses. These houses are built in a traditional, decorative style. Recently, other kinds of houses have appeared—among them cottages (коттéджи).

A traditional Russian house in the country or in a small village is called an изба́ or a дом.

If you intend to give regular dictation quizzes, tell students they will have a vocabulary dictation quiz next time. The words suggested for possible oral dictation testing in this section are: де́рево, жить, кры́ша, мы. You will probably want to review some particularly difficult or important words from sections A and B as well.

D Phonetics and Reading

 D1 Pronunciation Practice.

1. Practice the correct pronunciation of these nouns and their plural form.

кинотеа́тр — кинотеа́тры   стадио́н — стадио́ны
телефо́н — телефо́ны   газе́та — газе́ты
журна́л — журна́лы

Students will practice pronouncing the singular and then the plural form in -ы as a part of the word.

2. Practice the correct pronunciation of these nouns that end in -и in the plural.

ру́чка — ру́чки   тетра́дь — тетра́ди
откры́тка — откры́тки   универма́г — универма́ги

Students will practice plurals in -и the same way.

3. Practice the correct pronunciation of these masculine nouns, which have shifting stress in the plural.

стол — столы́   пиро́г — пироги́
мяч — мячи́   каранда́ш — карандаши́
слова́рь — словари́   москви́ч — москвичи́

Students are asked to practice the pronunciation of nouns with stress on the last syllable in the plural.

4. Practice the correct pronunciation of these neuter nouns, which have shifting stress in the plural.

окно́ — о́кна   о́зеро — озёра   мо́ре — моря́

Students will practice three neuter nouns with shifting stress. In parts 1, 2, 3, 4, the quality of unstressed vowels is important and should be given careful attention.

5. Practice the correct pronunciation of these nouns. Be especially careful to pronounce the unstressed vowels correctly.

господи́н	господа́	стадио́н	гастроно́м
телефо́н	универма́г	универса́м	рестора́н
скажи́те	извини́те	ро́бот	отвеча́ет
спра́шивает	ка́рта	кварти́ра	откры́тка
карти́на	кры́ша	столи́ца	ша́пка
маши́на			

The students will review the pronunciation of unstressed o, a, and e.

---

6. Review the contrasting intonation of these declarative and interrogative sentences.

— Москва́ — столи́ца Росси́и.
— Москва́ — столи́ца Росси́и?

— Кра́сная пло́щадь в це́нтре Москвы́.
— Кра́сная пло́щадь в це́нтре Москвы́?

— На Кра́сной пло́щади — Кремль.
— На Кра́сной пло́щади — Кремль?

Students will be reviewing and contrasting the intonation of declarative sentences (ИК-1) and interrogative sentences without a question word (ИК-3). Remind them to carefully imitate the speaker.

D2 Read this selection without using a dictionary. When you have finished, can you tell where the policeman is?

Москва́. Кра́сная пло́щадь

Moscow. Red Square

Э́то го́род Москва́. Москва́ — столи́ца Росси́и.
В це́нтре Москвы́ — Кра́сная пло́щадь. На Кра́сной пло́щади — Кремль, Мавзоле́й Ле́нина, собо́р Васи́лия Блаже́нного и ГУМ.

Тури́ст-америка́нец не зна́ет, где ГУМ. Он спра́шивает:
— Скажи́те, пожа́луйста, где нахо́дится ГУМ?
Милиционе́р отвеча́ет:
— Вот он. Э́то ГУМ.

This is the city of Moscow. Moscow is the capital of Russia. In the center of Moscow is Red Square. In Red Square is the Kremlin, the Lenin Mausoleum, the cathedral of Vasily the Blessed, and GUM.

The American tourist doesn't know where GUM is. He asks, "Tell me, where GUM is located, please."

A policeman answers, "Here it is. This is GUM."

The policeman is in Moscow, in Red Square.

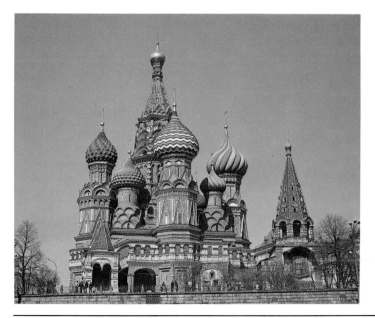

Собо́р Васи́лия Блаже́нного (The Cathedral of Vasily the Blessed) is one of the best-known Russian cathedrals. It occupies a central place in Red Square and is also known as Покро́вский собо́р (Pokrovsky Cathedral). In English, it is usually known as St. Basil's.

Собо́р Васи́лия Блаже́нного

D3 Read these store names in Russian. Then, without using a dictionary, guess what is sold in each store:

Sporting Goods. Hiking Supplies. Sportswear. Perfumes. Postage Stamps. Maps. Sheet Music. Posters. Groceries. Women's Clothing. Electrical Appliances.

D4 Look over the reading below, and tell where the new Levis store will be located and what will be sold there.

Джинсы „Levis" всегда в моде

В Москве состоялся дебют фирмы „Levis". Вот новый адрес фирмы: Москва, улица Охотный ряд, 14/1.

— В магазине, — сказала менеджер фирмы „Levis" Мирьям Тваалховен, — будет продукция фирм „Levis" и „Хайнеман". Это джинсы плюс 300 сортов парфюмерии, косметики и другие товары.

— На сколько рублей вы будете продавать продукции каждый день?

— На 1000 инвалютных рублей.

— Что нового в вашей продукции?

— Джинсы „Levis" всегда в моде. У нас есть традиционные и новые модели, новый материал. Фирма хочет, чтобы в СССР все ходили в джинсах „Levis".

Levis Jeans Are Always in Fashion

In Moscow, the opening of the Levis store has taken place. Here is the company's new address: Moscow, Okhotny Ryad Square, 14/1.

"In the store," said the manager of the Levis company, Mariam Tvaalhoven, "there will be products of the Levis and Heineman companies, that is, jeans, plus 300 kinds of perfume, cosmetics, and other goods."

"How many rubles worth of products will you sell each day?"

"A thousand foreign currency rubles."

"What's new in your line?"

"Levis jeans are always in fashion. We have traditional and new styles and new fabrics. The firm wants everyone in the U.S.S.R to wear Levis jeans."

The new Levis store will be on Okhotny Ryad Square. They will sell jeans, plus perfume, cosmetics, and other goods.

D5 Look at this page from a Russian telephone book. Which store sells watches and clocks?

ТЕЛЕФОННЫЙ СПРАВОЧНИК

МАГАЗИНЫ
по названиям

«СПОРТИВНАЯ КНИГА»
Маг. № 4
Сретенка, 9
    книги   228 34 80
    изопродукция   923 28 67
филиал (книга-почтой)
Печатников п., 26   925 29 28

«СПУТНИК»
гастроном
Ленинский просп., 32
    администратор   137 63 21

«СТУДЕНТ»
Маг. № 3 (книги)
Первомайская ул., 52/54   465 36 47

МАГАЗИНЫ
по названиям

«ТАГАНСКИЙ»
Маг. № 13 (канцтовары)
Воронцовская, 2/10   271 14 03

«ТАТЬЯНА»
Маг. № 5 (женская одежда)
ул. Трофимова,   279 14 24

«ТЕХНИКА»
Маг. № 8
Петровка, 15   924 36 24

«ТИК-ТАК»
Маг. № 13 (часы)
ул. Никольская, 10   924 43 47

The store that sells watches and clocks is called Тик-так (Tic Toc).

Overview of the Lesson

In this lesson, you have learned:

1) how to ask a stranger for locations;
2) how to form the plural of nouns;
3) how to form the present tense of **жить**;
4) many new words, especially words naming places.

Dramatize:

You are a student who is in Moscow for the first time. You are staying at one of the hotels listed in section **C4** of this lesson. You have left the hotel to look at the city and have gotten lost. You approach a stranger and ask for help. He/she shows you where you are on your map and shows you where your hotel is. You also ask for the location of several places you would like to visit, such as the **Большой театр**, **Дом книги**, the **почта**, and **ГУМ**. He/she tells you which streets they are on and also points them out on the map. You exchange addresses and then express your thanks and say goodbye.

Большой театр

Слова́рь

*а́дрес *(m)* address
*библиоте́ка *(f)* library
*вон over there
гастроно́м *(m)* delicatessen
господи́н *(m)* mister
госпожа́ *(f)* miss, Mrs.
гости́ница *(f)* hotel
де́рево *(n)* tree, wood
*жить **(живу́, живёшь, живу́т)** to live
*здесь here
*извини́те excuse (me)
*кафе́ *(n)* cafe
*кинотеа́тр *(m)* movie theater
кры́ша *(f)* roof
москви́ч *(m)* Moscovite

москви́чка *(f)* Moscovite
*музе́й *(m)* museum
*мы we
*находи́ться **(нахожу́сь, нахо́дишься, нахо́дятся)** to be located
*парк *(m)* park
*пода́рок *(m)* gift, present
*рестора́н *(m)* restaurant
*ры́нок *(m)* market
*стадио́н *(m)* stadium
*там there, in that place
*телефо́н *(m)* telephone
*универма́г *(m)* department store
*универса́м *(m)* self-service store
*цветы́ *(pl)* flowers

Урок 5   (Пятый урок)

Review of Lessons 1-4

„Повторе́ние — мать уче́ния".

"Repetition is the mother of learning."

This lesson is intended to improve your skills in speaking, listening to, reading, and writing Russian. First, try to complete each communicative task suggested; then do the pronunciation, grammar, and vocabulary review exercises. The letters and numbers refer to the places where points were discussed or practiced in the preceding lessons. For example, the notation 1: A1 refers to lesson 1, section A1.

Select the exercises in the review lesson that your own students need in order to review and master the material.

I. FUNCTIONS

1. Greeting People (1: A)

EXERCISE 1. In the drawings, you see Russian people. Give them names.

Follow the pattern: Это Ива́н Во́лков. Это Ири́на За́йцева, etc.

EXERCISE 2. Imagine that you are one of the persons in these drawings. Greet your partner. Give your name and ask his/her name in return. Say goodbye, using his/her name.

You may follow this suggested pattern:

— Здра́вствуйте/
   До́брое у́тро/
   До́брый день!
   Меня́ зову́т Джордж/
   Ли́лия...
   А как вас зову́т?
— Меня́ зову́т Ива́н/
   Мэ́ри...
— Очень прия́тно.
— Очень прия́тно.
— До свида́ния, Ива́н/
   Мэ́ри...
— До свида́ния,
   Джордж/Ли́лия...

EXERCISE 3. Examine these drawings and give the greeting that should be used in each instance.

1. Дóброе ýтро, Ивáн Николáевич.
2. Дóбрый день, Ирúна Юрьевна.
3. Дóбрый вéчер.

2. Identifying Individuals and Things. Asking Their Names (1: B,C)

EXERCISE 4. Act out each of these brief exchanges with a classmate. Supply the missing elements.

1. — Как вас _____ ?   зовýт?
   — Меня зовýт _____ . Ивáн/Áнна...

2. — _____ твой брат Антóн? Это
   — _____ , это он.   Да

3. — _____ это?   Что
   — _____ тетрáдь.   Это

4. — _____ это?   Кто
   — _____ волк.   Это

EXERCISE 5. Ask what kind of animal or which cartoon character you see in these drawings.

EXERCISE 6. Act out the following situations with a classmate.

1. A student is showing a Russian guest
   a) around your school,
   b) a town near your school,
   c) a nearby city.

2. A Russian student is correcting the mistakes you make naming the following things and people. For example:

— Это учéбник.

— Нет, э́то словáрь.

Тетрáдь, институ́т, у́лица Космонáвтов, шкóла, ру́чка, Мáша Ивáнова, Пéтя Морóзов, Николáй Петрóвич, Елéна Фёдоровна.

3. Finding Out Where Someone or Something Is (2: C; 3: B; 4: A)

EXERCISE 7. Work with a partner using the illustrations as cues to answer the question где?

You may wish to broaden this exercise to include the prepositional case, using the same picture cues and soliciting the responses: 1. в школе, 2. в институте, 3. в гастрономе, 4. на почте, 5. в парке, 6. в магазине, 7. в метро, 8. в театре, 9. на фирме.

EXERCISE 8. Ask and explain where something is located.

1. You are in Moscow, and you want to find гостиница „Россия“, so you stop a stranger and ask. You are told that the hotel is on улица Варварка. (See the map on page 105.)

2. You need to know where the ГУМ (Department Store) is located. Someone tells you that it is on Красная площадь.

Although students have not studied the prepositional case forms of adjectives, they have encountered the phrase на Красной площади. Remind them that feminine nouns in -ь take the ending -и in the prepositional case.

4. Talking about Family and Expressing Possession (3: A)

EXERCISE 9. In responding to the question „**Кто э́то?**", name the various members of your family and ask the same question to find out about the members of another person's family.

Use photographs of your family (or any family) and speak about them with a partner, telling as much about them as you are able.

Students can use the pattern:
— Кто э́то?
— Это моя́ сестра́.
— А как её зову́т?
— Ната́ша. Она́ студе́нтка.
— А кто э́то?
— . . .

EXERCISE 10. **Серёжа** is getting ready to go to school and is checking his things:

— Это моя́ су́мка, э́то мой _____ .

When he got to one article, he said:

— Это не моя́ _____ .

Find this article, and act out the entire scene. When you have finished, tell what grade **Серёжа** is in.

The article that does not belong to Серёжа is the book Филосо́фия (Philosophy). He has a third grade mathematics textbook, so he must be in that grade.

EXERCISE 11. Give a short answer to each question below.

— Это ва́ша семья́?

— Да, на́ша.

(— Нет, не на́ша.)

1. — Это ваш учи́тель?

2. — И́горь, э́то ваш дом?

3. — Ни́на, э́то твоя́ су́мка?

4. — Мари́на Никола́евна, э́то ва́ше письмо́?

5. — Михаи́л Ива́нович, э́то ваш журна́л?

6. — Ребя́та, э́то ва́ши тетра́ди?

7. — Оле́г, э́то твой слова́рь?

1. — Да, наш.
  (— Нет, не наш.)
2. — Да, наш/мой.
  (— Нет, не наш/мой.)
3. — Да, моя́.
  (— Нет, не моя́.)
4. — Да, моё.
  (— Нет, не моё.)
5. — Да, наш/мой.
  (— Нет, не наш/мой.)
6. — Да, на́ши.
  (— Нет, не на́ши.)
7. — Да, мой.
  (— Нет, не мой.)

5. Asking Whether Someone Knows Something (3: C)

EXERCISE 12. Replace each drawing with words.

1. — Вы не зна́ете, где мой _____ ?   словарь

2. — Вы не зна́ете, где нахо́дится _____ ?   апте́ка
   — Вон там, на _____ .   у́лице Дру́жбы

3. — Я не зна́ю, где моя́ _____ .   су́мка
   — Я зна́ю. Она́ в _____ .   в столе́

4. — Вы не зна́ете, где нахо́дится _____ ?   буфе́т
   — Нет, мы не зна́ем.

5. — Они́ не зна́ют, где наш _____ . А ты не   учи́тель
   зна́ешь, где он?

   — Он в _____ .   кла́ссе

---

6. Asking Where Someone Lives (4: C)

EXERCISE 13. Examine these envelopes and business cards and then say in which city each person lives.

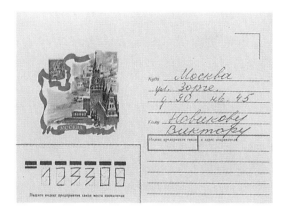

1. Ви́ктор Но́виков живёт в Москве́.

2. Ната́ша Росто́ва живёт в Санкт-Петербу́рге.

Москва
Владимир Иванович Николаев
Профессор
Телефон 200-47-97

3. Профе́ссор Никола́ев живёт в Москве́.

Новосибирск
Иван Семёнович Петров
Академик
Телефон 35-26-41

4. Акаде́мик Петро́в живёт в Новосиби́рске.

Students will see the names in the dative case (which they have not yet studied) on the envelopes of this exercise. But they should be able to guess what the nominative forms of the names are.

Point out that **Новосиби́рск** is the science city in central Siberia, famous for housing a branch of the Russian Academy of Sciences.

II. GRAMMATICAL FORMS AND VOCABULARY

1. Russian nouns are masculine, feminine, or neuter. Except for feminine and masculine nouns that end in **-ь** (the gender of these must be memorized), the gender of inanimate nouns is easily determined from the nominative singular form. The gender of animate nouns is determined by the sex of the individual named; thus, the name **Ва́ня**, although it has feminine endings, is masculine.

EXERCISE 14. Group these nouns according to gender. Tell which are masculine, feminine, and neuter.

Студе́нт, класс, стол, ру́чка, шко́ла, каранда́ш, спортза́л, буфе́т, туале́т, су́мка, футбо́л, письмо́, по́чта, те́ннис, милиционе́р, центр, сувени́р, музе́й, библиоте́ка.

Masculine: студе́нт, класс, стол, каранда́ш, спортза́л, буфе́т, туале́т, футбо́л, те́ннис, милиционе́р, центр, сувени́р, музе́й.
Feminine: ру́чка, шко́ла, су́мка, по́чта, библиоте́ка.
Neuter: письмо́.

2. The plural of nouns is formed with the suffix **-ы, -и** (for masculine and feminine nouns), and **-а, -я** (for neuter nouns).

EXERCISE 15. Give the Russian equivalents of these nouns and give plural forms where possible.

Student, class, center, library, tennis, football, letter, window, pencil.

This would be a good time to review the spelling rule: "After г, к, х, ж, ш, щ, ч only и may be used—never ы."

Учени́к — ученики́ (учени́ца — учени́цы/студе́нт — студе́нты), класс — кла́ссы, центр — це́нтры, библиоте́ка — библиоте́ки, те́ннис — *(none)*, футбо́л — *(none)*, письмо́ — пи́сьма, окно́ — о́кна, каранда́ш — карандаши́.

3. The endings of possessive adjectives depend on the gender of the noun modified.

Мой, твой, наш, ваш describe masculine nouns;
моя́, твоя́, на́ша, ва́ша modify feminine nouns;
моё, твоё, на́ше, ва́ше describe neuter nouns;
and **мои́, твои́, на́ши, ва́ши** describe plural nouns of all genders.

EXERCISE 16. Complete these sentences by providing the missing possessive adjectives.

1. — Олéг, ты не знáешь, где ____ ребя́та?   на́ши
   — Они́ на стадиóне.

2. — ____ учи́тель в клáссе. А где ____ учи́тельница?   Наш...на́ша?

3. — Это ____ дом?   ваш/твой
   — Да, э́то ____ дом.   наш/мой

4. — Лéна, где ____ кни́ги?   мой/твой/ва́ши/на́ши
   — ____ кни́ги здесь, в столé.   Твой/Мой/На́ши/Ва́ши

5. — Бори́с, э́то твоя́ рýчка?
   — Да, ____ .   моя́
   — А ты не знáешь, где ____ ?   моя́
   — Я не знáю.

6. — Это ____ шкóла?   ва́ша/твоя́
   — Да, ____ .   на́ша/моя́
   — А где ____ класс?   ваш/твой
   — Вон там.

7. — Ви́ктор Петрóвич, э́то ____ письмó?   ва́ше
   — Да, э́то ____ письмó и ____ газéты.   моё/на́ше...мой/на́ши

---

4. Russian verbs change their form according to their subject. If you have learned to conjugate **знать**, then you can give the present tense of at least half the verbs in the Russian language. The conjugation of **знать** in the present tense is:

знать		
я знáю		мы знáем
ты знáешь		вы знáете
он/онá знáет		они́ знáют

EXERCISE 17. The verbs **понимáть** (to understand) and **рабóтать** (to work) are conjugated in the same way as **знать**. Give the present tense forms of these two verbs.

понимать

я	_____	мы	_____
ты	_____	вы	_____
он	_____	они́	_____

работать

я	_____	мы	_____
ты	_____	вы	_____
онá	_____	они́	_____

5. Negation is expressed by inserting the particle **не** in front of the word being negated. The sentence „**Мой брат живёт здесь**" can be negated in various ways:

Мой брат не живёт здесь.	(My brother doesn't live here.)
Мой брат живёт не здесь.	(It's not here that my brother lives.)
Не мой брат живёт здесь.	(It's not my brother that lives here.)

EXERCISE 18. Respond in the negative.

1. — Это ваша учительница? — Нет, это не наша учительница.
2. — Это Виктория Ивановна? — Нет, это не Виктория Ивановна.
3. — Твой брат — студент? — Нет, мой брат не студент.
4. — Твоя мама в магазине? — Нет, моя мама не в магазине.
5. — Это твой книги? — Нет, это не мой книги.
6. — Это дневник? — Нет, это не дневник.
7. — Ваша учительница в классе? — Нет, наша учительница не в классе.

6. The case ending of a Russian noun changes, depending on its meaning in the sentence. The subject of a sentence is always nominative. The prepositional case is used with the prepositions **в** and **на** to indicate place.

EXERCISE 19. Insert the prepositions **в** or **на** in this narrative as needed. (See lesson 3 if you need some help.)

Мама _____ почте.   на... в... на... в... в...
Сестра _____ библиотеке.
Папа _____ заводе.
Брат _____ музее.
Я _____ школе.
Бабушка дома.

EXERCISE 20. In the following word search, find and say aloud the words that have a close connection with names, introducing yourself, asking someone's name, saying "goodbye," or saying "yes" or "no." Write the missing letters as you find the words. Many of the words appear more than once. You may compete to see who can find the most repeated words.

д	з	д	у	т	р	о	д	а	а
о	д	о	п	о	к	а	д	р	р
с	р	б	в	а	с	т	д	е	
в	а	р	н	у	е	д	о	б	
и	в	о	е	н	т	е	б	я	
д	с	е	т	д	а	н	р	т	
а	т	п	о	к	а	ь	ы	а	
н	в	е	ч	е	р	н	й	д	
и	у	п	р	и	в	е	т	а	
я	й	м	е	н	я	т	д	а	
у	т	р	о	в	е	ч	е	р	
м	е	н	я	з	о	в	у	т	

д	з	д	у	т	р	о	д	а
о	д	о	п	о	к	а		р
с	р	б	в	а	с		д	е
в	а	р	н			д	о	б
и	в	о	е		т	е	б	я
д	с	е	т	д	а	н	р	т
а	т	п	о	к	а	ь	ы	а
н	в	е	ч	е	р	н	й	д
и	у	п	р	и	в	е	т	а
я	й	м	е	н	я	т	д	а
у	т	р	о	в	е	ч	е	р
м	е	н	я	з	о	в	у	т

1. з ... ... е
2. д ... с ... ... я
3. р ... ... а
4. п ... ... т
5. д ... ... й
6. д ... ... е
7. з ... ... т
8. т ... ... я
9. у ... ... о

1. здра́вствуйте
2. до свида́ния
3. ребя́та
4. приве́т
5. до́брый
6. до́брое
7. зову́т
8. тебя́
9. у́тро

10. в ... с
11. д ... ... ь
12. в ... ... р
13. п ... ... а
14. м ... ... я
15. д ...
16. н ... т

10. вас
11. день
12. ве́чер
13. пока́
14. меня́
15. да
16. нет

EXERCISE 21. A popular masculine name is shown below. Find its beginning letter, and read it aloud. You can read either clockwise or counterclockwise.

е	л	а
н		в
т	и	н

The name in the puzzle is Валенти́н.

EXERCISE 22. In each of these word groups, tell which word does not belong.

1. Брат, ма́ма, сестра́, де́душка, па́рта, па́па.

Па́рта does not belong, since the other words name family members.

2. Уче́бник, тетра́дь, ру́чка, по́чта, слова́рь.

По́чта does not belong, since the other words are connected with school.

3. Университе́т, шко́ла, ко́лледж, окно́, институ́т.

Окно́ does not belong, since the other words name institutions.

EXERCISE 23. Find and say aloud the one word that has a close connection with:

where you live:		ы	ч	а	д	р	е	с	п	о	ч	т	а	адрес
time:	д	е	н	ь	ч	а	с	ы	м	у	з	е	й	е	часы
a place:	с	т	у	д	е	н	т	ш	к	о	л	а	х	е	школа
a part of town:		ф	п	ы	ц	е	н	т	р	к	л	у	б	центр
school:	м	о	й	д	н	е	в	н	и	к	а	к	щ	я	дневник
family:	к	и	т	ю	н	д	е́	д	у	ш	к	а	щ	х	дедушка
	к	н	и	г	а	с	е	м	ь	я	в	р	а	ч	семья
books:	щ	б	и	б	л	и	о	т	е	к	а	м	у	н	библиотека
writing:	ы	ж	н	р	у	ч	к	а	п	а	п	а	з	ы	ручка
	с	е	м	ь	я	т	е	т	р	а	д	ь	х	ч	тетрадь
nationalities:		р	а	м	е	р	и	к	а	н	е	ц	а	американец
	з	р	у	с	с	к	а	я	к	н	и	г	а	русская

EXERCISE 24. Find the words that are used to begin questions.

г д е л ф к т о ж к а к в ч т о б й х

г д е   к т о   к а к   ч т о

EXERCISE 25. Try this game. Select a letter of the Cyrillic alphabet; then compete to see who can say (or write) the most words **beginning** with that letter. As a variation, see how many words you can say or write that **contain** the letter in question.

III. SUMMARY EXERCISES

EXERCISE 26. Act out each of these situations.

1. Your friend Maria has come to school with a boy you don't know. You would like to meet him; so you go up to them and begin a conversation. You are introduced and find out that this is her brother, whom you had not met earlier.

— Здравствуй, Мария.
— Здравствуй, _____ .
  Это мой брат, _____ .
— Здравствуй, _____ .
  Очень приятно!

2. You are at school talking with your friend Ivan, when you see a teacher whose name you don't know. When you ask, Ivan tells you that he doesn't know his name either, but that he is an American teacher.

— Иван, как его зовут?
— Я не знаю, как его зовут. Это американец.

EXERCISE 27. You have learned a lot about the Russian language in just a few weeks of study. The following will serve as a quick review of all that you have learned. What should you say in each of these situations?

1. You want to greet a new teacher who comes into the room.
2. Your phone rings, and you answer it.
3. Your friend is leaving after a visit.
4. You want to know the name of an adult who has just come up to you.
5. You need to ask where the post office is located.
6. You notice that your friend has just entered the room.
7. You want to introduce your friend to your teacher.
8. You want to tell someone your name.
9. You want to respond that you are pleased to meet someone.
10. You want to ask a new friend what his dog is called.
11. You want to find out where your father is.
12. Your teacher asks a question, and you don't know the answer.

1. Здравствуйте.
2. Алло.
3. До свидания./Пока.
4. Как вас зовут?
5. Скажите, где находится почта?
6. Привет.
7. Николай Иванович/ Господин/Госпожа Браун, это мой друг...
8. Меня зовут...
9. Очень приятно.
10. Как его/её зовут?
11. Где (мой) папа?
12. Извините, я не знаю.

Congratulations if you have been able to do these activities well! You have learned a lot about language and about Russian culture.

ЧАСТЬ ВТОРАЯ

Урок 6
(Шестой урок)

Мы читаем и пишем

Section	Main Structures	Functions	Grammatical Concepts	Language & Culture
A	— Что вы де́лаете? — Мы чита́ем. — Ната́ша слу́шает, а Боб пи́шет.	Talking about activities	Verbs чита́ть, де́лать, слу́шать, писа́ть in present Conjunction а	Competition for admission to institutions of higher education
B	Я не понима́ю, что ты чита́ешь. Как э́то бу́дет по-ру́сски?	Saying that you understand or do not understand	Понима́ть in simple and complex sentences Adverb по-ру́сски, etc.	The role of rock music in Russia
C	Я чита́ю кни́гу.	Expressing the objects of actions	Accusative case of inanimate nouns	The study of foreign languages in Russia
D	**Phonetics and Reading** Pronunciation Practice Письмо́ Newspaper Headlines		**«Пра́вда»** **Overview of the Lesson** Слова́рь	

A Talking about Activities

— Что вы де́лаете?   "What are you doing?"

— Мы чита́ем.   "We're reading."

— Ната́ша слу́шает,   "**Ната́ша** is listening,
   а Боб пи́шет.   but **Боб** is writing."

A1

Point out that the conjunction **a** is used to contrast the two actions mentioned.

Во́ва **чита́ет**, Ната́ша **слу́шает**, а Боб **пи́шет**.

"Vova is reading, Natasha is listening, and/but Bob is writing."

A2

Call attention to the fact that the verb де́лать, as in English, is used only in asking a question, and does not become a part of the answer. Compare this with the English "What are you doing?", which is normally answered by naming an action with a different verb entirely.

— Что вы де́лаете?

— Ба́бушка, мы чита́ем.

"What are you doing?"
"Grandmother, we are reading."

A3 There are two verb conjugations in Russian. If you know how one verb of a conjugation group changes, then you know the forms of many similar verbs. The verbs **читáть, слýшать, писáть** have the same basic endings as the verb **знать** and belong to the first conjugation.

Review infinitives. Tell students that it is the dictionary form, just as in English. They may need to be reminded that the infinitive in English is the form of the verb usually prefixed by "to," as in "to be."

я	знáю	читáю	пишý*
ты	знáешь	читáешь	пи́шешь
он/онá	знáет	читáет	пи́шет
мы	знáем	читáем	пи́шем
вы	знáете	читáете	пи́шете
они́	знáют	читáют	пи́шут

It may help students to avoid misuse of the verb писáть if you tell them that the verb пи́сать (пи́саю, пи́саешь, пи́сают) has a very different meaning and is not used in literary Russian (or in polite company).

You may wish to remind students of the verb **жить**, which has a stem change in present tense, like писáть. Help them recall that the endings of **жить** are stressed and that the third person plural ending **-ут** is frequently used after consonant stems.

A4 Say and write the present tense forms of **слýшать, дéлать, отвечáть,** and **спрáшивать,** all of which are conjugated like **читáть**.

Remind students that they encountered the verb **отвечáть** (to answer) and **спрáшивать** (to ask a question) in lesson **4 (D2)**. Drill the forms of the verbs; have students write them on the board, and read them aloud. Correct them as needed.

Have students follow the sentence patterns in **A1** and **A2** and create sentences, using these two verbs. You may want to ask them to give their sentences in both Russian and English.

---

* A strict Russian spelling rule does not allow the letter **ю** to appear after the letter **ш**. The verb **писáть** undergoes a major change in its stem when forming the present tense. You will have to memorize such changes.

English present tense forms "I am reading," "I do read," and "I read" are all translated by the same Russian phrase „Я читáю".

A5 Supply the missing personal pronouns.

_____ не слу́шаем	мы...	_____ зна́ю	я...
_____ чита́ет	он/она́...	_____ слу́шают	они́...
_____ зна́ем	мы...	_____ пи́шете	вы...
_____ пи́шут	они́...	_____ чита́ешь	ты...
_____ спра́шивает	он/она́...	_____ отвеча́ют	они́...

A6 Match the captions with the pictures.

Мы слу́шаем.

"I am reading, and/but they are listening."

Я чита́ю, а они́ слу́шают.

"We are listening."

— Что вы де́лаете?
— Мы де́лаем ро́бот.

"They are writing the letter."

Они́ пи́шут письмо́.

"What are you doing/making?"
"We are making a robot."

As illustrated in this dialog, the verb де́лать can be used to answer the question „Что вы де́лаете?" when it means "to make."

A7 You are at home. Your mother is reading; your father is listening to the radio; your brother is writing, etc. A friend calls you and asks what the members of your family are doing. Answer the phone several times, giving various answers to the questions. For example:

— Алло́!

— Э́то Ната́ша?

— Да, э́то я.

— Приве́т, Ната́ша, что вы де́лаете?

— Па́па и ма́ма до́ма. Ма́ма чита́ет, па́па слу́шает ра́дио, а брат пи́шет письмо́.

— А ты что де́лаешь?

— Я то́же чита́ю.

A8 Competition for Admission

Serious students in a Russian school may spend three to five hours a day doing homework. They must do well on both the final examination at the end of the tenth grade and on entrance exams for the institute or university. It is particularly difficult to get into Moscow State University (**МГУ**), the Physics Technical Institute (**МФТИ**), and the Institute of International Relations (**МГИМО**). But there is also great competition for admission to study the humanities, especially history and economics.

A9 Examine these examples of how the conjunctions **и** and **а** are used.

A	и/а	B
1. Э́то тетра́дь,	и	э́то то́же тетра́дь.
2. Э́то дневни́к,	а	э́то слова́рь.
3. Па́па чита́ет,	и	ма́ма чита́ет.
4. Брат чита́ет,	а	сестра́ слу́шает.
5. Ко́стя слу́шает ра́дио,	и	Ле́на слу́шает ра́дио.
6. Ка́тя пи́шет письмо́,	а	Ната́ша пи́шет упражне́ние.

The conjunction **а** is used to contrast actions or locations. The conjunction **и** links two equivalent objects or actions.

Combine sentences from groups A and B, using the conjunctions **и** and **а**, as appropriate.

A

B

Са́ша чита́ет.
Оте́ц рабо́тает.
Мой брат студе́нт.

Ма́ша пи́шет письмо́.
Де́душка не рабо́тает.
Моя́ сестра́ учи́тельница.

Sasha is reading, but/and Masha is writing a letter. Father works, but/and grandfather doesn¦t work. My brother is a college student, but my sister is a teacher.

If you are giving regular vocabulary dictations, the only new words in section A are: де́лать, дорого́й, ра́дио, чита́ть, слу́шать, писа́ть.

B Saying That You Understand or Do Not Understand

Я не понимáю, что ты читáешь.	I don't understand what you are reading.
Как э́то бýдет по-рýсски?	How is that (will it be) in Russian?

Students should be able to understand this conversation without help. Give them plenty of opportunity to work it out for themselves before giving assistance.

B1 Вóва is reading something aloud in English. His brother listens but does not understand.

Вóва: "I don't understand Russian."

Сáша: Я не **понимáю**, что ты читáешь.

Вóва: Я читáю **по-англи́йски.**

Сáша: И ты понимáешь, что читáешь?

Вóва: Да, понимáю.

Сáша: А как э́то **бýдет по-рýсски?**

Вóва: „Я не понимáю по-рýсски".

"I don't understand Russian."
"I don't understand what are you reading."
"I'm reading in English."
"And do you understand what you are reading?"
"Yes, I understand."
"And what is that in Russian?"
"I don't understand Russian."

Point out to students that they can also say „Как э́то по-рýсски?" without using бýдет.

B2 Learn this important word: понимáть — "to understand."

Я понимáю по-англи́йски.
Ты понимáешь по-рýсски?
Он/Онá понимáет, что читáет Вóва.
Мы понимáем **вопрóс.**
Вы понимáете текст?
Они́ понимáют **слóво.**

I understand English.
Do you understand Russian?
He/She understands what Vova is reading.
We understand the question.
Do you understand the text?
They understand the word.

B3 Supply the correct endings.

Я понимá...	Ты понимá...
И́ра понимá...	Вы понимá...
Они́ понимá...	Мы понимá...

B4 Look at this conversation between two Russian girls and a foreign tourist. Then act it out, changing it to reflect your own knowledge of languages, if needed.

— Où est le magasin?

— Я не понима́ю.

— Я то́же не понима́ю.

— Where is the bookstore?

— А, понима́ю. Где магази́н «Кни́ги»?

— Да, да, где магази́н?

— Вот он.

"Where is the store?" (French)
"I don't understand."
"I don't understand either."
"Where is the bookstore?"
"Ah, I understand. Where is the bookstore?"
"Yes, yes, where is the store?"
"There it is."

Point out that the conjunction a is not being used here. Rather, it is the exclamation a, which is like the sound (ah) in English and used in a similar way.

B5 Read these sentences. If you understand a sentence, say „Я понима́ю. По-англи́йски э́то...“ and tell what the sentence means. If you do not understand, then ask another member of the class to tell you the meaning by saying „Я не понима́ю. Как э́то бу́дет по-англи́йски?“

1. Мой брат живёт в Москве́.
2. Мы чита́ем журна́л.
3. Ната́ша чита́ет, а Ва́ня слу́шает.
4. Учи́тель чита́ет, а Джон слу́шает.
5. Мы хорошо́ понима́ем, что чита́ет учи́тельница.
6. Вы чита́ете текст по-ру́сски?
7. Мы чита́ем текст по-англи́йски.

1. My brother lives in Moscow.
2. We are reading a magazine.
3. Natasha is reading, and Vanya is listening.
4. The teacher is reading, and John is listening.
5. We understand well what the teacher is reading.
6. Are you reading the text in Russian?
7. We are reading the text in English.

B6 Rock Music

Russian young people know a lot about contemporary European and American music. Many like rock (рок-н-рóлл), but some prefer hard rock (хард рок) and even heavy metal (хэ́ви метл). There are even a few fans of country music. The Beatles are still the favorite of the older generation. Russian rock groups also produce innovative, original music.

Many young people memorize the words of favorite songs. So this interest in Western music stimulates a greater interest in studying English.

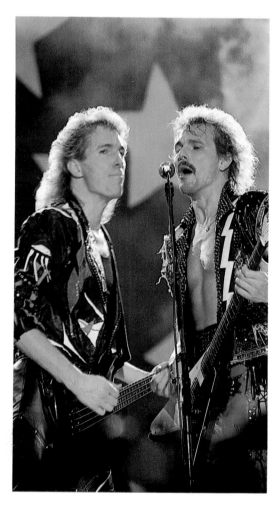

The new vocabulary for regular dictation tests is: бу́дет, вопро́с, по-англи́йски, по-ру́сски, учи́тель, сло́во.

C Expressing the Objects of Actions

Я читáю кнúгу. I am reading a book.

The textbook now focuses on the inanimate accusative. We will wait until later to talk about the animate accusative.

Vova and Sasha are at home. Vova asks and Sasha answers.

C1 Вóва и Сáша дóма. Вóва спрáшивает, а Сáша отвечáет.

— Как по-англúйски „журнáл“?

— Magazine.

— Магазúн? Ха-ха-хá. Я читáю магазúн.

— Не магазúн, а magazine. **Понятно?**

— Понятно. Я читáю журнáл. А как по-англúйски „Я читáю кнúгу“?

— I am reading a book.

— Да, ты хорошó знáешь **англúйский язык**.

The description of a situation in Russian is given here for the first time. Students should be able to understand this without your assistance.

"What is 'журнáл' in English?"
"Magazine."
"'Магазúн?' Ha-ha-ha. I am reading a store."
"Not a store, but a magazine. Understood?"
"Understood. I am reading a magazine. And what is 'Я читáю кнúгу' in English?"
"I am reading a book."
"Yes, you know English well."

Call attention to the difference between по-англúйски (adverb) and англúйский язык (noun phrase). With the verbs читáть, писáть, понимáть, отвечáть, and спрáшивать only по-англúйски is used. The only verb that can be used with англúйский язык so far is знать.

C2 Observe how the accusative case is formed and used.

— Что ты читáешь?

— Журнáл.

"What are you reading?"
"A magazine."

— Что ты пúшешь?

— Диктáнт.

"What are you writing?"
"A dictation."

— Мúша читáет кнúгу.

— Я читáю письмó.

— Мы читáем журнáлы.

"Misha is reading a book."
"I am reading a letter."
"We are reading magazines."

— Мáша пúшет **бýкву**.

— Дúма пúшет слóво.

— Онú пúшут **предложéние**.

— Бáбушка пúшет пúсьма.

"Masha is writing a letter (of the alphabet)."
"Dima is writing a word."
"They are writing a sentence."
"Grandmother is writing letters."

The accusative case form for inanimate masculine and neuter nouns is the same as it is for the nominative. Feminine nouns, however, change the singular nominative ending -а (-я) to -у (-ю). Remember that the accusative case is used for all direct objects. Compare these sentences:

Noun in Nominative.		*Noun in Accusative.*	
Это журна́л.	This is a magazine.	Я чита́ю журна́л.	I am reading a magazine.
Это кни́га.	This is a book.	Я чита́ю кни́гу.	I am reading a book.
Это письмо́.	This is a letter.	Я чита́ю письмо́.	I am reading a letter.
Это журна́лы.	These are magazines.	Я чита́ю журна́лы.	I am reading the magazines.

C3 Что они́ чита́ют?

The students may supply names for the characters in these drawings. Have students read the names of various things aloud (a letter, a newspaper, a sentence, a word, etc.). After each is read, ask other students „Что он/она́ чита́ет?"

C4 Что пи́шут Ле́на, Анто́н и Майкл?

C5 Foreign Languages

English is the most popular foreign language in Russian schools. Spanish is taught in a few schools, and there is also one school in Moscow where Chinese is taught. Studying a foreign language is required, and most students begin a language in the fourth grade.

In special schools, students begin studying a foreign language in the second grade. Subjects such as literature and history are taught in the foreign language in the upper grades. There are only ten to fifteen students in each language class; so the students receive a lot of personal attention and practice. Many can speak and understand the foreign language very well by the time they graduate.

New vocabulary in part C: афи́ша, бу́ква, ло́зунг, поня́тно, плака́т, предложе́ние, рекла́ма, англи́йский язы́к, дикта́нт.

D Phonetics and Reading

D1 Pronunciation Practice.

In 1 and 2, students are practicing the pronunciation of the second person singular verb ending (with a hard ш) and other unaccented verb endings that have reduced vowels.

1. Practice the correct pronunciation of ш in these verb forms.

зна́ешь	чита́ешь	отвеча́ешь	понима́ешь
пи́шешь	слу́шаешь	де́лаешь	спра́шиваешь

2. Practice the correct pronunciation of the unstressed ending in these verb forms.

зна́ем	чита́ем	отвеча́ем	понима́ем
слу́шает	де́лает	спра́шивает	рабо́тает
пи́шете	зна́ете	чита́ете	слу́шаете
де́лаете	спра́шиваете		

3. Practice the intonation of interrogative sentences that begin by giving information.

— Ка́тя чита́ет, а Во́ва?

— Анто́н пи́шет, а Ма́ша?

— Па́па слу́шает ра́дио, а ма́ма?

— Ира понима́ет, а Та́ня?

Students will review the intonation of declarative sentences (ИК-1) and interrogative sentences without a question word (ИК-3).

4. Contrast and practice the intonation of sentences with the conjunctions и and а.

Ната́ша чита́ет, и Ка́тя чита́ет.　　Рома́н чита́ет, а Ви́ктор пи́шет.

Оля слу́шает, и Та́ня слу́шает.　　Учи́тель спра́шивает, а мы отвеча́ем.

Students should note that there is a difference in the intonation of sentences containing the conjunctions а and и.

D2 Tim wrote a letter to his friend in Moscow. His letter began this way. Read it; then, explain what he has been doing and where he is. Do not use a dictionary.

Дорогой Саша!

В письме ты спрашиваешь, что мы делаем дома. Отвечаю тебе. Вот сейчас наша семья дома. Папа читает газету «Нью Йорк-Таймс» моя сестра слушает радио, мама делает торт (шоколадный — понимаешь?), а я пишу письмо по-русски.

Dear Sasha!

In (your) letter you ask what we do at home. I am anwering. Here, right now, our family is at home. (My) papa is reading the *New York Times* newspaper; my sister is listening to the radio; (my) mama is making a torte (chocolate — do you understand?) and I am writing a letter in Russian.

Tim is at home, probably in New York. He has been writing a letter to Sasha.

D3 Examine this collection of newspaper headlines. How many cognate words can you find? Pronounce some of the cognate words for a member of your family and see whether he or she understands them.

Пра́вда is a Russian word that means "truth." The newspaper «Пра́вда» was organized in 1912, before the Revolution, but the use of the word пра́вда as a title goes back to the beginnings of Russian history.

The capital city of the first Russian government was Kiev.

During the reign of Prince Yaroslav the Wise (Яросла́в Му́дрый) in the eleventh century, because of "wise" international politics, a daughter of Яросла́в, Анна, married the French king. In addition, the wise code of laws written by Яросла́в was called «Ру́сская пра́вда». So this title has special historical meaning for Russians.

Overview of the Lesson

In this lesson, you have learned:

1) how to ask about people's activities;
2) how to find out or tell whether someone understands;
3) how to ask for the meaning of something;
4) how to name the direct object (or recipient) of an action.

Pretend that you are speaking to a friend on the phone. Ask what he/she is doing, and describe your own activities. Your conversation might follow this pattern:

— Алло́, э́то Анто́н?

— Да, э́то я.

— Приве́т, Анто́н. Что ты де́лаешь?

— Я чита́ю.

— Что ты чита́ешь?

— Я чита́ю журна́л «Огонёк».

— «Огонёк»? А как э́то бу́дет по-англи́йски?

— Я не зна́ю.

"Hello, is this Anton?"
"Yes, it's me."
"Hi, Anton. What are you doing?"
"I'm reading."
"What are you reading?"
"I am reading the magazine «Огонёк» (Spark)."
"«Огонёк»? And what does that mean (will that be) in English?"
"I don't know."

Словáрь

*англи́йский English

афи́ша *(f)* playbill, poster

бýдет (it) will be

*бýква *(f)* letter (of alphabet)

*вопрóс *(m)* question

*дéлать (дéлаю, дéлаешь, дéлают) to do *or* make

дикта́нт *(m)* dictation

дорогóй dear, expensive

*отвечáть (отвечáю, отвечáешь, отвечáют) to answer

*писáть (пишý, пи́шешь, пи́шут) to write

*по-англи́йски in English

*понимáть to understand

поня́тно (it's) understood

*по-рýсски in Russian

*предложéние *(n)* sentence

*рабóтать (рабóтаю, рабóтаешь, рабóтают) to work

рáдио *(n)* radio

реклáма *(f)* advertising

*слóво *(n)* word

*слýшать (слýшаю, слýшаешь, слýшают) to listen

*спрáшивать (спрáшиваю, спрáшиваешь, спрáшивают) to ask

*учи́тель *(m)* teacher

*читáть (читáю, читáешь, читáют) to read

*язы́к *(m)* language

Урок 7
(Седьмой урок)

Что я люблю делать

Section	Main Structures	Functions	Grammatical Concepts	Language & Culture
A	Я учу́ слова́.	Talking about studying	The second conjugation verb учи́ть	Program of studies in Russian schools
B	Ты хорошо́ говори́шь по-ру́сски.	Expressing opinions about actions	Using adverbs to evaluate actions	A High School Student Exchange Program
C	Я люблю́ чита́ть. Я люблю́ кни́ги.	Expressing likes and dislikes	Using люби́ть with infinitives and nouns in the accusative Conjunction но	English words that are part of the Russian language
D	Phonetics and Reading Pronunciation Practice „Мой попуга́й“ „Что мы чита́ем?“		„Кто что лю́бит?“ Overview of the Lesson Слова́рь	

A Talking about Studying

Я учу́ слова́.   I am learning the words.

A1 Peter is studying.

— Пе́тя, скажи́, что ты чита́ешь?
— Я не чита́ю, я учу́ слова́.

> "Petya, tell me what you are reading."
> "I'm not reading; I am studying words."

A2 Learn the transitive verb учи́ть — to study.

Tell students that **учи́ть** can only be used to describe purely intellectual learning. Sports or other tasks where physical activity is involved require the use of another verb, **занима́ться**, which students have not yet studied.

Я	учу́	слова́.
Ты	у́чишь	текст.
Он/Она́	у́чит	ру́сский язы́к.
Мы	у́чим	англи́йский язы́к.
Вы	у́чите	матема́тику.
Они́	у́чат	грамма́тику.

I am studying words.
You are studying the text.
He/She is studying (the) Russian (language).
We are studying (the) English (language).
You are studying mathematics.
They are studying grammar.

Ask students to provide additional sentences. Some possible subjects of study are исто́рия, литерату́ра, рели́гия.

A3 Compare the endings of these verbs.

	I знать	II учи́ть
я	зна́ю	учу́
ты	зна́ешь	у́чишь
он/она́	зна́ет	у́чит
мы	зна́ем	у́чим
вы	зна́ете	у́чите
они́	зна́ют	у́чат

Remember that Russian verbs are divided into two large conjugation groups. The first conjugation contains verbs of the same type as знать. The second conjugation contains verbs such as учи́ть. The consonantal portion of the endings are the same in both conjugations. The second conjugation uses the vowel и where the first conjugation uses an -e and -ят or -ат in the third person plural rather than -ут or -ют.

Sometimes you may have to memorize which conjugation a new verb belongs to. But most verbs are easy to conjugate and you can usually guess correctly the conjugation a verb belongs to.

A4 Compose sentences by selecting a pronoun subject, as well as one of the direct objects provided in the list below.

Кто?		Что?
_____	учу́	_____
_____	у́чат	_____
_____	у́чим	_____
_____	у́чишь	_____
_____	у́чите	_____
_____	у́чит	_____

ру́сский язы́к
текст
уро́к
литерату́ру
матема́тику
а́лгебру
геоме́трию
хи́мию
исто́рию

Я учу́ ру́сский язы́к.

You may wish to explain that nouns such as геоме́трия have a stem ending in the consonant sound -й (-ь), which results in the spelling -ю, (й+у or ь+у) instead of -у.

A5 The verbs **читáть** and **учúть** are transitive verbs. They are used with direct objects in the accusative case.

For inanimate nouns, the question is:

— **Что** ты знáешь/читáешь/**ý**чишь?
    and the answer:
— Я знáю матемáтику.
— Я читáю текст.
— Я учý рýсский язы́к.
— Я понимáю кнúгу.
— Я читáю письмó.
— Я знáю хúмию.

For animate nouns, the question is:

— **Когó** ты знáешь/понимáешь?
    and the answer:
— Я знáю Борúса, Андрéя и Натáшу.
— Я не понимáю брáта и сестрý.

For a complete chart of noun endings, see the appendix.

The "animate accusative" is mentioned without emphasis here, since many students will try to use names or animate nouns in their answers. This is not yet the time to teach this form.

Explain that the ending -я is the variation of -a which occurs after soft consonants and after vowels. Some students will immediately make the connection if you write Андрéй on the board and ask for the animate accusative form, since a similar change was discussed in the previous section.

A6 Compose questions using the phrases **Ты знáешь _____ ?** or **Вы знáете _____ ?** and choosing words from the list below. Keep in mind that the forms for animate and inanimate nouns differ.

áдрес		áдрес
телефóн		телефóн
текст	Ты знáешь	текст
урóк		урóк
граммáтика		граммáтику?

Натáша		Натáшу
Ира		Иру
Олéг	Вы знáете	Олéга
Борúс		Борúса
Ивáн		Ивáна?

A7 A Class Schedule

If you compare a Russian student's class schedule with your own, you will find that there are some important differences. Examine this schedule of a typical eighth-grade student.

РАСПИСАНИЕ УРОКОВ			
	ПОНЕДЕЛЬНИК	ВТОРНИК	СРЕДА
8.30 - 9.15	ЛИТЕРАТУРА	РУССКИЙ ЯЗЫК	АЛГЕБРА
9.25 - 10.10	АНГЛИЙСКИЙ ЯЗЫК	ЛИТЕРАТУРА	ГЕОМЕТРИЯ
10.30 - 11.15	ГЕОГРАФИЯ	ХИМИЯ	ИСТОРИЯ
11.30 - 12.15	ИСТОРИЯ	ЗООЛОГИЯ	ФИЗИКА
12.30 - 13.15	ТРУД	АЛГЕБРА	
13.25 - 14.10	ТРУД		

	ЧЕТВЕРГ	ПЯТНИЦА	СУББОТА
8.30 - 9.15	ХИМИЯ	РУССКИЙ ЯЗЫК	РУССКИЙ ЯЗЫК
9.25 - 10.10	ЗООЛОГИЯ	ЧЕРЧЕНИЕ	ХИМИЯ
10.30 - 11.15	АНГЛИЙСКИЙ ЯЗЫК	ГЕОГРАФИЯ	ФИЗКУЛЬТУРА
11.30 - 12.15	ФИЗИКА	АЛГЕБРА	ГЕОМЕТРИЯ
12.30 - 13.15	ГЕОМЕТРИЯ	ФИЗКУЛЬТУРА	

Most Russian schools have identical programs of study.

In recent years, schools have been receiving greater autonomy. Although there are some differences in school programs, there are still far fewer differences than in schools in English-speaking countries.

A8

Look at the pages of these textbooks, and identify the language the schoolchildren are studying.

UNIDAD III   Conversación telefónica

Suena el teléfono.

Rosa: Oigo.

María: ¿Como está usted, Rosa?

испанский язык

AT THE SEASIDE

22. *Look at the pictures, read and answer the questions:*

It's a Fine Day and the Children Are Having Fun

Summer holidays. It's a fine summer day. The children are at the seaside. They are having a good time.

1. Peter and Alec are running into the water. The water is nice and warm. They are going to swim. They have learned to swim this summer. They enjoy swimming in the sea. They go swimming every day.

What are the boys doing? What are they going to do? Did they learn to swim last year? Do the boys enjoy swimming?

Leçon 35

⊙ *1. D'abord nous écoutons, puis nous lisons.*

Lucie et Marie vont à la bibliothèque

— Bonjour, Marie, comment vas-tu?

— Merci, je vais très bien.

— Veux-tu aller, cet après-midi, avec moi à la bibliothèque?

— Sans doute. Volontiers.

— Est-ce que tu veux prendre un livre?

— Peut-être, je ne sais pas encore.

— Alors comment faire? C'est toi qui viendras chez moi ou bien, moi, qui irai chez toi?

— Je viendrai te voir chez toi à 3 heures.

— D'accord. A bientôt!

Les deux filles se rencontrent vers 3 heures.

— J'ai voulu aller à la bibliothèque avec mon frère Michel, a dit Marie, mais il n'était pas à la maison.

A9 Think of your own class schedule, and describe the subjects you are studying in school. Ask your teacher for help with words you don't know.

New vocabulary items in section A are: áлгебра, геомéтрия, зооло́гия, грамма́тика, испа́нский, исто́рия, кого́, литерату́ра, матема́тика, труд, физкульту́ра, геогра́фия, учи́ть, фи́зика, францу́зский, черче́ние. You will probably wish to emphasize only the most important items.

B Expressing Opinions about Actions

Ты хорошо говоришь по-русски.   You speak Russian well.

B1 Two boys are talking.

In the course of working with this dialog, explain that the words ма́-ло, пло́хо, and хорошо́ are adverbs and cannot be used to modify nouns. It may be helpful to read, translate, and act out the dialog.

— Скотт, ты хорошо́ **говори́шь** по-ру́сски.

— Спаси́бо. Мы у́чим ру́сский язы́к в шко́ле, и я **мно́го** рабо́таю до́ма.

— А мы у́чим в шко́ле англи́йский язы́к, **но я ещё** пло́хо говорю́ по-англи́йски. Я **ма́ло** рабо́таю до́ма.

"Scott, you speak Russian well."
"Thanks. We study Russian (language) in school, and I work a lot at home."
"And we study English (language) in school, but I still speak English poorly. I don't work much at home."

B2 The verbs говори́ть (to speak) and понима́ть (to understand) are conjugated below. Tell which conjugation group each belongs to.

я	понима́ю	говорю́
ты	понима́ешь	говори́шь
он/она́	понима́ет	говори́т
мы	понима́ем	говори́м
вы	понима́ете	говори́те
они́	понима́ют	говоря́т

Have students compose as many sentences as they can, using the verbs понима́ть and говори́ть.

B3 Sentences with знать and говори́ть usually involve different parts of speech. Note that говори́ть usually requires an adverb and seldom takes a direct object.

Я зна́ю англи́йский язы́к.

Я хорошо́ говорю́ по-англи́йски.

Я учу́ ру́сский язы́к, но ещё пло́хо говорю́ по-ру́сски.

B4 Что говорят Ваня Петров, Джон Рид, Наташа Уткина, Мэри Мэрфи?

1. — Английский — это мой **родной** язык. Я хорошо понимаю и говорю по-английски.

2. — Я учу английский язык. Я много работаю, и я хорошо говорю по-английски.

3. — Я учу русский язык, но я ещё плохо говорю по-русски. Я знаю слова **пожалуйста, спасибо, извините** и **Я люблю тебя**.

4. — Мой родной язык — русский. Я учу английский язык. Но я работаю **немного**, и я плохо говорю по-английски.

Have students compose sentences, basing them on the information in introductory sentences that you provide them. For example:
— Мэри Стюарт живёт в Колумбусе. Она учит в школе русский язык.
— Мэри хорошо говорит по-английски. Мэри плохо/мало/немного говорит по-русски.

1. "English is my native language. I understand and speak English well."

2. "I am studying English. I work a lot, and I speak English well."

3. "I study Russian, but still speak it poorly. I know the words 'please,' 'thanks,' 'excuse me,' and 'I love you.'"

4. "My native language is Russian. I study English. But I don't work much, and I speak English poorly."

1. John Reed or Mary Murphy is speaking.
2. Ваня Петров or Наташа Уткина is speaking.
3. John Reed or Mary Murphy is speaking.
4. Ваня Петров or Наташа Уткина is speaking.

B5 Continue the following dialogs, following the example below.

— Ира хорошо знает английский язык?
— Да, она хорошо говорит по-английски.
(— Дик говорит по-русски?
— Нет, он плохо знает русский язык.)

1. — Андрей знает английский язык?
2. — Джон хорошо говорит по-русски?
3. — Володя и Катя говорят **по-французски?**
4. — Майкл понимает русский язык?
5. — Рональд учит русский язык?

1. — Да, он хорошо говорит по-английски.
   — Нет, он плохо говорит по-английски.
2. — Да, он хорошо знает русский язык.
   — Нет, он плохо знает русский язык.
3. — Да, они хорошо знают французский язык.
   — Нет, они плохо знают французский язык.
4. — Да, он хорошо знает русский язык.
   — Да, он хорошо говорит по-русски.
   — Нет, он плохо знает русский язык.
   — Нет, он плохо говорит по-русски.
5. — Да, он хорошо знает русский язык.
   — Да, он хорошо говорит/понимает по-русски.
   — Нет, он не знает русский язык.

Since students have trouble with the adverbs по-русски, по-английски, and по-французски and the noun phrases русский язык, английский язык, and французский язык, these items will require a lot of practice.

Ask students to list as many adverbs as they can and to use them in sentences. Other adverbs they have studied in this lesson are: мало, много, немного, плохо, хорошо.

There are many special programs for Russian students. One of them allows students from a Russian high school to spend a month in an American high school while living with American high school students of Russian. Later, the U.S. students visit Russia for a month and attend the Russian school with their Russian-speaking friends. These letters are from students who have already participated in this program.

Добрый день,
Добрый вечер,
Доброе утро, Дорогой учитель!
   Вы хорошо знаете, что
я мало работаю. Но я
пишу вам письмо по-русски.
Я говорю по-русски всё время.
Это очень хорошо, что я учу
Русский язык.
         До свидания!
      Ваша ученица
      Лена Браун

Good afternoon,
   Good evening,
   Good morning, dear teacher!
   You know very well that I work
little. But now I am writing a letter
in Russian. I speak Russian all the
time. It's very good that I am
studying the Russian language.
   Goodbye,
         Lena Brown.

Здравствуйте, дорогой учитель!
Русские ребята говорят в классе "здравствуйте," и я тоже пишу "здравствуйте." Это я, ваш ученик Билл. Живу я в Москве, в семье. Виктор, его мама, папа, и брат Коля говорят всё время по-русски. Это хорошая практика. Коля говорит, что я молодец.
Ваш Билл

Hello, dear teacher!

Russian students say „здра́вствуйте" in class, and I am writing „здра́вствуйте" (to you) also. It is me, your student, Bill. I am living in Moscow, with (in) a family. Victor, his mom, dad, and brother Kolya speak Russian all the time. This is good practice. Kolya says that I am a great guy.

Yours,

Bill.

New vocabulary words in section B are: всё вре́мя, гово-ри́ть, ещё, люби́ть, ма́ло, мно́го, молоде́ц, но, пра́ктика, учени́к, учени́ца, хоро́шая, что. You will probably wish to select only the most important words for dictation.

Я люблю́ чита́ть.   I like to read.
Я люблю́ кни́ги.   I like books.

C1 The boys continue their conversation.

— Скажи́, Скотт, а ты лю́бишь учи́ть слова́?

— Нет, не люблю́, но учу́.

— Ты молоде́ц, Скотт. А я не люблю́ и не учу́.
  Я люблю́ чита́ть, и я мно́го чита́ю.

"Say, Scott, do you like to study
vocabulary?"
"No, I don't, but I study it."
"Well done, Scott. But I don't like to
(study vocabulary), and don't. I like to
read—and read a lot."

C2 Кто что лю́бит де́лать?

Скотт лю́бит учи́ть
ру́сский язы́к.

Scott likes to study Russian.

Ната́ша лю́бит
смотре́ть телеви́зор.

Natasha likes to watch television.

Игорь лю́бит чита́ть.

Igor likes to read.

Ива́н лю́бит **кино́**.

Ivan loves movies.

Ира лю́бит кни́ги.

Ira loves books.

Джек лю́бит **собира́ть
значки́**.

Jack likes to collect badges.

C3 English Words in Russian

New English words enter the Russian language all the time. Older people are used to words such as **телеви́зор, бизнесме́н, ме́неджер, спо́нсор, диза́йнер, продю́сер,** and others. Although you will encounter many other such words, you should be careful when using them, since new words take a long time to become fully accepted.

The words mentioned mean television, businessman, manager, sponsor, designer, producer.

C4 The forms of the verb **люби́ть** are very much like those of the verb **говори́ть.** Memorize.

Я люблю́	чита́ть кни́ги.	кни́ги.
Ты лю́бишь	слу́шать ра́дио.	ра́дио.
Он лю́бит	смотре́ть телеви́зор.	телеви́зор.
Мы лю́бим	учи́ть слова́.	шокола́д.
Вы лю́бите	говори́ть по-ру́сски.	конфе́ты.
Они́ лю́бят	рабо́тать.	кино́.

Just as in English, the verb to like/love (люби́ть) is used with either a direct object or a verb infinitive.

Ask several students Что ты лю́бишь? and Что ты лю́бишь де́лать?

A verb used after **люби́ть** must be in its infinitive form, just as in English we say: "I like to read." **Люби́ть** is also used with nouns in the accusative case.

C5 Learn these new words and expressions.

Я люблю́ слу́шать **симфони́ческий** орке́стр.
Мы лю́бим слу́шать джаз.
Джейн лю́бит **танцева́ть.**
Ри́та лю́бит цветы́.
Ва́ня лю́бит бейсбо́л.
Ми́тя лю́бит футбо́л.
Ма́ша лю́бит те́ннис.
Са́ша лю́бит **рисова́ть.**
Мы лю́бим **му́зыку.**

The verbs танцева́ть and рисова́ть are used only in the infinitive form here. However, present tense forms of these two verbs occur in the student workbook. It would be helpful to prepare students for this by mentioning that the present tense stems are танцу́+ and рису́+.

C6 Что они́ лю́бят де́лать?

C7 Choose from the preceding examples, and perform a dialog with a classmate, using the verb **любить**.

C8 The verb **любить** is used to express a strong positive feeling toward another person.

Я люблю

мáму.	
пáпу.	Мáшу.
сестрý.	Вéру.
брáта.	Борúса.
бáбушку.	Мáйкла.
дéдушку.	

This is also the verb used to express love.

— Мáша, ты лю́бишь меня́?

— Не знáю, Майкл.

— А я знáю. Я люблю́ тебя́, Мáша.

— И я тебя́ люблю́, Майкл.

"Masha, do you love me?"
"I don't know, Michael."
"But I know. I love you, Masha."
"And I love you, Michael."

C9 Что они́ лю́бят дéлать?

Онá лю́бит смотрéть телевúзор.

Онá лю́бит слýшать мýзыку.

Они́ лю́бят танцевáть.

Они́ лю́бят смотре́ть футбо́л.

Они́ лю́бят рабо́тать.

C10 Music is an important part of Russian youth culture. There is a disco at almost every youth club or school. There are also annual youth dance festivals where students from many cities gather to demonstrate their dances and play their music.

A discotheque in Russia is a place where young people go to meet, dance, and listen to many different kinds of music, including the latest rock-and-roll.

New vocabulary items in section C are: бизнесме́н, джаз, диза́йнер, конфе́ты, кино́, му́зыка, орке́стр, продю́сер, рисова́ть, симфони́ческий, смотре́ть, собира́ть, значки́, танцева́ть, шокола́д. Select the most important for your dictation.

D Phonetics and Reading

D1 Pronunciation Practice.

1. Practice the correct pronunciation of **ч** in these words.

у́чим	у́чит	у́чите	у́чат
учи́тель	учи́тельница	уче́бник	
учени́к	учени́ца		

Students should have little difficulty pronouncing **ч** properly — soft and palatalized.

2. Review the correct pronunciation of unstressed vowels.

говори́ть	понима́ть	собира́ть
молоде́ц	хорошо́	рисова́ть
литерату́ра	матема́тика	а́лгебра
хи́мия	исто́рия	геоме́трия
попуга́й	телеви́зор	

Remind students that unstressed o and a are pronounced alike. At the beginning of a word and immediately before the stressed syllable, both sound shorter and less distinct than the stressed a.

In all other positions, these two letters sound like the "a" in the English word sofa. At the end of a word, **я** also sounds like the "a" in sofa. Otherwise, unstressed **e** and **я** sound like the vowel **и**.

3. Review the intonation of these interrogative and declarative sentences.

— Ты лю́бишь чита́ть?　　　　 — Вы лю́бите танцева́ть?
— Да, люблю́.　　　　　　　　 — Нет, не лю́бим.

— Он лю́бит рисова́ть?　　　　 — Она́ лю́бит рабо́тать?
— Да, лю́бит.　　　　　　　　 — Нет, не лю́бит.

— Они́ лю́бят писа́ть?
— Да, лю́бят.

Review the intonation for sentences without a question word and for simple declarative sentences beginning with да or нет, which are responses to such questions.

4. Practice the pronunciation of these declarative sentences.

— Я не пишу́, я рису́ю.　　　　 — Они́ не у́чат, они́ чита́ют.
— Он не чита́ет, он слу́шает.　　 — Мы не говори́м, мы понима́ем.

Practice the intonation of these sentences containing contrasting ideas.

D2 Read this selection and answer the questions:
— Попугáй говорит по-английски?
— Что лю́бит говори́ть мáма?

Мой попугáй

Это мой попугáй Жóра. Я говорю́:
— Здрáвствуй.
Попугáй отвечáет:
— Здрáвствуй! Здр-р-áвствуй!
Я спрáшиваю по-английски:
— What is your name?
Попугáй не отвечáет. Он не понимáет по-английски.
Я спрáшиваю по-рýсски:
— Как тебя́ зовýт?
Попугáй понимáет и отвечáет:
— Жóр-р-а.
Он знáет словá „урá", „хорошó", „урóки", „джаз", „оркéстр", „хоккéй". Он лю́бит говори́ть:
— Вáня, учи урóки.
Моя́ мáма тóже лю́бит э́то говори́ть.

The parrot does not speak English.

Mama likes to say, "Vanya, do your lessons!"

My parrot

This is my parrot, Zhora. I say, "Hello."

My parrot answers, "Hello! Hel...lo!"

I ask in English, "What's your name?"

The parrot does not answer. He doesn't understand English.

I ask in Russian, "What's your name?"

The parrot understands and answers, "Zhora."

He knows the words "hurrah," "fine," "lessons," "jazz," "orchestra," "hockey." He likes to say, "Vanya, do your lessons."

My mother also likes to say this.

D3 Examine this questionnaire from a Russian newspaper about reading preferences. How many of the authors mentioned do you know?

ЧТО МЫ ЧИТАЕМ?

ПРОЗА
ПОЭЗИЯ
ПУБЛИЦИСТИКА
КРИТИКА
КЛАССИКА

What do we read?

Prose
Poetry
Current Events
Criticism
Classical Literature

Просим вас заполнить анкету, вырезать и выслать по адресу редакции: 123849, ГСП, Москва, Д-22, ул. 1905 года, дом 7.

We ask you to complete the form, cut it out, and send it to the address of the newspaper: 123849, GSP, Moscow, D-22, 1905 Street, Building 7.

СРЕДИ ТЕХ ПРОИЗВЕДЕНИЙ, КОТОРЫЕ БЫЛИ НАЗВАНЫ ЧИТАТЕЛЯМИ «ВМ» ЛУЧШИМИ, НАИБОЛЬШЕЕ КОЛИЧЕСТВО «ГОЛОСОВ» НАБРАЛИ:

Among those works, named by the readers of "VM" as the best, the largest number of votes was received by: (The remainder of the text consists of authors and titles of works, under the same categories as given above.)

ПРОЗА

1. Лев Разгон. «Непридуманное».
2. Анатолий Жигулин. «Чёрные камни».
3. Андрей Платонов. «Котлован».
4. Мариэтта Чудакова. «Жизнеописание Михаила Булгакова».
5. Юрий Домбровский. «Факультет ненужных вещей».
6. Борис Пастернак. «Доктор Живаго».
7. Анатолий Рыбаков. «Дети Арбата».
8. Виктор Астафьев. «Зрячий посох».
9. Василий Гроссман. «Жизнь и судьба».
10. Саша Соколов. «Школа для дураков».

ПОЭЗИЯ

1. Николай Гумилёв. 2. Марина Цветаева. 3. Иосиф Бродский. 4. Борис Пастернак. 5. Анна Ахматова. 6. Александр Галич. 7. Булат Окуджава. 8. Аполлон Григорьев. 9. Максимилиан Волошин. 10. Станислав Куняев...

ПУБЛИЦИСТИКА

1. Василий Селюнин. «Истоки».
2. Николай Шмелёв. «Либо сила, либо рубль».
3. С. Меньшиков. «Экономическая структура социализма: что впереди?».
4. А. Ципко. «Истоки сталинизма».
5. А. Антонов-Овсеенко. «Берия».

КРИТИКА

1. Вадим Кожинов. «Правда и истина», «Самая большая опасность».
2. Игорь Золотусский. «Крушение абстракции»...

КЛАССИКА

1. Николай Карамзин. 2. Фёдор Достоевский. 3. Михаил Булгаков. 4. Лев Толстой. 5. Николай Лесков. 6. Дж. Джойс. 7. Дж. Оруэлл. 8. Владимир Набоков. 9. Иван Тургенев. 10. Ч. Диккенс...

D4 Read this text, which gives one person's opinion about people's tastes, with the assistance of the drawings and the glossary or a dictionary. Do you agree with the author?

Кто что лю́бит?

Кто лю́бит танцева́ть, а кто — слу́шать му́зыку. Ру́сские лю́бят собира́ть грибы́.

One person likes to dance, but another to listen to music. Russians like to gather mushrooms.

Americans like Coca-Cola and baseball, but Russians—kvas and soccer.

Америка́нцы лю́бят ко́ка-ко́лу и бейсбо́л, а ру́сские — квас и футбо́л.

My friend collects pins, but Natasha, my sister, collects stamps. And this is very good.

Мой друг собира́ет значки́, а Ната́ша, моя́ сестра́, собира́ет ма́рки.

И э́то о́чень хорошо́.

But I don't understand hunters. They kill animals. Do you understand them?

Но я не понима́ю охо́тников. Они́ убива́ют живо́тных. А вы их понима́ете?

Overview of the Lesson

In the lesson, you have learned to say:

1) who is studying what;
2) who is speaking what language and how well;
3) who likes to do what;
4) who or what one likes.

Скажи́те, что вы лю́бите де́лать и что вы не о́чень лю́бите де́лать.

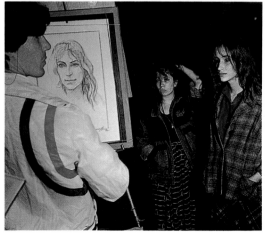

Слова́рь

а́лгебра *(f)* algebra
всё вре́мя all the time
геогра́фия *(f)* geography
геоме́трия *(f)* geometry
*говори́ть (говорю́, говори́шь, гово-
рят)́ to speak, to say
*грамма́тика *(f)* grammar
джаз *(m)* jazz
*ещё still, furthermore, in addition
значки́ *(pl)* badges
зооло́гия *(f)* zoology
испа́нский Spanish
*исто́рия *(f)* history
*кино́ *(n)* movie, movie theater
*кого́ *acc.* of кто whom
конфе́ты *(pl)* candy
*литерату́ра *(f)* literature
*люби́ть (люблю́, лю́бишь, лю́бят) to
love, to like
*ма́ло few, little
*матема́тика *(f)* mathematics
*мно́го much, a lot, many
*молоде́ц *(m)* fine fellow, fine girl,
well done!
*му́зыка *(f)* music
*немно́го a little, some

но but
*пра́ктика *(f)* practice
по-францу́зски in French
*рисова́ть (рису́ю, рису́ешь, рису́ют)
to draw
родно́й native, one's own
симфони́ческий symphony, symphonic
*смотре́ть (смотрю́, смо́тришь, смо́т-
рят)́ to look, look at
собира́ть (собира́ю, собира́ешь, собира́-
ют) to collect, to gather
*танцева́ть (танцу́ю, танцу́ешь, танцу́-
ют) to dance
труд *(m)* labor
*уро́к *(m)* lesson
учени́к *(m)* pupil, schoolboy
учени́ца *(f)* pupil, schoolgirl
*учи́ть (учу́, у́чишь, у́чат) to study,
to learn
фи́зика *(f)* physics
*физкульту́ра *(f)* physical education
францу́зский French
черче́ние *(n)* drawing
что that
шокола́д *(m)* chocolate

Урок 8
(Восьмой урок)

У меня есть друг

Section	Main Structures	Functions	Grammatical Concepts	Language & Culture
A	— У тебя́ есть друг в Москве́? — Да, есть. (— Нет, у меня́ нет дру́га.)	Talking about possessions and relationships	Genitive of personal pronouns Genitive singular of nouns with negation	The words друг and подру́га
B	Я люблю́ игра́ть в футбо́л. Мой друг Андре́й хорошо́ игра́ет на гита́ре.	Using the verb игра́ть (to play)	The verb игра́ть with в (accusative case) and на (prepositional case)	The poet Влади́мир Высо́цкий; Була́т Окуджа́ва speaks out
C	Вы рабо́таете и́ли у́читесь?	Expressing alternatives	The conjunction и́ли Verbs учи́ться and учи́ть	Adult education in Russia
D	**Phonetics and Reading** Pronunciation Practice „Я не люблю́“		„Билл Со́лтис говори́т по-ру́сски“ **Overview of the Lesson** Слова́рь	

A Talking about Possessions and Relationships

— У тебя́ есть друг
в Москве́?

— Да, есть.

(— Нет, у меня́ нет дру́га.)

"Do you have a friend
in Moscow?"

"Yes, I do."

("No, I don't.")

A1 Джейн — америка́нка. Она́ живёт в Бо́стоне. Но сейча́с она́ в Москве́. На́дя и Джейн говоря́т по-ру́сски. На́дя спра́шивает, а Джейн отвеча́ет.

Discuss the meaning of the words друг and подру́га with students before they hear the dialog.

Jane is an American. She lives in Boston. But now she is in Moscow. Nadia and Jane are speaking Russian. Nadia asks, and Jane answers.

— У тебя́ есть **подру́га** до́ма, в Бо́стоне?

— Да, есть. Её зову́т Мели́сса.

— Она́ то́же у́чит ру́сский язы́к?

— Нет, она́ у́чит францу́зский язы́к, и сейча́с она́ живёт в Пари́же.

"Do you have a friend at home in Boston?"
"Yes, I do. Her name is Melissa."
"Does she also study Russian?"
"No, she studies French, and she is now living in Paris."

A2 Са́ша живёт в Москве́. Но сейча́с он в Аме́рике.
Са́ша говори́т по-ру́сски, и Тим хорошо́ понима́ет,
что говори́т Са́ша.

— У меня́ в Москве́ есть друг.

— А как его́ зову́т?

— Его́ зову́т Андре́й. Он, как и я, о́чень лю́бит
му́зыку.

— А у тебя́ есть пле́ер?

— Да, есть.

Focus on the fact that affirmative sentences of possession use the nominative case to name the object. Give the literal translation of some sentences of possession, such as those in the dialog. Tell students that the word есть is used to question (or affirm) the existence or presence of something or someone.

"I have a friend in Moscow."
"And what is his name?"
"His name is Andrei. He likes music a lot, as I do, too."
"And do you have a Walkman?"
"Yes, I do."

A3 Speaking about Friends

You have just encountered the Russian words друг and подру́га
for the first time. Although they are simple words, you have to be
careful how you use them. A boy can say: „У меня́ есть друг. Его́
зову́т Са́ша." and a girl can say: „У меня́ есть подру́га, её зову́т
Мари́на.", but if a boy says: „У меня́ есть подру́га. Её зову́т
Ле́на.", then he is usually referring to something more than simple
friendship. Most often, a young man in Russia will use the word друг
to refer to friends of both sexes. Be careful when you use the word
подру́га.

A4 У тебя́ есть друг?

Ни́на Петро́ва в Аме́рике.

Nina Petrova is in America.

— У тебя́ есть в Москве́ друг?
— Нет, в Москве́ у меня́ нет дру́га.

"Do you have a friend in Moscow?"
"No, I don't have any friends in Moscow."

Джон Смит в Москве́.

John Smith is in Moscow.

— У тебя́ есть подру́га в Бо́стоне?
— Нет, в Бо́стоне у меня́ нет подру́ги.

"Do you have a girlfriend in Boston?"
"No, I don't have any girlfriends in Boston."

A5 Sentences expressing possession can be difficult in Russian. Something that exists or belongs to someone is put in the nominative case. On the other hand, if the object (or person) does **not** exist or does **not** belong to someone, then it is put in the genitive case. Look at this chart.

Tell students that the word нет is historically a contraction of the words не and есть, but that these words are no longer used together.

			журна́л		журна́ла
(я)	у меня́		друг		дру́га
(ты)	у тебя́		брат		бра́та
(он)	у него́		слова́рь		словаря́
(она́)	у неё	есть	газе́та	нет	газе́ты
(мы)	у нас		подру́га		подру́ги
(вы)	у вас		сестра́		сестры́
(они́)	у них		тетра́дь		тетра́ди
			письмо́		письма́

As you look at the table above, determine a rule for forming the genitive singular form of a noun. Try to account for what happens to nouns like слова́рь, тетра́дь, and подру́га.

Remember that a negative answer to a question of possession must express the object in the genitive case.

— У тебя́ есть газе́та «Пра́вда»?
— Нет, у меня́ нет газе́ты «Пра́вда».

"Do you have the newspaper 'Pravda'?"
"No, I don't have the newspaper 'Pravda.'"
but:
"Do you have a motorcycle?"
"Yes, I have a motorcycle."

но:
— У вас есть мотоци́кл?
— Да, у нас есть мотоци́кл.

A6 Find the corresponding drawing for each of these conversations.

— У вас есть газéта «Прáвда»?
— Конéчно, есть, вот онá.

"Do you have the newspaper 'Pravda'?"
"Of course we do; here it is."

— Мáма, у нас нет **хлéба**.
— Есть, Натáша, вот он.

"Is there a drugstore on Volgin Street?"
"No, there's no drugstore on Volgin Street.

— На ýлице Вóлгина есть аптéка?
— Нет, на ýлице Вóлгина нет аптéки.

"Do you have a girlfriend?"
"No, I don't have a girlfriend."

— У тебя́ есть подрýга?
— Нет, у меня́ нет подрýги.

"Mama, we don't have any bread."
"We do, Natasha; here it is."

Explain that есть and нет can also be used in impersonal constructions where there is no question of possession by a person. Ask students whether they can understand (and translate) the following:

Сегóдня нет журнáла «Огонёк».
There's no "Ogonyok" magazine today.

В институ́те есть буфéт.
There is a buffet in the institute.

В столé нет письмá.
There's no letter on the table.

В кни́ге нет словаря́.
The book doesn't have a vocabulary.

В кóмнате нет окнá.
The room doesn't have a window.

A7 Case Endings of Singular Nouns

Case names	Question words	Masculine (он)	Feminine (она́)	Neuter (оно́)
Nominative	кто? что?	друг дом учи́тель слова́рь	сестра́ ка́рта семья́ тетра́дь	окно́ упражне́ние
Genitive	кого́? чего́?	дру́га до́ма учи́теля словаря́	сестры́ ка́рты семьи́ тетра́ди	окна́ упражне́ния
Accusative	кого́? что?	дру́га дом учи́теля слова́рь	сестру́ ка́рту семью́ тетра́дь	окно́ упражне́ние
Dative	кому́? чему́?			
Instrumental	кем? чем?			
Prepositional	(о) ком? (о) чём?	дру́ге до́ме учи́теле словаре́	сестре́ ка́рте семье́ тетра́ди	окне́ упражне́нии

A8 Answer these questions in the negative.

1. — У тебя́ есть маши́на?

2. — У тебя́ есть **магнитофо́н**?

3. — У вас есть **гита́ра**?

4. — У вас есть соба́ка?

5. — У вас есть ко́шка?

6. — У тебя́ есть слова́рь?

7. — У тебя́ есть журна́л «Огонёк»?

8. — У тебя́ есть каранда́ш?

1. — Нет, у меня́ нет маши́ны.
2. — Нет, у меня́ нет магнитофо́на.
3. — Нет, у меня́/у нас нет гита́ры.
4. — Нет, у меня́/у нас нет соба́ки.
5. — Нет, у меня́/у нас нет ко́шки.
6. — Нет, у меня́ нет словаря́.
7. — Нет, у меня́ нет журна́ла «Огонёк».
8. — Нет, у меня́ нет карандаша́.

A9 Here are some answers (**ответы**). Ask the missing questions (**вопросы**).

Вопрос. — У тебя́ есть сестра́?
Ответ. — Нет, у меня́ нет сестры́.

— Да, у меня́ есть **фотоаппара́т**.
— Нет, у меня́ нет бра́та.
— Да, у меня́ есть друг в шко́ле.
— Да, у нас есть телефо́н.
— Нет, у меня́ нет магнитофо́на.
— Нет, у меня́ нет словаря́.
— Нет, у меня́ нет подру́ги.
— Да, у меня́ есть журна́л.
— Нет, у меня́ нет **видеока́меры**.

— У тебя́/вас есть фотоаппара́т?
— У тебя́/вас есть брат?
— У тебя́/вас есть друг в шко́ле?
— У вас есть телефо́н?
— У тебя́/вас есть магнитофо́н?
— У тебя́/вас есть слова́рь?
— У тебя́/вас есть подру́га?
— У тебя́/вас есть журна́л?
— У тебя́/вас есть видеока́мера?

For additional practice:

1) Secretly give some objects (or pictures of objects) to your students. Tell the class that they are allowed to use only Russian to find out who has which object.

2) Give each student a list of words or pictures of objects. Ask each student У тебя есть ... ?, and he/she must respond according to the list or the pictures.

New vocabulary items in section A are: видеока́мера, есть, пле́ер, подру́га, у вас, у тебя́, фотоаппара́т.

B Using the Verb **игра́ть** — to play

Мой друг Андре́й хорошо́ игра́ет на гита́ре.	My friend **Андре́й** plays the guitar well.
Я люблю́ игра́ть в футбо́л.	I like to play soccer.

B1 Са́ша is showing photographs to **Ми́ша** and telling him about his friends.

— Вот э́то Андре́й.

— Он **игра́ет** на гита́ре?

— Да, мы лю́бим слу́шать, как он игра́ет. А вот здесь мы игра́ем в футбо́л.

— Поня́тно, футбо́л — э́то **soccer**. А вы игра́ете в **америка́нский** футбо́л?

— Нет, не игра́ем. Но у нас есть ре́гби.

— Ну, ре́гби — э́то ре́гби, а футбо́л — э́то футбо́л.

"This is Andrei here."
"Is he playing the guitar?"
"Yes, we like to listen his playing. And here we are playing soccer."
"I understand. Soccer is футбо́л. And do you play American football?"
"No, we don't play it. But we play rugby."
"Well, rugby is rugby, but football is football."

Students should be told that **ну**, as used in this dialog, is an exact translation of the English word "well." However, it is used much less frequently in Russian, and is not used in formal speech.

B2 The verb **игра́ть** is used in two very different ways in Russian. Study these examples.

ПИАНИ́НО

		Prepositional Case
		на чём?
Я	игра́ю	на **гита́ре.**
Ты	игра́ешь	на **пиани́но*.**
Он/Она́	игра́ет	на **скри́пке.**

		Accusative Case
		во что?
Мы	игра́ем	в **футбо́л.**
Вы	игра́ете	в **бейсбо́л.**
Они́	игра́ют	в **те́ннис.**

СКРИ́ПКА

Playing a musical instrument is expressed with the preposition **на** and the prepositional/locative case. If a game is being played, then the preposition **в** is used with the accusative case.

B3 Fill in each blank with the appropriate preposition (**в** or **на**).

Я люблю́ игра́ть _____ америка́нский футбо́л и не люблю́ игра́ть _____ те́ннис. Моя́ сестра́ хорошо́ игра́ет _____ пиани́но. А я игра́ю пло́хо. У нас в шко́ле мы игра́ем _____ бейсбо́л. Мой друг о́чень лю́бит му́зыку и хорошо́ игра́ет _____ скри́пке. А я игра́ю _____ гита́ре.

I like to play в American football, and don't like to play в tennis. My sister plays на the piano well, but I play poorly. In our school, we play в baseball. My friend loves music very much, and plays на the violin well. I play на the guitar.

---

* пиани́но is an indeclinable neuter noun

B4 Discuss your school friends. Answer these questions in your description.

1. — Кто у вас в шкóле хорошó игрáет на гитáре? на пианúно? на скрúпке?

2. — Кто у вас в шкóле хорошó игрáет в бейсбóл? в тéннис? в футбóл?

And now, your answers:

— У нас в шкóле Тим Мэрри хорошó игрáет на гитáре.

Или:

— У нас в шкóле Джейн Бáрли и Скотт Джонс хорошó игрáют в бейсбóл. А Мэри Пúтерсон плóхо игрáет.

Now talk about yourself.

"Who plays the guitar well in your school? piano? violin?"
"Who plays baseball well in your school? tennis? soccer?"

Have students follow this pattern for additional practice.
—У тебя́ есть скрúпка?
—Нет, но я игрáю на гитáре.
Also use гитáра, пианúно.

"In our school, Tim Murray plays the guitar well.'

Or:

"In our school, Jane Barley and Scott Jones play baseball well. But Mary Peterson plays poorly."

B5 "Who was Владúмир Высóцкий?

Most people would say that he had an enormous talent for poetry. Everyone would at least admit that his hoarse voice and irreverent approach to music and to life will not soon be forgotten." This is what the famous poet-singer Булáт Окуджáва wrote about him. We have provided the Russian text on the next page, so that you can compare it with the English version.

Play a song by Высóцкий for your students; then have them read through the English version of the text by Окуджáва. The aim of this section is simply to acquaint students with this folk hero-poet-singer. They should not be asked to read the Russian text, which is quite difficult.

Владúмир Высóцкий (1938-1980)

Жил талáнтливый человéк, всем извéстный. Пéсни егó ворвáлись в наш слух, в нáши дýши, а говорúть и писáть о нём бы́ло нельзя́. Егó не печáтали, не издавáли. Когó-то óчень пугáла óстрая социáльная напрáвленность егó стихóв, когó-то раздражáла егó популя́рность. Трýдно сказáть, что испы́тывал человéк, знáвший себé цéну и не имéвший возмóжности увúдеть свои́ стихи́ опубликóванными.

Смерть легализовáла егó... Эта смерть былá столь внезáпной и неправдоподóбной, что потряслá óбщество. Стáло ужé невозмóжно отмáлчиваться, и тут, начался́ разговóр, попы́тка анáлиза. Началóсь то, на что поэ́т имéет прáво, без чегó невозмóжно развúтие литератýры, культýры вообщé.

There lived a talented man whom everyone knew. His songs had crept into our hearing, into our souls, but we could not speak or write about him. He wasn't printed or published. The sharp social direction of his poetry frightened someone, his popularity irritated someone. It is hard to say what a man has endured who knew his value but was not permitted to see his verses made public.

Death made him legal... His death was so unlikely and unbelievable that it jolted society. It was impossible to be silent. People began to discuss, to try to analyze. That, which is the right of every poet, had started. Without it the development of literature and culture in general is impossible.

(Literal translation)

Listen to any **Высóцкий** song and you will begin to understand why he was such an important figure in modern Russian culture.

New vocabulary in section B: игрáть, америкáнский, ну, пианúно, рéгби, скрúпка.

C Expressing Alternatives

Вы рабо́таете и́ли у́читесь?	Do you work or attend school (study)?

C1 Оле́г and Jane have just met.

— Джейн, вы рабо́таете и́ли **у́читесь**?

— Я учу́сь и рабо́таю.

— Да? А э́то не **тру́дно**?

— Тру́дно, но не о́чень. А вы хорошо́ говори́те по-ру́сски.

— Спаси́бо. Я учу́ ру́сский язы́к в шко́ле. У нас учи́тельница — ру́сская.

"Jane, do you work or study?"
"I study, and I work."
"Yes? And isn't that difficult?"
"It's difficult, but not extremely. You speak Russian well."
"Thanks. I study Russian in school. Our teacher is Russian."

C2 The verb **учи́ть** can only be used when you want to talk about what a person is studying, or what subject he or she is learning. The particle **-ся** at the end of the verb **учи́ться** indicates that there is no direct object—that you cannot name the subject being studied. Use this verb when you are discussing where (**где**) or how (**как**) the studying is taking place.

Write the forms of the verb **учи́ть** on the board. Remind students that this verb is transitive, and call attention to the forms of **учи́ться**. Add the reflexive particle to each of the forms of **учи́ть**, and help the students discover the spelling rule (-сь after vowels, -ся after consonants) for themselves.

Read and compare these sentences.

		что?	
Я	учу́	слова́.	
Ты	у́чишь	текст.	
Он/Она́	у́чит	грамма́тику.	
Мы	у́чим	геоме́трию.	
Вы	у́чите	уро́ки.	
Они́	у́чат	исто́рию.	

		где? как?	
Я	учу́сь	в шко́ле	хорошо́.
Ты	у́чишься	в ко́лледже	пло́хо.
Он/Она́	у́чится	в университе́те.	
Мы	у́чимся	в институ́те	вме́сте.
Вы	у́читесь		удовлетвори́тельно.
Они́	у́чатся	в библиоте́ке.	

Practice these two verbs until you can use them correctly. Remember that with **учи́ть** you must specify the subject studied.

C3 Confirm the accuracy of the following statements. Follow the example below:

— Мой брат рабо́тает и у́чится.

— Да, он рабо́тает и у́чится.

1. Моя́ сестра́ у́чится в институ́те.
2. Мы у́чим ру́сский язы́к.
3. Мой брат хорошо́ у́чится.
4. Ната́ша и Воло́дя у́чат францу́зский язы́к.
5. Игорь у́чится пло́хо. Он не лю́бит мно́го рабо́тать.
6. Ви́ктор не лю́бит учи́ть слова́, он лю́бит чита́ть текст.

1. Да, она́ у́чится в институ́те.
2. Да, вы у́чите ру́сский язы́к.
3. Да, он хорошо́ у́чится.
4. Да, они́ у́чат францу́зский язы́к.
5. Да, он у́чится пло́хо и не лю́бит мно́го рабо́тать.
6. Да, Ви́ктор не лю́бит учи́ть слова́, он лю́бит чита́ть текст.

C4 **Прочита́йте** и скажи́те, где у́чатся Ира, Оле́г, Андре́й, Ли́да, Игорь и Ники́та.

— Ира, где ты у́чишься?

— Я учу́сь в университе́те.

Ира у́чится в университе́те.

— А где у́чится Оле́г?

— Я не зна́ю, где он у́чится.

Ира не зна́ет, где у́чится Оле́г.

— Где вы у́читесь, в институ́те?

— Нет, мы у́чимся в шко́ле.

Андре́й и Ли́да у́чатся в шко́ле.

— Игорь и Ники́та у́чатся в **те́хникуме**?

— Да, они́ у́чатся в те́хникуме.

Игорь и Ники́та у́чатся в те́хникуме.

C5 Complete these sentences.

1. Моя́ сестра́ у́чится...

2. В шко́ле мы у́чим...

3. Мои́ подру́ги Ка́тя и Ма́ша у́чатся...

4. Я учу́сь...

5. Вы у́читесь...?

6. В ко́лледже они́ у́чат...

...в шко́ле/в университе́те...
...хорошо́/пло́хо...
...в Москве́/в СССР/удовлетвори́тельно...
...в шко́ле/отли́чно...
...в университе́те/в шко́ле...
...фи́зику/ру́сский язы́к/литерату́ру...

Continue to practice the differences in usage between these verbs, providing students with these sentence cues:

Он у́чит ...   Он у́чится ... etc.

C6 Adult Education

Night school courses are very popular in Russia. A large number of students are young people who are eager to be independent and earn their own living, or have to help their family with extra wages, or are married and have a family to support.

Day students receive a government grant as long as their grades are satisfactory. Some work and go to school; so it isn't easy. A night school student attends classes three or four times a week and will also have individual tutorial meetings with teachers.

Night school students receive a paid vacation twice each year during exams.

The new words in section C are: и́ли, пло́хо, те́хникум, учи́тельница, учи́ться, тру́дно, вме́сте.

D1 Pronunciation Practice.

1&2. Students are reviewing intonation patterns in these phonetics drills.

1. Practice the correct intonation of these interrogative and declarative sentences.

— У тебя́ есть скри́пка?

— Нет, у меня́ нет скри́пки.

— У неё есть магнитофо́н?

— Нет, у неё нет магнитофо́на.

— У него́ есть мотоци́кл?

— Нет, у него́ нет мотоци́кла.

— У них есть пиани́но?

— Нет, у них нет пиани́но.

2. Practice the intonation of these sentences, which express alternatives.

— Оле́г рабо́тает и́ли у́чится?

— Джейн чита́ет и́ли пи́шет?

— Та́ня рису́ет и́ли слу́шает ра́дио?

— Они́ игра́ют в футбо́л и́ли бейсбо́л?

— Он игра́ет на скри́пке и́ли на гита́ре?

— Она́ у́чит францу́зский и́ли ру́сский язы́к?

D2 Examine these verses from the Высо́цкий poem „Я не люблю́", and you will understand even better the kind of man he was.

Я не люблю́

I Don't Like

Я не люблю́ фата́льного исхо́да,
от жи́зни никогда́ не устаю́.
Я не люблю́ любо́е вре́мя го́да,
когда́ весёлых пе́сен не пою́.

I don't like a fatal outcome,
I never get tired of life.
I don't like any time of year,
When I'm not singing cheerful songs.

Я не люблю́ холо́дного цини́зма,
в восто́рженность не ве́рю, и ещё —
когда́ чужо́й мой чита́ет пи́сьма,
загля́дывая мне че́рез плечо́.

I don't like cold cynicism,
I don't trust enthusiasm, nor also
When some stranger reads my letters
Looking over my shoulder.

Я не люблю́, когда́ наполови́ну
и́ли когда́ прерва́ли разгово́р.
Я не люблю́, когда́ стреля́ют в спи́ну,
я та́кже про́тив вы́стрелов в упо́р.

Я не люблю́ себя́, когда́ я тру́шу,
и не терплю́, когда́ неви́нных бьют.
Я не люблю́, когда́ мне ле́зут в ду́шу,
тем бо́лее — когда́ в неё плюю́т.

Я не люблю́ мане́жи и аре́ны:
на них милью́н меня́ют по рублю́, —
пусть впереди́ больши́е переме́ны,
я э́то никогда́ не полюблю́.

I don't like when a thing's left half-done
Or when a conversation is interrupted,
I don't like shots in the back,
I'm against point-blank shots as well.

I don't like myself when I am cowardly,
And I can't bear it when the innocent are beaten,
I don't like it when they intrude upon my soul,
And even less when they mock it.

I don't like circuses and arenas,
A million becomes small change in them,
Even if there are big changes ahead,
I'll never like that kind of thing.

БИЛЛ СОЛТИС ГОВОРИТ ПО-РУССКИ

— У меня есть друг Максим...

Билл три года учит русский у себя на родине в городе Колумбус, штат Огайо.

— Я живу в городе Волгограде и учусь в школе номер пятьдесят...

И здесь всё правда. Три недели Билл жил в городе на великой русской реке Волге, в семье Коробовых. Ходил с Максимом по его улицам, сидел за партой его школы и всё время говорил по-русски.

— Мы очень похожи друг на друга.

Уильям Солтис говорит не о внешнем сходстве. И Максим его прекрасно понимает. Потому что говорил примерно то же самое по-английски совсем недавно. Когда три недели жил и учился на родине Билла в городе Колумбус, штат Огайо, США.

Answer the questions based upon the reading.

1. Где Билл Солтис учит русский язык?

2. Где живёт Максим Коробов?

3. Где находится город Волгоград?

1. Билл Солтис учит русский язык на родине, в Колумбусе, в штате Огайо.

2. Максим Коробов живёт в Волгограде.

3. Волгоград находится в России, на реке Волге.

Overview of the Lesson

In this lesson, you have learned:

1) how to express possession and the absence of someone or something;
2) how to talk about playing games and musical instruments;
3) how to ask about and discuss alternatives.

You are talking to a group of older Russian friends. Ask them about possessions, whether they work or attend school, what their hobbies are, whether they play volleyball (soccer...), etc.

Some possible questions to be asked in this review exercise:

У вас есть _____ ?
Вы рабóтаете или ýчитесь?
Что вы ýчите?
Что вы лю́бите дéлать?
Вы игрáете в _____ ?
Вы хорошó ýчитесь?

Словáрь

*америкáнский American
видеокáмера *(f)* video camera
*вмéсте together
*гитáра *(f)* guitar
*друг *(m)* friend
*игрáть (игрáю, игрáешь, игрáют) to play
*или or
*конéчно of course
магнитофóн *(m)* tape recorder
мотоцúкл *(m)* motorcycle
ну well
*отвéт *(m)* answer
*пианúно *(n)* upright piano
*плéер *(m)* Walkman

*подрýга *(f)* (girl) friend
*скрúпка *(f)* violin
*тéхникум *(m)* technical school
*трýдно it is difficult, with difficulty
*у вас (есть) you have
*у меня́ (есть) I have
*у нас (есть) we have
*у негó (есть) he has
*у неё (есть) she has
*у них (есть) they have
*у тебя́ (есть) you have
*учúться (учýсь, ýчишься, ýчатся) to study, to learn
фотоаппарáт *(m)* camera
*хлеб *(m)* bread

Урок 9
(Девятый урок)

Прогулка по Москве

Section	Main Structures	Functions	Grammatical Concepts	Language & Culture
A	— Посмотри напра́во. Это Кремль. — Како́й он краси́вый и большо́й.	Pointing out objects and describing them	Adjectives in the nominative singular and plural	The meaning of the word кремль
B	Да́йте мне вот э́тот большо́й значо́к.	Specifying/ Being specific	Demonstrative pronouns (э́тот, э́та, э́то, э́ти) in the nominative and in the accusative	The origin of the name of Red Square: Кра́сная пло́щадь
C	Мне нра́вится река́.	Expressing likes and dislikes	Using нра́виться with dative pronouns	МГУ: Моско́вский Госуда́рст- венный университе́т
D	Phonetics and Reading Pronunciation Practice Ко́микс "Коми́ссия в шко́ле" The grading system in schools	"Америка́нские актёры в Москве́" Overview of the Lesson Слова́рь		

A Pointing out Objects and Describing Them

— Посмотри́ напра́во.
Это Кремль.

"Look to the right.
That's the Kremlin."

— Како́й он краси́вый
и большо́й!

"How beautiful and
large it is!"

A1 Dick and **Кири́лл** are on a tourist boat on the Moscow River.

— Дик, **посмотри́ напра́во.**

— Я зна́ю, э́то Кремль. **Како́й он краси́вый!**

— Да, о́чень.

— А кра́сные звёзды на Кремле́, они́ **больши́е и́ли ма́ленькие?**

— Очень больши́е.

"Dick, look to the right."
"I know. That's the Kremlin.
How beautiful it is!"
"Yes, very."
"And the red stars on the
Kremlin, are they big or
little?"
"Very big."

Note that the word **како́й** is used as part of an exclamation here. Students may remember the question word **как**, also frequently translated as "how." Both are used in exclamations, but students should be told to use only the adjectival form **како́й** when exclaiming about things. **Как** is used when exclaiming about actions.

The imperative form **посмотри́** should be considered purely lexical here. If they ask, tell students that they will study imperatives later.

"Kirill, look to the left."
"That's New Maiden
Monastery. It's beautiful,
isn't it? And straight
ahead is Moscow Uni-
versity. This is the new
building; the old one is
located downtown, where
Red Square is."

With the help of pictures
and/or classroom objects,
practice specifying
locations, using налéво,
напрáво, and прямо.
Your questions can be
asked in two ways, either
Где нахóдится...? or
Что нахóдится налé-
во/напрáво/прямо?

— Кири́лл, посмотри́ налéво.

— Это Новодéвичий монасты́рь. Прáвда, краси́вый? А
прямо — Москóвский университéт. Это нóвое
здáние, а стáрое нахóдится в цéнтре, где Крáсная
плóщадь.

A3 Adjectives describe or modify nouns. The form of Russian adjectives depends entirely on the form of the nouns they describe (or modify). An adjective has the same gender (masculine, feminine, or neuter), the same number (singular or plural), and the same case as the noun it modifies.

Soft endings are not given here, but students should examine the endings and tell why маленький and хороший are spelled with the ending -ий. You might tell them why большой is spelled as it is (this is the accented ending for all masculine nominative singular adjectives). Other than какой, it will be a long time before they encounter another adjective with an accented ending; so it might be just as well to have them memorize it as an exception.

Gender	Singular Adjectives	Noun Modified
Masculine	какой? красивый, большой, маленький, хороший, новый, старый, красный	дом, стадион, город
Feminine	какая? красивая, большая, маленькая, хорошая, новая, старая, красная	улица, школа
Neuter	какое? красивое, большое, маленькое, хорошее, новое, старое, красное	здание, окно
Gender	Plural Adjectives	Noun Modified
Masculine, feminine, and neuter	какие? красивые, большие, маленькие, хорошие, новые, старые, красные	улицы, здания, стадионы

A4 Confirm the following statements.

— Какой красивый маленький дом!
— Да, очень!
(— Нет, не очень!)

1. — Какой большой стадион!
2. — Какая маленькая собака!
3. — Какая большая кошка!
4. — Какое старое здание!
5. — Какие маленькие окна!

A5 Use **какóй** to react to the contrasting items in these pictures.

1. Какóй большóй/мáленький дом!

2. Какáя большáя/мáленькая собáка!

3. Какáя большáя/мáленькая кнúга!

4. Какóй большóй/мáленький карандáш!

5. Какóе большóе/мáленькое окнó!

Continue to practice adjective and noun combinations. Begin by cuing various nouns and asking students to supply a suitable adjective (watch forms!). When they get tired of this, you can ask them to supply the nouns, while you supply the adjectives.

A6 Кремль = Fortress

The word **кремль** means "fortress." In ancient times, every large town had its **кремль**. In Moscow, the **Кремль** was first made of wood and was later reconstructed with stone during the fourteenth century. The **Моско́вский Кремль** was expanded and reconstructed over several centuries and achieved its present appearance in the nineteenth century. The red stars were added to the towers after the Revolution.

Kremlins have been preserved in many old Russian cities, and each of them is surprisingly beautiful.

New vocabulary items in section A are: звезда́, зда́ние, како́й, краси́-вый, кра́сный, боль-шо́й, ма́ленький, Кремль, монасты́рь, нале́во, напра́во, но́-вый, посмотри́, пря́мо, ста́рый.

B Specifying/Being Specific

Да́йте мне вот э́тот большо́й значо́к.   Give me that big pin.

B1 Several students are at a souvenir stand and are selecting pins.

— У вас есть значки́ „Новоде́вичий монасты́рь" и „Моско́вский Кремль"?

— Коне́чно, есть. Вот, пожа́луйста.

— Краси́вые значки́! **Да́йте мне** вот **э́тот** большо́й значо́к.

— „Моско́вский Кремль"?

— Да.

— **Посмотри́те** ещё **э́ти** ма́ленькие значки́ „Музе́и".

"Do you have the 'New Maiden Monastery' and 'Moscow Kremlin' badges ?"
"Of course we do. Here they are."
"Beautiful pins! Give me this big pin here."
"'The Moscow Kremlin'?"
"Yes."
"Look at these small pins, 'Museums,' too."

Point out that э́тот is an adjective. It should not be confused with the word э́то, which is a verb (this is).

B2 Э́тот (э́та, э́то, э́ти) is used like an adjective. This chart may help you.

Nominative case	*Accusative case*
Э́тот значо́к краси́вый.	**Да́йте мне э́тот значо́к.**
This pin is beautiful.	Give me this pin.
Э́та кни́га хоро́шая.	**Да́йте мне́ э́ту кни́гу.**
This book is good.	Give me this book.
Э́то упражне́ние но́вое.	**Он пи́шет э́то упражне́ние.**
This exercise is new.	He is writing this exercise.
Э́ти тетра́ди ста́рые.	**Учи́тель смо́трит э́ти тетра́ди.**
These notebooks are old.	The teacher is examining these notebooks.

B3 Explain where these exchanges are taking place.

1. — У вас есть большо́й а́нгло-ру́сский слова́рь?
   — Да, есть.
   — Да́йте мне, пожа́луйста, э́тот слова́рь.

2. — У вас есть матрёшки?
   — Есть, но о́чень ма́ленькие.
   — Э́то хорошо́. Да́йте мне э́ту матрёшку.

3. — У вас есть значки́ „Москва́"?
   — Да, есть. А вот значки́ „Спорт".
   — Хорошо́. Да́йте мне э́ти значки́.

B4 Create new dialogs, using the words below. Follow the example.

— Моя́ сестра́ рабо́тает в магази́не.

— А где нахо́дится э́тот магази́н?

в го́роде	в институ́те	в больни́це
на фи́рме	на по́чте	

Read this information about the origin of the name „Кра́сная пло́щадь". Use a
dictionary or the end vocabulary.

Сло́во „кра́сный" живёт мно́го, мно́го лет. Пло́щадь в
це́нтре Москвы́ называ́ется „Кра́сная пло́щадь".
Америка́нцы говоря́т: "Red Square". Но Кра́сная
пло́щадь — э́то не Red Square, а Beautiful Square.

   Ра́ньше ру́сские не говори́ли „краси́вый". Они́
говори́ли „кра́сный": „кра́сная де́вушка", „кра́сное
со́лнце", „весна́ красна́", „кра́сная пло́щадь".

New words in section B are: да́йте, мне, э́тот, посмотри́те, а́нгло-ру́сский, матрёшка.

C Expressing Likes and Dislikes

Мне нра́вится река́.   I like the river.

C1 A group of young people is viewing Moscow from Vorobyovi Hills.

— **Вам нра́вится** здесь?

— О́чень. Пря́мо — стадио́н, нале́во — Новоде́вичий монасты́рь, а Кремль — там, в це́нтре.

— **Пра́вильно.** А **сза́ди** — Моско́вский университе́т.

— А где твой дом?

— Посмотри́ напра́во. Я живу́ там.

— Поня́тно. Мне о́чень нра́вится Москва́-**река́**. О́чень краси́вая.

— Да, пра́вда. **Нам** то́же о́чень нра́вится. А у вас в го́роде есть река́?

— Нет, у нас нет реки́. Но у нас есть **небольшо́е** о́зеро.

"Do you like it here?"
"Very much. Straight ahead is the stadium, to the left is New Maiden Monastery, and the Kremlin is there, in the center."
"That's right. And behind is Moscow University."
"And where's your house?"
"Look to the right. I live there."
"I understand. I like the Moscow River very much. It's very beautiful."
"Yes, that's true. We also like it very much."
"And do you have a river in your town?"
"No, we don't have a river. But we have a small lake."

C2 The verbs (люби́ть and нра́виться) express likes or dislikes in Russian. Люби́ть denotes a long-term positive feeling. Я люблю́ цветы́ speaks of a general liking for flowers. Я люблю́ ма́му expresses a feeling of love that developed over the years. Я люблю́ Москву́ refers to the affection of a resident or a regular visitor, not the reaction of a tourist who is seeing Moscow for the first time.

If you see flowers that you like, you can say: Мне нра́вятся э́ти цветы́ (those specific flowers). A visitor who wishes to express admiration for his/her host's house must say: Мне нра́вится э́тот дом. Look at the following table that shows how to use the verb нра́виться.

It may help to give students a direct translation of нра́вится ("it is pleasing to"). The sentence Мне нра́вятся э́ти цветы́. ("These flowers are pleasing to me.") may help students understand when the plural form of the verb must be used.

	Dative		Nominative
(я)	Мне		э́тот го́род.
(ты)	Тебе́		э́та у́лица.
(он)	Ему́	(не) нра́вится	э́то зда́ние.
(она́)	Ей		э́ти значки́.
(мы)	Нам		э́ти города́.
(вы)	Вам	(не) нра́вятся	э́ти цветы́.
(они́)	Им		э́ти зда́ния.

Only the third person forms of this verb are regularly used. The subjects are the nouns listed in the right column. The word that names the person who is pleased by the object appears in the dative case.

C3 Кто говорит?

— Тебе нра́вится мой дом?
— Нет, мне не нра́вится.

"Do you like my home?" — говори́т поросёнок.
"No, I don't like it." — говори́т поросёнок.

— Тебе́ нра́вится ру́сский язы́к?
— Да, нра́вится. Это **нетру́дный язы́к**.

"Do you like Russian?" — говори́т попуга́й.
"Yes, I like it. It's not a difficult language." — говори́т попуга́й.

— Мне о́чень нра́вится баскетбо́л.
— А мне не нра́вится.

"I like basketball a lot." — говори́т жира́ф.
"And I don't like it." — говори́т волк.

Explain the difference between нра́виться and люби́ть once again in your own words. Discuss this brief dialog with students (what is each speaker really saying by his choice of verbs?).
— Мне нра́вится э́та ма́ленькая маши́на.
— Я люблю́ ма́ленькие маши́ны.
— А я люблю́ больши́е маши́ны.

Use the following cues for additional practice with students. They should follow the example in their responses.
Мне нра́вится э́тот журна́л/метро́/э́та дере́вня/э́та маши́на/э́та гита́ра/Ро́ллинг-Сто́унз.

C4 Explain what **Антóн, Ира, Натáша, Мúша,** and **Игорь** like.
Follow the pattern below:

Это Антóн. Емý нрáвится футбóл.

Это Ира. Ей нрáвится балéт.

Это Натáша. Ей нрáвится хоккéй.

Это Мúша. Емý нрáвится óпера.

Это Игорь. Емý нрáвится кинó./Емý нрáвятся фúльмы.

C5 Read this information about Moscow State University. Use a dictionary or the end vocabulary to find difficult words.

Моско́вский университе́т

Moscow University

Моско́вский университе́т был откры́т в 1757 году́. Это са́мый большо́й университе́т в Росси́и. Здесь у́чатся 28 000 студе́нтов.

Moscow University was opened in 1757. It is the largest university in Russia. 28,000 students study here.

Моско́вский университе́т — э́то ста́рое зда́ние и но́вое зда́ние. Ста́рое зда́ние нахо́дится в це́нтре Москвы́. Сейча́с здесь факульте́т журнали́стики.

Moscow University is (consists of) the old building and the new building. The old building is in the center of Moscow. Now the Journalism Department operates (works) there.

Но́вое зда́ние университе́та нахо́дится на Воробьёвых гора́х. Это физи́ческий, математи́ческий, хими́ческий, биологи́ческий, экономи́ческий, истори́ческий, филологи́ческий факульте́ты.

The new building of the university is located in Vorobyovi Hills. It is (contains) the Physics, Mathematics, Chemistry, Biology, Economics, History, and Philology Departments.

— Како́е зда́ние вам нра́вится: ста́рое и́ли но́вое? — спра́шиваем студе́нтов.

"Which building do you like more, the new or the old," we ask students.

— Ста́рое, — говоря́т студе́нты. — Ста́рое зда́ние — э́то на́ша исто́рия, на́ша культу́ра. И центр Москвы́.

"The old," say the students. "The old building is our history, our culture. And the center of Moscow."

New vocabulary items in section C are: сза́ди, нра́вится, пра́вильно.

D Phonetics and Reading

D1 Pronunciation Practice.

1. Practice the correct pronunciation of the unstressed vowels.

This is a review of vowel reduction, practiced earlier.

напра́во	нале́во	пря́мо	
больша́я	большо́е	но́вая	но́вое
ста́рая	ста́рое	кра́сная	кра́сное
краси́вая	краси́вое	ма́ленькая	ма́ленькое

2. Practice saying these phrases smoothly, without interrupting the flow of the words.

краси́вая река́	большо́е о́зеро	ма́ленький дом
коне́чно, нет	вот, пожа́луйста	кра́сные звёзды
пря́мо Кремль	да́йте, пожа́луйста	
	коне́чно, есть	

напра́во Новоде́вичий монасты́рь
нале́во Моско́вский Кремль
сза́ди Кра́сная пло́щадь

Students should practice these phrases as many times as necessary to insure that they can say them smoothly and with correct pronunciation.

3. Practice the intonation of these exclamatory sentences.

— Моско́вский Кремль! Како́й он большо́й!

— Кра́сная пло́щадь! Кака́я она́ больша́я!

— Новоде́вичий монасты́рь! Како́й он ста́рый!

— Кра́сные звёзды! Каки́е они́ ма́ленькие!

As students practice the intonation of exclamations (**ИК-5**) in this exercise, they will have to be careful, since many may find this intonation difficult to differentiate from **ИК-1**.

4. Practice the intonation of these sentence pairs. Each pair consists of a declarative sentence followed by an interrogative sentence.

— Вот мой дом. Пра́вда, большо́й?

— Вот на́ша соба́ка. Пра́вда, ма́ленькая?

— Вот моё пиани́но. Пра́вда, ста́рое?

— Вот его́ гита́ра. Пра́вда, краси́вая?

— Вот их институ́т. Пра́вда, хоро́ший?

The intonations reviewed here are **ИК-1** (declarative sentence) and **ИК-3** (a question without a question word).

D2 Этот ко́микс нарисова́л Серге́й Родно́в. Ему́ 13 лет. Он у́чится в
Москве́ в шко́ле, где де́ти у́чатся рисова́ть.

This comic strip was drawn by Sergei Rodnov. He studies in Moscow in a drawing school for children.

"A commission will be at the school."   "Yes, indeed."   "Goodbye!"
"What a good, clean school!"   "Well done! They work well."   "Hurrah! The commission has left!"

Grade	Official names	Student slang
5	отли́чно, о́чень хорошо́, **пять,** **пятёрка**	отл, пята́к
4	хорошо́, **четы́ре, четвёрка**	хор
3	удовлетвори́тельно, **три,** тро́йка	уд, троя́к
2	два, дво́йка	па́ра, не́уд
1	едини́ца	кол

A student whose grades are all "5s" is an **отли́чник**, while the student who receives "2s" is known as a **дво́ечник, отста́ющий.** Дво́ечник is a rather negative term that is not often used. The word **отли́чник** is frequently avoided by students, since it is connected with the concept of a "mama's boy." The word **отли́чница** can be used to refer to girls whose grades are all "5s."

What do you think about this student: is he an A student or D student?

D4 Examine the article „**Америка́нские актёры в Москве́**". Then explain where the television program will be filmed and what it is called.

Американские актеры в Москве

Красная площадь, Кремль, Новодевичий монастырь, улица Арбат и многие другие места столицы станут рабочей площадкой для съемочной группы знаменитого американского телесериала „Даллас".

Начиная с 1978 года снято 350 серий о жизни семьи американских нефтепромышленников. По замыслу создателей фильма очередной сериал будет сниматься в Москве.

НА СНИМКЕ: американские актеры на Соборной площади.
Фото Р. ПОДЭРНИ.
(Фотохроника ТАСС).

American Actors in Moscow

Red Square. The Kremlin, New Maiden Monastery, Arbat street, and many other places in the capitol will become a work site for a film crew of the famous American television series "Dallas."

(Since) beginning in 1978, there have been 350 shows about the life of this family of American oil producers. According to the idea of this show's creators, the next episode will be filmed in Moscow.

1. "Dallas" will be filmed in Moscow.   2. The television film (show) is "Dallas."

Overview of the Lesson

In this lesson, you have learned:

1) how to describe objects and persons;
2) how to request specific, concrete objects;
3) how to express likes and dislikes.

In a souvenir store, you have found **большáя матрёшка, красúвые значкú, хорóшие кнúги, рýчки, карандашú**, etc., that you might like to purchase. Describe these objects, and ask the clerk to let you look at them more closely.

— Какáя красúвая матрёшка!

— Вам нрáвится?

— Да, óчень. Дáйте мне эту матрёшку.

1. — Какáя большáя
   матрёшка!
   — Вам нрáвится?
   — Да, óчень. Дáйте
   мне посмотрéть
   эту матрёшку.

2. — Какúе красúвые
   значкú!
   — Вам нрáвятся?
   — Да, óчень. Дáйте
   мне посмотрéть
   эти значкú.

3. — Какúе хорóшие
   кнúги!
   — Вам нрáвятся?
   — Да, óчень. Дáйте
   мне посмотрéть
   эти кнúги.

4. — Какúе хорóшие
   карандашú!
   — Вам нрáвятся?
   — Да, óчень. Дáйте
   мне посмотрéть
   эти карандашú.

Слова́рь

а́нгло-ру́сский English-Russian

*большо́й big

*вам *dat.* of вы for you, to you

*да́йте *(imperative)* give

*два two (grade of "D")

дво́ечник *(m)* "D" student (male)

дво́йка *(f)* two (grade of "D")

*ей *dat.* of она́ for her, to her

*ему́ *dat.* of он for him, to him

жира́ф *(m)* giraffe

звезда́ *(f)* star

*зда́ние *(n)* building

*им *dat.* of они́ for them, to them

*како́й what kind of, which

кра́сный red

*краси́вый beautiful, handsome

*ма́ленький little, small

матрёшка *(f)* nested Russian dolls

*мне *dat.* of я for me, to me

монасты́рь *(m)* monastery

*моско́вский Moscow

*нале́во on *or* to the left

*нам *dat.* of мы for us, to us

*напра́во to *or* on the right

небольшо́й not large, small

нетру́дный not difficult, easy

Новоде́вичий монасты́рь Novodevichy
   (New Maiden) Monastery

*но́вый new

*нра́виться (нра́влюсь, нра́вишься,
   нра́вятся) to please

отли́чник "A" student (male)

отли́чница "A" student (female)

отстаю́щий failing student

поросёнок *(m)* piglet

посмотри́(те) *(imperative)* look!

пра́вильно right, correctly

*пря́мо directly, straight ahead

пять five (grade of "A")

пятёрка five (grade of "A")

*река́ *(f)* river

*сза́ди behind

*ста́рый old

*тебе́ *dat.* of ты for you, to you

*три three (grade of "C")

тро́йка three (grade of "C")

четвёрка four (grade of "B")

*четы́ре four (grade of "B")

*э́тот this

Урок 10 (Десятый урок)

Review of Lessons 6-9

„Век живи́, век учи́сь".

"Live and learn."

This lesson is intended to improve your skills in speaking, listening to, reading, and writing Russian. First, try to complete each communicative task or function suggested; then do the pronunciation, grammar, and vocabulary review exercises. The letters and numbers refer to the places where points were discussed or practiced in the preceding lessons.

I. FUNCTIONS

1. Talking about activities (6: A; 7: A; 8: B&C)

EXERCISE 1. You are a journalist. Comment on what these people are doing.

Они́ чита́ют.

Они́ слу́шают.

Они́ пи́шут.

Они́ рабо́тают.

Они́ смо́трят.

Они́ игра́ют.

Они́ у́чатся.

Они́ рису́ют.

EXERCISE 2. Complete these sentences appropriately.

1. Ира смо́трит телеви́зор, а...   ...а брат пи́шет письмо́.

2. Ко́ля и Игорь игра́ют в футбо́л, а...   ...а я игра́ю на скри́пке.

3. Я пишу́ письмо́ и...   ...и слу́шаю му́зыку.

4. Бори́с игра́ет на гита́ре, и...   ...и Ни́на игра́ет на гита́ре.

5. Ка́тя и Оле́г танцу́ют, а...   ...а Ми́ша и Ма́ша чита́ют.

6. Ма́ша и Оле́г танцу́ют, и...   ...и мы танцу́ем.

7. Моя́ сестра́ у́чится в ко́лледже, а...   ...а я учу́сь в шко́ле.

EXERCISE 3. Respond to these statements following the example below.

— Джон смо́трит телеви́зор.
— Да, он лю́бит смотре́ть телеви́зор.

1. — Игорь игра́ет в футбо́л.   — Да, он лю́бит игра́ть в футбо́л.

2. — Ната́ша чита́ет.   — Да, она́ лю́бит чита́ть.

3. — Ко́ля говори́т по-англи́йски.   — Да, он лю́бит говори́ть по-англи́йски.

4. — Ни́на игра́ет на скри́пке.   — Да, она́ лю́бит игра́ть на скри́пке.

5. — Андре́й слу́шает ра́дио.   — Да, он лю́бит слу́шать ра́дио.

6. — Та́ня пи́шет письмо́.   — Да, она́ лю́бит писа́ть пи́сьма.

7. — Лю́ба у́чит слова́.   — Да, она́ лю́бит учи́ть слова́.

EXERCISE 4. Create a conversation following the model below. When you have finished with the sentences provided, perhaps you can continue, coming up with your own sentences about classmates and members of your family.

Ива́н: Ле́на игра́ет на гита́ре.
Ка́тя: Что говори́т Ива́н?
Ната́ша: Он говори́т, что Ле́на игра́ет на гита́ре.

1. Ко́стя: Арте́м игра́ет в футбо́л.

2. Ри́та: Сейча́с я чита́ю „До́ктора Жива́го".

3. Та́ня: Я слу́шаю му́зыку.

1. — Что говори́т Ко́стя?
   — Он говори́т, что Арте́м игра́ет в футбо́л.
2. — Что говори́т Ри́та?
   — Она́ говори́т, что она́ чита́ет кни́гу.
3. — Что говори́т Та́ня?
   — Она́ говори́т, что она́ слу́шает му́зыку.

* The conjunction „и" is used whenever additional information is given without any contrasts in the second clause. When both the subject and the predicate are different in the two clauses, the conjunction "а" must be used.

4. Игорь: Ма́ма чита́ет газе́ты.

5. Ната́ша: Я смотрю́ телеви́зор.

4. — Что говори́т Игорь?
 — Он говори́т, что его́ ма́ма
   чита́ет газе́ты.
5. — Что говори́т Ната́ша?
 — Она́ говори́т, что она́
   смо́трит телеви́зор.

2. Naming the objects of actions (6: C; 7: A)

EXERCISE 5. Explain what these persons are doing; then comment on what they are reading, watching, or...

Он пи́шет письмо́.

Они́ игра́ют в футбо́л.

Она́ чита́ет кни́гу.

Он смо́трит телеви́зор.

Они́ игра́ют в баскетбо́л.

Он/Она́ смо́трит фильм.

Они́ игра́ют в хокке́й.

If you feel students need more practice, ask them to find some magazine and newspaper pictures that they can caption in Russian. Display the results on your bulletin board.

EXERCISE 6. Create dialogs, using the cues. Follow the examples.

— Ната́ша, что ты чита́ешь?　газе́та

— Я чита́ю журна́л.　кни́га

— Ты зна́ешь, что чита́ет Ива́н?　письмо́

— Да, зна́ю: он чита́ет журна́л　текст

„Звезда́“.　упражне́ние

слова́

Review lessons are a particularly good time to dramatize dialogs. If students get involved in this, many teachers find that audio or video recordings heighten interest and also provide good listening practice.

3. Saying that you understand or do not understand (6: B)

EXERCISE 7. Ask a classmate what each of these words means in Russian or in English, depending upon the language of the cue.

Звезда́, square, друг, I like, пло́хо, question, значки́, газе́та, to learn, exercise.

Students should use the phrases „Как э́то бу́дет по-англи́йски?“ and „Как э́то бу́дет по-ру́сски?“

Either go around the room picking different pairs of students to ask and answer the question for each word or have them all work in pairs and cover the entire list.

EXERCISE 8. What would you say?

1. Your friend is reading something to you in Russian. You don't understand and ask him to say it in English.
2. It's difficult to understand an announcement at the airport. Your grandmother asks you what the announcer is saying.
3. You don't understand the question the teacher asks you in Russian about the grammar rule.
4. You are telling your Russian friend an American joke, but he's puzzled and doesn't smile. Perhaps he doesn't understand you? (a joke = шу́тка)

1. Я не понима́ю. Как э́то бу́дет по-англи́й-ски?

2. Я не понима́ю/слы́-шала. Что они́ сказа́ли?

3. Я не понима́ю. Как э́то бу́дет по-англи́й-ски?

4. Я не понима́ю э́ту шу́тку. Как э́то бу́-дет по-ру́сски?

EXERCISE 9. If you have been doing well in Russian, you should only find four words in the list below where you can say: „Я не понима́ю, что э́то.“ Read these words aloud, giving their meanings. When you cannot continue, say: „Я не понима́ю, что э́то“ and another student will continue.

Большо́й, бу́ква, си́ний, вме́сте, вопро́с, гости́ница, то́лько, звезда́, зда́ние, бе́лый, ко́шка, кра́сный, ма́ленький, молоде́ц, река́, знак, сейча́с, тру́дно, фотоаппара́т.

Big, letter, dark blue, together, question, hotel, only, star, building, white, cat, red, little, good work, river, sign, now, difficult, camera.

---

4. Expressing opinions about actions (7: B)

EXERCISE 10. Work in pairs to ask and tell each other about different activities, as in the following examples.

Анна: Как ты у́чишься?

Бори́с: Хорошо́. А как ты зна́ешь матема́тику?

Анна: Пло́хо. А как ты игра́ешь в бейсбо́л?

Бори́с: Непло́хо. А ты игра́ешь на гита́ре?

Анна: Нет, не игра́ю.

Use the following direct objects to make up your own dialog:

баскетбо́л, скри́пка, волейбо́л, пиани́но.

— А как ты игра́ешь в баскет-
бо́л?
— Хорошо́/пло́хо. А ты игра́ешь
на скри́пке?
— Нет, не игра́ю.
— А как ты игра́ешь на пиани́-
но?
— Непло́хо./Пло́хо. А ты игра́-
ешь в волейбо́л?
— Да, я игра́ю.

EXERCISE 11. Что они́ у́чат? Как они́ у́чатся?

Ната́ша Росто́ва у́чит матема́тику, ру́сский язы́к, фи́зику и геогра́фию. Она́ у́чится о́чень хорошо́.

Ива́н Ко́шкин у́чит матема́тику, ру́сский язы́к, англи́йский язы́к и хи́мию. Он у́чится удовлетвори́тельно.

New words in section B are: да́йте, мне, э́тот.

5. Expressing likes and dislikes (7: C; 9: C)

Explain that when a noun is used with the verb любить it must imply a strong liking lasting over a long period of time.

When a noun is used with нравиться, it is to express either an immediate positive reaction or a liking that isn't very strong.

When verb infinitives are used with these two predicates, the difference is less extreme, although любить still implies stronger felling.

EXERCISE 12. Explain the difference:

Он лю́бит матема́тику.
He loves math.

Ему́ нра́вится матема́тика.
He likes math.

Я люблю́ джаз.
I love jazz.

Мне нра́вится слу́шать джаз.
I like to listen to jazz.

Ле́на лю́бит спорт.
Lena loves sports.

Ей нра́вится спорт.
She likes sports.

Мы лю́бим танцева́ть.
We love to dance.

Нам нра́вится танцева́ть.
We like to dance.

Они́ лю́бят говори́ть по-ру́сски.
They love to speak Russian.

Им нра́вится говори́ть по-ру́сски.
They like to speak Russian.

Я люблю́ Ма́шу.
I love Masha.

Мне нра́вится Ма́ша.
I like Masha.

Мы лю́бим собира́ть значки́.
We love to collect pins.

Нам нра́вятся э́ти значки́.
We like these pins.

Differentiate carefully between любить and нравиться.

EXERCISE 13. Respond to each statement following the examples.

— Мне нра́вится, как игра́ют ребя́та.
— Да, они́ хорошо́ игра́ют.

(— Мне не нра́вится э́тот журна́л.
— Да, э́то плохо́й журна́л.)

1. — Мне нра́вится, как игра́ет на скри́пке Ната́ша.
2. — Мне не нра́вится э́та му́зыка.
3. — Мне не нра́вится э́то упражне́ние.
4. — Мне нра́вится э́тот фильм.
5. — Мне нра́вится э́тот уче́бник.
6. — Мне нра́вится э́та му́зыка.
7. — Мне не нра́вится, как танцу́ет И́горь.

1. — Да, она́ хорошо́ игра́ет.
2. — Да, э́то плоха́я пе́сня.
3. — Да, э́то тру́дное упражне́ние.
4. — Да, э́то хоро́ший/интере́сный/краси́вый фильм.
5. — Да, э́то хоро́ший уче́бник.
6. — Да, э́то краси́вая му́зыка.
7. — Да, он нехорошо́ танцу́ет.

EXERCISE 14. State an obvious conclusion (or one that isn't so obvious, if you can substantiate it). The examples below should help.

Ната́ша: Мне о́чень нра́вится э́та му́зыка.

— Ната́ша лю́бит му́зыку. [obvious]

(— Ната́ша лю́бит танцева́ть. [easy to guess])

(— Ната́ша не понима́ет му́зыку. [you think the music is poor])

(— Ната́ша хорошо́ рису́ет. [there is something she knows])

Анто́н: Мне нра́вится э́та кни́га.

Ната́ша: Англи́йский язы́к о́чень краси́вый.

Ка́тя: Мне о́чень нра́вится Москва́: Кремль, Новоде́вичий монасты́рь.

Воло́дя: Мне нра́вится, как игра́ет „Спарта́к".

Рома́н: Мне о́чень нра́вится э́тот фильм.

There are many possible answers.

1. Анто́н хо́чет чита́ть э́ту кни́гу.
2. Ната́ше нра́вится англи́йский язы́к.
3. Ка́тя не живёт в Москве́. Она́ не москви́чка.
4. Воло́дя на стадио́не. „Спарта́к" победи́л.
5. Рома́н лю́бит фи́льмы.

6. Talking about possessions and relationships (8: A)

EXERCISE 15. In each instance, offer your assistance, following the model below.

— У меня́ нет ру́чки.

— У меня́ есть ру́чка. Вот, пожа́луйста.

1. — У меня́ нет карандаша́.

2. — У меня́ нет словаря́.

3. — У меня́ нет журна́ла.

4. — У меня́ нет а́дреса магази́на.

5. — У меня́ нет телефо́на кинотеа́тра.

— У меня́ есть каранда́ш. Вот, пожа́луйста.
— У меня́ есть слова́рь. Вот, пожа́луйста.
— У меня́ есть журна́л. Вот, пожа́луйста.
— У меня́ есть его́ а́дрес. Вот, пожа́луйста.
— У меня́ есть его́ телефо́н. Вот, пожа́луйста.

EXERCISE 16. Answer the questions:

1. — У вас в кла́ссе есть **видеомагнитофо́н**?
2. — У вас в шко́ле есть **бассе́йн**?
3. — У вас в го́роде есть река́/о́зеро?
4. — У тебя́ есть брат/сестра́?
5. — У тебя́ есть де́душка и ба́бушка?
6. — Ты хорошо́ зна́ешь Ната́шу? У неё есть подру́га?
7. — Ты хорошо́ зна́ешь Ви́ктора и Са́шу? У них есть мотоци́кл?
8. — На у́лице, где ты живёшь, есть апте́ка?

Both affirmative and negative answers are acceptable. Remind students that Russian phrases such as у нас в кла́ссе and в на́шем кла́ссе are synonymous. The former is encountered more frequently in everyday conversation.

7. Expressing alternatives (8: C)

EXERCISE 17. Ask for clarification.

— Мы чита́ем.
— Вы чита́ете и́ли пи́шете?

1. — Мы игра́ем в волейбо́л.
2. — Ната́ша чита́ет журна́л.
3. — Они́ игра́ют на гита́ре.
4. — Ба́бушка смо́трит телеви́зор.
5. — Мы пи́шем письмо́.
6. — Ка́тя слу́шает му́зыку.

Some possible answers:

1. — Вы игра́ете и́ли смо́трите волейбо́л?
2. — Она́ чита́ет и́ли у́чится?
3. — Они́ игра́ют на гита́ре и́ли на балала́йке?
4. — Ба́бушка смо́трит и́ли чита́ет?
5. — Вы пи́шете письмо́ и́ли кни́гу?
6. — Она́ слу́шает и́ли танцу́ет?

1. — Да, у нас в кла́ссе есть магнитофо́н.
   — Нет, у нас в кла́ссе нет магнитофо́на.
2. — Да, у нас в шко́ле есть бассе́йн.
   — Нет, у нас в шко́ле нет бассе́йна.
3. — Да, у нас в го́роде есть река́/о́зеро.
   — Нет, у нас в го́роде нет реки́/о́зера.
4. — Да, у меня́ есть брат.
   — Нет, у меня́ нет бра́та.
5. — Да, у меня́ есть де́душка и ба́бушка.
   — Нет, у меня́ нет де́душки и ба́бушки.
6. — Да, я хорошо́ зна́ю её. У неё есть подру́га.
   — Да, я хорошо́ зна́ю её. У неё нет подру́ги.
7. — Да, я хорошо́ зна́ю их. У них есть мотоци́кл.
   — Да, я хорошо́ зна́ю их. У них нет мотоци́кла.
8. — Да, на у́лице, где я живу́, есть апте́ка.
   — Нет, на у́лице, где я живу́, нет апте́ки.

8. Pointing out objects and describing them (9: A)

EXERCISE 18. Confirm each statement.

— Какóй красúвый стадиóн!

— Да, óчень красúвый!

1. — Какáя мáленькая машúна!

2. — Какóй стáрый дом!

3. — Какóй плохóй день!

4. — Какúе красúвые цветы́!

1. — Да, óчень мáленькая!
2. — Да, óчень стáрый!
3. — Да, óчень плохóй!
4. — Да, óчень красúвые!

Additional work may be provided by exclaiming over pictures you have posted on the wall. Ask students to confirm each statement by pointing out the appropriate picture.

EXERCISE 19. Select and use any appropriate cues to express an exclamation.

You see a small kitten.

Какáя онá мáленькая!

1. You see a new hotel.
2. You see a flower.
3. You see two small kittens.
4. You see many flowers.
5. You see a magazine that was published in the nineteenth century.

хорóший
плохóй
красúвый
нóвый
стáрый
большóй

1. Какáя онá хорóшая/плохáя/красú-вая/нóвая/стáрая/большáя!
2. Какóй он хорóший/плохóй/красú-вый/стáрый/большóй!
3. Какúе онú хорóшие/плохúе/кра-сúвые/!
4. Какúе онú хорóшие/плохúе/кра-сúвые/большúе!
5. Какóй он хорóший/плохóй/красú-вый/стáрый/большóй!

EXERCISE 20. You are showing your town to a Russian visitor. Imagine you are in a specific location and are pointing out the buildings and other spots of interest in the vicinity. Use the adverbs of direction прямо, налéво, напрáво, сзáди. Some of the places you may wish to point out are: стадиóн, гостúница, шкóла, магазúн, рекá, больнúца.

EXERCISE 21. You are conducting an imaginary excursion around the center of Moscow for your fellow students. Use photographs in the textbook or other materials in the classroom to point out important sites. Your "tourist group" should express their reactions to places that you point out. The excursion map on the next page may help you.

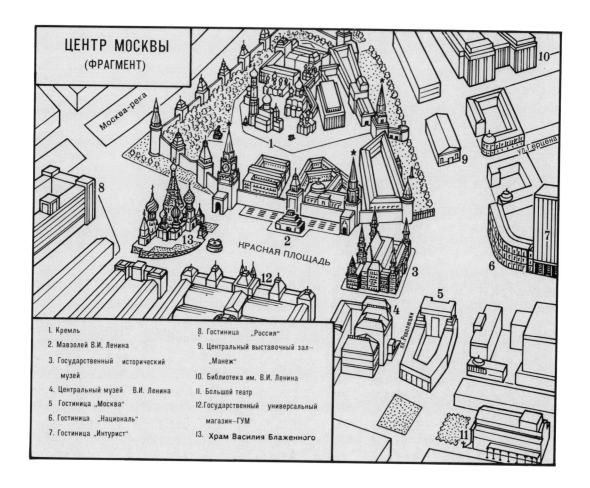

ЦЕНТР МОСКВЫ
(ФРАГМЕНТ)

Москва-река

КРАСНАЯ ПЛОЩАДЬ

ул. Герцена

пл. Революции

I. Кремль

2. Мавзолей В.И. Ленина

3. Государственный исторический музей

4. Центральный музей В.И. Ленина

5 Гостиница „Москва"

6. Гостиница „Националь"

7. Гостиница „Интурист"

8. Гостиница „Россия"

9. Центральный выставочный зал— „Манеж"

10. Библиотека им. В.И. Ленина

II. Большой театр

12. Государственный универсальный магазин—ГУМ

13. Храм Василия Блаженного

9. Specifying/Being specific (9: B)

EXERCISE 22. Ask for one of the objects pointed out to you.

— Вот хорóшие значкú!
— Дáйте мне вот э́тот значóк.

1. — Вот хорóшие учéбники.

2. — Это хорóшие кнúги.

3. — Вот большúе матрёшки.

4. — Пожáлуйста, вот неплохóй кóмпас.

5. — Вот красúвые сýмки.

6. — Это рýсско-англúйские словарú.

1. — Дáйте мне вот э́тот учéбник!

2. — Дáйте мне вот э́ту кнúгу!

3. — Дáйте мне вот э́ту матрёшку!

4. — Дáйте мне вот э́тот кóмпас!

5. — Дáйте мне вот э́ту сýмку!

6. — Дáйте мне вот э́тот словáрь!

II. GRAMMATICAL FORMS AND VOCABULARY

1. The accusative form of an animate masculine noun is the same as its genitive form. The accusative form of an inanimate masculine noun is like its nominative form. Feminine and neuter nouns always have the same endings in the accusative, whether they are animate or inanimate. Examine the table.

Case	Question(s)	Prepositions (other indicator)	Masculine	Feminine	Neuter
Nominative	кто? что?		Ива́н класс музе́й	Ни́на шко́ла пло́щадь	письмо́ упражне́ние
Genitive	кого́? чего́? у кого́?	(нет)	Ива́на кла́сса музе́я	Ни́ны шко́лы пло́щади	письма́ упражне́ния
Accusative	кого́? что? в/на что?	в, на	Ива́на класс музе́й	Ни́ну шко́лу пло́щадь	письмо́ упражне́ние
Dative					
Instrumental					
Prepositional	где?	в, на	(в) кла́ссе (в) музе́е	(в) шко́ле (на) пло́щади	(в) письме́ (в) упражне́нии

EXERCISE 23. Match these questions and responses; then give the grammatical case of each underlined word.

1. — Где нáходится <u>кинотеáтр</u>
   „Рóссия“?

2. — У вас в <u>гóроде</u> есть
   университéт?

3. — Антóн лю́бит игрáть в <u>футбóл</u>?

4. — Натáша хорошó игрáет на
   <u>гитáре</u>?

5. — У вас есть <u>мотоцúкл</u>?

6. — У тебя́ есть <u>словáрь</u>?

7. — <u>Úгорь</u> говорúт по-англúйски?

А. — Нет, у меня́ нет <u>словаря́</u>.

Б. — У нас нет <u>мотоцúкла</u>.

В. — Да, óчень лю́бит игрáть.

Г. — На <u>плóщади</u> Пýшкина.

Д. — У нас в гóроде нет
   <u>университéта</u>.

Е. — Нет, он не говорúт
   по-англúйски.

Ж. — Нет, онá плóхо игрáет на
   гитáре.

1. Г. (кинотеáтр — nom., плóщади — prep.) 2. Д. (гóроде — prep.) 3. В. (футбóл — асс.)
4. Ж. (на гитáре — prep.) 5. Б. (мотоцúкл — nom., мотоцúкла — gen.)
6. А. (словáрь — nom., словаря́ — gen.) 7. Е. (Úгорь — nom.)

EXERCISE 24. Read these sentences, supplying grammatical endings as needed.

1. Я живý на ýлиц___ Пайн___ .

2. Магазúн нахóдится в цéнтр___ .

3. Марúна читáет газéт___, а я читáю журнáл___ .

4. Кáтя лю́бит игрáть на гитáр___ .

5. Олéг хорошó игрáет в футбóл___ .

6. У нас в гóрод___ нет теáтр___ .

You may wish to warn students that some words may not require additional endings.

1. ...на ýлице Пайн.
2. ...в цéнтре.
3. ...газéту, ...журнáл.
4. ...на гитáре.
5. ...в футбóл.
6. ...в гóроде нет теáтра.

2. Adjectives are used to modify nouns and change their form according to the gender, case, and number of the noun they describe.

EXERCISE 25. Create noun phrases by choosing an appropriate adjective for each noun.

дом	хорóший	стадиóн	стáрый
кнúга	плохóй	машúна	большóй
плóщадь	красúвый	окнó	мáленький
зал	нóвый		

Some possible answers: хорóший дом, плохáя кнúга, красúвая плóщадь, нóвый зал, стáрый стадиóн, большáя машúна, мáленькое окнó

218   Face to Face

3. There are two verb conjugations in Russian. The first **(I)** has the endings -ю(-у), -ешь, -ет, -ем, -ете, -ют (-ут); the second **(II)** has the endings -ю(-у), -ишь, -ит, -им, -ите, -ят(-ат).

EXERCISE 26. You are at home with your family. Your friend calls and asks what everyone is doing. Respond by completing this paragraph.

Ребя́та до́ма. Анто́н и Кири́лл де́ла___ уро́ки. Ната́ша
пи́ш___ письмо́, Андре́й и Са́ша у́ч___ слова́. Оля и
Ка́тя говор___ по-англи́йски, а я слу́ша___ ра́дио.

...де́лают
...пи́шет ...у́чат
...говоря́т
...слу́шаю

EXERCISE 27. Find an ending for each blank. Read your answer aloud.

-ю	-ит	Я игра́___ на скри́пке.	...игра́ю
-ет	-ем	Мы де́ла___ уро́ки.	...де́лаем
-им	-ат	Он у́ч___ слова́.	...у́чит
-ят	-ут	Мы понима́___ и говор___ по-ру́сски.	...понима́ем и говори́м
-ют	-ете	Вы игра́___ на гита́ре?	...игра́ете
-ите		Они́ лю́б___ кино́.	...лю́бят

You might tell students that уро́ки is the noun most commonly used in declarative sentences with the word де́лать.

EXERCISE 28. Construct questions with и́ли using these elements: **you, to love, to listen to, jazz, rock and roll.**

— Вы лю́бите слу́шать джаз и́ли рок-н-ро́лл?

1. Your brother, to work, to study.
2. In Russia, to play, football, rugby.
3. You, to play, a guitar, a violin.
4. You, to love, to watch tennis, to play tennis.

1. — Ваш/Твой брат рабо́тает и́ли у́чится?
2. — В Росси́и игра́ют в футбо́л и́ли в рэ́гби?
3. — Вы/Ты игра́ете/игра́ешь на гита́ре и́ли на скри́пке?
4. — Вы/Ты лю́бите/лю́бишь смотре́ть те́ннис и́ли игра́ть в те́ннис?

4. In these lessons, you learned about 120 words.

EXERCISE 29. Tell what letters are missing from each of the following words.

В сло́ве <u>журна́л</u> нет бу́квы „у".

В сло́ве <u>шко́ла</u> нет бу́квы „к". В сло́ве <u>ла́мпа</u> нет бу́квы „п". В сло́ве <u>апте́ка</u> нет бу́квы „к" и бу́квы „а".
В сло́ве <u>авто́бус</u> нет бу́квы „а" и бу́квы „б". В сло́ве <u>су́мка</u> нет бу́квы „м" и бу́квы „а". В сло́ве <u>каранда́ш</u>
нет бу́квы „а".

EXERCISE 30. Tell which word does not belong in each of these word groups.

1. бу́ква, текст, предложе́ние, центр, сло́во
2. столи́ца, у́лица, тетра́дь, пло́щадь, зда́ние
3. матема́тика, хи́мия, грамма́тика, конфе́ты, фи́зика
4. учи́тель, инжене́р, учи́тельница, магази́н, врач
5. чита́ть, понима́ть, звезда́, танцева́ть, рисова́ть

1. центр has nothing to do with language.
2. тетра́дь is not part of a place name.
3. конфе́ты is not a school subject.
4. магази́н is not a profession.
5. звезда́ is not a verb (an action).

EXERCISE 31. Arrange the nouns below into groups according to the verbs they can be used with (**чита́ть, знать, жить, люби́ть, понима́ть**). Some of these nouns can be used with more than one verb.

бу́ква	вопро́с	предложе́ние
торт	уро́к	матема́тика
конфе́ты	пло́щадь	му́зыка
река́	звезда́	столи́ца
центр	зда́ние	грамма́тика
танцева́ть		

жить: столи́ца, пло́щадь, центр, река́, зда́ние
люби́ть: столи́ца, торт, матема́тика, танцева́ть, грамма́тика, конфе́ты, пло́щадь, му́зыка, центр, река́, звезда́, зда́ние
понима́ть: вопро́с, предложе́ние, уро́к, матема́тика, грамма́тика, му́зыка

There may be other reasonable possibilities. However, do not allow the verb танцева́ть with знать, since only уме́ть (which they have not had) would be appropriate.

чита́ть: бу́ква, вопро́с, предложе́ние, уро́к, матема́тика, грамма́тика
знать: бу́ква, вопро́с, предложе́ние, столи́ца, уро́к, матема́тика, грамма́тика, пло́щадь, му́зыка, центр, река́, звезда́, зда́ние

III. SUMMARY EXERCISES

EXERCISE 32. Dramatize:

1. You have been introduced to a student from another school. Find out whether he/she has brothers and sisters and what he/she likes to do. During the conversation, volunteer information about your own family and what you like to do.

2. You are in a store and see a beautiful red motorcycle. You admire it, but you know that your mother and father don't like them. Tell your friend what you like about this particular model.

3. Your notebook has disappeared. When your teacher asks you for your work, you say that you have lost it and describe your notebook as you look around the room. You then spot a notebook that looks like it on another student's desk, and you ask for it. It is yours, and you thank the other student. You take out your homework paper and hand it to the teacher (Вот она́).

4. Discuss your class with your teacher. Say what you do and do not like about the school, the room, the textbook, and other students in the class. Be restrained and courteous about what you don't like, and name some things you like, in order to demonstrate a positive attitude.

5. You have just arrived in Moscow and are met by the Russian family you will live with for a while. They ask what you like, what your favorite activities are, and also a lot of questions about your family and your school. You don't understand everything and will sometimes have to ask what something means in English.

Students should prepare these directed dialogs in advance of class. You may wish to have some students record their "performances" for their fellow class members.

EXERCISE 33. Talk about yourself:

After doing this exercise orally in class, you may ask students to use these questions as a basis for writing a short biographical essay.

1. Как вас зову́т? (ва́ше и́мя, ва́ша фами́лия)

2. У вас есть брат? Ка́к его́ зову́т?

3. У вас есть сестра́? Как её зову́т?

4. Где вы живёте? (го́род, у́лица, дом, кварти́ра)

5. Где вы у́читесь? (рабо́таете)

6. Где нахо́дится ва́ша шко́ла?

7. У вас в шко́ле есть библиоте́ка?

8. Что вы лю́бите де́лать?

9. Вы лю́бите чита́ть?

10. Вы игра́ете в баскетбо́л?

11. Каку́ю игру́ вы лю́бите?

12. У вас есть маши́на? Кака́я она́?

ЧАСТЬ ТРЕТЬЯ

Урок 11
(Одиннадцатый урок)

Какая у вас машина?

Section	Main Structures	Functions	Grammatical Concepts	Language & Culture
A	— Чья это машина? — Это наша машина. — Можно? — Пожалуйста.	Talking about possessions/ Asking for permission	Interrogative pronoun чей Possessive adjectives Verbs видеть, смотреть	Russian traffic police: ГАИ
B	У меня старый белый „бьюик“.	Talking about color Naming colors	Adjectives that name colors The preposition у with animate nouns	Some facts about driving in Russia
C	— У вас есть русские машины? — Думаю, что нет.	Expressing an opinion	Subordinate clauses with the conjunction что	The auto-mobile plant at Тольятти Russian automobiles
D	Phonetics and Reading Pronunciation Practice „Дорожные знаки“ „Рим — Москва — Филадельфия“		„Вы едете очень быстро“ Overview of the Lesson Словарь	

A Talking about Possessions/Asking for Permission

— Чья э́то маши́на?   "Whose car is that?"

— Э́то на́ша маши́на.   "That's our car."

— Мо́жно?   "May I?"

— Пожа́луйста.   "Please."

A1 Sasha, his brother Andrei, and Brian have driven to a store to buy some bread. When they get out of the car a policeman approaches.

Call attention to the fact that одну́ мину́ту is a time expression that is used in the accusative case, as are many time expressions. Students have encountered това́рищ earlier as a form of address used with strangers. Give them some additional examples, such as това́рищ води́тель, това́рищ шофёр. Как is used when exclaiming over actions.

The imperative form посмотри́ should be considered purely lexical here. If they ask, tell students that they will study imperatives later.

— Чья э́то маши́на?

— На́ша. (Э́то на́ша маши́на.)

— Вы что, не ви́дите знак? Здесь **стоя́ть нельзя́.**

— Ви́дим, ви́дим, но мы **то́лько одну́ мину́ту, мо́жно?**

— Ну, хорошо́, одну́ мину́ту мо́жно.

— Спаси́бо, **това́рищ милиционе́р.**

"Whose car is that?"
"Ours (It's our car)."
"What's the matter, don't you see the sign? You can't stay here."
"We see it, we see it, but we're here for just a minute. Is that all right?"
"Well, all right, for one minute you may."
"Thank you, comrade policeman."

A2 Traffic Police

There are more traffic police in Russian cities than police on patrol in American cities. The traffic police (called ГАИ) strictly enforce traffic rules and are empowered to levy fines on the spot. The severest punishment the ГАИ can impose is the loss of a driver's license and a fine for causing an accident while driving under the influence of alcohol.

A driver may sometimes talk his way out of a ticket, but this is the exception, not the rule.

A3 Study these new ways of indicating possession in Russian.

	Masculine	*Feminine*	*Neuter*	*Plural*
кто?	**чей?**	**чья?**	**чьё?**	**чьи?**
я	мой	моя́	моё	мой
ты	твой	твоя́	твоё	твой
он	его́	его́	его́	его́
она́	её дом	её маши́на	её письмо́	её кни́ги
мы	наш	на́ша	на́ше	на́ши
вы	ваш	ва́ша	ва́ше	ва́ши
они́	их	их	их	их

The same possessive adjectives (его́ — his, её — her, их — their) are used with all genders, singular and plural: Это мой брат. Вот его́ слова́рь, его́ ру́чка, его́ письмо́, его́ кни́ги. Это Ната́ша. Это её журна́л, её тетра́дь, её письмо́, её кни́ги. Это Игорь и Оле́г. Это их дом, их маши́на, их су́мки.

You may tell students that the use of these possessive adjectives is somewhat inconsistent in Russian. In the first and second persons the gender of the object determines the gender of the possessive adjective (мой каранда́ш/моя́ ру́чка), but in the third person singular and plural, the forms do not change. Whether его́ or её is chosen depends totally on the gender of the possessor of the object.

A4 Complete the sentences below, as in the following example.

— Ребя́та, э́то ваш класс?

— Нет, не наш.

(— Да, наш.)

1. — Чья э́то соба́ка? Ребя́та, э́то ва́ша соба́ка?

   — Нет...

2. — Чей э́то фотоаппара́т? Ко́стя, э́то твой фото-
   аппара́т?

   — Да...

3. — Чьё э́то кольцо́? Ната́лия Никола́евна, э́то ва́ше
   кольцо́?

   — Нет...

4. — А где Игорь? Это его́ су́мка?

   — Да...

5. — Чьи э́то кни́ги? Где Ли́да? Это её кни́ги?

   — Да...

1. — Нет, не на́ша.
2. — Да, мой.
3. — Нет, не моё.
4. — Да, его́.
5. — Да, её.
6. — Да, моя́/на́ша.
7. — Да, наш.

6. — Борис Фёдорович, э́то ва́ша маши́на?

— Да...

7. — Ребя́та, э́то ваш дом?

— Да...

A5 Чей? Чья? Чьё? Чьи? Examine these drawings and explain to whom each object belongs. Follow the example.

Это Ната́ша. Вот её дневни́к.

Это Ната́ша. Её фами́лия Но́викова. Это Игорь. Его́ фами́лия Но́виков. Ната́ша и Игорь — брат и сестра́. Их фами́лия Но́виковы.

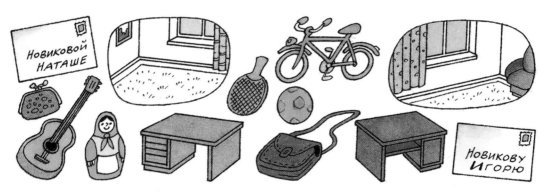

Collect objects belonging to various students, and ask around the room, holding up the objects one at a time:

— Чья э́то кни́га?

— Это моя́/его́/её кни́га.

— Чей э́то журна́л?

— Это мой/его́/её журна́л.

A6 If you want to request something or offer your assistance to someone, you can simply say: „Мо́жно?" or „Э́то мо́жно?"

The rest of the idea can be expressed by your eyes, your hands, or your actions. When there is a large crowd on a bus and you need to move forward, or want to ask a girl to dance at a party, or you need to look at something, or want to offer assistance, just say: „Мо́жно?"

Мо́жно is also used with the infinitive of a verb to request permission to perform a specific action as in: „Мо́жно здесь игра́ть?" The simple response to such a question may be either: „Да, мо́жно." (the affirmative answer) or „Нет, нельзя́." (withholding of permission).

In earlier lessons you learned other words that are important in contacts with other people: извини́те, пожа́луйста, and спаси́бо.

Note that мо́жно and нельзя́ are used without dative case forms. Don't try to teach their use with dative at this point.

A7 Choose a picture; then read the conversation that the picture illustrates.

— Ребя́та, здесь нельзя́ игра́ть.
— А где мо́жно?
— На стадио́не.

"Kids, playing isn't allowed here."
"And where is it allowed?"
"At the stadium."

— Здесь мо́жно танцева́ть?
— Да, пожа́луйста.

"Is it all right to dance here?"
"Yes, go ahead."

— Мо́жно посмотре́ть э́ту кни́гу?
— Коне́чно, мо́жно.

"May I look at this book?"
"Of course you may."

— На Ма́рсе мо́жно жить?

— Нет, нельзя́!

— Это о́чень пло́хо.

"Is it possible to live on Mars ?"
"No, it's not possible."
"That's too (very) bad."

A8 Study the situations in the pictures; then offer your help or ask for permission as appropriate.

Ask students to describe other situations where мо́жно would be appropriate. They may act them out.

A9 Бра́йан, Са́ша и Андре́й в маши́не.

— Бра́йан, посмотри́ напра́во. Ви́дишь пло́щадь и
большо́е кра́сное зда́ние?

— Да, Са́ша, хорошо́ ви́жу.

— Я живу́ там.

— Да? Мне о́чень нра́вится э́тот дом. Дай мне,
пожа́луйста, фотоаппара́т.

Посмотри́ is the perfective
/imperative, but avoid
discussion of perfective
/imperfective verbs at this
point.

Brian, Sasha, and Andrei
(are talking) in a car.

"Brian, look to the right. Do
you see the square and the
big red building?"
"Yes, Sasha. I can see it
well."
"I live there."
"Really? I like that house a
lot. Give me the camera,
please."

A10 The verbs ви́деть (to see) and смотре́ть (to look) are
similar to their English equivalents. Consider the difference
in meaning of the verbs in this sentence: "I looked and I saw a
small house." The verb смотре́ть names an intentional or focused
action, directing the eyes in a particular direction. Ви́деть simply
says that light from the object has been detected by the eyes. Here
is how the verb ви́деть changes:

Я ви́жу цветы́. Мы ви́дим Москву́.
Ты ви́дишь дом. Вы ви́дите зда́ние.
Он/Она́ ви́дит хорошо́/пло́хо. Они́ ви́дят Ни́ну.

A11 Look around you, and describe what you see. Name as many things as you can.
Begin with „Я ви́жу...".

Hold up objects or pictures before the class, asking „Посмотри́те, что вы ви́дите?" Students should respond with
the verb ви́деть and the name of the familiar object: „Я ви́жу уче́бник/кни́гу..."

New vocabulary items in section A are: ви́деть, кольцо́, мину́та, одна́, стоя́ть, това́рищ, чей.

B Talking about Color. Naming Colors

У меня ста́рый бе́лый „бью́ик“.   I have an old white Buick.

B1   Two friends are talking about cars.

— У вас есть маши́на?

— Коне́чно, есть.

— А кака́я?

— У па́пы „форд“, у сестры́ „хо́нда“.

— А у тебя́ то́же есть маши́на?

— Да, есть. У меня́ **бе́лый** „бью́ик“. Пра́вда, он о́чень
ста́рый. А у ма́мы нет маши́ны.

— Да, у вас не **так**, как у нас.

"Do you have a car?"
"Of course we do."
"And what kind?"
"My father has a Ford; my sister has a Honda."
"And do you also have a car?"
"Yes, I do. I have a white Buick. It's true, it's very
old. But my mother doesn't have a car."
"Yes, it's not the same in your country as in ours."

You may need to explain to your students that у
вас and у нас have various meanings, depending
on context. The basic meaning is, of course, "you
have" and "we have," but they also mean "at your
place," "at our place," etc.

B2   Learn the names of these colors.

A lot of practice may be required to teach colors successfully. Use many kinds of objects (construction paper,
ribbons, flowers, etc.) to illustrate and practice colors.

B3 Есть is not used in the present tense in situations where the existence or presence of the object can be presumed. This is most obvious in sentences where some quality or characteristic of an object is under discussion.

Compare:

У брáта есть машúна.　　　　　　У брáта стáрая машúна.
У меня есть собáка.　　　　　　　У меня хорóшая собáка.

　　You have already learned to express possession with expressions such as **У меня есть...** ог **У меня нет....** The preposition у can also be used with nouns in the genitive case:

У пáпы есть машúна.　　　　　　У брáта нет машúны.
У сестры есть эта кнúга.

B4　У когó какáя машúна?

For additional oral practice, establish this pattern:

— У Джóна есть машúна?
— Да, у негó есть машúна.
— А какáя у негó машúна?
— У негó бéлая машúна.

You may underline the nouns and adjectives that you want students to replace in their dialogs.

B5 You are at a used car lot with a friend who has just turned sixteen. He hopes to buy a car soon, and you are both looking to see what is available in his price range. Carry on a conversation according to these patterns (some of the many possible variations are given):

— Кака́я **больша́я** маши́на! (ма́ленький/хоро́ший/краси́вый)

— Ты ви́дишь **э́ту маши́ну**? (э́то „форд"/э́то „во́льво")

— Мне нра́вится **э́та маши́на**. („тойо́та"/„шевроле́"/„додж")

— Кака́я э́то маши́на? Бе́лая? (кра́сный/чёрный/си́ний)

— У меня́ кра́сная маши́на.

— Моя́ маши́на чёрная.

B6 Some Facts about Driving in Russia

Russian young people do not have cars. In many schools, there are clubs where students learn about automobiles and may even learn to drive, but they cannot become licensed drivers until they are eighteen. The waiting list to buy a new car is long, and the purchaser must wait for years. The day a family gets a new automobile is a major event, a long-awaited holiday.

B7 Many colors take their names from some well-known flowers or objects: ро́зовый (pink), стально́й (from the word for steel), фиоле́товый, антраци́т, лило́вый, and others. There are many colors you probably know already, such as ора́нжевый, бе́жевый, сала́тный, ха́ки, оли́вковый. You can probably guess most of the colors just mentioned. (color = цвет)

The teacher may pronounce these color words to help students guess their meanings. In order, they are pink, gray, violet, charcoal, lilac, orange, beige, light green, khaki, olive.

B8 Here are some questions from an article on driving called "Экза́мен до́ма" (on the next page). Can you answer the questions correctly? The word for driver in Russian is води́тель. Answers are given at the end of the exercise. Can you name any ways in which Russian traffic rules are different from those in the United States?

New vocabulary items in section B are: бе́лый, голубо́й, жёлтый, зелёный, кори́чневый, си́ний, чёрный.

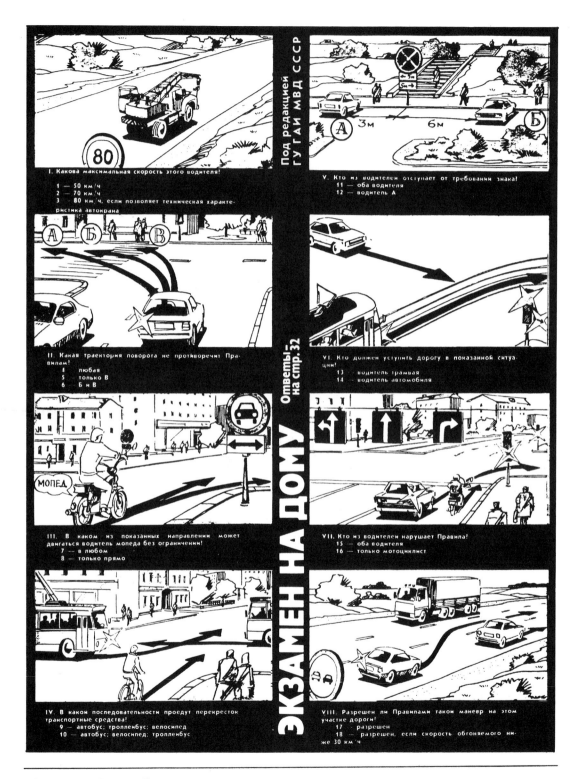

ЭКЗАМЕН НА ДОМУ

Ответы на стр. 32

I. Какова максимальная скорость этого водителя?
1 — 50 км/ч
2 — 70 км/ч
3 — 80 км/ч, если позволяет техническая характеристика автокрана

II. Какая траектория поворота не противоречит Правилам?
4 — любая
5 — только В
6 — Б и В

III. В каком из показанных направлений может двигаться водитель мопеда без ограничений?
7 — в любом
8 — только прямо

IV. В какой последовательности проедут перекресток транспортные средства?
9 — автобус; троллейбус; велосипед
10 — автобус; велосипед; троллейбус

V. Кто из водителей отступает от требовании знака?
11 — оба водителя
12 — водитель А

VI. Кто должен уступить дорогу в показанной ситуации?
13 — водитель трамвая
14 — водитель автомобиля

VII. Кто из водителей нарушает Правила?
15 — оба водителя
16 — только мотоциклист

VIII. Разрешен ли Правилами такой маневр на этом участке дороги?
17 — разрешен
18 — разрешен, если скорость обгоняемого ниже 30 км/ч

C Expressing an Opinion

— У вас есть советские
  машины?

— Думаю, что нет.

"Do you have Russian cars in
your country?"

"I don't think so."

Call attention to the fact that the subject of the verb is omitted in the phrase Думаю, что нет. This is not uncommon in Russian, since a subject is redundant extra information in the first and second persons.

C1 The friends continue their conversation.

— Скажи, Скотт, а в Америке только американские
  машины?

— Ну что ты! У нас есть и японские, и немецкие, и
  корейские машины. Вот у меня японская машина.
  Маленькая, но очень красивая и хорошо работает.
  Мне она очень нравится.

— А у вас есть русские машины?

— Не знаю, может быть, есть. Но думаю, что нет.

"Tell me, Scott, are
there only American cars
in America?"
"What are you saying!
We have Japanese, German, and Korean cars.
Here is my Japanese car.
It's small, but very
attractive, and it runs
well. I like it a lot."
"And do you have Russian cars?"
"I don't know; maybe we
do. But I don't think we
do."

For extra practice with the phrase может быть, ask questions that
students will have to answer with uncertainty:

— Какая это машина?

— Может быть, это
  японская машина.

— Кто это играет на
  гитаре?

— Не знаю. Может
  быть, это Стив.

C2 The word **что** can have two meanings, depending on its
position in a sentence. When it occupies the first position in a
sentence, it is normally the interrogative pronoun "what." When
что occupies an internal position (after a comma), it may be a
conjunction, usually translated as "that."

C3 Read these sentences and explain how the word **что** is used in each.

Я понимаю, что он говорит.

Я знаю, что это.

Я знаю, что Билл учит русский язык.

Я думаю, что это неправда.

Я думаю, что это не так.

I understand what he is saying.

I know what that is.

I know that Bill is studying Russian.

I think that this isn't true.

I think this isn't so.

C4 The expression „Ну что ты!" (spoken to a friend) or „Ну что вы!" (spoken to an adult) is used to express surprise or disbelief at something that is said. For example:

— В Росси́и живу́т то́лько ру́сские.

— Ну что вы! Там живу́т не то́лько ру́сские.

C5 If you feel that the statement you read is true, then say „Да, э́то пра́вда". If not, say „Ну что ты!" or „Ну что вы!".

— В Росси́и в шко́ле у́чат то́лько англи́йский язы́к.

— У нас в кла́ссе ученики́ хорошо́ говоря́т по-ру́сски.

— Ру́сский язы́к учи́ть не так тру́дно.

— У нас в кла́ссе ученики́ мно́го рабо́тают.

— У нас в кла́ссе ученики́ не лю́бят америка́нский футбо́л.

New vocabulary items in section C are: япо́нский, неме́цкий, коре́йский; непра́вда, мо́жет быть; ду́маю, что нет; ну что́ ты!

C6 The automobile industry in Russia is developing. The largest automobile plant in Russia is located in the town of Tolyatti. The plant there produces about one million automobiles a year.

The most common Russian car is the „Жигули́", which has several models. The „Ока́" is also popular, as is the „Во́лга" and the „Запоро́жец". There is a car called a „Га́зик" (named after the Gorky automobile plant) and a „КамАЗ" (named for the truck plant on the Kama River). Taxis are usually „Во́лга"s, but vans are often used for fixed-route taxis. These taxis follow a regular route, but will stop at requested destinations.

The automobile plant in Tolyatti

D Phonetics and Reading

D1 Pronunciation Practice.

Make sure that students are imitating pronunciation and intonation patterns correctly.

1. Practice the correct pronunciation of an initial "soft" vowel when it occurs after the letter ь or after another vowel.

моя́	моё	твой	твоё
чья	чьё	чьи	
семья́	семьёй	семьи́	

2. Practice the pronunciation of "soft" consonants.

си́ний	зелёный	нельзя́	кольцо́
стально́й	ви́дите	смотри́те	

3. Practice the intonation of these pairs of interrogative and declarative sentences.

— Мо́жно здесь игра́ть в бейсбо́л?
— Да, мо́жно.

— Мо́жно взять твою́ гита́ру?
— Нет, нельзя́.

— Мо́жно там игра́ть в те́ннис?
— Нет, нельзя́.

— Мо́жно посмотре́ть э́ти откры́тки?
— Да, мо́жно.

4. Practice the intonation of these complex sentences.

Я зна́ю, что он учи́тель.
Я понима́ю, что она́ говори́т.
Я ду́маю, что э́то не так.
Он зна́ет, что она́ игра́ет на пиани́но.
Она́ ду́мает, что я игра́ю в хокке́й.
Они́ понима́ют, что мне нра́вится их маши́на.

D2 Study this set of international road signs with their Russian-language captions, and guess their meanings.

Знáки сéрвиса

6.1 Пункт первой медицинской помощи	**6.2** Больница	**6.3** Автозаправочная станция
6.4 Техническое обслуживание автомобилей	**6.5** Мойка автомобилей	**6.6** Телефон
6.7 Пункт питания	**6.8** Питьевая вода	**6.9** Гостиница или мотель
6.10 Кемпинг	**6.11** Место отдыха	**6.12** Пост ГАИ

Review international road signs yourself before examining them with students. Most almanacs and encyclopedias will have illustrations of these signs.

Рим — Москва — Филадельфия...

Этот список городов, через которые пройдёт маршрут международного трансконтинентального автопробега, организованного Фондом социальных изобретений и итальянской фирмой «Имаго», стартовавшего сегодня в «вечном городе» под девизом «За обновление в мире», можно продолжить. Впереди — 25 тысяч километров пути по дорогам Италии, Австрии, ФРГ, ГДР, Польши, СССР и США.

Вышли на трассу десять машин — «Лендроверов», «Москвичей», «Жигулей», «Доджей». На бортах автомобилей — надписи с именами спонсоров пробега. В их число вошли АЗЛК, ВАЗ, РАФ, Аэрофлот, американская «Дженерал моторс» и другие фирмы.

Одна из задач автопробега — пополнить Всесоюзный банк идей, существующий при Фонде социальных изобретений, увидеть ростки нового в разных странах мира. Результатом экспедиции, кроме книг, журнальных и газетных статей, телепередач, станет и «Международный атлас идей» — копилка опыта социальных преобразований, своеобразный отчёт об автопробеге.

Итак, старт дан. 10 июня участники экспедиции прибудут в Брест. 17 июня мы будем встречать их в Москве. Затем маршрут проляжет через Украину и Кавказ, пересечёт просторы Средней Азии и Сибири. В порту Находка автомобили погрузят на корабль, который доставит их к берегам Нового Света, в американский порт Сиэтл, куда сами участники пробега прилетят на самолёте. А дальше — путь по дорогам США, к Филадельфии.

Б. ТАЛОВ

1) Какие машины éдут в Филадéльфию?
2) Какóй у них маршрýт?
3) Какие фирмы-спóнсоры?

D4 Read this text, using a dictionary or the end vocabulary.

Вы е́дете о́чень бы́стро

You're Driving Too Fast

В 1905 году́ у Теодо́ра Ру́звельта была́ маши́на. Одна́жды полице́йский останови́л маши́ну.

— Что случи́лось? — спра́шивает Ру́звельт.

— Вы е́дете о́чень бы́стро — 10 миль в час. Так е́хать нельзя́.

— Всё! — сказа́л президе́нт. — Я е́ду на маши́не после́дний раз!

Но э́то была́ непра́вда. Ру́звельт е́здил на маши́не мно́го и ча́сто.

In 1905, Theodore Roosevelt had a car. One day, a policeman stopped his car. "What happened?" Roosevelt asked. "You were driving too fast, 10 miles an hour. You can't drive as fast as that." "O. K.," said the President, "I'm using the car for the last time." But this was not true. Roosevelt rode in his car a lot (and frequently).

Overview of the Lesson

In this lesson, you have learned:

1) how to ask and answer questions about possession;
2) how to ask for or give permission to perform an action;
3) how to describe the color and other characteristics of objects;
4) how to express opinions;
5) how to express agreement or disagreement;
6) how to offer help.

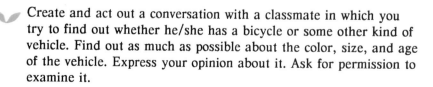 Create and act out a conversation with a classmate in which you try to find out whether he/she has a bicycle or some other kind of vehicle. Find out as much as possible about the color, size, and age of the vehicle. Express your opinion about it. Ask for permission to examine it.

Слова́рь

*бе́лый   white
*ви́деть (ви́жу, ви́дишь, ви́дят)   to see
*голубо́й   light blue
*дай (*imperative*)   give
*жёлтый   yellow
*зелёный   green
*знак (*m*)   sign
*их   their
коре́йский   Korean
*кори́чневый   brown
мо́жет быть   maybe, perhaps
*мо́жно   one may, it is possible
*нельзя́   (it is) impossible, not permitted

*неме́цкий   German
непра́вда (*f*)   not true
Ну что ты!   (*here*) of course not
Ну что вы!   (*here*) of course not
одну́ мину́ту   (in) one minute
*си́ний   blue, dark blue
*стоя́ть (стою́, стои́шь, стоя́т)   to stand, be standing
так   so, thus
*то́лько   only, just
*цвет (*m*)   color
*чей, чья, чьё, чьи   whose
*чёрный   black
япо́нский   Japanese

Урок 12
(Двенадцатый урок)

Ну, погоди!

Section	Main Structures	Functions	Grammatical Concepts	Language & Culture
A	Заяц идёт, а Волк едет.	Going places	Verbs of motion идти — ехать	The most popular Russian cartoon Avoiding bad luck when traveling
B	— Куда вы идёте? — Я иду в больницу.	Talking about destinations	Using the accusative case with destinations	Games played by Russian children Motorcycle gangs — рокеры
C	Они едут на мотоцикле.	Means of transportation	Using the prepositional case with на with means of transportation	Public transportation
D	**Phonetics and Reading** Pronunciation Practice Московское метро		„Автомобилист на 100%" Overview of the Lesson Словарь	

A Going Places

Заяц идёт,	Hare is walking
а Волк éдет.	and Wolf is riding.

A1 The Most Popular Russian Cartoon

The most popular children's cartoon in Russia is called „Hy,
погоди!" The Hare (Заяц) is very polite and quiet, while the Wolf
(Волк) is quite the opposite, always trying (and failing) to catch
the Hare. Russian children eventually got tired of the Hare always
winning, and they requested that the director allow the Wolf either
to make friends with the Hare or have the Hare lose. But the Hare
still wins, and the Wolf still takes a beating.

Explain that счастли́вого пути́ is an expression that is
a part of a longer phrase Жела́ю вам счастли́вого
пути́ (I wish you a good trip). The usual meaning of
счастли́вый is "fortunate" or "lucky."

A2 Look at the drawings, and read the texts.

Волк: Ага́. Заяц идёт.

Wolf. "Aha. The Hare is coming."

Заяц: Здра́вствуйте, Волк. Вы не
скáжете, где шкóла?

Hare. "Hello, Wolf. Won't you tell me where the
school is?"

Волк: Школа? Вон там.

        Счастли́вого пути́.

Волк: Пожа́луйста.

За́яц: Спаси́бо, дорого́й Волк.

Волк: Пожа́луйста.

Wolf.   "The school? Over there. Have a good trip."
Hare.   "Thank you, dear Wolf."
Wolf.   "You're welcome."

За́яц идёт, а Волк е́дет.

Волк: Так, где мой мотоци́кл?

        Вот он. Ну, За́яц, погоди́!

Wolf. "So, where's my motorcycle? Here it is. Well,
      Hare, just you wait!"

A3 As a result of the cartoon, **Ну,** *(someone's name)* **погоди́!**
became a very popular expression in Russian. It is used by
both children and adults as a (usually) light-hearted threat, very
much like the English expression "Just you wait!" or "I'll get you!"

If the students wonder
why this expression is in the
genitive, you should explain
to them that the verb
жела́ть always requires that
the noun conveying the wish
stated after it must take the
genitive.

A4 Learn the verbs **идти́** and **е́хать.**

идти́	е́хать
я иду́	я е́ду
ты идёшь	ты е́дешь
он/она́ идёт	он/она́ е́дет
мы идём	мы е́дем
вы идёте	вы е́дете
они́ иду́т	они́ е́дут

Students often find it difficult to distinguish between the verbs идти́ and е́хать. Practice these verbs with them in various contexts. Say a short sentence, such as „Я иду́", or „Я е́ду", etc. The student response may take several different forms, depending on what you ask for ("Give the infinitive," "Point to a picture," "Explain in English," etc).

A5 Скажи́те, кто идёт а кто е́дет?

The girl is riding.

The Hare is riding.

The giraffe is riding.

The grandmother is riding.

The dog is riding.

The parrot is walking.

A6 Read this text, using a dictionary or the end vocabulary.
Скажи́те, они́ иду́т и́ли е́дут?

Say: "Are they walking or riding?"

There is a town (named) Vilkovo. It is called "The Russian Venice." Do you understand? Yes? Vilkovo stands on the water; there are no streets, only houses and water.

Есть тако́й го́род Ви́лково. Его́ называ́ют Ру́сская Вене́ция. Вам поня́тно? Да? Ви́лково стои́т на воде́, там нет у́лиц, то́лько дома́ и вода́.

— Ребя́та, вы _____ домо́й?

— Нет. В шко́лу.

— А почему́ вы _____ так ме́дленно?

— Сего́дня у нас контро́льная рабо́та.

"Kids, where are you ___, home?"
"No, to school."
"And why are you ___ so slowly?"
"We have a test today."

If the students fill in the blanks with е́дете, they will answer the question correctly. The answer is, of course, они́ е́дут (they are riding).

A7 Supply the correct pronouns.

_____ е́ду   я е́ду
_____ идём   мы идём
_____ идёшь   ты идёшь
_____ е́дете   вы е́дете
_____ идёт   он идёт
_____ е́дут   они́ е́дут

A8 Что она говорит?

She says „До свидания".

A9 Avoiding Bad Luck

There is an old Russian custom that many people take very seriously. Before starting off on a long trip, the traveler and all those seeing him/her off must sit without speaking for a minute. According to the custom, if this is not done „Пути не будет" (there will be bad luck on the journey).

The literal translation of the Russian phrase is "There'll be no way," which does not make real sense in English.

New vocabulary items in section A are: вон, идти, контрольная работа, называть, почему, счастливого пути.

B Talking about Destinations

— Куда́ вы идёте? "Where are you going?"

— Я иду́ в больни́цу. "I'm going to the hospital."

B1 The comic strip continues.

Explain to your students that **что случи́лось?** is a close equivalent of the English "What happened?" In the phrase „И ты ещё спра́шиваешь?", the word ещё is added to show that the speaker considers the question surprising and out of place. Ещё is not translated when it is used this way. In the conversation above, the Wolf believes it is obvious that he has been injured and is heading to the hospital.

— Что случи́лось? **Куда́** вы идёте, дорого́й Волк?

— И ты ещё спра́шиваешь? Иду́ в больни́цу.

— А где **же** ваш мотоци́кл?

— Где! Где! В реке́.

"What happened? Where are you going, dear Wolf?"
"And you are asking? I'm on my way to the hospital."
"And where is your motor-cycle?"
"Where? Where? In the river."

— Счастли́вого пути́!

"Have a good trip."

— Ну, За́яц! Погоди́!

"Well, Hare! Just you wait!"

B2 When describing motion on foot or by vehicle using **идти́** or **е́хать**, a destination is normally mentioned. To specify the destination, the accusative case is used with the preposition **в** or **на**, answering the question „**Куда́ ты идёшь/е́дешь?**" Compare:

For extra practice, place labels around the room (using the destinations and locations in B3). Students move to various labeled destinations, they describe their motion (or that of another student). For variety, have students tell where they are.

"Dan, where is Masha going?" "To a concert." ("She is on her way to a concert.") "And do you know where Mark is?" "Yes. He is on an excursion."

For more practice, make a series of statements using the verbs идти́/е́хать в/на plus a destination. The students then change each statement to express location. This exercise can also be reversed.

Куда́?

— Куда́ идёт Бори́с?

— Он идёт **на** стадио́н.

Где?

— Где он сейча́с?

— Он на стадио́не.

B3 Conduct a short dialog with a classmate. Use the verbs **идти́** and **е́хать** and some of the phrases in these columns. Be sure to distinguish between destination and location.

— Дэн, куда́ идёт Ма́ша?

— На **концерт**. (Она́ идёт на концерт.)

— А ты зна́ешь, где Марк?

— Зна́ю. Он на **экску́рсии**.

Куда́?		Где?	
Accusative case		*Prepositional case*	
в шко́лу	на заво́д	в шко́ле	на заво́де
в институ́т	на концерт	в институ́те	на концерте
в цирк	на экску́рсию	в ци́рке	на экску́рсии
в теа́тр	на фа́брику	в теа́тре	на фа́брике
в парк	на по́чту	в па́рке	на по́чте
в музе́й	в музе́е		
в класс	в кла́ссе		
but			
домо́й		до́ма	

B4 The word концéрт refers to public performances on stage, as in English. A концéрт in Russian, however, is not limited to musical numbers, as is normally the case in English, and may feature poetry readings, magic acts, etc.

B5 Compose your own dialogs, following the models. Use these words to name destinations and locations: ýлица, магазúн, ресторáн, фúрма, клуб, больнúца, гастронóм, гостúница.

— Кудá вы идёте, ребя́та?

— Мы идём на стадиóн.

— А где Натáша?

— Натáша в шкóле.

— Кудá ты éдешь?

— На экскýрсию.

— А где Игорь?

— Игорь дóма.

B6 Кудá онú идýт? Кудá онú éдут? Где онú рабóтают?

Он (рабóчий — worker) идёт на завóд. Он рабóтает на завóде.

Инженéр идёт на фáбрику. Онá рабóтает на фáбрике.

Врач идёт в поликлúнику. Он рабóтает в поликлúнике.

Он (клóун — clown) éдет в цирк. Он рабóтает в цúрке.

Он (фéрмер — farmer) éдет на фéрму. Он рабóтает на фéрме.

B7 Using Free Time

Russian young people watch television a lot in their free time. Sports activities in school or at a club are also popular. Younger children still play пря́тки (hide-and-seek), and догоня́лки (follow-the-leader). When children play hide-and-seek, they use the counting rhyme „Раз, два, три, четы́ре, пять, я иду́ иска́ть!" (One, two, three, four, five, I'm going to look for you!) to give the players time to hide. Little girls play with dolls and play "school."

Teenagers are busy with real school and with school-related activities—especially during their last year, when most are preparing to take entrance exams. Music (especially рок-н-ро́л) is also an important part of their lives.

Ро́керы have appeared in the streets of Russian cities and villages over the past few years. These groups resemble motorcycle gangs in Western Europe and America. Large numbers of ро́керы race through cities and towns without mufflers on their motorcycles. Russian police, on their new, powerful German motorcycles, are able to catch them now, but they have not been able to control them completely.

B8 What's happening?

"What's happened? The end of the world?"
"No, those are the Rockers passing."

C Means of Transportation

Они́ е́дут на мотоци́кле.   They are riding a motorcycle.

C1   The comic strip continues.

Teach students the polite/plural form and explain that сади́тесь is a word that is appropriate for all situations where a speaker of English would say "Sit down!" "Get in!" "Take a seat!" "Get on (a bicycle or motorcycle)."

— Эй, брат, **сади́сь сюда́**. Едем на маши́не.
— Ну, За́яц, погоди́!

"Hey, brother, sit here. Let's ride this vehicle (motorcycle)."
"Well, Hare, just you wait!"

C2   The preposition на is used with nouns in the prepositional case to specify the form of transportation used and answers the question на чём?.

Я е́ду	на мотоци́кле. на велосипе́де. на маши́не. на авто́бусе.	Я е́ду	на тролле́йбусе. на метро́. на трамва́е.

C3 Public Transportation

In Russia, most people walk to work or school or else use public transportation. The most common form of transportation is the bus. In many Russian cities, there are also streetcars and trolleybuses. The largest cities have subways.

Moscow is the largest city in Russia with a population of more than eight million. It is common for a Moscovite to spend an hour getting to work in the morning. During rush hour **(пик)**, there are often problems with public transportation, but it is not much easier to drive a private car in a city of this size, especially in cold conditions. So the subway is better for almost everyone. In Russia, all forms of public transportation cost 50 kopecks.

Many people buy special passes that allow unlimited travel on any form of public transportation for a given period of time. This pass is called a **еди́ный биле́т.**

C4 Скажи́те, кто куда́ и на чём е́дет?

Use as many visuals as possible to practice the verbs of motion. Using those pictures, ask students as many relevant questions as they can answer (Кто э́то? Куда́ он е́дет? На чём он е́дет?).

D Phonetics and Reading

D1 Pronunciation Practice.

Monitor students carefully to assure that they are imitating pronunciation and intonation patterns correctly.

1. Review and practice the correct pronunciation of unstressed vowels.

е́дешь	е́дет	е́дем	е́дете
спра́шиваешь	спра́шивает	спра́шиваем	спра́шиваете
на маши́не	на трамва́е	на авто́бусе	на тролле́йбусе
на велосипе́де		на мотоци́кле	

2. Practice the correct pronunciation of the letter в.

a) в институ́т   в университе́т   в Ирку́тск   в Индию

b) в шко́лу   в цирк   в теа́тр

   в парк   в класс   в поликли́нику

3. Practice the intonation of these interrogatives and responses, which contain both an interrogative and a declarative element.

— Вы не ска́жете, где фа́брика?   — Ты не ска́жешь, где стадио́н?

— Фа́брика? Вон там, напра́во.   — Стадио́н? Вон там, пря́мо.

— Вы не ска́жете, где институ́т?

— Институ́т? Вон там, нале́во.

254   Face to Face

D2 Visitors who ride the Moscow subway hear several announcements repeated again and again. At each station, the voice on the loudspeaker repeats a warning that the doors are closing and also names the next stop on the line.

— Осторо́жно, две́ри закрыва́ются. Сле́дующая ста́нция...

Try this game with the subway map of Moscow. The first student (or your teacher) reads the subway announcement given above and then names a subway station. The first student to find that stop on the map receives a point. That student (or your teacher) then reads the announcement, naming a different stop, and the rest of the class competes to find that station first. The student who has the most points at the end of the game is the winner.

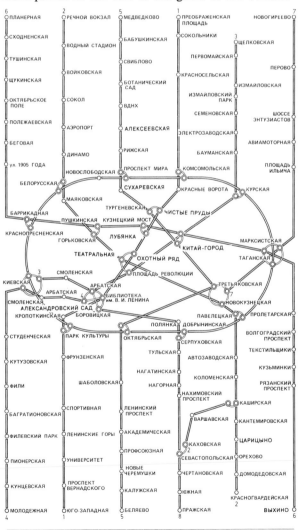

Автомобилист на 100%

"Your car isn't working. Let's go for a stroll."
"A stroll? You mean go out into the street, to the park?"
"And so what? That's not bad."

— У тебя машина не рабóтает. Идём гуля́ть.

— Гуля́ть? Это идти́ на ýлицу, в парк?

— А что? Это непло́хо.

"Fine. Let's go."

— Хорошо́, идём.

"And can you go to the right here? I don't see a sign."
"Of course you can. You're walking, not driving.
Here you can go to the right, to the left, and straight ahead."

— А здесь мóжно идти́ напрáво? Я не ви́жу знак.

— Конéчно, мóжно. Ты идёшь, а не éдешь. Здесь мóжно идти́ и напрáво, и налéво, и пря́мо.

— Что ты де́лаешь?
— Я даю́ сигна́л.

"What are you doing?"
"I'm signaling."

. . .

"Militiaman! Where is the GAI (State Automobile Inspection) here?"
"What are you talking about? What GAI? You aren't driving a car; you are walking, (don't you) understand?"

— Милиционе́р! Где здесь ГАИ?
— Что вы говори́те? Кака́я ГАИ? Вы не на маши́не е́дете, а идёте, поня́тно?

"Friend! Motorist!"
"Pleased to meet you..."

— Друг! Автомобили́ст!
— Очень прия́тно...

— Мой но́мер...
— О́чень прия́тно.
    Мой но́мер...

"My number ..."
"Pleased to meet you.
My number is ..."

— А э́то моя́ жена́.

"And this is my wife."

Overview of the Lesson

In the lesson, you have learned:

1) how to talk about going from place to place, whether on foot or
    by some vehicle;
2) how to talk about a destination or direction of travel;
3) how to indicate the form of transportation used.

Write the following words on four stacks of cards. One stack will
name persons (кто?); the second will name destinations (куда́?);
the third will name forms of transportation (на чём?), and the
fourth will contain verbs and verb forms (как?). Here is a list of
the cards to make for each stack.

кто?	как?	куда?	на чём?
я	идти́	шко́ла	тролле́йбус
ты	е́хать	парк	маши́на
он	идти́	институ́т	авто́бус
она́	е́хать	пло́щадь	такси́*
мы	идти́	дом	велосипе́д
вы	е́хать	заво́д	мотоци́кл
они́	идти́	конце́рт	трамва́й
ма́ма	е́хать	о́фис	метро́*
па́па	идти́	рабо́та	
		уро́к	

Shuffle and place each of the four stacks of cards face down on a desk. The first student picks up a card from each of the four stacks. He/She then lays the cards down face up and makes up a sentence using all four of the words on the cards. If the card drawn from the **как?** stack is идти́, then the card from the **на чём?** stack will not be used.

---

* Note that такси́ *(n)* and метро́ *(n)* cannot be declined.

Слова́рь

Ага́! Aha!
велосипе́д *(m)* bicycle
*домо́й home, homeward
е́хать **(е́ду, е́дешь, е́дут)** to go by some form of transportation, ride, drive
же particle, emphasizes the preceding word
идти́ **(иду́, идёшь, иду́т)** to go on foot
коне́ц све́та apocalypse, the end of the word

конце́рт *(m)* concert
*куда́ where (to), to what destination
сади́сь sit down, take a seat
Счастли́вого пути́! Have a good trip!
*сюда́ *(here)* to this place
*такси́ *(m)* taxi
трамва́й *(m)* streetcar
тролле́йбус *(m)* trolleybus
Эй! Hey!
экску́рсия *(f)* excursion

Урок 13
(Тринадцатый урок)

Хоккей —

настоящая мужская игра

Section	Main Structures	Functions	Grammatical Concepts	Language & Culture
A	— Какóй сейчáс счёт? — 3:3. Ты рáзве не вѝдишь?	Dealing with numbers Expressing surprise	Cardinal numbers 1-20 Using рáзве to express surprise	Popular sports clubs
B	Вчерá мы бы́ли на стадиóне. «Спартáк» победѝл.	Talking about past actions	Past tense of verbs быть, игрáть, победѝть Cardinal numbers 30-100	Soviet athletes at the Olympic games
C	Хоккéй — настоя́щая мужскáя игрá. Мы тебя́ не вѝдели, а ты нас вѝдела?	Discussing sports	Personal pronouns in the accusative case to express the direct object of an action	Problems with over-enthusiastic sports fans
D	Phonetics and Reading Pronunciation Practice Спортѝвная информáция „Герáклы XX вéка"		„Компью́тер прóтив чемпиóна" Overview of the Lesson Словáрь	

A Dealing with Numbers. Expressing Surprise

— Какóй сейчáс счёт?

"What's the score now?"

— 3:3. Ты рáзве не вúдишь?

"3 to 3. Really, can't you see?"

A1 Игорь и Олéг идýт на стадиóн. Олéг лю́бит хоккéй, а Игорь не понимáет эту игрý. Они́ идýт вмéсте на хоккéй.

— Кто сегóдня игрáет?

— «Спартáк» и ЦСКА. «Спартáк» — это **комáнда** нóмер 1.

— «Спартáк» — чемпиóн?

— Нет, сейчáс чемпиóн ЦСКА. Но знáешь, сегóдня чемпиóн ЦСКА, а **зáвтра** ещё посмóтрим!

Igor and Oleg are on their way to see a hockey game at the stadium. Oleg loves hockey, but Igor doesn't understand the game.

"Who's playing today?"
"*Spartak* and *TsSKA*. *Spartak* is the number 1 team."
"Is *Spartak* the champion?"
"No, *TsSKA* is the champion. But, you know, *TsSKA* is the champion today; tomorrow, we'll see."

A2 Футбóл и хоккéй — сáмые популя́рные ви́ды спóрта в Росси́и. И сáмые популя́рные комáнды — это «Спартáк», «Динáмо», «Зени́т», «Торпéдо» и ЦСКА. ЦСКА — это Центрáльный спорти́вный клуб áрмии.

Students have already encountered посмотри́ as an imperative. Here, students meet the first person plural perfective verb form meaning "We will look," "we'll look." English would, of course, use "we'll see" to talk about an unknown future.

Soccer and hockey are the most popular sports in Russia. And the most popular teams are *Spartak*, *Dynamo*, *Zenith*, *Torpedo*, and *TsSKA*. *TsSKA* is the Army Central Sports Club.

Encourage students to read the entire text without using a dictionary. Have them guess the meaning of new words by sounding them out. If they have trouble understanding, you may help them translate.

A3 На стадио́не.

— Како́й сейча́с **счёт**?

— Ты **ра́зве** не ви́дишь? **Ничья́**: 3:3. Ура́! Гол! 4:3. Хорошо́ игра́ет «Спарта́к».

— А мне нра́вится, как игра́ет ЦСКА.

— Ты ничего́ не понима́ешь в хокке́е.

— Я о́чень хорошо́ понима́ю, что ты **боле́ешь за** «Спарта́к».

A4 Learn the numbers 1-20.

1 — оди́н	6 — шесть	11 — оди́ннадцать	16 — шестна́дцать
2 — два	7 — семь	12 — двена́дцать	17 — семна́дцать
3 — три	8 — во́семь	13 — трина́дцать	18 — восемна́дцать
4 — четы́ре	9 — де́вять	14 — четы́рнадцать	19 — девятна́дцать
5 — пять	10 — де́сять	15 — пятна́дцать	20 — два́дцать

A5 Count the birds, cars, umbrellas, and ties aloud.

Bring in a selection of pictures or objects, and ask students about each one.

A6 Read this clipping from the popular newspaper «Вече́рняя Москва́».
Скажи́те, каки́е кома́нды игра́ют.

ЦЕНТРАЛЬНЫЙ СТАДИОН
«ДИНАМО»
МАЛАЯ СПОРТИВНАЯ АРЕНА
28 июня в 18 час. 30 мин.

Впервые в СССР

Показательный матч

АМЕРИКАНСКИЙ ФУТБОЛ

Играют команды:
«СТАРС» (г. Оклахома, США)
«БУММЕРС» (г. Оклахома, США).
Проводится спортивно - вещевая
лотерея.

Билеты продаются в кассах стадиона «Динамо».

A7 Read these soccer scores aloud.

ФИНИШИ
И СТАРТЫ

ФУТБОЛ. Результаты матчей чемпионата страны (первая лига), состоявшихся 13 июня: «Торпедо» — «Гурия» — 1 : 2, «Котайк» — «Динамо» (Ставрополь) — 2 : 2, «Металлург» — «Геолог» — 2 : 0, СКА (Ростов-на-Дону) — «Шинник» — 3 : 3, «Спартак» — «Пахтакор»—0 : 1, «Нефтчи» — «Кайрат» — 1 : 1, «Кубань» — «Динамо» (Батуми) — 0 : 0, «Даугава» — ЦСКА — 1 : 4. СКА «Карпаты» — «Кузбасс» — 0 : 2, «Нистру» — «Факел» — 1 : 0, «Таврия» — «Ростсельмаш» — 1 : 1.

A8 The word рáзве adds an element of surprise, doubt, or emotional force to a question or exclamation:

— Ты рáзве не знáешь, что «Спартáк» — чемпиóн?

"You really don't know that *Spartak* is the champion?"

— Рáзве Антóн лю́бит игрáть в хоккéй?

"Does Anton really like to play hockey?"

— Рáзве э́то рýсская комáнда?

"Is this really a Russian team?"

Рáзве is used almost the same way as the English word "really" when it is used to express doubt. Translation of these three sentences will probably help students to understand the word completely.

A9 Read and translate. Think up situations in which you might hear:

1. Ты рáзве не знáешь, что сегóдня игрáет нáша комáнда?

A few possible situations:

2. Рáзве в Россúи игрáют в гольф?

1. Students (talking) in the hall. One of them suggests going to a movie.

3. Рáзве Сáша хорошó игрáет в футбóл?

2. Someone has seen golf balls for sale at a sporting goods store.

4. Рáзве в Россúи игрáют в бейсбóл?

3. A student says that Sasha is the goalie of the soccer team.

4. There is a picture in the paper showing a baseball game.

A10 Ничего́ не понима́ет? Ничего́ не зна́ет? Ничего́ не ви́дит? Ничего́ не де́лает?

1. Ничего́ не ви́дит.

2. Ничего́ не де́лает.

3. Ничего́ не зна́ет.

4. Ничего́ не понима́ет.

A11 Talk about this comic strip.

Настоя́щий мужчи́на игра́ет в хокке́й!

New vocabulary items in section A are: восемна́дцать, во́семь, два́дцать, двена́дцать, девятна́дцать, де́вять, де́сять, но́мер, оди́ннадцать, пятна́дцать, ра́зве, сего́дня, семна́дцать, семь, счёт, трина́дцать, четы́рнадцать, шестна́дцать, шесть.

B Talking about Past Actions

Вчера́ мы бы́ли на стадио́не. «Спарта́к» победи́л.

We were at the stadium yesterday. *Spartak* won.

B1 На друго́й день в кла́ссе.

— Где вы бы́ли **вчера́**?

— Вчера́ мы бы́ли на стадио́не. Смотре́ли **матч** «Спарта́к» — ЦСКА.

— Ну и как?

— «Спарта́к» игра́л о́чень хорошо́ и **победи́л**: 4:3.

— Поздравля́ем.

The next day in the classroom.

"Where were you yesterday?"

"Yesterday we were at the stadium. We watched the *Spartak* — *TsSKA* game."

"Well, how was it?"

"*Spartak* played very well and won 4 to 3."

"We congratulate you!"

B2 The past tense of verbs.

	Singular			Plural
	Masculine	*Feminine*	*Neuter*	
быть	я ты был он	я ты была́ она́	оно́ бы́ло	мы вы бы́ли они́

	Singular			Plural
	Masculine	*Feminine*	*Neuter*	
игра́ть	я ты игра́л он	я ты игра́ла она́	оно́ игра́ло	мы вы игра́ли они́
победи́ть	я ты победи́л он	я ты победи́ла она́	оно́ победи́ло	мы вы победи́ли они́

For all regular verbs, the past tense endings are -л (masculine subject), -ла (feminine subject), -ло (neuter subject), -ли (plural subject). These endings are attached to the infinitive stem (that is, what remains after removal of the -ть, the ending of all regular verb infinitives).

Russian past tense is not based on person, as are the present and future tenses. Only gender and number determines which verb form is used. Although this makes the past tense easier to form, it can be confusing when the subject isn't completely clear.

B3 Confirm each of these statements.

On the board, write some other verbs students know, and ask them to form the past tense. The verbs писа́ть, чита́ть, рабо́тать, ви́деть, and учи́ться would be particularly appropriate.

— Вчера́ игра́ли «Торпе́до» и «Зени́т».

— Да, вчера́ игра́ли э́ти кома́нды.

1. — Ната́ша была́ на стадио́не, но не ви́дела Иру.

2. — «Торпе́до» победи́ло, 4:3.

3. — Вчера́ Ната́ша и Игорь бы́ли на стадио́не.

4. — Бори́с и Игорь чита́ли, что за́втра на стадио́не — большо́й матч.

5. — Игорь не знал, кака́я кома́нда — чемпио́н по хокке́ю.

1. Да, вчера́ она́ была́ на стадио́не.
2. Да, э́та кома́нда игра́ла.
3. Да, они́ бы́ли на стадио́не.
4. Да, они́ э́то чита́ли.
5. Да, он не знал.

B4 Где они́ бы́ли?

You can also give the students extra practice by asking them about what they did yesterday: Что вы де́лали вчера́? Вы чита́ли? Вы смотре́ли телеви́зор?

1. Она́ была́ в шко́ле.

2. Они́ бы́ли на стадио́не (на ма́тче).

3. Она́ была́ в магази́не (в гастроно́ме).

4. Он был на по́чте.

B5 Learn the numbers from thirty to one hundred.

30 — три́дцать	50 — пятьдеся́т	70 — се́мьдесят	90 — девяно́сто
40 — со́рок	60 — шестьдеся́т	80 — во́семьдесят	100 — сто

B6 Чита́йте и скажи́те, како́й э́то вид спо́рта?

4:2
— Счёт 4:2. Это **мо́жет** быть футбо́л и́ли хокке́й.

5:3	17:21	9:15
7:10	86:104	40:15

Tell students they should not attempt to give the scores aloud for any score higher than 20, since they have not yet studied those numbers. For those items, they can simply name the sport(s).

1. Счёт пять : три. Это мо́жет быть бейсбо́л/футбо́л/хокке́й.
2. Счёт семь : де́сять. Это мо́жет быть гандбо́л/хокке́й.
3. Счёт семна́дцать : два́дцать оди́н. Это мо́жет быть гандбо́л/пинг-по́нг.
4. Счёт во́семьдесят шесть : сто четы́ре. Это мо́жет быть баскетбо́л.
5. Счёт де́вять : пятна́дцать. Это мо́жет быть ре́гби/гандбо́л.
6. Счёт со́рок : пятна́дцать. Это мо́жет быть те́ннис.

B7 Match each drawing to one of the dialogs below.

1) — Ты игра́л о́чень хорошо́. Поздравля́ем.
   — Большо́е спаси́бо.

2) — Кто вчера́ победи́л?
   — Я!

3) — Как ты ду́маешь, кто победи́т?
   — Я ду́маю, победи́т И́горь.

B8 American and Soviet sports teams were always major rivals at the Olympics. Here is a list of final results from the Seoul games.

На XXIV летних Олимпийских играх разыграны все 237 комплектов медалей. Вот как распределились олимпийские награды.

	Зол.	Сер	Бр.	Всего
СССР	55	31	46	132
ГДР	37	35	30	102
США	36	31	27	94
Южная Корея	12	10	11	33
ФРГ	11	14	15	40
Венгрия	11	6	6	23
Болгария	10	12	13	35
Румыния	7	11	6	24
Франция	6	4	6	16
Италия	6	4	4	14
КНР	5	11	12	28
Великобри-тания	5	10	9	24
Кения	5	2	2	9
Япония	4	3	7	14
Австралия	3	6	5	14
Югославия	3	4	5	12
Чехословакия	3	3	2	8
Новая Зеландия	3	2	8	13
Канада	3	2	5	10

New vocabulary items in section B are: во́семьдесят, девяно́сто, матч, победи́ть, поздравля́ть, пятьдеся́т, се́мьдесят, со́рок, сто, три́дцать, шестьдеся́т.

C Discussing Sports

Хоккéй — настоя́щая мужска́я игра́!	Hockey is a real man's game!
Мы тебя́ не ви́дели, а ты нас ви́дел?	We didn't see you, but did you see us?

C1 Ира overhears the boys' conversation.

— Я вчера́ то́же была́ на стадио́не.

— Мы тебя́ не ви́дели. А ты нас ви́дела?

— Óчень хорошó ви́дела. Ви́дела, как вы боле́ли за «Спарта́к».

— Что ты понима́ешь в хоккéе? Хоккéй — настоя́щая мужска́я игра́.

— Дéвочки то́же игра́ют в хоккéй и в футбóл.

— Ну, жéнский хоккéй — э́то не хоккéй.

— Это то́чно.

"I was at the stadium yesterday, too."
"We didn't see you, but did you see us?"
"I saw you very well. I saw you cheering for *Spartak*."
"What do you understand about hockey? Hockey is a real man's game."
"Girls also play hockey and soccer."
"Well, women's hockey — that's not hockey."
"That's exactly right."

C2 About Sports Fans

The word **фана́т** describes the more intense fans of a sports club. **Фана́ты** wear club colors and cheer loudly. Some spectators are very careful to wear colors that will not irritate other fans at the match, since fights do break out among the supporters of rival teams.

Tell students that Что ты понима́ешь в хоккéе? is not really a question, but functions in this conversation as an exclamation. This can be a useful phrase for them to learn, since they can just change the object of the preposition as needed.

The word фана́т is a relatively recent addition to the Russian language. An older word for a fan is боле́льщик, which is still used for less intense sports fans. You might ask whether students can guess the derivation of боле́льщик (from боле́ть).

C3 Do not forget the ways that **мужско́й** and **же́нский** are used. Study the sentences that follow:

Хокке́й — мужско́й спорт.
Те́ннис — мужско́й и же́нский спорт.

Хокке́й — мужска́я игра́.
Те́ннис — мужска́я и же́нская игра́.

C4 Try to decide which adjective (**мужско́й** or **же́нский**) is more appropriate in the following sentences:

1. Ива́н — э́то _____ и́мя, а Мари́я _____ и́мя.
2. Петро́в — э́то _____ фами́лия.
3. Журна́л «Vogue» — э́то _____ журна́л.

4. У неё о́чень ма́ленькие, _____ ру́ки.

РУ́КИ

5. Петро́вна — э́то _____ о́тчество.
6. Рабо́та врача́ — э́то _____ рабо́та.

1. ...мужско́е ... же́нское ..
2. ...мужска́я ...
3. ...же́нский ...
4. ...же́нские ...

5. ...же́нское ...
6. ...же́нская ...

C5 Это мужско́й и́ли же́нский вид спо́рта? Это мужска́я и́ли же́нская игра́?

футбо́л	волейбо́л	ре́гби
бокс	**карате́**	**гимна́стика**
америка́нский футбо́л	баскетбо́л	

Any answer is acceptable in this exercise. Hopefully, students will get involved in discussion and will really use Russian to communicate their ideas.

C6 Tell whether you agree or disagree with these statements.

— Бокс — настоя́щая мужска́я игра́.

— Это то́чно./Это пра́вда./Это пра́вильно.

(— Футбо́л — настоя́щая мужска́я игра́.

— Это не так./Это непра́вда./Это непра́вильно.)

If you wish, you can add statements such as:

— Я люблю́ же́нский футбо́л.

(— А мне нра́вится то́лько мужско́й футбо́л.)

1. Бейсбо́л — настоя́щая мужска́я игра́.

2. Волейбо́л — хоро́ший мужско́й спорт.

3. Те́ннис — настоя́щая же́нская игра́.

4. Ре́гби — настоя́щий мужско́й спорт.

5. Баскетбо́л — настоя́щая мужска́я игра́.

This exercise has many possible correct answers. The important thing is that students respond meaningfully and communicate with each other.

C7 Russian pronouns change form according to case, just as in English. Here are the forms of the accusative case, which you already know.

Nominative (subject)		Accusative (direct object)	
я	мы	меня́	нас
ты	вы	тебя́	вас
он/она́	они́	его́/её	их

— Ты меня́ ви́дишь?

— Да, я ви́жу тебя́.

— Ты ви́дишь нас?

— Да, я ви́жу вас.

— А я не ви́жу их.

— Ты понима́ешь э́тот текст?   — Где газе́та «Пра́вда»?

— Да, я хорошо́ понима́ю его́.   — Па́па чита́ет её.

— Я не понима́ю его́.

— Где мои́ кни́ги?

— Я не ви́жу их.

C8   Fill in each blank with the appropriate accusative pronoun (меня́, тебя́, его́, её, нас, вас, их).

1. — Вчера́ я ви́дел _____ на стадио́не.

    — Пра́вда? А мы _____ не ви́дели.

2. — Ты зна́ешь Ната́шу Во́лкову?

    — Да, я зна́ю _____ .

3. — Это Ко́ля Петухо́в.

    — Я _____ ви́дел в шко́ле.

4. — Никола́й Петро́вич, я Воло́дя Смирно́в, учу́сь в восьмо́м кла́ссе.

    — Да, я _____ зна́ю.

5. — Ты зна́ешь э́ту му́зыку?

    — Да, я хорошо́ зна́ю _____ .

6. — Ты чита́л э́ти журна́лы?

    — Да, я чита́л _____ .

7. — Я здесь. Вы _____ ви́дите?

    — Да, мы _____ ви́дим.

New vocabulary items in section C are: гимна́стика, де́вочка, же́нский, карате́, настоя́щий, рука́, то́чно.

D Phonetics and Reading

D1 Pronounciation Practice.

1. Practice the correct pronunciation of both hard and soft л in the past tense forms of verbs.

a) был   игра́л   ви́дел   боле́л   победи́л
   была́   игра́ла   ви́дела   боле́ла   победи́ла
b) бы́ли   игра́ли   ви́дели   боле́ли   победи́ли

2. Practice the correct pronunciation of ть.

a) шесть   де́вять   де́сять   пять   писа́ть
   ви́деть   смотре́ть   победи́ть   быть   игра́ть
b) пятьдеся́т   шестьдеся́т

3. Practice the correct pronunciation of мь.

семь   во́семь   се́мьдесят   во́семьдесят

4. Practice the correct pronunciation of дц.

одиннадцать   двена́дцать   трина́дцать   четы́рнадцать
пятна́дцать   шестна́дцать   семна́дцать   восемна́дцать
девятна́дцать   два́дцать   три́дцать

5. Practice the correct pronunciation of devoiced consonants.

a) за́втра   вчера́   мужско́й   ара́бский   вто́рник   авто́бус
b) год   джаз   дог   друг   заво́д   клуб
   муж   наза́д   пиро́г   хлеб

Remind students that a voiced consonant will be devoiced both before a voiceless consonant and at the end of a word.

---

6. Practice the intonation of these exclamatory sentences.

«Спарта́к» игра́л о́чень хорошо́ и победи́л: 5:2.
Поздравля́ем его́!

О́льга игра́ла о́чень хорошо́ и победи́ла. Поздравля́ем её!

Спортсме́ны Росси́и игра́ли о́чень хорошо́ и победи́ли. Поздравля́ем их!

The intonation construction for exclamations is ИК-5. Students need to be careful to distinguish this from the somewhat similar intonation patterns ИК-1 and ИК-2.

D2 Study this sports information from a Russian newspaper. How much can you understand without using a dictionary?

● **БОКС.** Американский боксер Терри Норрис уверенно защитил свой титул сильнейшего в весовой категории до 154 фунтов (69,8 кг) по версии Всемирного боксерского совета (ВБС), нокаутировав в восьмом раунде своего соотечественника Дональда Керри.

После поединка 29-летний Керри, для которого это было пятое поражение за всю его карьеру, заявил, что решил навсегда распрощаться с боксом.

● **ТЕННИС.** Лейла Месхи из Тбилиси выбыла из борьбы на открытом чемпионате Франции по теннису, проиграв в $1/8$ финала Яне Новотна (Чехо-Словакия) — 0:6, 6:7. Не смогла преодолеть первый барьер другая наша теннисистка Татьяна Игнатьева — в стартовом матче юниорского турнира она уступила хозяйке соревнований Сесиль Дорей — 1:6, 0:6.

D3 In order to really understand sports scores in newspapers, you need to learn a few more words. First letters of words are frequently used as abbreviations in the score tables. Some of the most commonly used are: И — и́гры (games), В — вы́игрыш (prize, winnings), Н — ничья́ (tie), П — пораже́ние (defeat), М — матч (match), О — очки́ (points).

	И	В	Н	П	М		О
					Всего		
1. «Динамо» К	24	14	6	4	44—20	34
2. ЦСКА	24	13	5	6	43—26	31
3. «Динамо» М	24	12	7	5	27—24	31
4. «Торпедо»	24	13	4	7	28—24	30
5. «Спартак»	24	12	5	7	39—26	29
6. «Днепр»	24	11	6	7	39—26	28
7. «Арарат»	24	8	7	9	25—23	23
8. «Шахтер»	24	6	10	8	23—31	22
9. «Черноморец»	24	8	3	13	23—29	19
10. «Памир»	24	7	4	13	26—34	18
11. «Металлист»	24	5	8	11	13—28	18
12. «Динамо» Мн	24	6	3	15	20—34	15
13. «Ротор»	24	4	6	14	14—39	14

ИТОГОВАЯ ТАБЛИЦА

D4 Читáйте и скажúте, какóй матч был в Москвé. Кто победúл?

Герáклы XX вéка

В Москвé состоя́лись мáтчи по атлетúческой гимнáстике мéжду спортсмéнами США и СССР. Победúли спортсмéны США. Онú получúли и приз зрúтельских симпáтий. Совéтский спортсмéн Николáй Гришáнов зáнял трéтье мéсто. Это совсéм неплóхо для молодóго спортсмéна из Белорýссии.

Под мýзыку и аплодисмéнты выходúли на сцéну Герáклы XX вéка и демонстрúровали свои́ мýскулы. Это бы́ло начáло. Посмóтрим, что бýдет на чемпионáте Еврóпы, котóрый пройдёт в Норвéгии в апрéле.

Read and tell what match was played in Moscow. Who won?

The Herculeses of the 20th Century

In Moscow, body-building contests between the athletes of the U.S.A. and U.S.S.R. were held. The athletes of the U.S.A. won. They also received the prize of the spectators' preference. The Soviet athlete Nikolai Grishanov took third place. This is not at all bad for the young athlete from Byelorussia.

To music and applause, these Herculeses of the twentieth century came out onto the stage and displayed their muscles. This was a beginning. We will see what happens at the European championship, which will take place in Norway in April.

D5 Examine this newspaper clipping. Who were the opposing players in this chess match? Who won? The opposing players were Gary Kasparov and a computer. Kasparov won this time.

КОМПЬЮТЕР ПРОТИВ ЧЕМПИОНА МИРА

По инициативе американской фирмы «Эй-джи-эс» в Нью-Йорке проводился совместный матч из двух партий между Г. Каспаровым и компьютерной программой «Дип Сот» («Глубокая мысль»). Эта самая сложная из существующих шахматных компьютерных программ создана группой в составе пяти ученых, специализирующихся в области конструирования искусственного интеллекта. В этом году на конкурсе в городе Эдмонте она выиграла титул «чемпиона мира» среди компьютеров. За восемнадцать месяцев своего существования программа была испытана и в соревнованиях с профессиональными шахматистами. В частности, от нее потерпел поражение датчанин Б. Ларсен. По оценке ее создателей, «Глубокая мысль» по уровню игры приблизилась к гроссмейстерскому рейтингу — 2.550 очков.

Недавно Гарри Каспаров достиг самого высокого рейтинга в истории шахмат — 2.795 очков (в прошлом наивысший рейтинг был у американца Бобби Фишера — 2.780 очков).

Игра проходила в зале Нью-Йоркской академии искусств, где собрались многочисленные знатоки шахмат.

«Глубокая мысль» начала игру белыми с традиционного хода пешкой е2—е4. Каспаров избрал сицилианскую защиту. Ход партии вскоре продемонстрировал преимущества тонкого человеческого интеллекта перед силой машинного расчета.

Чемпион мира считает, что уже с первых ходов он доминировал на доске. Однако «Глубокая мысль» признала поражение лишь на 53-м ходу.

Выиграл Г. Каспаров и вторую партию. На сей раз компьютер сдался на 37-м ходу.

«ГЛУБОКАЯ МЫСЛЬ» — Г. КАСПАРОВ
СИЦИЛИАНСКАЯ ЗАЩИТА

1. e4 c5 2. c3 e6 3. d4 d5
4. ed ed 5. Kf3 Cd6 6. Ce3 c4
7. b3 cb 8. ab Ke7 9. Ka3 Kc6
10. Kb5 Cb8 11. Cd3 Cf5 12. c4
0-0 13. Ла4 Фd7 14. Kc3 Cc7
15. C:f5 Ф:f5 16. Kh4 Фd7 17.
0-0 Лad8 18. Ле1 Лfe8 19. c5
Ca5 20. Фd3 a6 21. h3 C:c3
22. Ф:c3 Kf5 23. K:f5 Ф:f5
24. Ла2 Ле6 25. Лае2 Лde8 26.
Фd2 f6 27. Фc3 h5 28. b4 Л8e7
29. Kph1 q5 30. Kpq1 q4 31.
h4 Ле4 32. Фb2 Ka7 33. Фd2
Л4e6 34. Фc1 Kb5 35. Фd2 Ka3
36. Фd1 Kpf7 37. Фb3 Kc4 38.
Kph2 Ле4 39. q3 Фf3 40. b5 a5
41. c6 f5 42. cb Л:b7 43. Kpq1
f4 44. qf q3 45. Фd1 Лbe7 46.
b6 qf 47. Л:f2 Ф:d1 48. Л:d1
Л:e3 49. Лq2 K:b6 50. Лq5 a4
51. Л:h5 a3 52. Лd2 Ле2. Бе-
лые сдались.

Г. КАСПАРОВ — «ГЛУБОКАЯ МЫСЛЬ»
ФЕРЗЕВЫЙ ГАМБИТ

1. d4 d5 2. c4 dc 3. e4 Kc6
4. Kf3 Cq4 5. d5 Ke5 6. Kc3 c6
7. Cf4 Kq6 8. Ce3 cd 9. ed Ke5
10. Фd4 K:f3 11. qf C:f3 12.
C:c4 Фd6 13. Kb5 Фf6 14. Фc5
Фb6 15. Фa3 e6 16. Kc7 Ф:c7
17. Cb5 Фc6 18. C:c6 bc 19.
Cc5 C:c5 20. Ф:f3 Cb4 21.
Kpe2 cd 22. Фq4 Ce7 23. Лhc1
Kpf8 24. Лc7 Cd6 25. Лb7 Kf6
26. Фa4 a5 27. Лc1 h6 28. Лc6
Ke8 29. b4 C:h2 30. ba Kpd8
31. Фb4 Cd6 32. Л:d6 K:d3
33. Лb8 Л:b8 34. Ф:b8 Kph7
35. Ф:d6 Лc8 36. a4 Лc4 37.
Фd7. Черные сдались.

У констру́кторов «Глубо́кой мы́сли» — больши́е пла́ны: они́ хотя́т сде́лать програ́мму, кото́рая бу́дет рассма́тривать оди́н миллиа́рд пози́ций в секу́нду. На э́то на́до пять лет.

„Это зна́чит, что я ещё пять лет могу́ быть чемпио́ном,“ — сказа́л Г. Каспа́ров на пресс-конфере́нции. А е́сли говори́ть серьёзно?

„Ша́хматы, — ду́мает Га́рри Каспа́ров, — бо́льше, чем матема́тика, бо́льше, чем ло́гика. У ша́хмат должны́ быть фанта́зия и интуи́ция. Если бу́дет сде́лан компью́тер с ре́йтингом 2.800, то есть как у меня́, тогда́ посмо́трим: я сам приглашу́ компью́тер на матч, потому́ что я хочу́ защити́ть челове́ческую ра́су, челове́ческий интелле́кт“.

Overview of the Lesson

In this lesson, you have learned:

1) how to count to one hundred;
2) how to talk about actions in the past;
3) how to understand sports information in the newspaper.

Conduct a conversation about sports with a classmate. Use the example (if you need it), and fill in the kind of sport yourself.

— Где ты вчера́ был (была́)?

— На стадио́не. Смотре́л(а) баскетбо́л.

— Кто игра́л?

— «_____» и «_____». «_____» — э́то моя́ кома́нда.

   (— Я боле́ю за кома́нду «_____».)

— И кто победи́л?

— «_____». 98:100. Была́ хоро́шая игра́.

— Поздравля́ю. (— Мне нра́вится, как игра́ет

   э́та кома́нда.)

"Where were you yesterday?"
"At the stadium. I was watching basketball."
"Who was playing?"
"_____ and _____ .
_____ that's my team."
("I am a fan of the team.")
"And who won?"
"_____ . 98 : 100. It was a good game."
"Congratulations." ("I like the way that team plays.")

Fill in the missing lines of this dialog.

— Где ты вчера́ был(а́)?

— Кто вчера́ игра́л?

— «_____» победи́л: ___ : ___ . Игра́ была́ хоро́шая.

— Мне то́же нра́вится э́та кома́нда.

— Поздравля́ю.

— Кака́я кома́нда нра́вится тебе́?

"Where were you yesterday?"
— На стадио́не.
"Who played yesterday?"
— Игра́ли «Спарта́к» и «Дина́мо».
"And who won?"
"_____ won: ___ : ___ .
It was a good game."
— Мне о́чень нра́вится э́та кома́нда.
"I also like that team."
— Сего́дня то́же был матч. Победи́ла на́ша кома́нда.
"Congratulations."
— Спаси́бо.
"What team do you like?"
— Моя́ кома́нда — э́то «Торпе́до».

Слова́рь

боле́ть (боле́ю, боле́ешь, боле́ют)
   за to root for
*во́семь eight
*восемна́дцать eighteen
*во́семьдесят eighty
*вчера́ yesterday
гимна́стика (f) gymnastics, acrobatics
*два́дцать twenty
*двена́дцать twelve
*де́вочка (f) young girl
*девяно́сто ninety
*девятна́дцать nineteen
*де́вять nine
друго́й another
*де́сять ten
*же́нский female, feminine
*за́втра tomorrow
карата́ karate
кома́нда (f) team
*матч match
мо́жет (from мочь) to be able
*мужско́й male, masculine
*настоя́щий real
*непра́вильно incorrect
ничья́ tie
*оди́ннадцать eleven

*но́мер (m) number
победи́ть (победи́шь, победя́т) to
   conquer, win
*поздравля́ть (поздравля́ю, поздрав-
   ля́ешь, поздравля́ют) to congratulate
*пятна́дцать fifteen
*пятьдеся́т fifty
*ра́зве really, actually
*рука́ (f) hand
*семь seven
*семна́дцать seventeen
*се́мьдесят seventy
*со́рок forty
*сто hundred
счёт (m) score
*трина́дцать thirteen
*три́дцать thirty
*то́чно exact(ly)
*четы́рнадцать fourteen
ЦСКА TsSKA (the Army Central
Sports Club)
*шесть six
*шестна́дцать sixteen
*шестьдеся́т sixty

Урок 14
(Четырнадцатый урок)

В воскресенье
мы идём в цирк

Section	Main Structures	Functions	Grammatical Concepts	Language & Culture
A	— Сколько сейчас времени? — 9 часов. — Как хорошо, что сегодня воскресенье.	Talking about time	The use of numbers with nouns of time	How time is viewed in Russia
B	— Какой сегодня день? — Сегодня воскресенье. — Когда мы идём в цирк? — В 6 часов.	Using expressions of time	The question когда? Using the preposition в with the accusative case to tell when an event occured	How Russians spend their free time
C	Мы идём в цирк с Тамарой. Сначала выступают акробаты, а потом жонглёры.	Explaining with whom or with what Discussing a sequence of events	Using the preposition с with the instrumental case	The Circus School in Moscow
D	Phonetics and Reading Pronunciation Practice Программа телевидения		„Новый старый цирк" Overview of the Lesson Словарь	

A Talking about Time

— Ско́лько сейча́с вре́мени? "What time is it now?"
— 9 часо́в. "9 o'clock."
— Как хорошо́, что сего́дня "How good that today's
воскресе́нье. Sunday."

A1 Али́к просну́лся в воскресе́нье в 9 часо́в.

Alik woke up on Sunday at 9.00.

— Ско́лько сейча́с вре́мени?

— 9 часо́в.

— 9 часо́в? **А как же** шко́ла?

— Ты забы́л, сего́дня воскресе́нье.

— Ой, пра́вда. Как хорошо́, что сего́дня воскресе́нье.

"What time is it now?"
"Nine o'clock."
"Nine o'clock? And what about school?"
"You've forgotten, today is Sunday."
"Oh, that's true. How good that today's Sunday."

А как же is a common way of saying "and/but what about... ." Students will find this easy to use, since the nominative case is used for the completion of the sentence.

A2 Ско́лько вре́мени?

1 (оди́н)	час	1 (одна́)	мину́та
2 (два), 3, 4	часа́	2 (две), 3, 4	мину́ты
5 — 12	часо́в	5 — 20	мину́т

Explain to students that the forms used with numbers are determined in this way. After any number ending in the word one, the nominative singular is used; after any number ending in the word two, three or four, the genitive singular is required; after any other number, the genitive plural is used.

At this time, students are learning all the forms they need to talk about time. Do not try to teach them the formation of the genitive plural.

Ask students how they would say these times: 15:00, 23:00, 21:00. Explain that this is the way "official" time is normally expressed in Russia (in transportation schedules, for theater times, etc.). They probably know that time is expressed this way in the United States only in the armed forces.

Lesson 14   **283**

A3 To find out the exact time in Moscow, dial 100 on a phone. A recorded message gives the time as follows:

1. одиннадцать часов пять минут
2. двенадцать часов тридцать две минуты
3. восемнадцать часов тридцать минут
4. двадцать один час одна минута
5. двадцать три часа десять минут
6. четыре часа тридцать четыре минуты
7. пять часов двадцать две минуты

1. 11:05 A.M.
2. 12:32 P.M.
3. 6:30 P.M.
4. 9:01 P.M.
5. 11:10 P.M.
6. 4:34 A.M.
7. 5:22 A.M.

A4 About Time

Russians do not use expressions like English "A. M." or "P. M." Radio and television programming, theater performances, train and airline schedules, and other "official" times are normally based on a twenty-four hour clock.

In everyday life, people tell time using a twelve hour clock and use other expressions when it is necessary to clarify further: **3 часа дня, 6 часов вечера, 2 часа ночи, 5 часов утра**. These are the genitive case forms of the words **день, вечер, ночь, утро**.

As in English, there is some variation in using these forms. These drawings show the usual ways they are understood. Note, however, that every Russian would agree that it is **два часа ночи**, even though speakers of English might say either "two o'clock at night" or "two o'clock in the morning."

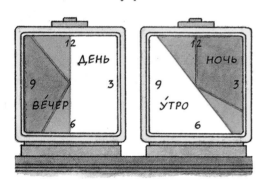

A5 Read these official times. Express them in conversational forms.

19 часов. Это 7 часов вечера.

1. 23 часа.
2. 18 часов.
3. 1 час.
4. 22 часа.
5. 11 часов.
6. 4 часа.
7. 20 часов.
8. 16 часов.

1. Двадцать три часа. Это одиннадцать часов вечера/ночи.
2. Восемнадцать часов. Это шесть часов дня/вечера.
3. Один час. Это час ночи.
4. Двадцать два часа. Это десять часов вечера.
5. Одиннадцать часов. Это одиннадцать часов утра.
6. Четыре часа. Это четыре часа ночи.
7. Двадцать часов. Это восемь часов вечера.
8. Шестнадцать часов. Это четыре часа дня.

A6 Look at these clocks and watches, and tell what time it is.

Это всё — **часы**.

Use a clock with hands that move easily to show students different times rapidly. Have students tell time in both "official" and "everyday" styles.

A7 There are many time zones in Russia. When it is 12.00 A. M. (midnight) in Moscow, it is already 7.00 A. M. in Vladivostok.

Посмотри́те на ка́рту и скажи́те, ско́лько вре́мени в Новосиби́рске, в Омске, в Екатеринбу́рге, в Уфе́, в Москве́ и в Ирку́тске, когда́ во Владивосто́ке 0 часо́в.

Look at the map and tell what time it is in Novosibirsk, in Omsk, in Yekaterinburg, in Ufa, in Moscow, and in Irkutsk, when it is 0 o'clock (12:00 A.M.) in Vladivostok.

В Новосиби́рске де́вять часо́в ве́чера (два́дцать оди́н час), в Омске во́семь часо́в ве́чера (два́дцать часо́в), в Екатеринбу́рге и в Уфе́ семь часо́в ве́чера (девятна́дцать часо́в), в Москве́ пять часо́в дня (семна́дцать часо́в) и в Ирку́тске де́сять часо́в ве́чера (два́дцать два часа́).

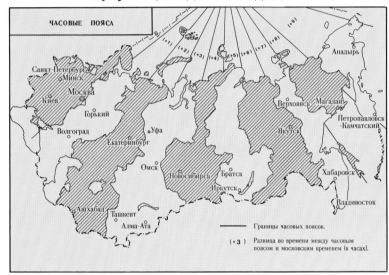

A8 Read each of these dialogs. Translate the expression „А как же . . . ?" in each. Describe when each conversation might occur.

1. — Сейча́с мы идём игра́ть в футбо́л.
   — А как же уро́ки?
   — Ты забы́л, за́втра мы не у́чимся.

2. — Кто сего́дня идёт в теа́тр?
   — Я, Ира, Ната́ша и ты.
   — А как же Ле́на?
   — Ой, я забы́ла. Ле́на то́же идёт.

3. — Ва́ня, сейча́с мы идём в клуб.
   — А как же те́ннис?
   — Ты забы́л, те́ннис у нас за́втра.

1. And what about the lessons?
   Это мо́жет быть в во́семь часо́в утра́.

2. And what about Lena?
   Это мо́жет быть в шесть часо́в ве́чера/дня.

3. And what about ten o'clock?
   Это мо́жет быть в три часа́ дня.

(Times should be stated correctly, but any are acceptable answers.)

New vocabulary items in section A are: вре́мя, забы́ть, когда́, просну́ться, ско́лько, воскресе́нье, ночь, часы́.

B Using Expressions of Time

— Какóй сегóдня день?

"What day is it today?"

— Сегóдня воскресéнье.

"Today is Sunday."

— Когдá мы идём в цирк?

"When are we going to the circus?"

— В 6 часóв.

"At six o'clock."

Воскресéнье. Парк Сокóльники в Москвé

B1 Алик **разговáривает** с Антóном.

— Антóн, ты не забы́л, какóй сегóдня день?

— А какóй сегóдня день?

— Сегóдня воскресéнье.

— Ну и что?

— Сегóдня мы идём в цирк.

— Конéчно, не забы́л.

— А когдá мы идём?

— В 6 часóв.

Alik is conversing with Anton.

"Anton, you haven't forgotten what day it is, have you?"
"And what day is it?"
"Today is Sunday."
"Well, so what?"
"Today we're going to the circus."
"Of course I haven't forgotten."
"And when are we going?"
"At six o'clock."

B2 Learn the days of the week.

Какóй сегóдня день?

Сегóдня понедéльник.
Сегóдня втóрник.
Сегóдня средá.
Сегóдня четвéрг.
Сегóдня пя́тница.
Сегóдня суббóта.
Сегóдня воскресéнье.

понедéльник is related to недéля (week)
втóрник is related to второй (second)
средá is related to срéдний (middle)
четвéрг is related to четвёртый (fourth)
пя́тница is related to пя́тый (fifth)
суббóта is related to the word "sabbath"
воскресéнье is related to воскресéние (resurrection)

You can help students remember the names of the days of the week by calling attention to the connection they have with other Russian words.

	ЯНВАРЬ	ФЕВРАЛЬ	МАРТ	
Пн	7 14 21 28	4 11 18 25	4 11 18 25	Пн
Вт	1 8 15 22 29	5 12 19 26	5 12 19 26	Вт
Ср	2 9 16 23 30	6 13 20 27	6 13 20 27	Ср
Чт	3 10 17 24 31	7 14 21 28	7 14 21 28	Чт
Пт	4 11 18 25	1 8 15 22	1 8 15 22 29	Пт
Сб	5 12 19 26	2 9 16 23	2 9 16 23 30	Сб
Вс	6 13 20 27	3 10 17 24	3 10 17 24 31	Вс
	АПРЕЛЬ	МАЙ	ИЮНЬ	
Пн	1 8 15 22 29	6 13 20 27	3 10 17 24	Пн
Вт	2 9 16 23 30	7 14 21 28	4 11 18 25	Вт
Ср	3 10 17 24	1 8 15 22 29	5 12 19 26	Ср
Чт	4 11 18 25	2 9 16 23 30	6 13 20 27	Чт
Пт	5 12 19 26	3 10 17 24 31	7 14 21 28	Пт
Сб	6 13 20 27	4 11 18 25	1 8 15 22 29	Сб
Вс	7 14 21 28	5 12 19 26	2 9 16 23 30	Вс
	ИЮЛЬ	АВГУСТ	СЕНТЯБРЬ	
Пн	1 8 15 22 29	5 12 19 26	2 9 16 23 30	Пн
Вт	2 9 16 23 30	6 13 20 27	3 10 17 24	Вт
Ср	3 10 17 24 31	7 14 21 28	4 11 18 25	Ср
Чт	4 11 18 25	1 8 15 22 29	5 12 19 26	Чт
Пт	5 12 19 26	2 9 16 23 30	6 13 20 27	Пт
Сб	6 13 20 27	3 10 17 24 31	7 14 21 28	Сб
Вс	7 14 21 28	4 11 18 25	1 8 15 22 29	Вс
	ОКТЯБРЬ	НОЯБРЬ	ДЕКАБРЬ	
Пн	7 14 21 28	4 11 18 25	2 9 16 23 30	Пн
Вт	1 8 15 22 29	5 12 19 26	3 10 17 24 31	Вт
Ср	2 9 16 23 30	6 13 20 27	4 11 18 25	Ср
Чт	3 10 17 24 31	7 14 21 28	5 12 19 26	Чт
Пт	4 11 18 25	1 8 15 22 29	6 13 20 27	Пт
Сб	5 12 19 26	2 9 16 23 30	7 14 21 28	Сб
Вс	6 13 20 27	3 10 17 24	1 8 15 22 29	Вс

Days of the week in Russian are capitalized only at the beginning of sentences. Remember: the Russian week begins with Monday.

B3 Игорь Скворцóв дýмает, что суббóта — рóзовая, понедéльник — сéрый, пя́тница — голубáя. А как вы дýмаете?

Igor Skvortsov thinks that Saturday is pink; Monday is gray; Friday is light blue. What do you think?

B4 Russians observe a five-day work week. Saturdays and Sundays are days off for most people.

Посмотри, что делают русские люди в воскресенье.

Ловят рыбу...

играют в шахматы...

собирают грибы...

едут на пикник...

B5 Follow the examples, and practice naming the days of the week.

— Какой сегодня день?
— Сегодня воскресенье.

— Какой день был вчера?
— Вчера была суббота.

— Какой день будет завтра?
— Завтра будет понедельник.

Remind students that they will need to consider gender when using the names of the days of the week in the past tense.

1. — Какой сегодня день?
   — Сегодня вторник.

1. — Какой день был вчера?
   — Вчера было воскресенье.
   — Вчера был понедельник/вторник/четверг.
   — Вчера была среда/пятница/суббота.

2. — Какой сегодня день?
   — Сегодня четверг.

2. — Какой день будет завтра?
   — Завтра будет воскресенье/понедельник/вторник/среда/четверг/пятница/суббота.

3. — Какой сегодня день?
   — Сегодня суббота.

4. — Какой сегодня день?
   — Сегодня понедельник.

B6 Читайте.

— Ты не знаешь, какой сегодня день?
— Не знаю. А ты посмотри газету.
— Ты забыл? Это **вчерашняя** газета.

"You don't know what day it is today, do you?"
"I don't know. But look at the paper."
"Have you forgotten? That's yesterday's paper."

B7   Expressing the day of the week or time of day when answering the question когда́.

Ско́лько сейча́с вре́мени?	Когда́?
6 часо́в.	В 6 часо́в.

Како́й сего́дня день?	Когда́?
Понеде́льник.	В понеде́льник.
Вто́рник.	Во вто́рник.
Среда́.	В сре́ду.
Четве́рг.	В четве́рг.
Пя́тница.	В пя́тницу.
Суббо́та.	В суббо́ту.
Воскресе́нье.	В воскресе́нье.

Russians use the accusative case after the preposition в to answer the question когда́ with a time or a day of the week.

B8   Mary has come to Moscow for a little over a week and wants to see everything she possibly can. Look at the tickets Mary's friends purchased for her. Tell where she is going and when. Follow this example:

— Во вто́рник в 11 часо́в Мэ́ри идёт на конце́рт.

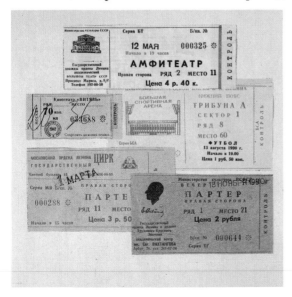

Answers will depend on the tickets shown.

For extra practice, perform a drill as follows:
Teacher: Сего́дня пя́тница.
Student: А в суббо́ту мы идём на стадио́н/в парк/на конце́рт...

New vocabulary items in section B are: разгова́ривать с... , се́рый, лю́ди, вчера́шний, когда́?.

C Explaining with Whom or with What
Discussing a Sequence of Events

Мы идём в цирк с Тама́рой.	"We're going to the circus with Tamara."
Снача́ла выступа́ют акроба́ты, а пото́м жонглёры.	"First the acrobats perform, and then the jugglers."

C1 Алик с бра́том иду́т в цирк и ви́дят Тама́ру. Тама́ра у́чится вме́сте с Анто́ном.

— Здра́вствуй, Алик, здра́вствуй, Анто́н!

— Приве́т!

— А я не знал, что мы идём в цирк с Тама́рой.

— А ра́зве э́то пло́хо? Мы идём вме́сте.

— Ну, ла́дно. Идём вме́сте. А медве́ди бу́дут?

— Сейча́с посмо́трим. Вот **програ́мма. Снача́ла выступа́ют акроба́ты, а пото́м жонглёры.** А вот и медве́ди.

Alik and Anton are going to the circus and meet (see) Tamara. Tamara studies (attends school) with Anton.

"Hello, Alik, hello, Anton."
"Hi!"
"But I didn't know we were going to the circus with Tamara."
"And is that really so bad? Let's go together."
"Well, all right. Let's go together. And will there be any bears?"
"We'll see right now. Here's a program. First the acrobats are performing, then the jugglers. And there are bears, too."

Алик с Анто́ном в ци́рке.

Alik and Anton are at the circus.

C2 Describe the sequence in which the performers in these pictures appeared.

— Снача́ла выступа́ли акроба́ты, а пото́м выступа́л **иллюзиони́ст.**

Акроба́ты

Снача́ла выступа́ли акроба́ты, а пото́м выступа́л иллюзиони́ст.

Иллюзиони́ст

Ко́шки

Снача́ла выступа́ли ко́шки, а пото́м ти́гры.

Ти́гры

Цирк о́чень популя́рен в Росси́и. В Москве́ есть специа́льное учи́лище, где гото́вят арти́стов ци́рка. Не оди́н раз моско́вский цирк был в США.

The circus is very popular in Russia. In Moscow, there is a special school where they train circus performers. The Moscow Circus has been in the U.S.A. many times (more than once).

C4 The instrumental case is used to answer the questions **с кем?** (with whom?) or **с чем?** (with what?). This table shows some of the verbs frequently used with the preposition **с** and the instrumental case.

что де́лать?	с кем?	с чем?
игра́ть	с Ива́ном, бра́том	с мячо́м
говори́ть	с Андре́ем, отцо́м	со словарём
быть	с дру́гом, учи́телем	
учи́ться	с това́рищем	с уче́бником
жить	с ма́мой, сестро́й	
идти́	с Ирой, подру́гой	с кни́гой
выступа́ть	с Та́ней, учи́тельницей	с су́мкой

— С кем выступа́л кло́ун?   "Who did the clown perform with?"
— С соба́кой Ша́риком.   "With Sharik the dog."

For practice, ask simple questions, such as С кем вы игра́ете в футбо́л? С кем вы говори́ли? Vary the practice by changing the pattern of the drill. Make statements such as Вчера́ мы с Тама́рой бы́ли в кино́. Students should respond by telling whom they were with in another place. They might answer: А мы с бра́том бы́ли на стадио́не. If you make a statement naming an action (Вчера́ мы с Джо́ном игра́ли в бейсбо́л), students should respond with an alternative action (А мы с Анной игра́ли в те́ннис).

C5 Это Рома́н, Ка́тя, Лю́ба, Све́та, Андре́й, Анто́н. Скажи́те, кто здесь был в воскресе́нье и с кем?

Ка́тя с Андре́ем бы́ли в теа́тре. Рома́н с Лю́бой бы́ли на стадио́не. Све́та с Анто́ном бы́ли в па́рке.

New vocabulary items in section C are: акроба́т, выступа́ть, жонглёр, кло́ун, ло́шадь, пото́м, програ́мма, снача́ла, тигр, фо́кусник.

D1 Pronunciation Practice.

Make sure that students are imitating pronunciation and intonation patterns correctly.

1. Practice the correct pronunciation of **ч**.

час	часá	часы́	часóв	сейчáс
четвéрг	сначáла	мячóм	чем	
четы́ре часá	вчерáшний	шесть часóв вéчера		

Students should know that ч is always pronounced soft, or palatalized, without regard to the vowel after it.

2. Learn this tongue twister that features the sound **ч**.

В четвéрг четвёртого числá четы́ре чёрненьких чумáзеньких чертёнка чертúли чёрными чернúлами чертёж.

3. Practice the correct pronunciation of the preposition **с**.

a) **с** Ивáном
    с Ивáном Николáевичем

    с Ирúной
    с Ирúной Владúмировной

b) **с** сы́ном   **с** Сáшей   **с** шýткой   **с** Шýрой

c) **с** чем   **с** часáми   **с** чемпиóном

The preposition с (as opposed to the letter с) is always pronounced hard, or without palatalization. This leads to a situation where words that begin with the normally soft vowel и are pronounced after this preposition as if they began with the vowel ы.

4. Practice the correct pronunciation of the combination **сч**.

счастлúвый   **сч**астлúвого путú   **сч**ёт   со **сч**ётом

When the letter с is followed by the letter ч, its sound is exactly like that of the soft consonant щ.

5. Review and practice the intonation of these exclamatory sentences.

Как хорошó, что сегóдня суббóта!
Как хорошó, что мы идём с пáпой!
Как хорошó, что он игрáет в футбóл!
Как хорошó, что зáвтра воскресéнье!
Как хорошó, что онá éдет с Серёжей!
Как хорошó, что вы ýчите рýсский язы́к!

Review the intonation for exclamations (ИК-5).

D2 Read the Sunday schedule for Moscow television programs. Tell what some of the programs are.

суббота 20

6.30 120 МИНУТ.
8.30 Наш сад.
9.00 Мультипликационные фильмы: «Самолетик». «Робинзон Кузя». «Экран».
9.25 «Северные звоны». Фильм-концерт. «Лентелефильм».
9.55 «Партнер». Коммерческий вестник.
10.25 Победитель.
11.25 П. И. Чайковский — «Гамлет». Музыка к одноименной трагедии В. Шекспира.
11.55 Фильмы режиссера Б. Кимягарова. «СКАЗАНИЕ О РУСТАМЕ». 1-я и 2-я части. «Таджикфильм», 1971 г. [стр. 14].
14.15 «Удивительная Коста-Рика». Хроникально-документальный фильм.
15.30 «20 ЛЕТ «СПОРТЛОТО». Трансляция с открытого чемпионата Москвы по акробатическому рок-н-роллу [стр. 20].
17.00 В МИРЕ ЖИВОТНЫХ [стр. 20].
18.00 МЕЖДУНАРОДНАЯ ПАНОРАМА.
18.45 «Лосенок». Мультипликационный фильм [г. Куйбышев].
18.55 Парламентский вестник России.
19.10 КВН-90. Встреча команд Одесского государственного университета и Воронежского инженерно-строительного института. Второй полуфинал.
21.00 ВРЕМЯ.
21.40 На чемпионате мира по шахматам.
21.55 По просьбам зрителей. Телевизионный художественный фильм «КОГДА МНЕ БУДЕТ 54 ГОДА». «Экран», 1989 г. [стр. 14].

23.20 ТСН.
23.35 Программа «А» [стр. 16].

2

8.00 Утренняя гимнастика.
8.20 «Наследство волшебника Бахрама». Мультипликационный фильм.
8.40 «Сохрани и передай». Праздник семьи в Кропоткине.
9.20 Кинопублицистика союзных республик. Премьера телевизионного фильма «Судьба парикмахера». О механизме превращения человека в винтик государственной машины [Саратов].
10.00 Телепрограмма «СЕМЬЯ» [стр. 15].
11.00 Видеоканал «СОДРУЖЕСТВО».
14.30 Видеоканал «СОВЕТСКАЯ РОССИЯ».
17.00 Прогресс, информация, реклама.
17.30 Коллаж [реклама, информация, объявления].
17.35 «Тайна страны землянки». Мультипликационный фильм. КНФ.
17.55 Футбол. Чемпионат СССР [стр. 18].
19.50 «У Макса в Коктебеле». Телевизионный документальный фильм.
20.00 «Спокойной ночи, малыши!» «Слон Хортон».
20.15 Хоккей. Товарищеская встреча ветеранов. Сборная СССР — сборная Швеции. 3-й период. Передача с Малой спортивной арены Центрального стадиона им. В. И. Ленина.
21.00 ВРЕМЯ [с сурдопереводом].
21.40 ДНЕВНИК СЕССИИ ВЕРХОВНОГО СОВЕТА РСФСР.
22.00 Волейбол. Чемпионат мира. Мужчины. Сборная СССР — сборная Японии. Передача из Бразилии [стр. 18].
23.30 Авторалли «ЯЛТА-90».

НОЧНОЙ СЕАНС
23.40 «ДЕТЕКТИВ... ДЕТЕКТИВ... ДЕТЕКТИВ!!!» Киноконцерт.
0.50 «МАЛЕНЬКОЕ ОДОЛЖЕНИЕ». Телевизионный художественный фильм. «Молдова-фильм» по заказу Гостелерадио, 1984 г.

МП
7.00 «2×2».
17.15 «Две жизни, две судьбы». О народной артистке РСФСР Л. Сухаревской и народном артисте СССР Б. Тенине.
19.30 ДОБРЫЙ ВЕЧЕР, МОСКВА!
20.45 «Спокойной ночи, малыши!»
21.00 ВРЕМЯ.
21.40 ДОБРЫЙ ВЕЧЕР, МОСКВА!

ОП
8.00 Разминка для эрудитов.
8.50 Испанский язык. 1-й год обучения.
9.25 ЗДОРОВЬЕ.
10.10 Профессия — коммерсант. Передача 1.
10.40 ВСЕ ГРАНИ ПРЕКРАСНОГО. «Каменное диво».
11.30 Немецкий язык. 1-й год обучения.
12.05 ДЕТСКИЙ ЧАС [с уроком немецкого языка].
13.05 ВСЕ ГРАНИ ПРЕКРАСНОГО. «Знаменитость № 877» из цикла «Путешествие к Чехову».
15.15 Французский язык. 1-й год обучения.
15.45 Педагогика для всех.
16.50 «Бурда моден» предлагает...».
17.00 Русская речь.
17.50 Английский язык. 1-й год обучения.
18.25 ВСЕ ГРАНИ ПРЕКРАСНОГО. Телеверсия. А. П. Чехов — «Вишневый сад». 1-я серия.

19.55 Научный вестник.
20.40 Чтение с продолжением. Мария Башкирцева — Дневник.
20.55 Итальянский язык.
21.25 Испанский язык. 1-4 год обучения.
22.55 Движение объединения на пути к мировой гармонии.
23.55 ВСЕ ГРАНИ ПРЕКРАСНОГО. «Рассказывает Ираклий Андроников». [М. Ю. Лермонтов — «Мцыри»].

ЛП
15.20 СКАЗКА ЗА СКАЗКОЙ. «В лунном свете». По сказке Марселя Эме.
15.50 «ОХОТНИК ЗА БРАКОНЬЕРАМИ». Художественный телефильм. «Экран», 1975 г. Режиссер — М. Муат. В ролях: В. Фунтиков, А. Кравченко. По мотивам одноименной повести Е. Рысса о детях, помогающих бороться с браконьерами.
17.05 «Обводный канал». Премьера Ленинградской студии документальных фильмов. Режиссер — А. Учитель.
17.55 «ЭТИ СТАРЫЕ, СТАРЫЕ ЛЕНТЫ». Композитор Андрей ПЕТРОВ.
18.45 «АЛЬТЕРНАТИВА». Публицистическая программа.
20.00 Реклама, объявления.
20.10 Телестанция «ФАКТ».
20.30 «Большой фестиваль».
20.45 «ЭКСПРЕСС-КИНО».
21.00 ВРЕМЯ.
21.40 «Музыкальный телефон».
21.55 ТПЦ «ЛИРА». «Шоу-шанс». Конкурс ведущих.
22.55 «ТОП-СЕКРЕТ». Эстрадная программа.
23.40 «ТЕЛЕКУРЬЕР». Субботнее информационно-публицистическое обозрение.

D3 Look at this newspaper clipping. It has an unusual title. Why is it unusual?

НОВЫЙ СТАРЫЙ ЦИРК

Новое здание старого цирка на Цветном бульваре уже почти готово: строители собираются сдавать уникальный объект. Фотокорреспондент ТАСС побывал в здании цирка и сделал репортаж с места события.

Уже готовы арена, зал на 2100 зрителей, подведены коммуникации, идет наладка компьютеров, управляющих цветоустановками. Помещения для слонов и других животных, а также конюшни ждут своих обитателей.

Цирк на Цветном бульваре, построенный с помощью финских строителей, станет уникальным, единственным в Европе зрелищным комплексом.

The New Old Moscow Circus

The new building of the old circus on Tsvetnoi Boulevard is already almost ready. The builders are getting ready to hand over a unique building. The photo correspondent of TASS visited the building of the circus and reported from the site of the event.

The arena (an auditorium for 2100 spectators) is now ready; communications have been installed, and computers that direct the lighting are being adjusted. Housing for elephants and other animals, and stables, too, are awaiting their inhabitants.

The circus on Tsvetnoi Boulevard, built with the help of Finnish builders, will become a unique show complex, the only one like it in Europe.

Overview of the Lesson

In this lesson, you have learned:

1) how to ask and talk about the time of day;
2) how to name the days of the week and tell on what day something happened;
3) how to use the instrumental case to explain with whom or with what;
4) how to discuss a sequence of events.

Study these pictures of **Пётр Иванóв**. Tell the story of his week; then talk about your own week.

Слова́рь

А как же...?   But what about...?

акроба́т *(m)*   acrobat

*воскресе́нье *(n)*   Sunday

вчера́шний   yesterday's

*выступа́ть (выступа́ю, выступа́ешь,
   выступа́ют)   to perform; to give a
   speech

жонглёр *(m)*   juggler

*забы́ть (забу́ду, забу́дешь, забу́дут)
   to forget

кло́ун *(m)*   clown

*когда́   when

ла́дно   all right

лю́ди *(pl)*   people

медве́дь *(m)*   bear

ночь *(f)*   night

*пото́м   then, afterwards

програ́мма *(f)*   program

просну́ться (просыпа́юсь, просыпа́-
   ешься, просыпа́ются)   to wake up

разгова́ривать (разгова́риваю, разго-
   ва́риваешь, разгова́ривают)   to
   talk, to speak

*с   with

се́рый   gray

*Ско́лько вре́мени?   What time is it?

*снача́ла   first, at first

фо́кусник *(m)*   magician

часы́ *(pl)*   clock, watch

Урок 15 (Пятнадцатый урок)

Review of Lessons 11-14

„Ко́нчил де́ло — гуля́й сме́ло"

"When you've finished work, feel free to have a good time."

In lessons 11-14 you learned how to express possession, to describe objects with many different colors, to count to one hundred and give the winning score of your favorite team, to talk about traveling on foot and by means of a vehicle, and to tell time. You also learned about 140 new words. As a result, you should be able to perform the language tasks that follow:

I. FUNCTIONS

1. Talking about possessions (11: A)

EXERCISE 1. Read aloud, adding the necessary possessive adjectives.

1. — Анто́н, где _____ това́рищи?   ...твой...
   — Они́ на стадио́не.

2. — Ребя́та, э́то _____ су́мки?   ...ва́ши...
   — Нет, не _____ .   ...на́ши...

3. — Никола́й Ива́нович, куда́ иду́т _____ студе́нты?   ...ва́ши...
   — В библиоте́ку.

4. — А́нна Петро́вна, э́то _____ письмо́?   ...ва́ше...
   — Да, _____ . Спаси́бо.   ...моё

5. — Ната́ша, а где _____ значки́?   ...твой...
   — Вот они́.

6. — Где Антó́н? Я ви́жу — э́то _____ су́мка, но где   ...его́...
   он?
   — Я ду́маю, он в библиоте́ке.

7. — Где Ни́на? Вот _____ тетра́дь.   ...её...
   — Мо́жет быть, она́ забы́ла тетра́дь.

8. — Здесь живу́т Ната́ша и И́горь. Где _____ окно́?   ...их...
   — Вот оно́.

2. Talking about color (11: B)

EXERCISE 2. These vehicles belong to various members of the Петро́в family. Tell which belongs to papa, mama, older brother Ива́н, younger brother И́горь, and their little sister Ни́на.

— У Ива́на голуба́я маши́на.

1. У па́пы/отца́ боль-
ша́я, чёрная маши́на.

2. У ма́мы ма́ленькая,
кра́сная маши́на.

3. У бра́та Ива́на мото-
ци́кл.

4. У бра́та И́горя вело-
сипе́д.

5. У сестры́ Ни́ны ма́-
ленькая маши́на.

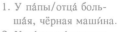

EXERCISE 3. Ната́ша, И́ра, Ю́ля, Ка́тя, and Ма́ша went to the store where they all bought their favorite flowers.

Ната́ша лю́бит кра́сные цветы́, И́ра лю́бит голубы́е, Ю́ля бе́лые, Ка́тя кра́сные и бе́лые, а Ма́ша лю́бит жёлтые.

Ната́ша: У вас есть кра́сные цветы́? Да́йте мне кра́сные цветы́.

А что сказа́ли И́ра, Ю́ля, Ка́тя и Ма́ша?

И́ра: У вас есть голу-
бы́е цветы́? Да́йте мне
голубы́е цветы́.
Ю́ля: У вас есть бе́лые
цветы́? Да́йте мне бе́-
лые цветы́.
Ка́тя: У вас есть кра́с-
ные и бе́лые цветы́?
Да́йте мне кра́сные и
бе́лые цветы́.
Ма́ша: У вас есть жёл-
тые цветы́? Да́йте мне
жёлтые цветы́.

EXERCISE 4. When they study the primary colors, Russian youngsters memorize the phrase „**Ка́ждый охо́тник жела́ет знать, где сидя́т фаза́ны**“. (Every hunter wants to know where the pheasants are sitting.) Use this mnemonic to name the primary colors in Russian.

3. Asking for permission (11: A).

EXERCISE 5. Что мо́жно де́лать, а что нельзя́?

Some possible answers:

1. Сейча́с в кла́ссе нет уро́ка. В кла́ссе...

2. У меня́ большо́е дома́шнее зада́ние по фи́зике и матема́тике. Сего́дня мне...

3. Я забы́л раке́тку до́ма. Мне...

4. У меня́ ма́ленький брат. Сего́дня ма́мы нет до́ма, и я игра́ю с бра́том. Мне...

5. Наш учи́тель говори́т в кла́ссе то́лько по-ру́сски. На уро́ке нам...

1. В кла́ссе мо́жно гово́рить.
2. Сего́дня мне нельзя́ смотре́ть телеви́зор.
3. Мне нельзя́ игра́ть в те́ннис.
4. Мне нельзя́ идти́ в кино́.
5. На уро́ке нам нельзя́ говори́ть по-англи́йски.

4. Talking about traveling and transportation (12: A,C)

EXERCISE 6. Add на маши́не, на велосипе́де, etc., if possible.

1. Я иду́...
2. Мы е́дем...
3. Анто́н идёт...
4. Вы е́дете...
5. Ты е́дешь...
6. Они́ иду́т...

Complete each of the above sentences by naming a destination.

Some possible choices:

1. (no completion in the prepositional case for verb "to walk")
2. на авто́бусе.
3. (no completion in the prepositional case for verb "to walk")
4. на мотоци́кле.
5. на велосипе́де.
6. (no completion in the prepositional case for verb "to walk")

EXERCISE 7. Скажи́те, на чём они́ е́дут?

Ива́н: 15 киломе́тров в час.
Пётр Ива́нович: 900 киломе́тров в час.
Ни́на: 90 киломе́тров в час.
Анна Дми́триевна: 120 киломе́тров в час.

Ива́н е́дет на велосипе́де.
Пётр Ива́нович е́дет на самолёте.
Ни́на е́дет на маши́не/на мотоци́кле.
Анна Дми́триевна е́дет на маши́не.

5. Talking about destinations (12: B)

EXERCISE 8. Скажи́те, куда́ они́ иду́т.

Анто́н лю́бит чита́ть.
Он идёт в библиоте́ку.

1. Ната́ша лю́бит му́зыку.
2. Ира лю́бит значки́.
3. Кири́лл и Ва́ня лю́бят футбо́л.
4. Та́ня лю́бит кни́ги.
5. Ка́тя лю́бит писа́ть пи́сьма.
6. Игорь лю́бит игра́ть в те́ннис.

1. Ната́ша идёт на конце́рт.
2. Ира идёт в магази́н «Значки́».
3. Кири́лл и Ва́ня иду́т на матч/на стадио́н.
4. Та́ня идёт в библиоте́ку.
5. Ка́тя идёт на по́чту.
6. Игорь идёт на корт/на стадио́н.

EXERCISE 9. Скажи́те, куда́ они́ е́дут.

— Ве́ра Ива́новна рабо́тает в больни́це.
— Она́ е́дет в больни́цу.

Remind students that when they speak of destinations and directions, they must use the accusative case, instead of the prepositional.

1. Анна Петро́вна рабо́тает в шко́ле.
2. Игорь Никола́евич рабо́тает на заво́де.
3. Мари́я Ива́новна рабо́тает в апте́ке.
4. Никола́й Кузьми́ч рабо́тает на фи́рме.
5. Ната́лья Алексе́евна рабо́тает в магази́не.

1. Анна Петро́вна е́дет в шко́лу.
2. Игорь Никола́евич е́дет на заво́д.
3. Мари́я Ива́новна е́дет в апте́ку.
4. Никола́й Кузьми́ч е́дет на фи́рму.
5. Ната́лья Алексе́евна е́дет в магази́н.

6. Dealing with numbers (13: A)

EXERCISE 10. A Russian child is learning to add and keeps asking you if he/she is correct.

— 3 плюс 8 бу́дет 11?
— Да, пра́вильно. 3 плюс 8 бу́дет 11.

— 5 плюс 3 бу́дет 10?
— Нет, непра́вильно. 5 плюс 3 бу́дет 8.

1. 5 плюс 9 бу́дет 13?

2. 20 ми́нус 16 бу́дет 4?

3. 15 плюс 16 бу́дет 43?

4. 51 ми́нус 27 бу́дет 15?

5. 7 плюс 19 бу́дет 26?

6. 28 ми́нус 12 бу́дет 16?

7. 19 плюс 12 бу́дет 33?

8. 11 плюс 45 бу́дет 56?

1. — Нет, непра́вильно. 5 плюс 9 бу́дет 14.

2. — Да, пра́вильно. 20 ми́нус 16 бу́дет 4.

3. — Нет, непра́вильно. 15 плюс 16 бу́дет 31.

4. — Нет, непра́вильно. 51 ми́нус 27 бу́дет 24.

5. — Да, пра́вильно. 7 плюс 19 бу́дет 26.

6. — Да, пра́вильно. 28 ми́нус 12 бу́дет 16.

7. — Нет, непра́вильно. 19 плюс 12 бу́дет 31.

8. — Да, пра́вильно. 11 плюс 45 бу́дет 56.

EXERCISE 11. Скажи́те, кто победи́л и с каки́м счётом. Каки́е э́то и́гры?

„Спарта́к" вы́играл.
Они́ игра́ли в футбо́л.

ЦСКА победи́л.
Они́ игра́ли в хокке́й.

„Дина́мо" победи́л.
Они́ игра́ли в баскетбо́л.

7. Talking about past actions (13: B)

EXERCISE 12. Complete each of the following phrases by filling in appropriate names. Remember that past tense verbs change according to the gender of the noun or pronoun subject.

Possible answers:

1. В воскресе́нье _____ игра́л в те́ннис 3 часа́.   Ива́н

2. Вчера́ _____ бы́ли в теа́тре.   Ива́н и Ма́ша

3. В сре́ду _____ смотре́л телеви́зор.   Ива́н

4. В пя́тницу _____ учи́ла текст 1 час.   Ма́ша

5. В суббо́ту _____ писа́ла письмо́ 2 часа́.   Ма́ша

6. Вчера́ _____ бы́ли на конце́рте.   Ива́н и Ма́ша

8. Expressing surprise (13: A)

EXERCISE 13. Respond to each statement.

— В Аме́рике живу́т 2 миллио́на ру́сских.
— Ра́зве в Аме́рике живу́т 2 миллио́на ру́сских?

(— Да, я знал, что в Аме́рике живу́т 2 миллио́на ру́сских.)

1. В Москве́ живу́т и ру́сские, и **украи́нцы**, и **евре́и**, и **армя́не**, и **тата́ры**.

2. **Футбо́льный чемпиона́т** страны́ **стартуе́т в апре́ле**, а **финиши́рует в октябре́**.

3. В Бра́йтоне на у́лице говоря́т по-ру́сски.

4. В Росси́и есть метро́, но нет **надзе́мной желе́зной доро́ги.**

5. В Аме́рике мо́жно чита́ть газе́ту «Пра́вда» и на ру́сском языке́ и на англи́йском языке́.

Possible answers:

1. Да, я знал, что в Москве́ живу́т и ру́сские, и украи́нцы, и евре́и, и армя́не, и тата́ры.

2. Ра́зве футбо́льный чемпиона́т страны́ стартуе́т в апре́ле, а финиши́рует в октябре́?

3. Ра́зве в Бра́йтоне на у́лице говоря́т по-ру́сски?

4. Ра́зве в Росси́и есть метро́, автобусы, тролле́йбусы, трамва́и, но нет надзе́мной желе́зной доро́ги?

5. Да, я знал, что в Аме́рике мо́жно чита́ть газе́ту «Пра́вда» на ру́сском языке́ и на англи́йском языке́.

9. Talking about time (14: A,B)

EXERCISE 14. Use the illustration to find answers to the questions below.

ПОНЕДЕ́ЛЬНИК	13.00	ТЕ́ННИС
ВТО́РНИК	18.30	ЦИРК
СРЕДА́	10.00	МУЗЕ́Й
ЧЕТВЕ́РГ	17.00	КИНОТЕА́ТР „КО́СМОС"
ПЯ́ТНИЦА	11.00	ЭКСКУ́РСИЯ : МОСКВА́-РЕКА́
СУББО́ТА	14.15	ФУТБО́Л
ВОСКРЕСЕ́НЬЕ	19.00	КОНЦЕ́РТ

1. Когда́ Оле́г был в музе́е?
2. Когда́ Оле́г с Мари́ной бы́ли на Москва́-реке́?
3. Когда́ Оле́г с Анто́ном смотре́ли футбо́л на стадио́не?
4. Когда́ Оле́г с отцо́м бы́ли в ци́рке?

1. Оле́г был в музе́е в сре́ду.
2. Оле́г с Мари́ной бы́ли на Москва́-реке́ в пя́тницу.
3. Оле́г с Анто́ном смотре́ли футбо́л на стадио́не в суббо́ту.
4. Оле́г с отцо́м бы́ли в ци́рке во вто́рник.

5. Когда́ Оле́г с Ма́шей смотре́ли фильм в кинотеа́тре?
6. Когда́ Оле́г с И́горем игра́ли в те́ннис?
7. Когда́ Оле́г с Кири́ллом бы́ли на **рок-конце́рте**?

5. Оле́г с Ма́шей смот-
ре́ли фильм в кино-
теа́тре в четве́рг.
6. Оле́г с И́горем игра́-
ли в те́ннис в поне-
де́льник.
7. Оле́г с Кири́ллом бы́-
ли на рок-конце́рте
в воскресе́нье.

EXERCISE 15. Ask for clarification. Follow the example:

— Мы игра́ем в те́ннис в три часа́.

— Когда́? В пя́тницу?

— Нет, в сре́ду.

1. — Мы идём в кино́ в 2 часа́.

2. — Мы игра́ем со «Спарта́ком» в 5 часо́в.

3. — И́горь игра́ет с Анто́ном в 4 часа́.

4. — Наш класс идёт в музе́й в час.

5. — Мы идём в теа́тр в 6 часо́в.

6. — Я иду́ в магази́н в 10 часо́в.

Responses may involve
asking about a day of the
week using the
preposition and the
accusative case form and
a positive or negative
answer using the same
forms.

10. Explaining with whom or with what (14: C)

EXERCISE 16. Кто с кем танцева́л на **дискоте́ке**?

На дискоте́ке Артём
танцева́л с Ка́тей, Во-
ло́дя танцева́л с Иро́й,
а Кири́лл танцева́л с
Та́ней.

11. Describing a sequence of events (14: C)

Explain that the expression по телевизору means "on television." The grammar need not be discussed, but if students ask, then tell them that the preposition по requires the dative case.

EXERCISE 17. Complete these statements.

1. В шко́ле мой брат снача́ла учи́л **лати́нский язы́к**, а пото́м...

2. Снача́ла мы игра́ли в хокке́й, а пото́м...

3. На уро́ке мы снача́ла отвеча́ли, а пото́м...

4. Наш учи́тель снача́ла спра́шивал слова́, а пото́м...

5. Снача́ла я писа́л письмо́, а пото́м...

6. По телеви́зору снача́ла выступа́л До́нахью, а пото́м...

1. ...учи́л англи́йский язы́к.
2. ...игра́ли в футбо́л.
3. ...чита́ли текст.
4. ...мы де́лали упражне́ния.
5. ...учи́л уро́к.
6. ...был фильм.

Answers will vary, but all should logically complete the sentences. If they contain a verb, it must be in the past tense.

12. Expressing an opinion (11: C; 13: C; 14: A)

EXERCISE 18. Как вы ду́маете?

— На́ша кома́нда непло́хо игра́ет в футбо́л.
— Это хорошо́, что на́ша кома́нда хорошо́ игра́ет в футбо́л.

(— Я ду́маю, на́ша кома́нда — настоя́щий чемпио́н.)

(— Я ду́маю, сего́дня на́ша кома́нда победи́т.)

1. Пе́тя Ивано́в **вы́играл** все **па́ртии** в ша́хматы у нас в шко́ле.

2. У нас в шко́ле Джордж Ри́бли о́чень хорошо́ выступа́ет.

3. Дик Ро́джерс хорошо́ де́лает **фо́кусы**.

4. Ната́ша Ивано́ва у́чит в шко́ле англи́йский язы́к.

5. Ро́ни Мак-Ки́нли о́чень лю́бит маши́ны.

Some possible answers:

1. Я ду́маю, Пе́тя Ивано́в — настоя́щий чемпио́н.
2. Я ду́маю, Джордж Ри́бли — настоя́щий актёр/арти́ст.
3. Я ду́маю, что Дик Ро́джерс хоро́ший фо́кусник.
4. Это хорошо́, что Ната́ша Ивано́ва у́чит англи́йский язы́к.
5. Я ду́маю, что Ро́ни Мак-Ки́нли бу́дет шофёром.

II. GRAMMATICAL FORMS AND VOCABULARY

Communicative functions are not possible without a corresponding knowledge of and ability to use the grammatical system. Grammar, the way in which sentence parts are interconnected, is a basic part of communication.

1. Russian nouns change their forms according to their use in a sentence. You have learned the instrumental case and new meanings for the accusative and prepositional cases. Examine the table.

Case	Question(s)	Prepositions (other indicators)	Masculine	Feminine	Neuter
Nominative	кто? что?		Ива́н класс музе́й слова́рь	Ни́на шко́ла ка́рта пло́щадь	окно́ зда́ние
Genitive	кого́? чего́? у кого́?	(нет)	Ива́на кла́сса музе́я словаря́	Ни́ны шко́лы ка́рты пло́щади	окна́ зда́ния
Accusative	кого́? что? в/на что? куда́?	в, на	Ива́на класс музе́й слова́рь	Ни́ну шко́лу ка́рту пло́щадь	окно́ зда́ние
Dative					
Instrumental	кем? чем? с кем? с чем?	с (со)	Ива́ном кла́ссом музе́ем словарём	Ни́ной шко́лой ка́ртой пло́щадью	окно́м зда́нием
Prepositional	где?	в, на	(в) кла́ссе (в) музе́е (в) словаре́	(в) шко́ле (на) ка́рте (на) пло́щади	(на) окне́ (в) зда́нии

EXERCISE 19. Read each example. Give the meaning of the underlined words and phrases. Tell the case of each.

1. У Антóна — нóвый велосипéд. Вчерá мы мнóго говорúли с Антóном. Антóн óчень хорошó говорúт по-англúйски.

2. Это нóвая машúна. Я люблю мою машúну. Мы éдем на машúне в гóрод.

3. Úра ýчится у нас в шкóле. Я люблю игрáть с Úрой в шáхматы. Я спрáшиваю Úру, как бýдет по-англúйски слóво „здáние". У Úры есть мáленькая сестрá.

1. Anton has (the genitive case after the preposition y).
2. Car (the nominative case for the subject), car (the accusative case for the direct object), by car (the prepositional case after the preposition на with a means of transportation), to town (the accusative case after the preposition в when discussing destinations).

3. Ira (the nominative case for the subject), with Ira (the instrumental case with the preposition c), Ira (the accusative case for the direct object), Ira has (the genitive case with the preposition y).

2. You have learned many adjectives and how to use them both in the nominative and accusative cases.

EXERCISE 20. Tell which adjectives in the second group can be used with each noun in the first.

1		2	
велосипéд	дéвочка	голубóй	бéлый
день	знак	зелёный	жёлтый
игрá	комáнда	крáсный	золотóй
матч	мяч	сúний	настоящий
разговóр	мáльчик	большóй	чёрный
гостúница	здáние	мáленький	красúвый
гóрод	ýлица	стáрый	нóвый
друг	звездá	плохóй	хорóший
собáка			

Remind students that the forms of adjectives must agree with the nouns they describe.

Бéлый, крáсный, большóй, красúвый, стáрый, настоящий, хорóший велосипéд.

Плохóй, нóвый, хорóший день.

Большáя, красúвая, настоящая, хорóшая игрá.

Большóй, красúвый, хорóший матч.

Большóй, плохóй, хорóший разговóр.

Большáя, красúвая, нóвая, хорóшая гостúница.

Большóй, красúвый, стáрый гóрод.

Большóй, стáрый, настоящий, нóвый друг.

Бéлая, большáя собáка.

Мáленькая, красúвая дéвочка.

Крáсный, стáрый знак.

Большáя, стáрая, настоящая комáнда.

Крáсный, большóй, настоящий, нóвый мяч.

Большóй, красúвый мáльчик.

Бéлое, большóе, стáрое, хорóшее здáние.

Большáя, мáленькая, красúвая, стáрая ýлица.

Большáя, золотáя звездá.

EXERCISE 21.   1. Use as many different adjectives as you can with маши́на.

2. Use as many different nouns as you can with но́вый.

3. You have learned the accusative case of personal pronouns, which is the same as the genitive.

Personal Pronouns

Nominative	я	ты	он	она́	оно́	мы	вы	они́
Genitive	меня́	тебя́	его́	её	его́	нас	вас	их
Accusative	меня́	тебя́	его́	её	его́	нас	вас	их
Dative								
Instrumental								
Prepositional								

EXERCISE 22. Скажи́те, что вы не ви́дите э́то.

— Посмотри́ нале́во, э́то музе́й.

— Где? Я не ви́жу его́.

1. — Посмотри́ напра́во, э́то цирк.

2. — Посмотри́ пря́мо, э́то библиоте́ка.

3. — Посмотри́те нале́во, э́то кинотеа́тр.

4. — Посмотри́, э́то магази́н „Сувени́р“.

5. — Посмотри́те, э́то шко́ла, где у́чится Воло́дя.

6. — Посмотри́те, э́то институ́т, где у́чится Ната́ша.

1. — Где? Я не ви́жу его́.

2. — Где? Я не ви́жу её.

3. — Где? Я не ви́жу его́.

4. — Где? Я не ви́жу его́.

5. — Где? Я не ви́жу её.

6. — Где? Я не ви́жу его́.

4. The form of first and second person possessive adjectives depends on that of the noun possessed: **моя́ кни́га, мой журна́л, моё письмо́.** Third person possessive adjectives do not have different forms: **его́ кни́га, его́ журна́л, его́ письмо́,** but **её кни́га, её журна́л, её письмо́.**

	Singular			Plural
	Masculine	Feminine	Neuter	
кто?	чей?	чья?	чьё?	чьи?
я	мой	моя́	моё	мой
ты	твой	твоя́	твоё	твой
он	его́	его́	его́	его́
она́	её дом	её маши́на	её письмо́	её кни́ги
мы	наш	на́ша	на́ше	на́ши
вы	ваш	ва́ша	ва́ше	ва́ши
они́	их	их	их	их

EXERCISE 23. Read the following sentences aloud, adding the appropriate possessive adjectives.

1. Меня́ зову́т Джордж. Вот _____ дом, _____ маши́на. А э́то _____ па́па и ма́ма.

   1. ...мой ... моя́ ...мой

2. Это Ната́ша Ивано́ва. Это _____ кни́ги. Вот _____ дневни́к, _____ су́мка и тетра́ди.

   2. ...её ... её ...её

3. Это И́горь и Ле́на. Они́ брат и сестра́. Вот _____ дом. Это _____ ба́бушка.

   3. ...их ...их

4. — Как тебя́ зову́т?
   — Анто́н.
   — А где _____ ма́ма?
   — Я не зна́ю.
   — А где _____ дом?
   — На у́лице Ки́рова.

   4. ...твоя́ ...твой

5. You have learned several new verbs. Remember: The past tense of a regular verb is formed by adding **-л, -ла, -ло** or **-ли** to the infinitive stem.

EXERCISE 24. Complete each statement with the appropriate verb form. Give both alternatives where both present and past tenses are possible.

ви́деть

— Я пло́хо _____ , кто э́то.

— Вчера́ я тебя́ не _____ . Где ты была́?

ви́жу/ви́дел

ви́дел/ви́дела

е́хать

— Куда́ вы _____ ?

— Мы _____ на конце́рт.

— Вчера́, когда́ мы _____ в шко́лу, я ви́дела тебя́ на у́лице.

е́дете/е́хали

е́дем/е́хали

е́хали

выступа́ть

— Ты не зна́ешь, кто сего́дня _____ ?

— Нет, не зна́ю. А вчера́ у нас _____ поэ́т Деме́нтьев. Мне он о́чень нра́вится.

выступа́ет

выступа́л

EXERCISE 25. Group these verbs into the appropriate conjugation group.

I. де́лать, рабо́тать, понима́ть, спра́шивать, знать

II. учи́ть, говори́ть, ви́деть, победи́ть

EXERCISE 26. Guess the word.

The word in the puzzle is разгово́р.

III. SUMMARY EXERCISES

EXERCISE 27. Act out the following situations:

1. Your friend has come to school in new clothes. Flatter him/her by discussing in detail their color(s) and telling him/her how attractive they are;

2. You were at a game yesterday, and your team won. Tell the class about the game, mentioning your team's name, the name of the team they played against, the team members who played well (or poorly), who was at the game, and the final score;

3. Describe your plans for the next few days (use the present tense), naming each day of the week you have plans for and giving the time of day where possible;

4. Look around your classroom. Find and name as many different colored objects as you can;

5. Sketch yourself riding as many different forms of transportation as you can. Show your sketches to the class, describing each according to this pattern: „Вот я е́ду на мотоци́кле.“ You can expand on the pattern, if you wish. Make your sketches humorous, and don't expect to sell them at an art gallery.

The word in the puzzle is пя́тница.

ЧАСТЬ ЧЕТВЁРТАЯ

Урок 16
(Шестнадцатый урок)

Какая сегодня погода?

Use the introductory table to explain the basic goals before beginning work on the lesson. Pay particular attention to the functions that should be mastered.

Section	Main Structures	Functions	Grammatical Concepts	Language & Culture
A	— Какая сегодня погода? — Сегодня хóлодно.	Talking about the weather	Impersonal sentences in the past, present, and future tenses Subordinate clauses with такóй	Weather in Russia Temperatures in Celsius and Fahrenheit „Моржи́"
B	Сейчáс немнóго хóлодно, но вéтра нет.	Describing weather conditions	Negative sentences in the past tense Conjugation and use of verbs хотéть and нрáвиться	The Siberian „Пóлюс хóлода"
C	Лéтом у нас óчень жáрко.	Talking about the seasons	Using the nouns and adverbs for seasons: лéто — лéтом, зимá — зимóй, веснá — веснóй, óсень — óсенью	The holiday called „Прóводы зимы́"
D	Phonetics and Reading Pronunciation Practice Weather forecasts		A poem: „Дéтство" Overview of the Lesson Словáрь	

A Talking about the Weather

— Кака́я сего́дня пого́да? "What's the weather like today?"
— Сего́дня хо́лодно. "It's cold today."

A1 Ру́сские ученики́ в гостя́х у америка́нских друзе́й.

— Кака́я сего́дня **пого́да**?
— Уф, сего́дня **хо́лодно**.
— Ра́зве э́то хо́лодно? У нас говоря́т „хо́лодно", когда́ на у́лице -25 гра́дусов.
— 25 по Це́льсию? А ско́лько э́то бу́дет **по Фаренге́йту**?
— -7.
— -7? Да, э́то хо́лодно.
— Когда́ у нас **така́я температу́ра**, ма́ленькие де́ти не у́чатся в шко́ле.
— И вы то́же не у́читесь?
— Нет, мы у́чимся.

"What's the weather like today?"
"Oh, it's cold today."
"You call this cold? (Is it really cold?) In our country, they say 'cold' when it's twenty-five below zero."
"Twenty-five below zero Celsius? And how much will that be in Fahrenheit?"
"Seven below zero."
"Seven below? Yes, that's cold."
"When you have a temperature like that, children don't go to (study in) school."
"And do you not go to school (study) as well?"
"No, we go to school (study)."

A2 Celsius and Fahrenheit.

1°C — один гра́дус по Це́льсию

1°F — один гра́дус по Фаренге́йту

+2° (+4°) — два (четы́ре) гра́дуса **(тепла́)**

-5° (-20°) — ми́нус пять (два́дцать) гра́дусов

(хо́лода/моро́за)

0° — ноль гра́дусов

1°C — 1 degree Celsius
1°F — 1 degree Fahrenheit
+2° (+4°) — two (four) degrees
above zero (of warmth)
-5° (-20°) — minus five (twenty)
degrees below zero (of cold/of
frost)
0° — zero degrees

Remind students of the rule they learned for using the word час with numbers (час with numbers ending in the word "one," часа́ with numbers ending in the words "two," "three," or "four," and часо́в with all others.) Tell them the word гра́дус changes in the same way when used with numbers (гра́дус, гра́дуса, гра́дусов).

A3 This chart will help you with additional vocabulary and expressions needed to discuss the weather.

Кака́я пого́да?

сейча́с	была́ вчера́	бу́дет за́втра
хоро́шая пого́да	была́ хоро́шая пого́да	бу́дет хоро́шая пого́да
плоха́я пого́да	была́ плоха́я пого́да	бу́дет плоха́я пого́да
тепло́	бы́ло тепло́	бу́дет тепло́
жа́рко (> +25°)	жа́рко	жа́рко
хо́лодно	хо́лодно	хо́лодно
хорошо́	хорошо́	хорошо́
пло́хо	пло́хо	пло́хо

Ask students to try to tell why бы́ло and бу́дет are used in the examples about weather. When they are finished, point out that бы́ло is used with adverbs (тепло́, жа́рко, хо́лодно, хорошо́, пло́хо) and that with noun subjects (пого́да) the form used (был, была́, бы́ло, бы́ли) must correspond to the gender of the noun.

A4 Скажи́, что вчера́ бы́ло не так (за́втра бу́дет не так).

— Сего́дня плоха́я пого́да.

— А вчера́ была́ хоро́шая.

(— Говоря́т, что за́втра бу́дет хоро́шая пого́да.)

1. — Сего́дня хо́лодно.

2. — Сего́дня хоро́шая пого́да.

1. — А вчера́ бы́ло тепло́.
(— Говоря́т, что за́втра то́же бу́дет тепло́.)
2. — А вчера́ была́ плоха́я пого́да.
(— Говоря́т, что за́втра то́же бу́дет плоха́я пого́да.)

3. — Сейча́с на у́лице тепло́.

4. — Сего́дня о́чень хо́лодно.

5. — Сего́дня о́чень жа́рко.

6. — Сейча́с на у́лице о́чень хорошо́.

3. — А вчера́ бы́ло хо́лодно.
(— Говоря́т, что за́втра то́же бу́дет хо́лодно.)

4. — А вчера́ бы́ло о́чень тепло́.
(— Говоря́т, что за́втра то́же бу́дет о́чень тепло́.)

5. — А вчера́ бы́ло хо́лодно.
(— Говоря́т, что за́втра то́же бу́дет хо́лодно.)

6. — А вчера́ бы́ло о́чень пло́хо.
(— Говоря́т, что за́втра то́же бу́дет о́чень пло́хо.)

A5 Террито́рия Росси́и о́чень больша́я. Посмотри́те на ка́рту пого́ды. В оди́н день на **Чуко́тке** мо́жет быть -20° , а в **Со́чи** +20°.

Вы не зна́ете, ско́лько бу́дет -20°C по Фаренге́йту? Вот **пра́вило**:

1) F° = (C° x 9/5) + 32
2) C° = (F° — 32) x 5/9

You don't know what twenty degrees below zero Celsius is in Fahrenheit? Here is the rule:

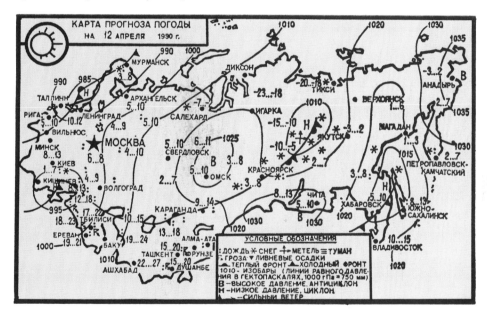

The territory of Russia is very large. Look at the weather map. During the same day, it may be twenty degrees below in Chukotka, and in Sochi plus twenty degrees above.

A6 Скажи́те, на у́лице сейча́с тепло́ и́ли хо́лодно? Ско́лько э́то бу́дет по Фаренге́йту?

+15°C, +10°C, -20°C, 0°, -30°C, +25°C, -10°C.

Have students translate these temperatures into Fahrenheit.
15°C = 59°F, 10°C = 50°F, -20°C = -4°F, -30°C = -22°F, 25°C = 77°F, -10°C = 14°F

A7 Describe what you do (or would like to do) in weather like that below. Follow the model.

— Сего́дня о́чень хоро́шая пого́да. Температу́ра +20°.

— Когда́ (у нас) така́я пого́да, мы лю́бим игра́ть в те́ннис.

   (слу́шать му́зыку, быть до́ма, игра́ть, гуля́ть)

1. — Сего́дня плоха́я пого́да. Температу́ра +10°.

2. — Сего́дня хо́лодно, +7°.

3. — Сего́дня о́чень жа́рко, +30°.

4. — Сего́дня хоро́шая пого́да, +22°.

5. — Сего́дня о́чень хо́лодно, -25°, но на у́лице о́чень краси́во.

If students are finding the material difficult, ask them to name some favorite activities in Russian. List them on the board before doing this drill. Students will then find it easier to form longer sentences.

A8 Human Walruses

More and more people in Russia are swimming in icy cold water in the wintertime. Such people are called „моржи́" (walruses). They believe that this is very healthy. In any case, they find that swimming in winter is a lot of fun, and they make lots of friends that way.

„Моржи́"

New vocabulary items in section A are: гра́дус, де́ти, морж, моро́з, ноль, пого́да, тако́й, температу́ра, тепло́, Фаренге́йт, хо́лод, Це́льсий, чуде́сный.

Режим холодовой нагрузки	Холодовая нагрузка					
	в про́руби при 0°	в ванне при температуре				
		4°	6°	8°	10°	15°
Малая	20 сек.	25 сек.	25 сек.	30 сек.	35 сек.	1 мин.
Средняя	30 сек.	40 сек.	40 сек.	45 сек.	55 сек.	1 мин. 40 сек.
Большая	1 мин.	1 мин. 15 сек.	1 мин. 20 сек.	1 мин. 50 сек.	2 мин.	4 мин.
Максимальная	2 мин.	2 мин. 40 сек.	3 мин. 20 сек.	4 мин.	5 мин.	10 мин.

B Describing Weather Conditions

Сейчáс немнóго хóлодно,
но вéтра нет.

It's a little cold right now,
but there's no wind.

B1 Разговóр продолжáется.

The conversation continues.

— Ребя́та, а что мы дéлаем сегóдня?

— Я дýмаю, что сегóдня мóжно игрáть в футбóл. Сейчáс немнóго хóлодно, но **вéтра** нет. Посмотрúте, какóе сóлнце.

— Да. „Морóз и сóлнце — день **чудéсный!**"

— Не понимáю, что ты говорúшь.

— Это не я говорю́. Это наш поэ́т Пýшкин говорúт. У негó есть такóе **стихотворéние**.

— Поня́тно. Ты хорошó знáешь литератýру. Ну что, ребя́та, **хотúте** игрáть в футбóл?

— Конéчно, хотúм.

— А мы, дéвочки, хотúм éхать в магазúн в центр гóрода.

"Guys, what are we
doing today?"
"I think that we can play
soccer today. It's a little
cold today, but there is
no wind. Look at that
sunshine."
"Yes. 'Frost and sun —
a marvelous day!'"
"I don't understand what
you are saying."
"It's not me speaking.
It's our poet Pushkin. He
has a poem like that."
"I understand. You know
literature very well. So,
what about it, guys, do
you want to play
soccer?"
"Of course we want to."
"But we girls want to go
downtown (to the cen-
ter)."

B2 Describing the weather.

Nominative	
Сейча́с Вчера́ был (-а́, -о) За́втра бу́дет	ве́тер, дождь, ра́дуга, снег, моро́з, со́лнце.
Genitive	
Сейча́с нет Вчера́ не́ было За́втра не бу́дет	ве́тра, дождя́, ра́дуги, сне́га, моро́за, со́лнца.

Remind students that in negative past-tense sentences without a subject, only не́ было is used. The logical subject then appears in the genitive case. The same is true for future-tense sentences without a subject, where не бу́дет is used.

B3 In each case, answer that the weather was the same yesterday, as in the model.

— Сего́дня ве́тер.
— Вчера́ то́же был ве́тер.

1. — Сего́дня нет дождя́.

2. — Сего́дня нет со́лнца.

3. — Сего́дня моро́з.

1. — Вчера́ то́же не́ было дождя́.
2. — Вчера́ то́же не́ было со́лнца.
3. — Вчера́ то́же был моро́з.

4. — Сегодня нет снега.

5. — Сегодня плохая погода.

4. — Вчера тоже не было снега.
5. — Вчера тоже была плохая погода.

B4 Now say that the weather will be completely different tomorrow.

— Сегодня дождь.

— А завтра дождя не будет. Будет хорошая погода.

1. — Сегодня холодно и ветер.

2. — Сегодня мороз.

3. — Сегодня тепло, солнце.

4. — Сегодня плохая погода, снег, дождь, ветер.

5. — Сегодня хорошая погода, солнце. На улице жарко.

1. — А завтра будет тепло. Не будет ветра.

2. — А завтра не будет мороза.

3. — А завтра будет холодно. Не будет солнца.

4. — А завтра будет хорошая погода. Не будет снега.

5. — А завтра будет плохая погода. Не будет солнца. На улице будет холодно.

B5 Study the forms of the verb **хотеть**.

Я хочу	играть в футбол.
Ты хочешь	читать.
Он/Она хочет	писать.
Мы хотим	танцевать.
Вы хотите	смотреть телевизор.
Они хотят	гулять.

Tell students that this verb belongs to the first conjugation in the singular forms of the present tense, but to the second conjugation in the plural. Call attention to the fact that the stem also changes.

Some people call this an "irregular verb." Others say that it just belongs to two conjugations. Explain this.

B6 Supply the correct pronoun in the space provided.

____ хотя́т идти́ в кино́.
____ хоти́м сейча́с танцева́ть.
____ хочу́ идти́ домо́й.
____ хо́чет слу́шать му́зыку.
____ хо́чешь посмотре́ть но́вый фильм?
____ хоти́те говори́ть по-ру́сски?

Они́ хотя́т...
Мы хоти́м...
Я хочу́...
Он/Она́ хо́чет...
Ты хо́чешь...
Вы хоти́те...

Have students think of as many infinitives as possible to use with this verb. Point out that the only verb form that can be used with хоте́ть is the infinitive.

B7 Express a conclusion, following the example given.

Ма́ша: — Дай мне, пожа́луйста, кни́гу.

— Ма́ша хо́чет чита́ть.

1. Пе́тя: Дай мне каранда́ш и ру́чку.

2. Игорь: Дай мне но́вый журна́л, пожа́луйста.

3. Ира: Дай мне слова́рь.

4. Ната́ша и Ле́на: Да́йте нам, пожа́луйста, пле́ер.

5. Кири́лл: Дай мне мяч.

6. Оля: Пожа́луйста, да́йте мне ка́рту метро́.

1. Пе́тя хо́чет писа́ть.
2. Игорь хо́чет чита́ть.
3. Ира хо́чет чита́ть/понима́ть.
4. Ната́ша и Ле́на хотя́т слу́шать му́зыку.
5. Кири́лл хо́чет игра́ть в футбо́л.
6. Оля хо́чет е́хать на метро́.

B8 Читáйте и отвечáйте:

Read and answer:

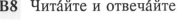

1) Где в Росси́и нахо́дится „по́люс хо́лода"?
2) Како́й го́род са́мый холо́дный?

1) Where is the Arctic Circle located in Russia?
2) What is the coldest city?

The Coldest Place in the World

По́люс хо́лода

Росси́я нахо́дится се́вернее Соединённых Шта́тов Аме́рики. Больша́я часть её террито́рии лежи́т в зо́не „ве́чной мерзлоты́". В Сиби́ри нахо́дится и „по́люс хо́лода" — са́мое холо́дное ме́сто в се́верном полуша́рии. Это го́род Оймяко́н. Зи́мняя температу́ра в Оймяко́не — -55° -70°.

Russia is located farther north than the United States of America. A large part of its territory lies in the permafrost zone. The Arctic Circle runs through Siberia— the coldest place in the northern hemisphere. This is the city Oimyakon. The winter temperature in Oimyakon ranges between -50 and -70 degrees (Celsius).

New vocabulary items in section B are: ра́дуга, со́лнце, стихотворе́ние, чуде́сный, хоте́ть.

C Talking about the Seasons

Ле́том у нас о́чень жа́рко.   It is very hot in our country in the summer.

C1 На друго́й день.

The next day.

— Ну, а как сего́дня на у́лице?

— О, сего́дня тепло́. 50° по Фаренге́йту, со́лнце, ве́тра нет.

— Я не понима́ю, как э́то мо́жет быть: вчера́ бы́ло хо́лодно, а сего́дня настоя́щее **ле́то**.

— Да, тако́й у нас **кли́мат**.

— А у нас **зима́** — э́то зима́, хо́лодно и снег. А кака́я пого́да у вас **ле́том**?

— Ле́том у нас о́чень жа́рко... А у вас?

— У нас — когда́ как. Мо́жет быть и о́чень жа́рко, +30°, а мо́жет быть и хо́лодно — +15°, +18°.

— Да, ле́том +15° — э́то хо́лодно.

"So, what's it like outside today?"
"Oh, it's warm today. 50 degrees Fahrenheit, sunny, no wind."
"I don't understand how that can be: yesterday it was cold, and today it's really summer."
"Yes, our climate is like that."
"And our winter is winter; it's cold and there is snow. What kind of weather do you have in the summer?"
"In the summer, it's very hot in our area. And in yours?"
"In our area, it's different at different times. It may be very hot, 30 degrees, and it may also be cold, 15 or 18 degrees."
"Yes, 15 degrees in the summer — that's cold."

C2 Study how the names of seasons are used in different situations.

что?	когда́?		
зима́	зимо́й	Я люблю́	зи́му.
весна́	весно́й		весну́.
ле́то	ле́том		ле́то.
о́сень	о́сенью		о́сень.

C3 Кто како́е вре́мя го́да лю́бит?

ДА́ША   А́НЯ   АЛЁША   ИЛЮ́ША

ЛЫ́ЖИ

БА́БОЧКА

ГРИБЫ́

Зима́. Я люблю́ зи́му. Зимо́й я игра́ю в хокке́й.

Winter. I love winter. In winter, I play hockey.

Весна́. Я люблю́ весну́. Весно́й тепло́, краси́во. Весно́й мы игра́ем в футбо́л.

Spring. I love spring. In the spring, it's warm, it's beautiful. In the spring, we play soccer.

Лéто. Лéтом мы не ýчимся. У нас **каникулы**. Я óчень люблю лéто.

Summer. In summer, we don't study. We have vacation. I like summer very much.

Óсень. Мы любим óсень. Óсенью лес óчень красивый. Когдá óсенью стоит **тёплая** погóда с сóлнцем, такóе врéмя называ́ется „**бáбье лéто**". А как такóе врéмя называ́ется в Амéрике?

Fall. We love fall. In the fall, the forest is very beautiful. In the fall, the time when there is warm weather with sunshine is called "women's summer." And what is that time called in America?

That time is called "Indian Summer" in America.

Ask students why they think this time of year came to be called "Indian Summer."

C5 Скажи́те, когда́ э́то бы́ло?

C6 Скажи́те, э́то тепло́ и́ли хо́лодно?

— У нас зимо́й мо́жет быть -35 гра́дусов.
— Зимо́й -35° — э́то о́чень хо́лодно.

1. — У нас ле́том мо́жет быть +12°.   — Ле́том 12 гра́дусов — э́то хо́лодно.

2. — У нас весно́й мо́жет быть -5°.   — Весно́й -5 гра́дусов — э́то о́чень хо́лодно.

3. — У нас о́сенью мо́жет быть +20°.   — Осенью +20 — э́то о́чень жа́рко.

4. — У нас зимо́й мо́жет быть +4°.   — Зимо́й +4 — э́то тепло́.

5. — У нас ле́том мо́жет быть +35°.   — Ле́том +35 — э́то о́чень жа́рко.

C7   Express a contrasting idea. Follow the example.

— Вчера́ бы́ло хо́лодно.

— Вчера́ бы́ло хо́лодно, а сего́дня тепло́, как весно́й.

1. — Вчера́ бы́ло жа́рко.

2. — Вчера́ бы́ло не о́чень тепло́.

3. — Вчера́ был снег, и температу́ра была́ -2°.

4. — Вчера́ бы́ло тепло́ и хорошо́.

1. — Вчера́ бы́ло жа́рко, а сего́дня хо́лодно, как о́сенью.

2. — Вчера́ бы́ло не о́чень тепло́, а сего́дня жа́рко, как ле́том.

3. — Вчера́ был снег, и температу́ра была́ -2, а сего́дня тепло́, как весно́й.

4. — Вчера́ бы́ло тепло́ и хорошо́, а сего́дня хо́лодно, как зимо́й.

C8   When Russians ask about or give the names of things, **they say:**

Как э́то называ́ется?

Как называ́ется э́та кни́га?

Эти цветы́ называ́ются **подсне́жники.**

The verb **зову́т (Меня́ зову́т...)** can only be used to refer to persons and animals.

C9   Зову́т и́ли называ́ется?

1. — Этот цвето́к _____ ли́лия.   называ́ется

2. — Как Вас _____ ?   зову́т

   — Меня́ _____ Никола́й Ива́нович.   зову́т

3. — Как _____ э́тот журна́л?   называ́ется

   — Он _____ „Приро́да и эколо́гия".   называ́ется

4. — Как _____ э́та му́зыка?   называ́ется

   — Это „Времена́ го́да" Чайко́вского.

For additional practice, drill the following patterns:

— Что э́то?

— Это америка́нский журна́л. Он называ́ется...

— Кто э́то?

— Это мой друг. Его́ зову́т...

Зима́ в Росси́и о́чень больша́я. В Москве́ она́ начина́ется в ноябре́ и конча́ется в ма́рте. И в ма́рте быва́ет пра́здник — „Про́воды зимы́" (Farewell to Winter), ещё он называ́ется „Ма́сленица" (Shrovetide). В э́то вре́мя до́ма гото́вят мно́го блино́в с ма́слом, икро́й, ры́бой, смета́ной, мёдом, варе́ньем.

Winter in Russia is very long (large). In Moscow, it begins in November and ends in March. In March, there is a holiday — "Farewell to Winter," also called "Shrovetide." At this time, people in their homes prepare many pancakes with butter, caviar, fish, sour cream, honey, and jam.

New vocabulary items in section C are: ба́бочка, вре́мя го́да, гриб, лы́жи, ма́сло, мёд, называ́ться, подсне́жник, про́воды зимы́, ры́ба, смета́на.

D Phonetics and Reading

D1 Pronunciation Practice.

1. Practice the correct pronunciation of unstressed vowels after hard consonants.

моро́з	моржи́	пого́да	поня́тно	кли́мат
краси́во	ле́том	немно́го	ра́дуга	ба́бочка

Unstressed o and a are pronounced alike.

2. Practice the correct pronunciation of unstressed vowels after soft consonants.

весна́	весно́й	тепло́	температу́ра
ве́тер	о́сень	о́сенью	вре́мя
хоти́те	хо́чешь	хо́чет	телеви́зор

Unstressed е and unstressed я falling after a stressed syllable are both pronounced like и.

3. Review and practice the correct pronunciation of consonants that must be unvoiced at the end of a word.

тетра́дь	дождь	хо́лод	моро́з	раз
гриб	клуб	четве́рг	заво́д	ёж
друг	год	бага́ж	котте́дж	морж

If students are having trouble with this, you may need to help them. This table of voiced and voiceless consonant pairs may help.

Voiced:	б	в	г	д	з	ж
Unvoiced:	п	ф	к	т	с	ш

4. Review and practice the correct intonation of these interrogative and declarative sentences.

— Сего́дня хо́лодно?

— Нет, сего́дня тёплая пого́да.

— За́втра бу́дет тепло́?

— Да, тепло́, но бу́дет ве́тер.

— В воскресе́нье бы́ло жа́рко?

— Да, бы́ло о́чень жа́рко.

— Вчера́ бы́ло жа́рко?

— Нет, тепло́.

— В сре́ду бу́дет дождь?

— Нет, в сре́ду не бу́дет дождя́.

5. Review and practice the correct intonation of these interrogative and declarative sentences.

— Что ты лю́бишь? Зи́му и́ли ле́то?

— Коне́чно, ле́то.

— Что он лю́бит? Футбо́л и́ли те́ннис?

— Коне́чно, футбо́л.

— Что она́ лю́бит де́лать? Петь и́ли танцева́ть?

— Коне́чно, танцева́ть.

— Что они́ лю́бят чита́ть? Кни́ги и́ли журна́лы?

— Коне́чно, журна́лы.

D2 Examine these weather forecasts from Russian newspapers. Although you won't know all the words, tell which forecast is for weather when you won't need an umbrella.

Румянец лета

В предстоящую неделю на европейской территории России облачно, временами пройдут дожди, температура

Погода недели с 3 по 9 июля

воздуха в среднем за неделю будет ниже средних многолетних значений на 1—2 градуса.

В Ленинградской, Псковской, Новгородской облас-

тях в начале недели местами небольшие дожди. Ночью 3—8 тепла, днем 13—17 тепла.

В Москве и области в начале недели кратковременные дожди, ночью 3—8 тепла, днем 13—18. В последующем преимущественно без осадков, постепенное повышение температуры. Ночью до 9—14 тепла, днем до 23—27 тепла. Температура воды в Москве-реке в черте города 19 градусов.

D3 If you want to understand the weather forecasts more completely, you should learn these useful words and phrases:

ве́тер ю́жный — wind from the south

се́верный — from the north

восто́чный — from the east

за́падный — from the west

си́льный — strong

сла́бый — weak

оса́дки — precipitation

переме́нная о́блачность — periodic cloudiness

времена́ми дождь — occasional rain

кратковре́менный дождь — brief showers

D4 Это одно маленькое стихотворение о зиме. Это стихотворение знают все русские мальчики и девочки. Его написал русский писатель Иван Захарович Суриков. Он жил в 19 веке.

This is a little poem about winter that all Russian boys and girls know. It was written by the Russian author Иван Захарович Суриков, who lived in the 19th century.

Детство

Вот моя деревня;
Вот мой дом родной:
Вот качусь я в санках
По горе крутой:

Вот свернулись санки,
И я на бок — хлоп!
Кубарем качуся
Под гору, в сугроб.

Всё лицо и руки
Залепил мне снег...
Мне в сугробе горе,
А ребятам смех!

И друзья-мальчишки,
Стоя надо мной,
Весело хохочут
Над моей бедой.

Childhood

Here was my village;
Here was my own home;
Here's where I rode my sled
Down the steep mountain slope.

Here's where the sled overturned,
And I turned over with a plop!
Rolling head over heels
Into the foot of the snowdrift.

My face and arms
Were all covered with snow...
And I mourned in the snowdrift,
While the other boys laughed.

And my friends, the boys
Standing over me,
Cheerfully roared with laughter
At my misfortune.

(transl. by G. Morris)

In this lesson, you have learned:

1) how to ask and tell about the weather;
2) how to name and describe the seasons;
3) how to express your wishes;
4) how to ask about the names of things.

Use these drawings to answer the question: „Какáя сегóдня погóда?"

А **тепéрь** скажи́те, какáя погóда сегóдня.
А какáя погóда былá вчерá?

Слова́рь

ба́бье ле́то   Indian Summer
*весно́й   in spring, in springtime
*ве́тер *(m)*   wind, breeze
времена́ го́да   seasons
*гра́дус *(m)*   degree
*дождь *(m)*   rain
*жа́рко   (it's) hot
*зима́ *(f)*   winter
*зимо́й   in winter, in wintertime
кани́кулы *(pl)*   vacation
кли́мат *(m)*   climate
когда́ как   different at different times
краси́во   beautifully
*лес *(m)*   woods, forest
*ле́то *(n)*   summer
*ле́том   in summer, in summertime
ли́лия *(f)*   lily
*моро́з *(m)*   frost (below freezing)
ноль *(m)*   none, zero
*о́сень *(f)*   fall, autumn
*о́сенью   in fall, in autumn
по   by
*пого́да *(f)*   weather
подсне́жник *(m)*   snowflake

пра́вило *(n)*   rule
приро́да *(f)*   nature
продолжа́ться (продолжа́юсь,
продолжа́ешься, продолжа́ются)   to
    continue
ра́дуга *(f)*   rainbow
*снег *(m)*   snow
стихотворе́ние *(n)*   poetry
*тако́й   such
*температу́ра *(f)*   temperature
*тепло́ *(n)*   warmth (above freezing)
*тепло́   (it is) warm
террито́рия *(f)*   territory
тёплый   warm
Уф!   Oh! (here)
Фаренге́йт (по Фаренге́йту)   Fahren-
    heit (according to Fahrenheit)
*хо́лод *(m)*   cold (below freezing)
*хо́лодно   (it is) cold
*хоте́ть (хочу́, хо́чешь, хо́чет, хоти́м,
    хоти́те, хотя́т)   to want
*Це́льсий (по Це́льсию)   Celsius
    (according to Celsius)
чуде́сный   marvelous

Урок 17
(Семнадцатый урок)

Кто чем занимается?

Section	Main Structures	Functions	Grammatical Concepts	Language & Culture
A	Здесь занимаются гимнастикой, теннисом.	Talking about activities	Using the verb заниматься with nouns in the instrumental case	Sports school
B	— Сколько тебе лет? — Мне 8 лет.	Talking about age	Use of the dative case of personal pronouns when indicating age	Music schools
C	— Почему тебе нравится гимнастика? — Потому что это красивый вид спорта.	Giving reasons	The interrogative word почему and subordinate clauses with потому что	Sports classifications
D	**Phonetics and Reading** Pronunciation Practice Спортлото in Russia		„Игры — хорошая политика“ Overview of the Lesson Словарь	

A Talking about Activities

Здесь занима́ются гимна́стикой, те́ннисом.	Here, they are involved in gymnastics and tennis.

A1 Сего́дня вто́рник. Ру́сские **шко́льники** и их друзья́ иду́т в спорти́вную шко́лу.

— Это спорти́вная шко́ла.

— А **что э́то тако́е?**

— Спорти́вные шко́лы — э́то шко́лы, где ребя́та **занима́ются** спо́ртом: гимна́стикой, те́ннисом, футбо́лом. Вот здесь, **наприме́р**, занима́ются гимна́стикой.

— Мо́жно посмотре́ть, как иду́т **заня́тия**?

— Коне́чно! Пожа́луйста*.

Today is Tuesday. Some Russian schoolchildren and their friends are on their way to a sports school.

"This is a sports school."
"And what is that?"
"A sports school is a school where kids engage in sports: gymnastics, tennis, soccer. Here, for example, they are involved in gymnastics."
"Can we see how classes go?"
"Of course. Go ahead*."

---

* Here, пожа́луйста must be translated in some way other than "please" or "you're welcome."

A2 Sports School

Students who demonstrate a special talent in a sport can enroll in a sports school. Sports are not important in ordinary schools; so students who want to become good athletes, perhaps even world champions, enroll in these sports schools. Entrance is by exam, and only the best-qualified are chosen.

A student who cannot get into a special school can still participate in sports by joining a club. Some of these sports clubs charge fees, but they are not expensive.

In Russian schools, there are few opportunities for students to take part in sports. It is extremely rare to find a school team or athletic competitions between schools. Sports schools fill this gap for many Russian young people.

A3 When you encounter an object or person you are not familiar with, you say: „Что э́то?" or "Кто э́то?" If you want to express the question more strongly, you say: „Что э́то тако́е?" or „Кто э́то тако́й/така́я/таки́е?"

Что тако́й/така́я/тако́е/ таки́е? or Кто тако́й/ така́я/таки́е? can also be used as alternatives for како́й/кака́я/како́е/ каки́е.

A4 Ask a classmate to identify each of the pictures below by asking either: „Что э́то тако́е?" or „Кто э́то тако́й/така́я/таки́е?"

Тяжелоатле́т Алекса́ндр Курло́вич

Тенниси́стка Анна Смашно́ва

A5 Ask a classmate „**Что э́то тако́е?**" about objects around the classroom. He/She should know most classroom objects and be able to answer you correctly.

Что э́то тако́е?

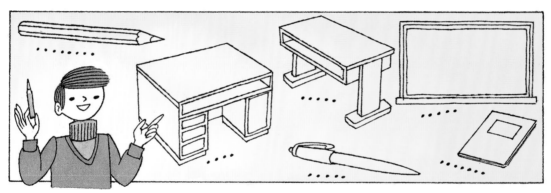

A6 The verb **занима́ться** requires the instrumental case.

Кто что де́лает?

занима́ться	чем?
Я занима́юсь	спо́ртом.
Ты занима́ешься	гимна́стикой.
Он занима́ется	литерату́рой.
Она́ занима́ется	бе́гом.
Мы занима́емся	пла́ванием.
Вы занима́етесь	рисова́нием.
Они́ занима́ются	му́зыкой.

Right now, use **занима́ться** only with activities. Other ways to use this verb will be studied later. When talking about activities, this verb can be translated in many ways, including "to be occupied with," "to engage in," "to devote oneself to," "to go in for," "to indulge in," "to spend time on," "to busy oneself with," even "to study."

Use the drawings to help you answer the questions below.

— Игорь занима́ется му́зыкой и́ли футбо́лом?

— Макси́м занима́ется **ватерпо́ло** и́ли гандбо́лом?

— Ко́ля, ты занима́ешься баскетбо́лом и́ли гимна́стикой?

— Джон, ты занима́ешься бейсбо́лом и́ли футбо́лом?

— Игорь занима́ется му́зыкой.

— Макси́м занима́ется ватерпо́ло.

— Ко́ля занима́ется баскетбо́лом.

— Джон занима́ется бейсбо́лом.

New vocabulary items in this section of the unit are: бег, ватерпо́ло, занима́ться, заня́тие, наприме́р, пла́вание, спорти́вный.

> — Ско́лько тебе́ лет?   "How old are you?"
> — Мне 8 лет.   "I am eight years old."

B1 Разгово́р с де́вочкой-гимна́сткой.

— Ско́лько тебе́ лет?

— Мне 8 лет.

— И ско́лько вре́мени ты занима́ешься гимна́стикой?

— 2 го́да.

— Тебе́ нра́вится гимна́стика?

— О́чень нра́вится.

— А что ты ещё лю́бишь?

— Я люблю́ шокола́д и... Шери́.

— А Шери́ — э́то и́мя?

— Да, э́то моя́ соба́ка.

A conversation with a girl gymnast.

"How old are you?"
"I'm eight years old."
"And how long have you engaged in gymnastics?"
"Two years."
"Do you like gymnastics?"
"(I like it) very much."
"And what else do you like?"
"I like chocolate and... Sherry."
"And Sherry — is that a name?"
"Yes, it is my dog."

B2 You have already encountered the dative form of personal pronouns. They are used with the verb нра́виться, which you learned in lesson 9. The dative pronouns are мне, тебе́, ему́, ей, нам, вам, им. They are always used in giving ages.

A literal translation may help students understand and remember the way age is given in Russian.

— Ско́лько тебе́ лет?　　— Ско́лько вам лет?

— Мне 42 го́да.　　　　— Мне 14 лет.

"How old are you (How many years to/for you)?"
"To/For me are fourteen years."
"How old are you (How many years to/for you)?"
"To/For me are forty-two years."

1	(21, 31, 41...)	год
2	(22, 32, 42...)	го́да
3	(23, 33, 43...)	го́да
5	(11 — 20, 25, 35, 45...)	лет

B3 Complete each sentence with an appropriate statement of age.

Possible answers:

1. У меня́ есть брат. Он ещё ма́ленький, но **уже́** хорошо́ говори́т. Ему́ то́лько...

...четы́ре го́да.

2. Моя́ сестра́ у́чится в шко́ле. Она́ мно́го занима́ется литерату́рой и теа́тром. Ей...

...семна́дцать лет.

3. Мой де́душка о́чень ста́рый. Он пло́хо ви́дит. Ему́...

...се́мьдесят три го́да.

4. У меня́ есть друг. Он у́чится в седьмо́м кла́ссе, ему́ сейча́с...

...трина́дцать лет.

5. — Кто э́то?
   — Э́то мой брат. Он у́чится в университе́те и игра́ет в баскетбо́л в кома́нде университе́та. Ему́ сейча́с...

...два́дцать оди́н год.

6. — Кто э́то?
   — Э́то наш учи́тель.
   — Учи́тель? А я ду́мал, что э́то учени́к. А ско́лько ему́ лет?
   — Не зна́ю, ему́, мо́жет быть...

...два́дцать четы́ре го́да.

B4 How would you ask these people their age? What would they answer?

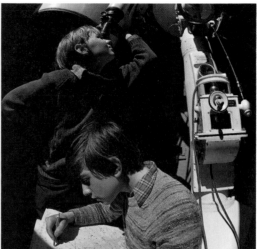

Use photographs and pictures from magazines. Ask a student to pick a picture of a person and hold it up. Another student must ask his/her age correctly. Then the first student answers, speaking as if he/she were the person in the picture.

B5   What would a championship athlete in each of these sports answer?

1. — Ско́лько лет вы занима́етесь те́ннисом?
2. — Ско́лько лет вы занима́етесь бо́ксом?
3. — Ско́лько лет вы занима́етесь футбо́лом?
4. — Ско́лько лет вы занима́етесь пла́ванием?
5. — Ско́лько лет вы занима́етесь бейсбо́лом?
6. — Ско́лько лет вы занима́етесь хокке́ем?

1. — Я занима́юсь те́ннисом
    шесть лет.
2. — Я занима́юсь бо́ксом три
    го́да.
3. — Я занима́юсь футбо́лом
    пять лет.
4. — Я занима́юсь пла́ванием
    пять лет.
5. — Я занима́юсь бейсбо́лом
    во́семь лет.
6. — Я занима́юсь хокке́ем
    шесть лет.

Any reasonable answer is acceptable. The point is to practice giving
lengths of time in years. Possible responses given here are the lowest likely
answers; so other answers will usually be a bit higher.

B6   Music is taught in Russian schools only in the lower grades. Children who want to
learn to play a musical instrument attend special music schools after the usual
school day.

Его́ сын у́чится в музыка́льной
шко́ле.

New vocabulary items in this section of the unit are: год, ско́лько.

C Giving Reasons

— Почему́ тебе́ нра́вится
гимна́стика?

— Потому́ что э́то краси́вый
вид спо́рта.

"Why do you like
gymnastics?"

"Because it is a beautiful
(kind of) sport."

C1 В кла́ссе идёт заня́тие по **худо́жественной** гимна́стике.

— Тебе́ нра́вится худо́жественная гимна́стика?

— Да, нра́вится.

— А почему́?

— Потому́ что э́то краси́вый вид спо́рта, и все гимна́стки о́чень краси́вые.

— Да, э́то пра́вда. Вы мно́го занима́етесь?

— Вот посмотри́те на́ше расписа́ние.

— Да, вы мно́го рабо́таете. У вас ма́ло **свобо́дного** вре́мени.

— Вре́мени о́чень ма́ло. Но гимна́стика — э́то моя́ **жизнь**.

In a classroom, where a class in artistic gymnastics is taking place.

"Do you like artistic gymnastics?"
"Yes, I do."
"And why is that?"
"Because it is a beautiful (kind of) sport, and all the gymnasts are very handsome."
"Yes, that's true. Do you spend a lot of time on it?"
"Have a look at our schedule."
"Yes, you work a lot. You don't have much (you have little) free time."
"There's very little time. But gymnastics is my life."

C2 Find answers to the questions.

1. — Почему́ Ната́ша так мно́го занима́ется?

2. — Почему́ Игорь сейча́с идёт на **трениро́вку**?

3. — Почему́ ребя́та вчера́ пло́хо игра́ли?

4. — Почему́ Ира не занима́ется спо́ртом?

5. — Почему́ Ка́тя не идёт гуля́ть на у́лицу?

а) — Потому́ что Ира не лю́бит спорт. Она́ занима́ется му́зыкой.

б) — Потому́ что за́втра у Игоря игра́.

в) — Потому́ что она́ хо́чет **стать ма́стером спо́рта**.

1. + в)
2. + б)
3. + г)
4. + а)
5. + д)

г) — Потому́ что не́ было Ви́ктора, их **капита́на**.

д) — Потому́ что сейча́с она́ де́лает уро́ки.

C3 Do you have time?

— У вас есть вре́мя?

— Да, есть.

(— У меня́ нет вре́мени.)

"Do you have time?"
"Yes, I do."
"I don't have time."

— У вас есть свобо́дное вре́мя?

— У меня́ нет свобо́дного вре́мени.

(— У меня́ мно́го/ма́ло вре́мени.)

"Do you have free time?"
"I don't have (any) free time."
"I have a lot of/little time."

C4 Sports Classifications

Athletes in Russia receive titles to recognize their sports achievements. The standards are uniform throughout the country. The top category is **Ма́стер спо́рта междунаро́дного кла́сса**, followed by **Ма́стер спо́рта**, **I разря́д**, **II разря́д**, and **III разря́д**. Athletes who are awarded these titles receive a special medal **(значо́к)** and certificate.

Значки́ ма́стера спо́рта

1)

2) Ване 7 лет. Он занимается математикой 2 часа в день.
Игорю 16 лет. Он занимается математикой 1 час в день.

3) Костя музыкант. Он занимается спортом 1 час в день.
Антон хочет быть чемпионом. Он занимается спортом 2 часа в день.

1) Это много времени.
Это мало времени.
Это много времени.
Это мало времени.

2) Это много времени.
Это мало времени.

3) Это много времени.
Это мало времени.

C6 Accept or decline these suggestions.

1. — У тебя есть время? Идём сегодня на стадион?

2. — У тебя есть время? Я хочу посмотреть футбольный матч.

3. — У вас есть время? Мы хотим играть в теннис.

4. — У тебя есть время? Идём в кино?

5. — У вас есть время? Я хочу заниматься вместе.

Possible answers:

1. — Спасибо, нет. У меня нет времени.

2. — Нет, спасибо. У меня мало времени.

3. — Хорошо. У меня есть время.

4. — Хорошо, идём. У меня много времени.

5. — Хорошо, я тоже хочу учиться вместе. У меня есть время.

New vocabulary items in this section are: гимнастка, жизнь, капитан, мало, мастер спорта, музыкант, потому что, почему, расписание, тренировка, художественный.

D Phonetics and Reading

Help the students imitate the speaker carefully. The reduction of vowels here, as well as the interrogative and declarative sentence intonations, is for review. These are difficult for speakers of English, and require a lot of practice.

D1 Pronunciation Practice.

1. Practice the correct pronunciation of unstressed vowels.

спортивная шко́ла   занима́ться ватерпо́ло

ма́стер спо́рта   худо́жественная гимна́стика

идти́ на трениро́вку   междунаро́дного кла́сса

капита́н кома́нды   расписа́ние трениро́вок

2. Practice the correct intonation of these interrogative and declarative sentences.

— Что э́то тако́е?

— Э́то но́вый журна́л.

— Кто э́то тако́й?

— Э́то наш учи́тель.

— Кто э́то така́я?

— Э́то **чемпио́нка** по худо́жественной гимна́стике.

— Кто э́то таки́е?

— Э́то мастера́ спо́рта по пла́ванию.

3. Practice the correct intonation of these interrogative and declarative sentences.

— Почему́ И́горь до́ма?

— Он занима́ется му́зыкой.

— Почему́ Оле́г пошёл на стадио́н?

— Он занима́ется спо́ртом.

— Почему́ они́ пло́хо игра́ли?

— У них не́ было капита́на.

— Почему́ Та́ня идёт в спорти́вную шко́лу?

— Она́ занима́ется спорти́вной гимна́стикой.

— Почему́ Ка́тя мно́го занима́ется пла́ванием?

— Она́ хо́чет стать ма́стером спо́рта.

D2 You already know many sports words. Here are some additional terms that are popular in Russia. Try to find out what the athletes who participate in these sports are called in Russian.

лёгкая атлётика — легко-
атлёт; плáвание — пловéц;
альпинúзм — альпинúст;
шáхматы — шахматúст;
шáшки — шашúст;

лёгкая атлётика — track and field
   sports
плáвание — swimming
альпинúзм — mountain climbing
шáхматы — chess
шáшки — checkers
тяжёлая атлётика — weight lifting
культурúзм — bodybuilding

лы́жи (равнúнные) — cross-country
   skiing
гóрные лы́жи — downhill skiing
фигýрное катáние — figure skating
конькú — ice-skating
бадминтóн — badminton
настóльный тéннис — table tennis

тяжёлая атлётика — тяжелоатлёт; культурúзм — культурúст; лы́жи (равнúнные) — лы́жник; гóрные лы́-
жи — горнолы́жник; фигýрное катáние — фигурúст; конькú — конькобéжец; бадминтóн — бадминтонúст;
настóльный тéннис — теннисúст

D3 Sports Lottery

The Спортлотó is popular in Russia, and there is a new game every week. A game card is reproduced below. Each number corresponds to a kind of sport. They are all printed on the opposite side of the lottery ticket. Learn the names of your favorite sports.

   You must correctly select 5 of 36 or 6 of 45 numbers to win the grand prize. But you can win a much smaller amount by choosing 5, 4, or 3 correct numbers.

   In this game, the winning numbers for the first try were 4, 8, 18, 21, 33; for the second try, they were 1, 10, 18, 21, 36. What sports do these numbers correspond to? What sports did the person who played this ticket choose? Did he/she win a lot?

D4 Читáйте и скажúте, как называ́ются э́ти úгры? Каки́е ви́ды спóрта популя́рны в Сиэ́тле?

Read and tell what these games are called and where they were. What kinds of sports are popular in Seattle?

Игры — хорóшая поли́тика

Games are Good
Politics

В ию́ле 1990 гóда торжéственные фанфáры возвести́ли ми́ру об откры́тии вторы́х Игр дóброй вóли, котóрые состоя́лись в америкáнском гóроде Сиэ́тле.

В прогрáмму лéтних игр был включён зи́мний вид спóрта — фигýрное катáние. Фигýрное катáние и хоккéй — два ви́да спóрта, чрезвыча́йно популя́рные в Сиэ́тле и сéверо-зáпадной чáсти США.

Культýрная прогрáмма Игр былá óчень большóй. Приезжáл балéт Большóго теáтра, музéи Кремля́, котóрые потóм путешéствовали по Соединённым Штáтам. Гали́на Вóлчек привезлá в Сиэ́тл свой теáтр „Совремéнник“. В США приéхал совéтский цирк. И э́то ещё не вся культýрная прогрáмма.

In July 1990, festive fanfairs informed the world of the opening of the second Goodwill Games, which took place in the American city of Seattle.

A winter sport, figure skating, has been included in the program of the summer games. Figure skating and hockey are extremely popular in Seattle and the rest of the American Northwest, where the games took place.

The cultural program of the Games was extensive. The ballet of the Bolshoi Theater and the museums of the Kremlin were invited, and then traveled throughout the United States for five months. Galina Volcheck brought her theater „Совремéнник“ (The Contemporary). The Soviet circus (also) came to the U.S.A. And this was only part of our cultural program.

In this lesson, you have learned:

1) a new, stronger way to ask about an unfamiliar object or person;
2) how to talk about your activities;
3) how to talk about age;
4) how to give the reason for something.

Dramatize.

A Russian friend has come to your school, and you are showing him/her the places where you take part in sports. Introduce him/her to students who are also active in sports. Have him/her ask them their names, how old they are, and what sports they participate in and why.

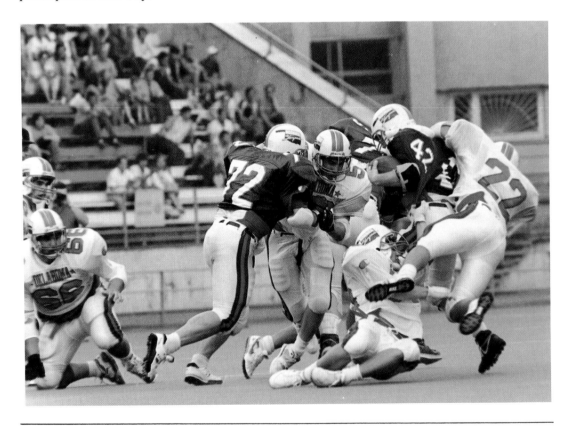

Слова́рь

бег *(m)*   running

ватерпо́ло *(n, indecl.)*   water polo

гимна́стка *(f)*   gymnast

жизнь *(f)*   life

занима́ться (занима́юсь, занима́ешься,
    занима́ются)   to engage in, be oc-
    cupied with

заня́тие *(n)*   class, activity

капита́н *(m)*   captain

ма́стер спо́рта   master of a sport

наприме́р   for example

пла́вание *(n)*   swimming

потому́ что   because

рисова́ние *(n)*   drawing

свобо́дный   free

Ско́лько тебе́ лет?   How old are you?

стать (ста́ну, ста́нешь, ста́нет)   to
    become

трениро́вка *(f)*   training, practice

уже́   already

худо́жественный   artistic

Что э́то тако́е?   What is this?

шко́льник *(m)*   schoolboy, pupil

Урок 18
(Восемнадцатый урок)

Кем быть?

Section	Main Structures	Functions	Grammatical Concepts	Language & Culture
A	У вас мно́го институ́тов, учи́лищ. Я бу́ду врачо́м, как моя́ ма́ма.	Talking about choosing profes- sions	The instrumental case in discussing a profession The genitive case with мно́го, ма́ло, ско́лько	Шко́ла, институ́т, университе́т
B	— В институ́те большо́й ко́н- курс, поэ́тому экза́мены о́чень тру́дные. — Расскажи́ о них.	Discussing outcomes and talking about what or whom	Using the conjunction поэ́тому Preposition о with the preposi- tional case	Competition to enroll in institutions of higher education
C	По́сле шко́лы все ребя́та реши́ли поступи́ть в институ́т.	Talking about deci- sions and intentions	Using the verb реши́ть with infinitives The preposition по́сле with the genitive case	Что тако́е ПТУ?
D	**Phonetics and Reading** **Pronunciation Practice** „Ко́нкурс красоты́"		„Начина́ю но́вую жизнь" **Overview of the Lesson** Слова́рь	

A Talking about Choosing Professions

| У вас мно́го институ́тов, учи́лищ. | You have many institutes and specialized schools. |
| Я бу́ду врачо́м, как моя́ ма́ма. | I will be a doctor like my mother. |

A1 Ребя́та разгова́ривают о профе́ссиях.

The kids are talking about professions.

Куда́ пойти́ учи́ться

«...на брегах Невы, где, может быть, бродили вы?»

А если даже и не бродили, то прекрасную возможность учить-ся и работать в Ленинграде вы можете получить, поступив в ПТУ № 144 на базе ордена Трудового Красного Знамени комби-ната им. Тельмана.

УЧИЛИЩЕ ОБЪЯВЛЯЕТ

ПРИЕМ учащихся на новый 1991/92 учебный год с образованием 9—11 классов в возрасте с 14 лет и старше на обучение специаль-ностям:

прядильщицы, ткача, отделочника ткани, контролера качества, оператора крутильного оборудования, оператора чесальных аппаратов, помощников мастеров (юношей, отслуживших в рядах СА).

Срок обучения от 4 до 10 месяцев.

Все зачисленные обеспечиваются 3-разовым питанием и получают доплату от базового предприятия в размере 55 руб. в месяц, а также 50% сумм, заработан-ных на производственной практике, пользуются всеми услугами, предоставляемыми рабочим комбината, льготным проездом в городском транспорте.

Принимаются иногородние с пропиской в общежитии.

Учащиеся имеют возможность совмещать учебу в училище с учебой на заочном или вечернем отделении вузов и техникумов.

За справками обращаться в приемную комиссию по адресу: 193224, Ле-нинград, Октябрьская наб., 48.

Телефоны: 266-25-34, 266-07-33, 266-26-00.

Проезд: от ст. метро «Пл. А. Невского» — авт. 120; от ст. метро «Ломоно-совская» — авт. 5, 12, 97, 118. Остановка: ул. Тельмана.

Рекламное агентство «МИР».

— Как мно́го у вас институ́тов, те́хникумов, учи́лищ! Не зна́ешь, что **вы́брать**. Ты уже́ зна́ешь, кем бу́-дешь?

— Да, я зна́ю. Я бу́ду врачо́м, как моя́ ма́ма.

— Это о́чень интере́сная профе́ссия.

— Да, ма́ма то́же так говори́т.

"You have so many in-stitutes, technical schools, (other) schools. One doesn't know what to choose. Do you al-ready know what (who) you'll be?"
"Yes, I know. I'll be a doctor, like my mother."
"That's a very interesting profession."
"My mother says so, too."

A2 Кем ты бу́дешь?

Explain that Russians use the instrumental case when discussing professions in the future tense. And you may want to tell them that the same is true in the past tense. Later, they will learn that states of being in both past and future are also expressed in the instrumental case.

	Instrumental case
— Я бу́ду...	врачо́м. инжене́ром. учи́телем. **строи́телем.** медсестро́й. учи́тельницей. диплома́том. адвока́том.

A3 Expand on these sentences, following the example.

Моя́ ма́ма — медсестра́.

Моя́ ма́ма медсестра́, и я то́же бу́ду медсестро́й, как ма́ма.

1. Моя́ ма́ма — учи́тельница.
2. Мой па́па — **фе́рмер.**
3. Моя́ сестра́ — адвока́т.
4. Мой брат — **хи́мик.**
5. Мой па́па — ме́неджер.
6. Моя́ ма́ма — **секрета́рь.**

1. Моя́ ма́ма — учи́тельница, и я то́же бу́ду учи́тельницей, как ма́ма.
2. Мой па́па — фе́рмер, и я то́же бу́ду фе́рмером, как па́па.
3. Моя́ сестра́ — адвока́т, и я то́же бу́ду адвока́том, как сестра́.
4. Мой брат — хи́мик, и я то́же бу́ду хи́миком, как брат.
5. Мой па́па — ме́неджер, и я то́же бу́ду ме́неджером, как ма́ма.
6. Моя́ ма́ма — секрета́рь, и я то́же бу́ду секрета́рём, как ма́ма.

A4 Additional professions.

Have students use the names of these additional professions, stating that they or someone they know will join that profession.

машинистка — typist
слесарь — locksmith
шахтёр — miner
токарь — lathe operator
продавец — salesclerk
рабочий — factory worker

Я буду машинисткой.
Брат будет слесарем.
Иван будет шахтёром.
Серёжа будет токарем.
Анна будет продавцом.
Миша будет рабочим.

Explain to students that the word рабочий is an adjective that functions as a noun. Because of this, it takes adjectival endings.

A5 Скажите, кем они хотят быть?

— Моя сестра любит школу, она и дома „играет" в школу.
— Твоя сестра хочет быть учительницей.

1. — Мой брат любит **технику** и машины.
2. — Володя Иванов любит **политику**, он читает много газет и журналов.
3. — Наташа любит работу в больнице.
4. — Костя Петров любит смотреть, как **строят** новые дома.
5. — Игорь читает книги только по физике и математике.
6. — Мой папа — фермер. Он говорит, что адвокат — хорошая профессия, а я думаю, что быть фермером — тоже неплохо.

1. — Твой брат будет шофёром.
2. — Володя Иванов будет политиком.
3. — Наташа будет врачом (медсестрой).
4. — Костя Петров будет строителем.
5. — Игорь будет физиком или математиком.
6. — Я буду адвокатом или фермером.

A6 Шко́ла, институ́т, университе́т.

В Росси́и в шко́ле у́чатся 10—11 лет. Пото́м мо́жно идти́ в институ́т и́ли университе́т. А что тако́е институ́т? Что тако́е университе́т? В институ́те — одна́ профе́ссия: наприме́р, **медици́нский** институ́т, **строи́тельный** институ́т... В университе́те — мно́го профе́ссий: здесь у́чатся **хи́мики**, **фи́зики**, **филоло́ги**, **исто́рики**, **экономи́сты**...

In Russia, students attend school for ten or eleven years. Then it's possible to go on to an institute or university. How does one understand what an institute is (and) what a university is? In an institute, there is one profession: for example, a medical institute, a building institute. In a university there are many professions: chemists, physicists, philologists, historians, (and) economists study there.

A7 Genitive plural is used after the words ско́лько, мно́го, ма́ло.

	Nominative Singular	Genitive Plural
Masculine	институ́т учи́тель врач	институ́тов учителе́й враче́й
Feminine	шко́ла студе́нтка тетра́дь	школ студе́нток тетра́дей
Neuter	сло́во учи́лище упражне́ние	слов учи́лищ упражне́ний

Explain that this is really not very different from English. The words ско́лько (how many), мно́го (many), ма́ло (few) are also followed by plural nouns in English. But the student does have to remember that these words must be followed by the genitive case. Review the fact that genitive plural masculine nouns ending in a hard consonant take -ов, that both masculine and feminine genitive plural nouns ending in -ь take the ending -ей, as do genitive plural neuter nouns ending in -е. Hard feminine and neuter nouns take a so-called (∅) zero (or null) ending in the genitive plural, which is essentially the stem of the noun. This null ending is obtained by dropping the final vowel sound from the nominative singular form of the noun. Nouns that end in -ие or -ия take -ий in the genitive plural.

A8 Отвеча́йте на вопро́сы.

— Ско́лько у вас в го́роде заво́дов?

— У нас в го́роде ма́ло заво́дов.

(— У нас в го́роде мно́го заво́дов.)

(— У нас в го́роде **не́сколько** заво́дов.)

1. — Ско́лько у вас на столе́ книг?

2. — Ско́лько у вас в го́роде библиоте́к?

3. — Ско́лько у нас в шко́ле ученико́в?

Possible answers:
1. — У нас на столе́ не́сколько книг.
2. — У нас в го́роде мно́го библиоте́к.
3. — У нас в шко́ле мно́го ученико́в.

4. — Ско́лько у нас в кла́ссе ма́льчиков? А де́вочек?

5. — У вас до́ма мно́го словаре́й?

6. — У вас здесь мно́го уче́бников?

4. — У нас в кла́ссе семь ма́льчиков и де́вять де́вочек.

5. — У меня́ до́ма два словаря́.

6. — У меня́ здесь пять уче́бников.

Remind students that the genitive plural is also used with numbers ending in the word five or above and that the genitive singular is used for words that come after numbers ending in 2, 3, or 4. The nominative singular is used after 1.

A9 Что они́ сказа́ли?

Ви́ктор ви́дит в магази́не значки́.

— Как мно́го здесь значко́в! Не зна́ешь, что вы́брать.

— Да, пра́вда.

(— Здесь не о́чень мно́го значко́в.)

Са́ша пе́рвый раз в библиоте́ке.

— Как мно́го здесь книг! Не зна́ешь, что вы́брать.

Дедушка живёт в деревне. А сейчас он в городе.

— Как много здесь машин!

Ира и Лёна видят журналы в **киоске**.

— Здесь не так много журналов!

Костя и Марк видят часы на улице Москвы.

— У нас мало времени.

Алик и Рональд видят, как милиционеры разговаривают с **шофёром**.

— Здесь много милиционеров!

A10 Ужé или ещё?

1. — 8 часóв, а ты _____ дóма?   ...ещё...
   — Ничегó. Сегóдня у нас нет матемáтики и мóжно
   быть в шкóле в 9 часóв.

2. — _____ 6 часóв, а Натáши нет дóма. Где онá?   Ужé....
   — У них в шкóле сегóдня концéрт. Онá бýдет дóма
   в 7 часóв.

3. Мúша ýчит англúйский язы́к 1 год, но _____   ...ужé...
   хорошó говорúт по-англúйски.

4. Мáша ýчит францýзский язы́к _____ 5 лет, но   ...ужé...
   _____ плóхо понимáет по-францýзски.   ...ещё...

5. Мой брат _____ мáленький. Емý 11 лет. Но он   ...ещё...
   _____ знáет, кем бýдет. Он хóчет быть дипломáтом ...ужé...
   úли полúтиком.

New vocabulary items for this section are: выбирáть/вы́брать, дипломáт, интерéсный, истóрик, киóск, медицúнский, медсестрá, нéсколько, пойтú, поня́ть, продавéц, профéссия, рабóчий, секретáрь, слéсарь, стрóить, тéхника, тóкарь, фéрмер, фúзик, филолóгия, хúмик, шахтёр, экономúст.

B Discussing Outcomes and Talking about What or Whom

— В институте большой
  конкурс, поэтому экзамены
  очень трудные.

"There is a lot of competition to
get into the institute. Therefore
the exams are very difficult."

— Расскажи о них.

"Tell (me) about them."

B1 Наташа и Дайяна разговаривают о **конкурсе** в медицинский
институт.

Natasha and Diana are discussing competition to get into a medical institute.

— Скажи, а **поступить** в медицинский институт трудно?

— Да, трудно. Там **всегда** большой конкурс. **Поэтому**
экзамены очень **трудные**.

— А какие это экзамены? **Расскажи** о них.

— В институте 4 экзамена: химия, **биология**, русский
язык, физика.

"Say, is it difficult to get into the medical institute?"

"Yes, it's difficult. There is always a lot of competition. Therefore the exams are very difficult."

"And what kind of exams are they? Tell (me) about them."

"At the institute, there are four exams: chemistry, biology, the Russian language, physics.

В институте идут экзамены.

B2 Popular Courses of Study

Education in universities and other institutions of higher education is free in Russia. Many students want to enroll, and the applicants are a very competitive group. The Institute of Cinematography, where movie actors, directors, and cameramen are trained, is perhaps the most popular—with as many as 100 applicants for each opening. Medical institutes, foreign language institutes, and the humanities departments of universities are also very popular. Economics is another favorite major, while engineering is low on the list of professions that are preferred by high school graduates.

Here is a page from a ninth-grade algebra textbook used in Russian schools. How does this compare with what you are studying in your own math classes?

---

866. а) $\begin{cases} (x-y)(x^2-y^2)=45, \\ x+y=5; \end{cases}$ б) $\begin{cases} x^2y^3=16, \\ x^3y^2=2; \end{cases}$

в) $\begin{cases} x^2y^3+x^3y^2=12, \\ x^2y^3-x^3y^2=4; \end{cases}$ г) $\begin{cases} x^{-1}+y^{-1}=5, \\ x^{-2}+y^{-2}=13. \end{cases}$

867. а) $\begin{cases} x^3+y^3=7, \\ x^3y^3=-8; \end{cases}$ б) $\begin{cases} x^3+y^3=9, \\ xy=2; \end{cases}$

в) $\begin{cases} x^2+y^4=5, \\ xy^2=2; \end{cases}$ г) $\begin{cases} x^2-xy=28, \\ y^2-xy=-12 \end{cases}$

868. Решите систему неравенств:

а) $\begin{cases} 2(3x-1)<3(4x+1)+16, \\ 4(2+x)<3x+8; \end{cases}$

б) $\begin{cases} 2x>3-\dfrac{13x-2}{11}, \\ \dfrac{x}{6}+\dfrac{2}{3}(x-7)<\dfrac{3x-20}{9}; \end{cases}$

в) $\begin{cases} \dfrac{x+1}{2}-\dfrac{x}{3}\geqslant\dfrac{x-1}{4}-x-2, \\ 0{,}5x<2-x; \end{cases}$

г) $\begin{cases} x-\dfrac{x+1}{2}-\dfrac{x+4}{3}\leqslant\dfrac{x-1}{4}-2, \\ 1{,}5x-2{,}5<x. \end{cases}$

869. Решите систему уравнений:

а) $\begin{cases} 4x_1-2x_2+3x_3-4x_4=14, \\ 2x_1-3x_2-2x_3-x_4=-1, \\ x_1+4x_2+2x_4=-1, \\ 2x_1-x_2+x_3=4; \end{cases}$

б) $\begin{cases} x_1+2x_2-x_3-2x_4=-6, \\ 3x_1-x_2+3x_3+x_4=4, \\ 2x_1+x_2-2x_3=2, \\ 2x_2-x_3+3x_4=3. \end{cases}$

B3 Names of institutes and departments.

All these adjectives can describe either institutes or departments.

медици́нский	
педагоги́ческий	институ́т
экономи́ческий	
строи́тельный	
хими́ческий	факульте́т
физи́ческий	
юриди́ческий	

What kinds of professionals are trained in each of these institutes and departments?

What do these young people want to be?

Have students give professions in Russian for each institute or university department. One way of having them answer is:

— Медици́нский институ́т? Там у́чатся врачи́.
— Педагоги́ческий институ́т? Там у́чатся учителя́.
— Экономи́ческий институ́т? Там у́чатся экономи́сты.
— Строи́тельный институ́т? Там у́чатся строи́тели.
— Хими́ческий факульте́т? Там у́чатся хи́мики.
— Физи́ческий факульте́т? Там у́чатся фи́зики.
— Юриди́ческий факульте́т? Там у́чатся адвока́ты.

B4 Study the use of the word **поэ́тому** in this example.

У Ната́ши ма́ма врач. Поэ́тому Ната́ша то́же хо́чет быть врачо́м.

Explain that **поэ́тому** is used to discuss the consequences of information given previously and that it is an exact equivalent of the English "therefore."

B5 Change these sentences using **потому́ что** instead of **поэ́тому**.

1. Ира о́чень лю́бит дете́й, поэ́тому она́ хо́чет поступи́ть в педагоги́ческий институ́т.
2. В медици́нский институ́т большо́й ко́нкурс, поэ́тому Ната́ша не зна́ет, посту́пит она́ в институ́т и́ли нет.
3. Воло́дя хо́чет поступи́ть в медици́нский институ́т, поэ́тому сейча́с он мно́го рабо́тает и хорошо́ у́чится.
4. Ему́ нра́вится спорт, поэ́тому он хо́чет быть тре́нером.
5. Серге́й лю́бит хи́мию, поэ́тому он хо́чет рабо́тать хи́миком.
6. Я люблю́ му́зыку, поэ́тому я хочу́ быть музыка́нтом.
7. Его́ оте́ц — строи́тель, поэ́тому он хо́чет поступи́ть в строи́тельный институ́т.

1. Ира хо́чет поступи́ть в педагоги́ческий институ́т, потому́ что она́ о́чень лю́бит дете́й.
2. Ната́ша не зна́ет, посту́пит она́ в институ́т и́ли нет, потому́ что в медици́нский институ́т большо́й ко́нкурс.
3. Сейча́с Воло́дя мно́го рабо́тает и у́чится хорошо́, потому́ что он хо́чет поступи́ть в медици́нский институ́т.
4. Он хо́чет быть тре́нером, потому́ что ему́ нра́вится спорт.
5. Серге́й хо́чет рабо́тать хи́миком, потому́ что он лю́бит хи́мию.
6. Я хочу́ быть музыка́нтом, потому́ что я люблю́ му́зыку.
7. Он хо́чет поступи́ть в строи́тельный институ́т, потому́ что его́ оте́ц — строи́тель.

B6 Куда́ (в како́й институ́т) они́ хотя́т поступи́ть?

Она́ хо́чет поступи́ть в педагоги́ческий институ́т.

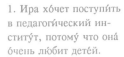

Он хо́чет поступи́ть в машино-строи́тельный институ́т.

Она́ хо́чет поступи́ть на биологи́ческий факульте́т.

Он хо́чет поступи́ть на хими́ческий факульте́т.

Он хо́чет поступи́ть в архитекту́рный институ́т.

B7 The preposition **о** (before vowel sounds use **об**) requires the prepositional case.

	о чём?	о ком?
говори́ть чита́ть спра́шивать ду́мать **расска́зывать** **спо́рить**	об институ́те о рабо́те о профе́ссии об учи́лище об Ива́не о ма́тче	обо мне́ о тебе́ о нём (о ней) о нас о вас о них

Add that the preposition о becomes обо before consonant clusters.

B8 О ком они́ говоря́т? О чём они́ говоря́т?

1. — Тама́ра уже́ вы́брала профе́ссию, она́ сказа́ла, что хо́чет быть медсестро́й.

2. — Ива́н ещё не вы́брал, кем быть. Ему́ нра́вится заво́д, где рабо́тает его́ брат. Он хо́чет быть и́ли инжене́ром и́ли экономи́стом.

3. — На́ша шко́ла о́чень хоро́шая. У нас хоро́шие тре́неры по баскетбо́лу и футбо́лу.

4. — Москва́ — столи́ца Росси́и. В Москве́ мно́го институ́тов.

5. — Ната́ша хо́чет быть учи́тельницей, потому́ что она́ о́чень лю́бит шко́лу и дете́й.

6. — Вчера́ был интере́сный матч по футбо́лу. „Спарта́к" вы́играл со счётом 3:1.

1. — Тама́ра говори́т о профе́ссии медсестры́.

2. — Ива́н говори́т о профе́ссии инжене́ра и́ли экономи́ста.

3. — Вы говори́те о тре́нере по баскетбо́лу и футбо́лу.

4. — Вы говори́те о столи́це Росси́и.

5. — Ната́ша говори́т о профе́ссии учи́тельницы.

6. — Вы говори́те о ма́тче по футбо́лу и о „Спарта́ке".

B9 Continue the conversation according to the model.

— Вчера́ мы говори́ли о Ви́кторе.
— А что вы говори́ли о нём?
— Мы говори́ли, что он хо́чет поступи́ть в медици́нский институ́т.

1. — Вчера́ мы говори́ли о тебе́.
2. — Ната́ша вчера́ говори́ла об Оле́ге.
3. — Ребя́та говори́ли о Ната́ше.
4. — Ко́ля спра́шивал о Ната́ше.
5. — Ви́ктор вчера́ говори́л о вас.
6. — Вчера́ учи́тельница говори́ла о нас.

1. — Мы говори́ли, что ты о́чень хорошо́ у́чишься.
2. — Она́ говори́ла, что Оле́г хо́чет быть хи́миком.
3. — Они́ говори́ли, что Ната́ша мно́го рабо́тает.
4. — Ко́ля спра́шивал, где живёт Ната́ша.
5. — Он говори́л, что вы бы́ли до́ма вчера́.
6. — Она́ говори́ла, что мы хорошо́ говори́м по-ру́сски.

New vocabulary for this section: архитекту́ра, биоло́гия, ко́нкурс, педагоги́ческий, поступи́ть, поэ́тому, расска́зывать, спо́рить, тру́дный, учи́тельский, физи́ческий, юриди́ческий.

C Talking about Decisions and Intentions

После школы все ребята решили поступить в институт.	After completing school, all the kids decided to enroll in an institute.

C1 Дéвочки разговáривают.

(Some) girls are talking.

— А твои друзья́ ужé **реши́ли**, кем бýдут?

— Не **все**, конéчно. Это больша́я **проблéма**.

— Да, э́то проблéма. А скажи́, все ребя́та **пóсле** шкóлы хотя́т поступи́ть в институ́т?

— Нет, э́то не так. Наприме́р, На́дя Соколóва не хóчет учи́ться в институ́те.

— А что онá хóчет дéлать?

— Онá хóчет рабóтать **парикмáхером**, поэ́тому онá идёт в ПТУ.

— А другúе ребя́та?

— Трýдно сказа́ть. Одни́ хотя́т учи́ться в институ́те, а другúе хотя́т рабóтать и **зараба́тывать дéньги**.

— У нас тóже так.

"Have your friends already decided what (who) they will be?"
"Not all, of course. That's a big problem."
"Yes, it's a problem. But say, do all the kids want to enroll in an institute after school?"
"No, it's not that way. Nadia Sokolova doesn't want to study in an institute."
"And what does she want to do?"
"She wants to work as a hairdresser (barber); therefore she is going into a P.T.U."
"And the other kids?"
"It's hard to say. Some want to study in an institute, but others want to work and earn money."
"It's that way in our country, too."

C2 Что такóе ПТУ?

ПТУ — э́то **профессионáльно-техни́ческое учи́лище.** В ПТУ мóжно поступи́ть пóсле 8 клáсса и учи́ться 3 гóда и́ли пóсле 10 клáсса и учи́ться 1 год. Эти учи́лища готóвят парикмáхеров, строи́телей, **монтáжников, машини́стов, поварóв** и т.д. Вот нéсколько объявлéний.

A P.T.U. is a professional technical school. It's possible to enroll in a P.T.U. after the eighth grade and study for three years—or after the tenth grade and study for one year. These schools train (prepare) hairdressers (barbers), assemblers, typists, machinery operators, cooks, etc. Here are several advertisements.

Счастливый номер ПТУ

Ты переступил школьный порог и теперь перед выбором: кем быть? Задачка нешуточная: ведь работа по душе и по призванию — это, считай, полдела в жизни. «Думай—думай—думай!» — как поётся в известной песенке. А мы попробуем тебе помочь. Предлагаем — выбирай!

Хочешь всю жизнь иметь дело с живой природой? Убежать от городской суеты или, наоборот, творить прекрасные сады и парки в наших асфальтовых мегаполисах! Тогда КОСТИНСКОЕ ПТУ-29 (Рязанской области) — это то, что тебе нужно! Здесь готовят по специальностям:

— пчеловод,
— мастер-цветовод-садовод,
— мастер садово-паркового искусства.

Срок обучения от 10 месяцев до 3-х лет. Начало занятий 1 сентября и 15 декабря.

Адрес: 391131, Рязанская обл., Рыбновский район, п/о Костино, СПТУ-29.

Тел. для справок: 97-2-95.

А вот неисправимым романтикам, с детства мечтающим о море, команда: снимайтесь с якоря! НОВОЛАДОЖСКОЕ ПТУ-2 ждёт вас. Здесь те, кто окончил 11 классов, могут получить специальности:

— моторист-рулевой (1 год),
— повар для работы на судах морского и речного флота (1 год);
— судоводитель — пом. механика судов I—IV групп (2 г.).

Окончившие 9 классов тоже не расстанутся с мечтой о море — их ждут специальности:
— моторист-рулевой (2 года),
— матрос 1 класса — моторист 11 класса (3 года).

Адрес училища: 187416, Ленинградская обл., Волховский район, г. Новая Ладога, м-н «Ю», 23.

Тел. для справок в г. Новая Ладога: 3-03-35, 3-04-35.

...если считаешь, что у тебя способности к художественному рисунку, а за столом тебе в голову приходит «эстетическая» мысль: не смотри в тарелку — смотри на ее отделку!— значит, тебе прямая дорога в ПТУ-21 (Новгородской обл.).

Училище готовит мастеров фарфоро-фаянсового производства по специальностям:

— переводчик рисунка,
— живописец.

Адрес училища. 174130, Новгородская обл., Новгородский район, п. Пролетарии, ул. Октябрьская, 6.

Тел. для справок: (81600) 44-6-92.

Кстати, если вспомнить времена, когда фарфор-фаянс можно было выбирать в магазине, бесспорной была истина: в красивой посуде любое блюдо вдвойне вкуснее. Может, с твоей помощью истина вернётся в нашу жизнь?

...ну, а тем, кто любит импровизировать, фантазировать, кто от скуки — на язве, но при этом обладает художественным вкусом, советуем выбрать специальность декоратора-оформителя. Сдав вступительные экзамены — рисунок и живопись — за 1 год 10 месяцев (на базе полного среднего образования), в СПТУ-9 (г. Энгельс) вы сможете получить интересную профессию.

Адрес училища. 413105, г. Энгельс, Саратовская обл., 1-й микрорайон им. Урицкого, СПТУ-9.

Тел.: (74311) 6-52-42.

...«Вы плюс... электрификация всей страны!» Звучит? Тогда знайте: ПТУ № 200 объявляет набор по специальностям:

— электромонтажник по освещению, осветительным и силовым сетям и электрооборудованию,
— монтажник связи — линейщик.

Срок обучения от 10 месяцев до 3-х лет. Принимаются юноши с образованием 9—11 классов или уволенные в запас из рядов Советской Армии, проживающие в Москве и Московской области.

Адрес училища. 113534, г. Москва, ул. Кировоградская, 21.

Справки по тел. в Москве: (095) 388-78-66.

Ну что, выбрали? Тогда ни пуха!

А. ЕПИХИНА.

C3 Complete these ideas using the verb реши́ть.

— Мне о́чень нра́вится бокс. Поэ́тому я реши́л занима́ться бо́ксом.

1. Моя́ ма́ма — учи́тельница. Мне о́чень нра́вится э́та профе́ссия.
2. Мне о́чень нра́вится ру́сский язы́к.
3. Я люблю́ исто́рию.
4. Мой брат говори́т, что профе́ссия хи́мика о́чень интере́сная.
5. Он лю́бит матема́тику.

1. Поэ́тому я реши́л/а стать учи́телем/учи́тельницей.
2. Поэ́тому я реши́л учи́ть ру́сский язы́к.
3. Поэ́тому я реши́л стать исто́риком.
4. Поэ́тому он реши́л стать хи́миком.
5. Поэ́тому он реши́л стать матема́тиком.

Continue to practice by naming additional subjects and topics of interest (фи́зика, биоло́гия, футбо́л, бале́т, etc.).

C4 The preposition по́сле is used with the genitive case.

когда́? по́сле чего́?			
по́сле	уро́ка	по́сле	уро́ков
	конце́рта		заня́тий (∅)
	шко́лы		кани́кул (∅)
	заня́тия		

(The symbol "∅" means a "null" or "zero" ending. Linguists often describe a Russian noun form that ends in the stem consonant as having a "∅ ending." This "∅ ending" occurs in the nominative singular for masculine nouns and the genitive plural for feminine and neuter nouns.)

C5 Скажи́те, когда́ и́ли по́сле чего́ э́то бы́ло.

Мы говори́ли о профе́ссии учи́теля.
— На уро́ке мы говори́ли о профе́ссии учи́теля.
(— По́сле уро́ков мы говори́ли о профе́ссии учи́теля.)

1. Мы говори́ли о му́зыке.
2. Мы говори́ли об арти́сте Хо́ффмане.
3. Анто́н и И́горь спо́рили о зада́че по матема́тике.
4. Ни́на и Мари́на говори́ли в шко́ле о ле́те.
5. Ма́ша и Ка́тя говори́ли об уро́ке исто́рии.
6. Я реши́л идти́ на стадио́н.

1. По́сле конце́рта мы говори́ли о му́зыке.
2. По́сле спекта́кля мы говори́ли об арти́сте Хо́ффмане.
3. По́сле уро́ков Анто́н и И́горь спо́рили о зада́че по матема́тике.
4. По́сле кани́кул Ни́на и Мари́на говори́ли в шко́ле о ле́те.
5. На уро́ке фи́зики Ма́ша и Ка́тя говори́ли об уро́ке исто́рии.
6. По́сле уро́ка я реши́л идти́ на стадио́н.

1. У нас в семье́ все врачи́. Поэ́тому я то́же реши́л поступи́ть в медици́нский институ́т.
2. Все ду́мают, что Та́ня и Оля — сёстры.
3. Хорошо́, когда́ все — друзья́.
4. Все мои́ друзья́ — хоро́шие спортсме́ны.

Все мои́ друзья́ — хоро́шие спортсме́ны.

Все ду́мают, что Та́ня и Оля — сёстры.

У нас в семье́ все врачи́. Поэ́тому я то́же реши́л поступи́ть в медици́нский институ́т.

Хорошо́, когда́ все — друзья́.

C7 Learn this proverb.

Оди́н за всех – все за одного́. One for all, and all for one.

C8 Examine the way the word другóй is used below. You first encountered this word in the expression на другóй день (the next day/on another day) in lesson 13.

другóй мáльчик	another/the other boy
другáя дéвочка	another/the other girl
другóе упражнéние	another/the other exercise
другúе ребя́та	the other kids

C9 Object to what is said in the sentences below. As in the model, point out the mistake.

— Кто э́то? Ви́тя Николáев?

— Нет, э́то другóй мáльчик, Волóдя Петрóв.

1. — Кто э́то? Это Нáдя Вóлкова?
2. — Это áнгло-рýсский словáрь?
3. — Это газéта „Прáвда"?
4. — Это комáнда „Динáмо"?
5. — На фотогрáфии гóрод Москвá?
6. — Ты пи́шешь упражнéние нóмер 4?
7. — Это нáши ребя́та игрáют в футбóл?

1. Нет. Это другáя дéвушка, Ни́на Ивáнова.
2. Нет, э́то другóй словáрь, рýсско-англи́й-ский.
3. Нет, э́то другáя газéта, „Извéстия".
4. Нет, э́то другáя комáнда, „Торпéдо".
5. Нет, э́то другóй гóрод, Минск.
6. Нет, я пишý другóе упражнéние, нóмер 3.
7. Нет, э́то другúе ребя́та игрáют в футбóл.

C10 Complete these sentences.

1. У нас в клáссе одни́ ребя́та óчень лю́бят математи́ку, а другúе...
2. У сестры́ в клáссе одни́ дéвочки хотя́т поступи́ть в медици́нский институ́т, а другúе...
3. Пóсле шкóлы одни́ ребя́та хотя́т идти́ рабóтать, а другúе...
4. У нас в клáссе одни́ ученики́ ужé вы́брали институ́т, а другúе...

1. ...лю́бят англи́йский язы́к.
2. ...хотя́т поступи́ть в педагоги́ческий институ́т.
3. ...хотя́т учи́ться.
4. ...ещё дýмают, что вы́брать.

New vocabulary for this section: дéньги, задáча, зарабáтывать, машини́ст, монтáжник, объявлéние, парикмáхер, пóвар, пóсле, проблéма, профессионáльно-техни́ческий, ПТУ, реши́ть.

Help students review the pronunciation of unstressed vowels. In parts 2 and 3, it may take a lot of practice to achieve smooth pronunciation of longer sentence elements.

D1 Pronunciation Practice.

1. Practice the correct pronunciation of the unstressed vowels.

a) экза́мен   факульте́т   секрета́рь   зараба́тывать
объявле́ние   парикма́хер

b) быть адвока́том   быть диплома́том   быть машини́стом
быть экономи́стом   быть монта́жником   быть хи́миком
быть ме́неджером   быть фе́рмером   быть по́варом

2. Practice the correct pronunciation of these words and phrases without pauses in your flow of speech.

проблéма
больша́я проблéма
Это больша́я проблéма.

профéссия
интерéсная профéссия
У неё интерéсная профéссия.

ко́нкурс
большо́й ко́нкурс
В институ́т большо́й ко́нкурс.

дéньги
зараба́тывать дéньги
Ребя́та хотя́т зараба́тывать дéньги.

факульте́т
педагоги́ческий факульте́т
Она́ вы́брала педагоги́ческий факульте́т.

учи́лище
профессиона́льно-техни́ческое учи́лище
У нас профессиона́льно-техни́ческое учи́лище.

3. Practice the correct intonation of these declarative sentences.

— Моя́ ма́ма учи́тельница. Я то́же бу́ду учи́тельни-
цей.

— Мой де́душка адвока́т. Я то́же бу́ду адвока́том.

— Мой па́па инжене́р. Я то́же бу́ду инжене́ром.

— Моя́ ба́бушка врач. Моя́ сестра́ то́же бу́дет
врачо́м.

— Мой брат стро́итель. Мой друг то́же бу́дет
стро́ителем.

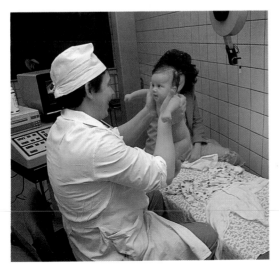

D2 В 1989-м году́ в Москве́ был пе́рвый ко́нкурс **красоты́**. Москви́чка Ю́лия Суха́нова ста́ла пе́рвой сове́тской **короле́вой** красоты́. Прочита́йте текст и скажи́те, чем хо́чет занима́ться Ю́лия Суха́нова, ско́лько лет Де́бби Тёрнер.

— Ю́ля, что ты лю́бишь?

— Свобо́ду и незави́симость.

— Твой хара́ктер?

— Хочу́ быть уве́ренной в себе́. Мой при́нцип: «Доро́гу оси́лит иду́щий».

— Чем ты хо́чешь занима́ться по́сле шко́лы?

— Я о́чень люблю́ спорт, аэро́бику, хочу́ занима́ться эколо́гией. Но сейча́с я, мо́жет быть, бу́ду занима́ться рекла́мой.

The first beauty contest in Moscow was held in 1989. Yulia Sukhanova, a Moscovite, became the first Soviet Beauty Queen. Read her interview, and say how old she is, (and) what she wants to be involved in.
"Yulia, what do you love?"
"Freedom and independence."
"Your character?"
"I want to be self-confident. My principle: 'The road strengthens the traveler.'"
"What do you want to do after school?"
"I like sports (and) aerobics a lot, (and) want to be involved in ecology. But now, perhaps, I want to get into advertising."

А вот Юлия Суха́нова с короле́вой красоты́ США 1989-го го́да Де́бби Те́рнер. Ей 24 го́да. Она́ хо́чет быть ветерина́рным врачо́м. Де́бби — 63 (шестьдеся́т тре́тья) победи́тельница в исто́рии ко́нкурсов америка́нских краса́виц и то́лько 3 (тре́тья) негритя́нка, вы́игравшая э́тот ти́тул.

And here is Yulia Sukhanova with Debbie Turner, Miss America (the Beauty Queen of the U.S.A.) of 1989. She is 24. She wants to be a veterinarian. Debbie is the sixty-third winner of that American beauty pageant and the third African American who has won that title.

Начинáю нóвую жизнь

Юра лежáл на дивáне и дýмал: „У меня абсолю́тно нет харáктера. Жизнь моя́ идёт и идёт, а я ничегó не дéлаю: никакúх рекóрдов, ничегó интерéсного. Я читáл, что Мóцарт в три гóда писáл мýзыку, Пýшкин в пять лет писáл стихú по-францýзски. А я? А я письмó бáбушке по-рýсски пишý 10 дней.

И в шкóле ничегó харóшего: по физкультýре — „двóйка“: забы́л дóма кéды, по литератýре — „трóйка“: не знал, когдá родúлся Пýшкин.

Нет! Так жить нельзя́. Начинáю нóвую жизнь. Какóй день у нас зáвтра? Пя́тница? Нет, в пя́тницу начинáть нóвую жизнь нехорошó. Нáдо э́то дéлать в понедéльник“.

Юра взял бумáгу, рýчку и написáл:

```
        ПЛАН №1

1. Начать новую жизнь в понедельник.
2. Утром в 6 часов 15 минут делать гимнастику.
3. Заниматься спортом 2 часа каждый день.
4. Начать учить французский и немецкий языки.
5. Начать заниматься музыкой.
6. Писать письма бабушке: одно письмо в неделю.
7. Узнать, когда родился Пушкин.
```

"Plan No. 1.

1. Begin a new life (on Monday).
2. Do calesthenics at 6:15.
3. Take part in sports for two hours every day.
4. Begin to study French and German.
5. Begin to study music.
6. Write letters to grandmother (one letter a week).
7. Find out when Pushkin was born."

В понедельник Юра не на́чал но́вую жизнь. Пра́вда, он встал в 6 часо́в 15 мину́т и хоте́л нача́ть но́вую жизнь по пла́ну. По пла́ну! А где же план?

На столе́ его́ не́ было. На дива́не то́же. В су́мке, на шкафу́, на окне́ — никако́го результа́та.

— Ничего́, — сказа́л Юра, — тру́дности то́лько уси́ливают хара́ктер.

Юра взял но́вую бума́гу и реши́тельно написа́л:

```
        ПЛАН №2

1. Найти план №1.
2. Начать новую жизнь (в понедельник).
```

On Monday Yura did not begin a new life. True, he did get up at 6:15 and intended (wanted) to begin a new life according to plan. "According to plan!" But where's the plan?

It wasn't on the table. And not on the couch. In the bag, in the bookcase, on the windowsill—no luck at all.

"That's all right," said Yura, "hardships only strengthen the character."
Yura took out a new sheet of paper and decisively wrote down:

"Plan No. 2.

1. Find plan no. 1.
2. Begin a new life on Monday."

In this lesson, you have learned:

1) how to discuss quantity, using the words **мно́го, ма́ло, ско́лько, не́сколько, все**;
2) how to talk about what or about whom, using the preposition **о**;
3) how to express the reason for an action, using **поэ́тому**;
4) how to express an intention or a decision to perform an action.

Прочита́йте разгово́ры. Скажи́те, о чём говоря́т ребя́та. Как ты ду́маешь, како́й институ́т они́ вы́брали? Что они́ реши́ли де́лать?

1. — Учи́тель — э́то о́чень хоро́шая профе́ссия. Когда́ в шко́ле рабо́тает хоро́ший учи́тель — ученики́ у́чатся хорошо́, им не тру́дно учи́ться.

2. — Я реши́ла быть врачо́м. Врачи́ живу́т и рабо́тают в го́роде и в дере́вне. Все хотя́т говори́ть с врачо́м, все лю́бят его́.

3. — Я не хочу́ учи́ться в институ́те. По́сле шко́лы есть мно́го рабо́ты и на заво́де и в магази́не. Я хочу́ рабо́тать и хорошо́ зараба́тывать.

1. Он/она́ говори́т о профе́ссии учи́теля. Он/она́ вы́брал/а педагоги́ческий институ́т. Он/она́ реши́л/а стать учи́телем.

2. Она́ говори́т о профе́ссии врача́. Она́ вы́брала медици́нский институ́т. Она́ реши́ла стать врачо́м.

3. Он/она́ говори́т о рабо́те. Он/она́ хо́чет хорошо́ зараба́тывать. Он/она́ реши́л/а рабо́тать на заво́де и́ли в магази́не.

Слова́рь

биоло́гия (*f*) biology
все all, everyone
*всегда́ always
*вы́брать (вы́беру, вы́берешь, вы́бе-
    рут) to select, choose
де́ньги (*pl*) money
диплома́т (*m*) diplomat
*зада́ча (*f*) task
*зараба́тывать (зараба́тываю, зараба́-
    тываешь, зараба́тывают) to earn
кем whom (*instr. of* кто)
кио́ск (*m*) stand, kiosk
ко́нкурс (*m*) competition
*медсестра́ (*f*) nurse
*не́сколько (*indef. number*) several
*парикма́хер (*m*) barber, hairdresser
педагоги́ческий pedagogical, teachers'
поли́тик (*m*) politician
*по́сле (+gen.) after
*поступи́ть (поступлю́, посту́пишь,
    посту́пят) to enroll in

*поэ́тому therefore
*пробле́ма (*f*) problem
профе́ссия (*f*) profession
ПТУ professional-technical school
*рассказа́ть (расскажу́, расска́жешь,
    расска́жут) to tell, narrate
расска́зывать (расска́зываю, расска́-
    зываешь, расска́зывают) to tell,
    narrate
реши́ть (решу́, реши́шь, реша́т) to
    decide
секрета́рь (*m*) secretary
*спо́рить (спо́рю, спо́ришь, спо́-
    рят) to argue
стро́ить (стро́ю, стро́ишь, стро́ят) to
    build
те́хника (*f*) technology
*тру́дный difficult
фе́рмер (*m*) farmer
хи́мик (*m*) chemist
шофёр (*m*) driver

Урок 19
(Девятнадцатый урок)

Письма домой

Section	Main Structures	Functions	Grammatical Concepts	Language & Culture
A	Я написа́л пи́сьма домо́й.	Expressing the completion or result of an action	Verbal aspects	Stamp collecting
B	— Кому́ ты написа́л пи́сьма? — Ма́ме, ба́бушке, сестре́ и дру́гу.	Naming the recipient of an action	Using the dative case to name the indirect object	Mailing addresses
C	— Мне на́до купи́ть пода́рки. — Хоро́шие пода́рки мо́жно купи́ть в магази́не о́коло гости́ницы «Украи́на».	Telling what needs to be done	Using the modal на́до The adverbs у́тром, днём, ве́чером, но́чью	Центра́льный де́тский музыка́льный теа́тр
D	Phonetics and Reading Pronunciation Practice Письмо́ в Росси́ю		Подпи́счик «ВМ» из шта́та Ога́йо Overview of the Lesson Слова́рь	

A Expressing the Completion or Result of an Action

Я написа́л пи́сьма домо́й.   I wrote (some) letters home.

A1   Кири́лл ви́дит Дэ́на на у́лице.

— Куда́ ты идёшь?

— На по́чту. Я написа́л пи́сьма домо́й и хочу́ **купи́ть** краси́вые ру́сские ма́рки.

— Я зна́ю ме́сто, где мо́жно купи́ть хоро́шие ма́рки.

Kirill sees Dan on the street.

"Where are you going?"
"To the post office. I wrote a letter home, and I want to buy some beautiful Russian stamps."
"I know a place where you can buy good stamps."

A2 Russian verbs have two aspects, imperfective and perfective. Generally speaking, imperfective verbs may:

1) simply name the action that is occurring

— Что ты вчера́ де́лала?
— Я писа́ла письмо́.

2) view the action as a process

Я писа́ла письмо́ два часа́. Когда́ я писа́ла письмо́, я ду́мала о до́ме.

or 3) describe a recurring action

Ната́ша вчера́ и сего́дня писа́ла пи́сьма.

A perfective verb is used to emphasize the completeness or result of an action.

Вчера́ я написа́ла три письма́.

Avoid allowing students to think there are equivalents between Russian verbal aspects and English tenses. The examples in the text will help illustrate this simple fact. They can be translated as follows:
1) "What did you do yesterday?"
"I wrote a letter."
2) "I wrote a letter for two hours." (or "I spent two hours writing a letter.")
"While I was writing the letter I thought about home."
3) "Natasha wrote letters yesterday and today."
The perfective verb is translated using the same English verb form:
"Yesterday I wrote three letters."

A3 Learn these pairs of imperfective and perfective verbs.

Repeat these pairs of perfective and imperfective verbs several times for the students. Students can be told that perfective verbs usually (but not always) are prefixed versions of the imperfective. But the prefixes used are numerous, and not all of the verbs are prefixed. The pair реша́ть/реши́ть illustrates the fact that sometimes it is the verbal suffix that changes. Sometimes (as in покупа́ть/купи́ть), an apparent prefix can be a false clue to the aspect of a verb.

A4 Which of the drawings below correspond to the following descriptions?

1. Вчера́ Анто́н учи́л англи́йские слова́.
2. Кири́лл сде́лал больши́е краси́вые фотогра́фии.
3. Ната́ша 2 часа́ реша́ла зада́чи.
4. И́ра прочита́ла кни́гу.
5. В воскресе́нье мы с па́пой купи́ли соба́ку.

Кири́лл сде́лал больши́е краси́вые фотогра́фии.

Ната́ша 2 часа́ реша́ла зада́чи.

Вчера́ Анто́н учи́л англи́йские слова́.

В воскресе́нье мы с па́пой купи́ли соба́ку.

И́ра прочита́ла кни́гу.

A5 Скажи́те, что вы занима́лись други́м де́лом.

(Note that you will be using only the imperfective aspect in these sentences, since you will be only naming the action.)

— Вчера́ я чита́л но́вый журна́л. А ты что де́лал?
— А я смотре́л телеви́зор.

1. — В воскресе́нье я писа́ла пи́сьма. А ты что де́лала?
2. — В четве́рг мы смотре́ли фильм. А вы что де́лали?
3. — Во вто́рник мы игра́ли в футбо́л. А ты что де́лал?
4. — Сего́дня у́тром я учи́ла стихотворе́ние. А ты что де́лала?
5. — Ве́чером мы слу́шали му́зыку. А ты что де́лал?

Possible answers only:

1. — А я в воскресе́нье чита́ла кни́гу.
2. — А мы в четве́рг бы́ли в теа́тре.
3. — А мы во вто́рник игра́ли в воллей-бо́л.
4. — А я сего́дня у́тром писа́ла пи́сьма.
5. — А мы ве́чером смотре́ли телеви́зор.

A6 Ask a classmate whether the action was completed.

— Вчера́ я чита́л интере́сную кни́гу.

— Ну и как? Ты прочита́л её?

— Да, прочита́л.

1. — Вчера́ я три часа́ писа́л пи́сьма. (написа́ть)

2. — В суббо́ту я учи́л но́вые слова́. (вы́учить)

3. — В сре́ду я де́лал упражне́ния. (сде́лать)

4. — Вчера́ я реша́ла зада́чи. (реши́ть)

5. — Вчера́ мы с Ирой покупа́ли ма́рки на Но́вом Арба́те. (купи́ть)

6. — В понеде́льник мой брат учи́л стихотворе́ние. (вы́учить)

These will all be perfectives.

1. — Ну и как? Ты написа́л их?
   — Да, написа́л.
2. — Ну и как? Ты вы́учил их?
   — Да, вы́учил.
3. — Ну и как? Ты сде́лал их?
   — Да, сде́лал.
4. — Ну и как? Ты реши́ла их?
   — Да, реши́ла.
5. — Ну и как? Ты купи́л их?
   — Да, купи́л.
6. — Ну и как? Он вы́учил его́?
   — Да, вы́учил.

A7 Посмотри́те на ма́рки и конве́рты (section A1). Скажи́те, каку́ю ма́рку, како́й конве́рт вы хоти́те купи́ть.

— Я хочу́ купи́ть вот э́ту ма́рку.

(— Я хочу́ купи́ть вот э́тот конве́рт.)

A8 Stamp collecting is a very popular hobby in Russia, and many attractive stamps are issued each year. The former world chess champion, Анато́лий Ка́рпов, has one of the best collections in Russia.

New vocabulary in this section: вы́учить, купи́ть, ме́сто, написа́ть, покупа́ть, прочита́ть, реша́ть, реши́ть, сде́лать.

B Naming the Recipient of an Action

— Кому́ ты написа́л пи́сьма?

"Who did you write letters to?"

— Ма́ме, ба́бушке, сестре́ и дру́гу.

"To mama, grandmother, my sister, and a friend."

B1 Кири́лл и Дэн иду́т в магази́н, где мо́жно купи́ть краси́вые ма́рки.

— А **кому́** ты написа́л пи́сьма?

— О! Ма́ме, ба́бушке, сестре́ и дру́гу. Я написа́л, что в Москве́ не о́чень хо́лодно и что у меня́ **всё в поря́дке**. Кири́лл, посмотри́, как я написа́л ру́сский а́дрес. Пра́вильно?

— Нет, непра́вильно. Смотри́, я покажу́ тебе́. По-ру́сски пи́шут так: снача́ла **назва́ние страны́, и́ндекс** и го́род, пото́м у́лица, но́мер до́ма и кварти́ры, а пото́м **фами́лия** и и́мя. Поня́тно?

— Да, **интере́сно**. У нас всё **наоборо́т**: снача́ла и́мя и фами́лия, а пото́м дом, у́лица, го́род, и́ндекс и страна́.

Kirill and Dan go into a store where it is possible to buy beautiful stamps.

"And who did you write letters to?"
"Oh, my mother, grandmother, sister, and a friend. I wrote that it's not very cold in Moscow and that everything is all right with me. Kirill, look at how I wrote the Russian address. Correct?"
"No, it's wrong. Look, I'll show you. In Russian it's written this way: first the name of the country, the index (postal code) and city, then the street, the house number and apartment number, and then the last name and first name. Got it?"
"Yes, it's interesting. In our country, everything is the reverse: first the given name and surname, and then the house, street, city, ZIP code, and country."

Куда Москва,
      ул. Шпинкина,
      дом 1, кв. 3

Кому Воронину Н. И.

Индекс предприятия связи и адрес отправителя
г. Харьков, 310020,
ул. Луначарского, д. 35
Иванов В. С.

С Новым годом!

125080

Пишите индекс предприятия связи места назначения

B2 The dative case is used to name the person to whom or for whom the action of the sentence occurred. Study these examples:

	кому?	кому?
Я написа́л письмо́	дру́гу.	бра́ту.
Я показа́л кни́гу	учи́тельнице.	сестре́.
Я купи́л слова́рь	Никола́еву.	Никола́евой.*

Explain that these are examples of the use of the dative for indirect objects and that this is the way the dative case is most frequently used when no preposition that requires the dative case is present.

B3 Ви́кторов Пётр Андре́евич живёт в Санкт-Петер-бу́рге, Во́лкова Тама́ра Ива́новна — в Москве́, Васи́льев Игорь — в Твери́, а За́йцева Ната́ша — в Орле́.

As is frequently the case in Russia, the last names are given first in the listings above. Describe how each person's name and address would appear on an envelope.

---

* The dative form of feminine last names should be learned separately, since they do not follow the usual rules for noun endings. You have now learned all the regular singular case forms of nouns.

B4 Кому́ и куда́ они́ пи́шут пи́сьма?

У И́горя брат живёт в Ми́нске.
— И́горь пи́шет пи́сьма бра́ту в Минск.

1. И́ра: Моя́ подру́га сейча́с живёт в Москве́.
2. У Оле́га ба́бушка живёт в Тамбо́ве.
3. Наш учи́тель сейча́с в Санкт-Петербу́рге.
4. У Ле́ны ма́ма сейча́с в Ки́еве.
5. У Бори́са друг живёт сейча́с в дере́вне.

Emphasize that the name of the city is given in the accusative case, since it names a destination in response to the question куда́?

1. И́ра пи́шет пи́сьма подру́ге в Москву́.
2. Оле́г пи́шет пи́сьма ба́бушке в Тамбо́в.
3. Мы пи́шем пи́сьма учи́телю в Санкт-Петербу́рг.
4. Ле́на пи́шет пи́сьма ма́ме в Ки́ев.
5. Бори́с пи́шет пи́сьма дру́гу в дере́вню.

B5 Дэн купи́л сувени́ры па́пе, ма́ме, сестре́ и дру́гу. Как вы ду́маете, что кому́ он купи́л?

Шкату́лка

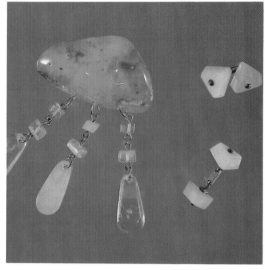

Янта́рная брошь

Плато́к

Кни́ги

Дэн купи́л па́пе кни́ги.
Дэн купи́л ма́ме янта́рную брошь.

Дэн купи́л сестре́ плато́к.
Дэн купи́л дру́гу шкату́лку.

B6 Отве́тьте, что вы пока́жете то, о чём вас спра́шивают.

(Remember the accusative pronouns: его́, её, их.)

— У вас есть журна́л «Огонёк»?

— Да, есть. Сейча́с я покажу́ его́.

1. — У вас есть ма́рки?
2. — У тебя́ есть расписа́ние на за́втра?
3. — У вас есть ша́хматы?
4. — У тебя́ есть кни́га «Война́ и мир»?
5. — У тебя́ есть большо́й а́нгло-ру́сский слова́рь?
6. — У вас есть значо́к «Моско́вский Кремль»?

1. — Да, есть. Сейча́с я покажу́ их.
2. — Да, есть. Сейча́с я покажу́ его́.
3. — Да, есть. Сейча́с я покажу́ их.
4. — Да, есть. Сейча́с я покажу́ её.
5. — Да, есть. Сейча́с я покажу́ его́.
6. — Да, есть. Сейча́с я покажу́ его́.

B7 Russian buildings are numbered differently from those in the United States. The same building, no matter how large it is, has a single number, although there may be a thousand or more apartments. How are apartments numbered in large American cities?

The inhabitants of this apartment building (and there are more than a thousand apartments) have the same building number; only their apartment numbers are different.

New vocabulary in this section: кому́, всё в поря́дке, показа́ть, назва́ние, и́ндекс, интере́сно, наоборо́т, мехово́й.

C Telling What Needs to Be Done

— Мне на́до купи́ть пода́рки.
"I have to buy (some) presents."

— Хоро́шие пода́рки мо́жно купи́ть в магази́не о́коло гости́ницы «Украи́на».
"You can buy good presents in a store near the Hotel *Ukraine.*"

C1 Кири́лл и Дэн на у́лице. Они́ купи́ли ма́рки.

— Ско́лько сейча́с вре́мени?

— 12 часо́в, а что?

— Сего́дня у нас экску́рсия в Кремль, ве́чером мы идём в Де́тский музыка́льный теа́тр, а мне ещё на́до купи́ть пода́рки.

— Хоро́шие пода́рки мо́жно купи́ть в магази́не «Ру́сский сувени́р».

— А где э́то?

— **О́коло** гости́ницы «Украи́на».

— О́чень хорошо́.

Kirill and Dan are on the street. They have purchased stamps.
"What time is it now?"
"12 o'clock. So?"
"We have an excursion to the Kremlin today; in the evening we are going to the Children's Musical Theater, and I still have to buy presents."
"You can buy good books in the *Russian Souvenir* store."
"And where is that?"
"Near the *Ukraine* Hotel."
"Very good."

C2 How to use the word на́до.

кому́? (*dative*)		что де́лать/сде́лать?
Мне Тебе́ Ему́, ей, Анто́ну, Ире Нам Вам Им, Анто́ну и Ире	на́до	написа́ть письмо́. купи́ть сувени́ры. сде́лать дома́шнее зада́ние. реши́ть зада́чу. занима́ться спо́ртом. вы́учить слова́.

C3 Кому́ что на́до сде́лать?

1. — У Иры за́втра контро́льный дикта́нт. Ей на́до...

2. — За́втра мы е́дем домо́й. Но нам ещё на́до...

3. — Мой брат хо́чет быть врачо́м, а поступи́ть в медици́нский институ́т о́чень тру́дно. Поэ́тому ему́ на́до...

4. — Я хочу́ прочита́ть по-ру́сски но́вый текст. Мне на́до...

Point out to students that the question is asked with a perfective verb сде́лать, which frequently leads to a perfective answer. The imperfective will be used when the answer implies repetition.

1. Ей на́до вы́учить слова́.
2. Но нам ещё на́до купи́ть пода́рки.
3. Поэ́тому ему́ на́до *мно́го* занима́ться.
4. Мне на́до смотре́ть в словаре́.

C4 Remember that a twenty-four hour day has four parts:

	когда́?
у́тро	у́тром
день	днём
ве́чер	ве́чером
ночь	но́чью

Remind students that these adverbial forms are derived from the nouns у́тро, день, ве́чер, ночь. When memorized, these forms can serve as a key to remembering the instrumental endings for hard and soft masculine nouns and for feminine nouns that end in a -ь.

C5 Скажи́те, где и когда́ была́ Ната́ша? Пётр Ива́нович? Игорь?

1. Утром Ната́ша была́ на по́чте. 2. Днём Пётр Ива́нович был в магази́не.
3. Ве́чером Игорь был в Музыка́льном теа́тре.

C6 Па́вел Петро́вич о́чень лю́бит му́зыку. Когда́ он игра́ет?

Па́вел Петро́вич игра́ет у́тром, днём и ве́чером.

C7 Посмотри́те на ка́рту-схе́му Санкт-Петербу́рга и скажи́те, где что нахо́дится.

Начни́те так: Гости́ный двор нахо́дится на Не́вском проспе́кте.

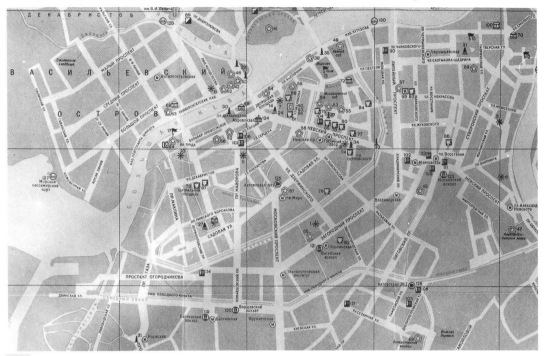

C8 Уника́льный теа́тр

В Москве́ есть уника́льный теа́тр. Это Центра́льный де́тский музыка́льный теа́тр. Он ста́вит бале́ты, о́перы, музыка́льные спекта́кли специа́льно для дете́й.

Мно́го лет э́тим теа́тром руководи́т Ната́лья Илья́-нична Сац. Она́ фана́тик своего́ де́ла, своего́ теа́тра.

— Она́ мо́жет всё! — говоря́т лю́ди о Сац, и э́то пра́вда.

In Moscow, there is a unique theater. It is the Central Children's Musical Theater. It stages ballets, operas, (and) musical performances especially for children.

For many years Natalia Ilyinichna Sats has managed this theater. She is a fanatic at her job, her theater. "She can do anything!" people say about Sats, and that is the truth.

New vocabulary items in this section are: на́до, о́коло, о́пера, пионе́р, руководи́ть, свой, специа́льно.

D1 Pronunciation Practice.

Help students reproduce the sounds of the pronunciation and intonation exercises as accurately as possible.

1. Practice the pronunciation of these phrases without interruption in the flow of your speech.

написа́ть письмо́	реши́ть зада́чу	вы́учить стихотворе́ние
купи́ть пода́рок	прочита́ть кни́гу	сде́лать дома́шнее зада́ние

2. Practice the correct pronunciation of these unstressed vowels.

зада́ча	кварти́ра	пода́рок
конве́рт	дворе́ц	пионе́р
на́до	о́коло	ве́чером

3. Practice the correct intonation of these declarative sentences.

Я хочу́ написа́ть письмо́ ба́бушке.
Све́та хо́чет вы́учить но́вое стихотворе́ние.
И́горь хо́чет реши́ть тру́дную зада́чу.
Ребя́та хотя́т купи́ть ру́сские ма́рки.

4. Practice the correct intonation of these interrogative and declarative sentences.

— Кому́ ты реши́л зада́чу?
— Бра́ту.

— Кому́ она́ купи́ла пода́рки?
— Ма́ме и ба́бушке.

— Кому́ он написа́л письмо́?
— Учи́тельнице.

— Кому́ ты чита́ла стихотворе́ние?
— Дру́гу.

D2 Read this letter, using your glossary as needed. Then answer the question:
А почему́ вы у́чите ру́сский язы́к?

Здравствуй, дорогой Миша!

Ты спрашиваешь, почему я учу русский язык? У нас в школе можно учить французский, испанский и русский языки. Все думают, что русский язык трудный и не очень хотят учить его. А я решил заниматься русским языком, потому что я люблю всё трудное. Я учу русский язык год. Сейчас я понимаю, что русский язык не такой трудный, как говорят, и он мне очень нравится.

Я учу русский язык, потому что я хочу знать всё о России, хочу понимать вашу жизнь. Хочу говорить по-русски об Америке, о политике, культуре и спорте.

Я очень хочу увидеть Москву и Петербург, посмотреть ваш балет, хочу читать книги и журналы по-русски.

Напиши мне, какая у тебя семья, кто твои друзья, чем вы любите заниматься после школы. Какую музыку и какие книги ты любишь? Напиши, как тебе нравится английский язык. Сколько времени ты учишь его? В письме - моя фотография. Это я и моя семья.

С приветом
Ричи Барли

Hello, Dear Misha.

You ask why I am studying Russian? In our school, it is possible to take French, Spanish, and Russian. Everyone thinks that Russian is difficult, and they don't want to take it. But I decided to study Russian, because I like everything (that is) difficult. I have been studying Russian for one year. Now I understand that Russian is not as difficult as they say, and I like it a lot.

I am studying Russian, because I want to know everything about Russia, I want to understand your life. I want to talk about America in Russian—about (its) politics, culture, and sports.

I very much want to see Moscow and Petersburg, to watch your ballet, (and) I want to read books and magazines in Russian.

Write to me about what kind of family you have, who your friends are, what you like to do after school. What kind of music and what kind of books do you like? Write to me about how you like English. How long have you been studying it? In this letter is my photograph. It's of me and my family.

With greetings.
Ritchie Barley

D3 Read this interview with Henry Ziegler. It will help you to learn these words before you begin.

подпи́счик — subscriber

„ВМ“ — initial letters of the name of the newspaper „Вече́рняя Москва́“.

ПОДПИСЧИК «ВМ» ИЗ ШТАТА ОГАЙО

Он получает нашу газету уже не первый год и каждый год возобновляет подписку. Сам по себе этот факт ничем не примечательный — у «Вечерки» около полумиллиона подписчиков. Но дело в том, что он получает газету в городе Цинциннати, что в американском штате Огайо.

Генри Зиглер – преподаватель русского языка в школе «Принстон». Ему за шестьдесят, он энергичен, подвижен, говорит по-русски правильно, но, конечно, с акцентом.

— В школе около ста человек изучают русский. Преподавание ведется с 9-го по 12-й класс. В будущем году желающих, думается, будет еще больше.

— Скажите, а у вас тоже пятибалльная система оценок?

— Да. Только мы ставим буквы, а не цифры — A, B, C, D, F. A — соот-

ветствует пятерке, B — четверке, C — тройке, D — двойке.

— A F — единице?

— Нет, нулю. У нас нет единицы.

— Скажите, а у вас в школе учатся дети миллионеров?

— Мы не называем именно так, но дети богатых людей учатся. Однако это ничуть не отражается на их взаимоотношениях со сверстниками.

— А сколько получаете вы как преподаватель?

— 45 тысяч в год.

— Сейчас группа ваших питомцев учится в московской средней школе № 1201, а вы в этой же школе преподаете английский язык. Вам интересно это?

— Да, очень. И мы, гости из Америки, и наши советские друзья — ученики и взрослые — находим друг у друга много полезного и интересного.

В. ЧААВА.

НА СНИМКЕ: **Генри ЗИГЛЕР со своими учениками.**

Фото В. ГЕРДО.

Отве́тьте на э́ти вопро́сы:

1. Где рабо́тает Ге́нри Зи́глер?
2. Ско́лько ученико́в у Ге́нри Зи́глера?

1. Ге́нри Зи́глер рабо́тает в шко́ле.
2. У Ге́нри Зи́глера о́коло ста ученико́в.

D4 Some of the most popular souvenirs that people buy when they visit Russia:

Полотéнце

Подстакáнник

Поднóс

Шкатýлка и бýсы

Тарéлка (настéнная)

Платóк

In this lesson, you have learned:

1) how to express an action with regard to aspect;
2) how to address an envelope in Russian correctly;
3) how to express what needs to be done.

Скажи́те, в како́й магази́н вы пойдёте, как вы бу́дете там разгова́ривать, éсли:

1) вам на́до купи́ть футбо́льный мяч,

2) вам на́до купи́ть пода́рок бра́ту и сестре́,

3) вам на́до купи́ть большо́й áнгло-ру́сский слова́рь.

1) Éсли мне на́до купи́ть футбо́льный мяч, я пойду́ в магази́н «Спорт».

2) Éсли мне на́до купи́ть пода́рок бра́ту и сестре́, я пойду́ в магази́н «Пода́рки».

3) Éсли мне на́до купи́ть большо́й áнгло-ру́сский слова́рь, я пойду́ в магази́н «Дом кни́ги».

Словáрь

*вéчером   in the evening

всё в порáдке   everything's all right (all's in order)

*вы́учить (вы́учу, вы́учишь, вы́-учат)   to learn

дворéц пионéров   young pioneers' palace

*для (+ *genitive*)   for

*днём   in the afternoon, during the day

и́ндекс   index (postal code)

*интерéсно   (it's) interesting

комý (*dative of* кто)   to *or* for whom

*купи́ть (куплю́, кýпишь, кýпят)   to buy

*нáдо   (it's) necessary

назвáние *(n)*   name, title

*наоборóт   opposite, reverse

*нóчью   at night, during the night

*óколо (+ *genitive*)   near, about

óпера *(f)*   opera

пласти́нка *(f)*   record

подстакáнник *(m)*   glass holder

показáть (покажý, покáжешь, покá-жут)   to show

полотéнце *(n)*   towel

*решáть (решáю, решáешь, решá-ют)   to solve, to decide

руководи́ть (руковожý, руковóдишь, руковóдят)   to lead, to direct

*свой   one's own

*сдéлать (сдéлаю, сдéлаешь, сдéла-ют)   to do, to make

скáтерть *(f)*   tablecloth

*специáльно   especially

стáвить (стáвлю, стáвишь, стáвят) óперу   to produce an opera

*стакáн *(m)*   glass

схéма *(f)*   map

*тарéлка *(f)*   plate, dish

уникáльный   unique

*ýтром   in the morning

фанáтик *(m)*   fanatic

Урок 20   (Двадцатый урок)

Review of Lessons 16-20

„Язы́к до Ки́ева доведёт".

"(Your) tongue will take you as far as Kiev."

In lessons 16 through 19, you learned about the educational system
in Russia. You learned the difference between institutes and
universities and know what a P.T.U. and a Russian music school
are like. You learned to talk about choosing professions, about the
weather, and about your favorite time of year. You also learned to
address a letter in Russian and can even write a short Russian
letter. As the Russian proverb goes, „Язы́к до Ки́ева доведёт".

   In these lessons, you learned about 150 words. You should now
be able to perform these language tasks:

I. FUNCTIONS

1. Talking about the weather (16: A, B)

EXERCISE 1. Respond by saying the weather yesterday was not at all like today.

— Сего́дня хо́лодно.

— А вчера́ бы́ло тепло́.

1. А вчера́ был дождь.
2. А вчера́ не́ было ве́тра.
3. А вчера́ была́ плоха́я пого́да.
4. А вчера́ не́ было со́лнца.
5. А вчера́ бы́ло хо́лодно.

1. — Сего́дня снег.
2. — Сего́дня ве́тер.
3. — Сего́дня хоро́шая пого́да.
4. — Сего́дня со́лнце.
5. — Сего́дня жа́рко.

1. А за́втра бу́дет дождь.
2. А за́втра не бу́дет ве́тра.
3. А за́втра бу́дет плоха́я пого́да.
4. А за́втра не бу́дет со́лнца.
5. А за́втра бу́дет хо́лодно.

Continue by expressing the same ideas about tomorrow's weather.

EXERCISE 2. Read and summarize this text in Russian.

Снег идёт

Осенью бы́ло хо́лодно. Ка́ждый день шёл дождь. Всё бы́ло некраси́вое, чёрное: и дере́вня, и лес, и река́.

А в до́ме бы́ло тепло́ и хорошо́. Та́ня всё вре́мя сиде́ла до́ма, на у́лицу не хоте́ла идти́. Но вот ма́ма вдруг говори́т:

— Посмотри́, снег идёт!

Та́ня посмотре́ла на у́лицу: пра́вда, шёл снег. Он шёл днём, ве́чером и но́чью. А у́тром Та́ня посмотре́ла в окно́: „Ох, как краси́во!" Всё бы́ло бе́лое, краси́вое: и дере́вня, и лес, и река́.

— Здра́вствуй, зима́! — сказа́ла Та́ня.

It's Snowing

In the fall, it was cold. It rained every day. Everything was ugly and black: the village, the forest, and the river.

But in the house, it was warm and pleasant (good). Tanya stayed at home all the time; she didn't want to go outside. But suddenly (her) mother said, "Look, it's snowing!"

Tanya looked outside: it was true, it was snowing. It fell during the afternoon, evening, and night. And in the morning, Tanya looked out the window. "Oh, how beautiful!" Everything was white and beautiful: the village, the forest, and the river. "Hello, Winter!" Tanya said.

EXERCISE 3. Какáя погóда былá в Санкт-Петербýрге? На Кавкáзе? В Сибúри? В Узбекистáне?

В Санкт-Петербýрге был дождь и вéтер.

На Кавкáзе бы́ло жáрко.

В Сибúри бы́ло хóлодно, снег, морóз.

В Узбекистáне бы́ло сóлнце.

2. Talking about the seasons (16: C)

EXERCISE 4. Зима́? Зимо́й? Весна́? Весно́й? Ле́то? Ле́том? Осень? Осенью?

1. Как хорошо́, что сейча́с на у́лице _____ . _____ я
люблю́ игра́ть в хокке́й.

...зима́. Зимо́й...

2. Как хорошо́, что на у́лице сейча́с _____ . _____ мы
не у́чимся, у нас кани́кулы.

...ле́то. Ле́том...

3. Как хорошо́, что нет зимы́, и на у́лице _____ .
_____ я игра́ю в те́ннис.

...весна́.
Весно́й...

4. Как хорошо́, что на у́лице _____ . _____ я люблю́
быть до́ма и чита́ть.

...о́сень. Осенью...

3. Asking about something unknown or unfamiliar (17: A)

EXERCISE 5. Use the question „Что э́то тако́е?" when you don't completely understand what the speaker is talking about.

— Мой брат у́чится в ПТУ.
— В ПТУ? А что э́то тако́е?

1. — Я купи́л э́ти пода́рки в ГУ́Ме.
2. — Мне о́чень нра́вится Рокфе́ллер-центр.
3. — Мой друг хорошо́ игра́ет на балала́йке.
4. — Я о́чень люблю́ „ба́бье ле́то".
5. — Мой де́душка игра́ет в спортлото́.
6. — Я о́чень люблю́ блины́.

1. — В ГУ́Ме? А что э́то тако́е?
2. — Рокфе́ллер-центр? А что э́то
тако́е?
3. — На балала́йке? А что э́то та-
ко́е?
4. — „Ба́бье ле́то"? А что э́то тако́е?
5. — Спортлото́? А что э́то тако́е?
6. — Блины́? А что э́то тако́е?

4. Talking about activities (16: B; 17: A)

EXERCISE 6. You are not quite sure that you heard the speaker correctly. Ask for clarification.

— Ната́ша занима́ется гимна́стикой.
— Гимна́стикой и́ли пла́ванием?

1. — И́горь занима́ется хи́мией.
2. — Бори́с и Ко́стя занима́ются бо́ксом.
3. — Лю́ба занима́ется матема́тикой.
4. — И́ра занима́ется англи́йском языко́м.
5. — Ка́тя хо́чет быть медсестро́й.
6. — Оле́г хо́чет быть учи́телем.
7. — Воло́дя хо́чет быть строи́телем.

EXERCISE 7. Express opposing ideas, following the model.

— И́горь хо́чет слу́шать му́зыку.
— А Никола́й хо́чет смотре́ть телеви́зор.
(— А Никола́й не хо́чет слу́шать му́зыку.)

1. — Я хочу́ игра́ть в ша́хматы.
2. — Ната́ша хо́чет де́лать уро́ки.
3. — Мы хоти́м игра́ть в футбо́л.
4. — И́горь хо́чет занима́ться му́зыкой.
5. — Та́ня и И́горь хотя́т писа́ть пи́сьма.

Answers will vary a great deal from the ones given below and should be considered correct as long as they express an idea correctly.

1. — А мой друг хо́чет игра́ть в те́ннис.
2. — А Ни́на хо́чет идти́ в кино́.
3. — А я хочу́ игра́ть в пинг-по́нг.
4. — А его́ сестра́ хо́чет занима́ться фи́зикой.
5. — А мы хоти́м смотре́ть телеви́зор.

5. Talking about age (17: B)

EXERCISE 8. Continue each statement, assigning a suitable age to each person named.

Мой де́душка ещё рабо́тает. Ему́ нра́вится его́ рабо́та.
Ему́ 62 го́да.

1. Мой брат хо́чет быть фи́зиком. Он у́чится в уни-
верситéте.

Ему́ два́дцать лет.

2. Моя́ сестра́ ещё ма́ленькая, она́ ещё не у́чится в
шко́ле.

Ей три го́да.

3. Мы живём в Сент-Лу́исе, а моя́ ба́бушка живёт во
Флори́де.

Ей се́мьдесят лет.

4. У меня́ есть друг. Мы лю́бим игра́ть вме́сте.

Ему́ шестна́дцать лет.

5. Мой брат днём рабо́тает, а ве́чером у́чится в кол-
ле́дже.

Ему́ два́дцать три го́да.

6. Giving reasons (17: C)

EXERCISE 9. Answer each question; then find the correct answer among the choices
given in the right-hand column and compare it with your own answer.

1. Почему́ Га́ля хо́чет рабо́тать в
библиоте́ке?

2. Почему́ Андре́й не хо́чет игра́ть
в ша́хматы?

3. Почему́ Па́вел хо́чет рабо́тать
на заво́де?

4. Почему́ ты не хо́чешь купи́ть
э́ту кни́гу?

5. Почему́ Во́ва не игра́ет в фут-
бо́л, в хокке́й?

6. Почему́ Ми́ша и То́ля всегда́
вме́сте?

7. Почему́ ребя́та не́ были на
стадио́не у́тром?

а) Потому́ что он хо́чет зараба́ты-
вать де́ньги.

б) Потому́ что у меня́ есть э́та
кни́га.

в) Потому́ что они́ друзья́.

г) Потому́ что он не лю́бит
спорт.

д) Потому́ что он хо́чет чита́ть
кни́гу.

е) Потому́ что шёл дождь.

ж) Потому́ что она́ лю́бит кни́ги.

1. ж); 2. д); 3. а); 4. б); 5. г); 6. в); 7. е)

EXERCISE 10. You did not hear the beginning of the discussion. Look at each response below, and determine what question was asked.

1. — Потому́ что я чита́л в газе́те, что фильм инте-
ре́сный.

2. — Потому́ что у меня́ не́ было вре́мени.

3. — Потому́ что кинотеа́тр нахо́дится **недалеко́**, и я
смотрю́ все но́вые фи́льмы.

4. — Потому́ что я не люблю́ фи́льмы о спо́рте.

5. — Потому́ что э́тот фильм смотре́ли мои́ друзья́.

6. — Потому́ что я смотре́л э́тот фильм.

7. — Потому́ что я люблю́ фи́льмы о спо́рте.

8. — Потому́ что мой друг смотре́л э́тот фильм. Он
сказа́л, что фильм **неинтере́сный**.

1. — Почему́ ты хо́-
чешь посмотре́ть
э́тот фильм?

2. — Почему́ ты не́ был
на конце́рте?

3. — Почему́ вы так
хорошо́ зна́ете
кино́?

4. — Почему́ ты не хо́-
чешь идти́ на но́-
вый фильм?

5. — Почему́ ты идёшь
на э́тот фильм
оди́н?

6. — Почему́ ты не
идёшь в кино́?

7. — Почему́ ты хо́-
чешь посмотре́ть
э́тот фильм?

8. — Почему́ ты не
идёшь на фильм?

7. Talking about choosing professions (18: A,B)

EXERCISE 11. Кто поступи́л в медици́нский институ́т? в строи́тельный институ́т? в педагоги́ческий институ́т? в техни́ческое учи́лище? в **театра́льный** институ́т?

Да́ша: Я хочу́ рабо́тать в теа́тре.
Да́ша поступи́ла в театра́льный институ́т.

1. Ма́ша: Мне всегда́ нра́вилось рабо́тать в шко́ле.

2. Ира: **Ра́ньше** я рабо́тала медсестро́й в больни́-
          це, а сейча́с учу́сь в институ́те, хочу́ быть
          врачо́м.

3. Игорь: Мне о́чень нра́вится те́хника. Я всё чи-
          та́ю о те́хнике: как рабо́тают **компью́теры**
          и други́е маши́ны.

4. Ната́ша: Я хочу́ быть арти́сткой. Мне всё нра́вится
          в институ́те, где я учу́сь.

5. Оле́г: Я люблю́ смотре́ть на но́вые дома́. Сей-
          ча́с их де́лают о́чень бы́стро. Рабо́та
          строи́теля о́чень интере́сная.

Tell how you would congratulate each of these people. Here is what someone said to Да́ша.

— Да́ша, ты поступи́ла в театра́льный институ́т?
Поздравля́ю тебя́!

EXERCISE 12. Мари́я Ви́кторовна — фи́зик, Оле́г Никола́евич — адвока́т, Поли́на Серге́евна — учи́тель, Никола́й Ива́нович — инжене́р.
Кто из них сказа́л э́ти слова́?

1. — Я люблю́ дете́й. У меня́ есть сын и дочь. Я мате-
     ма́тик и рабо́таю в шко́ле № 24.

2. — Моя́ рабо́та интере́сная, но тру́дная. Мне мно́го
     дал юриди́ческий факульте́т.

3. — Мне нра́вится стро́ить дома́, заво́ды, шко́лы.

4. — Мне нра́вится всё но́вое, интере́сное. Я хочу́
     знать все секре́ты а́тома.

8. Discussing outcomes (18: B)

EXERCISE 13. Express a logical consequence.

Вчера́ ве́чером мы смотре́ли **бейсбо́льный** матч по телеви́зору. Поэ́тому мы не вы́учили все слова́.

1. Вчера́ была́ о́чень плоха́я пого́да.
2. За́втра бу́дет контро́льная рабо́та по ру́сскому языку́.
3. Мы е́дем в Москву́ зимо́й.
4. За́втра на́ша **шко́льная** кома́нда игра́ет с кома́ндой шко́лы № 3.
5. В суббо́ту у ма́мы день **рожде́ния**.
6. Я о́чень люблю́ му́зыку.

1. Мы сиде́ли до́ма.
2. Ве́чером мы должны́ учи́ть грамма́тику.
3. Там нам бу́дет хо́лодно.
4. Мы идём на матч.
5. Я купи́л ей хоро́ший пода́рок.
6. Я ве́чером иду́ на конце́рт.

9. Talking about decisions and intentions (18: C)

EXERCISE 14. Как вы ду́маете, что они́ реши́ли (с)де́лать?

Моя́ ма́ма рабо́тает в больни́це и о́чень мно́го расска́зывает о рабо́те. Я реши́ла **никогда́** не быть врачо́м.

1. Когда́ мой брат был ма́ленький, он был в ци́рке и там уви́дел кло́уна.
2. Зимо́й мои́ друзья́ бы́ли в Росси́и. Тепе́рь у них есть мно́го друзе́й в Москве́. Мой друг пи́шет в Москву́ пи́сьма по-ру́сски.
3. Бори́с прочита́л, что **меха́ники** хорошо́ зараба́тывают.
4. Ната́ша о́чень лю́бит уро́ки по фи́зике и матема́тике.
5. Бори́с всегда́ покупа́ет кни́ги по исто́рии.

1. Он реши́л быть кло́уном в ци́рке.
2. Они́ реши́ли писа́ть пи́сьма ча́сто.
3. Бори́с реши́л стать меха́ником.
4. Ната́ша реши́ла быть фи́зиком и́ли матема́тиком.
5. Бори́с реши́л быть исто́риком.

10. Expressing the completion or result of an action (19: A)

EXERCISE 15. Examine each drawing and explain:
1) what each character is doing, and
2) what each character has just accomplished.

Possible answers: Máша пишет письмó. Вúтя читáет кнúгу. Игорь решáет задáчу. Михаúл дéлает машúну. Бóря ýчит текст. Вадúм Петрóвич покупáет гáлстук. Серёжа расскáзывает истóрию.

Máша написáла письмó. Вúтя прочитáл кнúгу. Игорь решúл задáчу. Михаúл сдéлал машúну. Бóря вúучил текст. Вадúм Петрóвич купúл гáлстук. Серёжа рассказáл истóрию.

EXERCISE 16. Скажи́те, что он/она́ то́же занима́ется э́тим.

— Сего́дня я прочита́л англи́йский журна́л.
— Та́ня то́же чита́ет англи́йские журна́лы.
(— Та́ня то́же лю́бит чита́ть англи́йские журна́лы.)

1. Вчера́ я вы́учил мно́го слов.
2. Вчера́ Ка́тя сде́лала о́чень краси́вые фотогра́фии.
3. Вчера́ И́горь реши́л все тру́дные зада́чи по матема́тике.
4. Ма́ша написа́ла мно́го пи́сем домо́й.
5. Та́ня купи́ла о́чень хоро́шие пода́рки.

1. Мой друг то́же у́чит слова́.
2. Её брат то́же де́лает краси́вые фотогра́фии.
3. Я то́же реша́ю тру́дные зада́чи по матема́тике.
4. Мы то́же пи́шем мно́го пи́сем домо́й.
5. Её друг то́же покупа́ет о́чень хоро́шие пода́рки.

EXERCISE 17. Ask how much time was spent on the following activities. Don't forget that answers to the question „Ско́лько вре́мени?" must contain imperfective verbs.

— Мы сде́лали уро́ки.
— А ско́лько вре́мени вы их де́лали?

1. Я прочита́ла „Расска́зы" Че́хова.
2. Я реши́ла э́ту зада́чу.
3. Я написа́ла 4 письма́.
4. Я вы́учила все слова́.

А ско́лько вре́мени ты их чита́ла?
А ско́лько вре́мени ты её реша́ла?
А ско́лько вре́мени ты их писа́ла?
А ско́лько вре́мени ты их учи́ла?

11. Naming the recipient of an action (19: B)

EXERCISE 18. Ви́ктор Петро́в живёт в Ми́нске. У Ви́ктора есть сестра́, брат, оте́ц, мать, де́душка, друг и подру́га. Эти пи́сьма Ви́ктор написа́л, когда́ был в Ки́еве.

Скажи́те, кому́ како́е письмо́ он написа́л?

1. Ви́ктор написа́л письмо́ отцу́ Никола́ю Ива́новичу Петро́ву.

2. Он написа́л письмо́ ма́ме А́нне Анато́льевне Петро́вой.

3. Он написа́л письмо́ де́душке Ива́ну Петро́вичу Петро́ву.

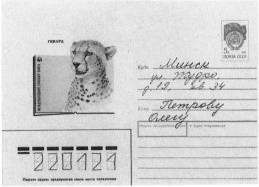

4. Ви́ктор написа́л письмо́ бра́ту Оле́гу Петро́ву.

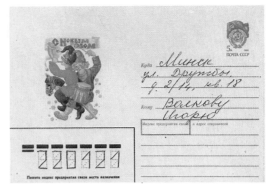

5. Он написа́л письмо́ сестре́ И́ре Петро́вой.

6. Ви́ктор написа́л письмо́ дру́гу И́горю Во́лкову.

7. Он написа́л письмо́ подру́ге Ната́ше Берёзкиной.

12. Telling what needs to be done (19: C)

EXERCISE 19. Скажи́те, что вам на́до сде́лать что́-то друго́е.

— Мне на́до вы́учить слова́.

— А мне на́до прочита́ть текст.

	éхать
1. — Мне на́до написа́ть письмо́.	вы́учить
2. — Мне на́до прочита́ть но́вый журна́л.	купи́ть
	идти́
3. — Мне на́до купи́ть пода́рки бра́ту и сестре́.	написа́ть
4. — Мне на́до сде́лать упражне́ние.	реши́ть
	нарисова́ть
5. — Мне на́до идти́ в апте́ку.	прочита́ть
6. — Мне на́до реши́ть 5 зада́ч.	сде́лать

1. — А мне на́до вы́учить слова́.
2. — Мне на́до реши́ть три зада́чи.
3. — Мне на́до прочита́ть кни́гу.
4. — Мне на́до нарисова́ть карти́ну.
5. — Мне на́до éхать домо́й.
6. — Мне на́до сде́лать упражне́ния.

13. Talking about what or whom (18: B)

EXERCISE 20. О чём они говорят?

— Хоро́ший го́род Москва́.
— Тебе́ нра́вится Москва́? Я то́же её люблю́.
Они́ говоря́т о Москве́.

1. — Бори́с, ты смотре́л, как на́ши ребя́та игра́ли в
   футбо́л?
   — Смотре́л.
   — Как они́ игра́ли?
   — Непло́хо.

   Они́ говоря́т о футбо́ле.

2. — Ка́тя, ты смотре́ла но́вый фильм?
   — Нет ещё. А что, хоро́ший фильм?
   — Очень хоро́ший. На́до посмотре́ть.

   Они́ говоря́т о фи́льме.

3. — Кому́ ты написа́л письмо́?
   — Дру́гу. Он живёт в Санкт-Петербу́рге.

   Они́ говоря́т о письме́ дру́гу.

4. — Ира, ты лю́бишь му́зыку?
   — Да. Мне о́чень нра́вится му́зыка Чайко́вского.
   — Мне то́же. Я люблю́ его́ бале́т «Лебеди́ное о́зе-
   ро».

   Они́ говоря́т о му́зыке Чайко́вского.

5. — Ната́ша, ты уже́ прочита́ла журна́л «Юность»?
   — Нет ещё.
   — На́до прочита́ть. Это о́чень хоро́ший но́мер.

   Они́ говоря́т о журна́ле «Юность».

II. GRAMMATICAL FORMS AND VOCABULARY

Communication is not possible without a corresponding knowledge of and an ability to use the grammatical system. Grammar, the way sentence parts are interconnected, is a basic part of communication. You have learned how nouns are declined and have begun to understand the Russian system of aspects.

1. Here is a complete table of adjective and noun declensions.

Russian Singular Case Endings

Case names	Question words	Masculine (он)	Feminine (она́)	Neuter (оно́)
Nominative	кто? что?	Ива́н дом	Ни́на ка́рта	окно́
Genitive	кого́? чего́?	Ива́на до́ма	Ни́ны ка́рты	окна́
Accusative	кого́? что?	Ива́на дом	Ни́ну ка́рту	окно́
Dative	кому́? чему́?	Ива́ну до́му	Ни́не ка́рте	окну́
Instrumental	кем? чем?	Ива́ном до́мом	Ни́ной ка́ртой	окно́м
Prepositional	(о) ком? (о) чём?	об Ива́не о до́ме	о Ни́не о ка́рте	об окне́

EXERCISE 21. Give the case of each noun in bold print. Explain your answer.

Мой брат **Ива́н** у́чится в институ́те. У **Ива́на** есть де́вушка. Её зову́т **Тама́ра**. **Тама́ра** ча́сто спо́рит с **Ива́ном** о му́зыке, потому́ что **Ива́н** лю́бит спорт, а **Тама́ра** — му́зыку. Я хочу́ купи́ть **Ива́ну** кни́гу о му́зыке. Вчера́ мы с **Тама́рой** говори́ли об **Ива́не**.

Ива́н — *nom.* — subject of sentence;
Ива́на — *gen.* — object of preposition у;
Тама́ра — *nom.* — subject of sentence.

Тама́ра — *nom.* — subject of sentence;
Ива́ном — *instr.* — object of preposition с;
Ива́н — *nom.* — subject of verb лю́бит;
Тама́ра — *nom.* — subject of verb лю́бит;

Ива́ну — *dat.* — indirect object of verb купи́ть;
Тама́рой — *instr.* — object of preposition с;
Ива́не — *prep.* — object of preposition об.

EXERCISE 22. As you read the following paragraph aloud, add the missing endings, and answer the question: „**Что ба́бушка понима́ет в футбо́ле?**“

Вчера́ мы с бра́т... бы́ли на стадио́н... . На стадио́н... я ви́дел Нин... . Нин... то́же лю́бит футбо́л. Я ча́сто говорю́ с Нин... о футбо́л... . Я люблю́ занима́ться футбо́л... . А моя́ ба́бушка говори́т: „Не зна́ю, что де́лать с э́тим футбо́л... . Тебе́ на́до занима́ться физик... и литерату́р...“. А я говорю́: „Ничего́, ба́бушка. Быть **футболи́ст...** то́же непло́хо“. „Коне́чно, — говори́т ба́бушка, — когда́ нет **головы́**, мо́жно быть футболи́ст...“.

...бра́том...стадио́не...
стадио́не...
...Ни́ну...Ни́на...
...Ни́ной...футбо́ле...
...футбо́лом...
...футбо́лом...фи́зикой
...литерату́рой
...футболи́стом...
...футболи́стом

EXERCISE 23. Respond to the following questions, using nouns from the list at the right.

	задáча	цветы́
1. Что решáют?	письмó	урóк
2. О чём говоря́т?	фильм	проблéма
3. Что пи́шут?	словá	язы́к
4. Комý пи́шут?	упражнéние	погóда
5. Что смóтрят?	лес	брат
6. Что рисýют?	сын	мáма
7. Что ýчат?	мýзыка	сестрá
8. Что покупáют?	дерéвня	подáрок

1. Решáют проблéму, упражнéние, задáчу.
2. Говоря́т о фи́льме, о проблéме, о мýзыке, о погóде, о подáрке.
3. Пи́шут письмó, словá, мýзыку.
4. Пи́шут брáту, сестрé, сы́ну, мáме.
5. Смóтрят фи́льмы, цветы́.
6. Рисýют лес, цветы́, дерéвню.
7. Ýчат урóк, словá, язы́к.
8. Покупáют подáрки, лес, фильм.

2. Plural noun forms. Remember that **мнóго, мáло, немнóго, нéсколько,** and **скóлько** require the genitive plural.

EXERCISE 24. Answer quickly, without counting.

Скóлько здесь маши́н, книг, журнáлов, велосипéдов, пи́сем, домóв, роз?

Здесь 2 маши́ны, 2 кни́ги, 3 журнáла, 4 велосипéда, 2 письмá, 2 дóма и 3 рóзы.

3. Test your knowledge of verb groups.

EXERCISE 25. Two hockey teams are coming onto the field. Which players belong to what team?

I: де́лать, реша́ть, расска́зывать, гуля́ть, покупа́ть, пока́зывать
II: говори́ть, люби́ть, победи́ть, поступи́ть, реши́ть, вы́учить

4. You have learned the prepositional case of personal pronouns.

EXERCISE 26. Обо мне́? О тебе́? О нём? О ней? О нас? О вас? О них?

1. — Та́ня, в како́й институ́т ты поступи́ла?
   — В педагоги́ческий.
   — Расскажи́ _____ .

   о нём

2. — Па́вел, Мари́на ча́сто говори́т о тебе́.
   — Расскажи́, что она́ _____ говори́т.
   — Это секре́т.

   обо мне́

3. — Ребя́та, я о вас вчера́ чита́ла в газе́те.
   — Расскажи́, что ты _____ чита́ла.

   о нас

---

4. — Ве́ра, как хорошо́, что я тебя́ ви́жу. Я всё вре́мя
   ду́маю _____ .

5. — Ни́на, ты не зна́ешь, где сейча́с Оле́г и Ната́ша?
   — Они́ рабо́тают в Толья́тти.
   — Расскажи́ _____ .

6. — Ни́на Ива́новна, сего́дня мы с Лю́дой говори́ли

   _____ .

   — А что вы обо мне́ говори́ли?

5. Your knowledge of syntax is already extensive. Test your knowledge of complex sentence constructions using **поэ́тому** or **потому́ что**.

EXERCISE 27. Replace the conjunction **потому́ что** with **поэ́тому**. Make all other necessary changes.

Я мно́го занима́юсь ру́сским языко́м, **потому́ что** я
хочу́ хорошо́ говори́ть по-ру́сски.
Я хочу́ хорошо́ говори́ть по-ру́сски, **поэ́тому** я мно́го
занима́юсь ру́сским языко́м.

1. Я занима́юсь спо́ртом 3 часа́ в день, потому́ что я
   хочу́ быть чемпио́ном по те́ннису.
2. Я реши́л поступи́ть в медици́нский институ́т, пото-
   му́ что я хочу́ быть врачо́м.
3. Я мно́го чита́ю о Росси́и, потому́ что у меня́ есть
   друг в Москве́.
4. Я сейча́с не иду́ гуля́ть, потому́ что мне на́до напи-
   са́ть пи́сьма домо́й.
5. Я мно́го занима́юсь грамма́тикой, потому́ что грам-
   ма́тика тру́дная.
6. До́ма я говорю́ по-ру́сски, потому́ что мой брат
   зна́ет ру́сский язы́к.

1. Я хочу́ быть чемпио́-
   ном по те́ннису, по-
   э́тому я занима́юсь
   спо́ртом 3 часа́ в день.
2. Я хочу́ быть врачо́м,
   поэ́тому я реши́л по-
   ступи́ть в медици́н-
   ский институ́т.
3. У меня́ есть друг в
   Москве́, поэ́тому я
   мно́го чита́ю о Рос-
   си́и.
4. Мне на́до написа́ть
   пи́сьма домо́й, поэ́то-
   му я сейча́с не иду́
   гуля́ть.
5. Грамма́тика тру́дная,
   поэ́тому я мно́го зани-
   ма́юсь грамма́тикой.
6. Мой брат зна́ет ру́с-
   ский язы́к, поэ́тому
   до́ма я говорю́ по-ру́с-
   ски.

EXERCISE 28. Arrange these words into four groups according to subject.

бокс	тепло́	футбо́л	1. бокс, футбо́л, волейбо́л, пла́вание, лёгкая атле́тика
зимо́й	днём	хо́лодно	2. тепло́, хо́лодно, жа́рко, ве́тер, дождь
ве́тер	дождь	весно́й	3. днём, у́тром, ве́чером, но́чью
жа́рко	ле́том	но́чью	4. ле́том, зимо́й, весно́й, о́сенью
о́сенью	ве́чером	лёгкая атле́тика	
волейбо́л	пла́вание	у́тром	

EXERCISE 29. Which word should be omitted in each group?

1. зима́, весна́, но́чью, ле́то, о́сень — но́чью
2. тяжёлая атле́тика, худо́жественная гимна́стика, пла́вание, заня́тие, культури́зм — заня́тие
3. педагоги́ческий, медици́нский, интере́сный, юриди́ческий — интере́сный
4. врач, учи́тель, учени́к, медсестра́, инжене́р — учени́к
5. мно́го, ма́ло, на́до, не́сколько, немно́го — на́до

III. SUMMARY EXERCISES

EXERCISE 30. Мы **спроси́ли** не́сколько **челове́к:** „Почему́ вы у́чите ру́сский язы́к?" Вот их отве́ты:

1. Я зна́ю испа́нский язы́к и хочу́ ещё знать ру́сский.
2. Мне нра́вятся ру́сские лю́ди и ру́сский язы́к.
3. Мой друзья́ у́чат ру́сский язы́к. Я то́же реши́л учи́ть э́тот язы́к.
4. Я хочу́ говори́ть по-ру́сски.

Try one of several approaches to make this exercise fresh and new for students: 1) videotape students' answers in a television news interview format; 2) design a bulletin board, using photographs of students and quotations from them

5. Я хочу́ чита́ть ру́сские журна́лы, газе́ты, кни́ги.

6. У меня́ есть друзья́ в Росси́и. Я хочу́ писа́ть им пи́сьма по-ру́сски.

7. Я хочу́ уви́деть Москву́ и Санкт-Петербу́рг и говори́ть там по-ру́сски.

8. У нас в семье́ оте́ц хорошо́ зна́ет ру́сский язы́к, и я то́же хочу́ его́ знать.

How would you answer the question?

explaining why they are studying Russian; 3) ask students to try to answer in rhyme; 4) allow students to write a paragraph, borrowing liberally from the reasons given in this exercise.

EXERCISE 31. Act out these situations.

1. You are planning a trip to Russia in July and hope to visit the cities of Tashkent (Ташке́нт), Odessa (Оде́сса), Moscow (Москва́), and Saint-Petersburg (Санкт-Петербу́рг). Your friends ask you about the climate in these cities and what kind of weather you expect to encounter there. Tell them about temperatures, rainfall, etc.

2. You have just returned to Moscow (Москва́) from your trip to Tashkent (Ташке́нт) and Odessa (Оде́сса). A new friend in the capital asks you what the weather was like. In Tashkent (Ташке́нт), the temperature was unexpectedly comfortable—clear with a mild breeze. In Odessa (Оде́сса), it was cool and rainy, so you were unable to swim in the sea.

3. Your new friend in Saint-Petersburg (Санкт-Петербу́рг) asks you about the climate of your home town, and you are interested in what it is like in Saint-Petersburg. During your discussion, you compare the weather in your respective cities by season.

4. You are discussing professions with some of your classmates. One wants to be a doctor, another a lawyer, a third a teacher. Each of you expresses reasons for wanting to enroll in the institute that is appropriate for the profession chosen.

5. An older friend has returned to your Russian class after a year at the university. You ask him/her (for the benefit of the class) to tell in what department (факульте́т) he/she is studying and what profession he/she has chosen. Perhaps he/she will ask you about your plans for a profession.

You may wish to video-tape these conversations after students have prepared them. They will find it both entertaining and useful to view their own performances.

Песни

 ## Калинка

Русская народная песня

Ах! Под сосною под зеленою
Спать положите вы меня;
Ай-люли, люли, ай-люли, люли,
Спать положите вы меня.

Калинка, калинка, калинка моя!
В саду ягода малинка, малинка моя!

Ах! Сосёнушка ты зеленая,
Не шуми ты надо мной!
Ай-люли, люли, ай-люли, люли,
Не шуми ты надо мной!

Калинка, калинка, калинка моя!
В саду ягода малинка, малинка моя!

Ах! Красавица, душа-девица,
Полюби же ты меня!
Ай-люли, люли, ай-люли, люли!
Полюби же ты меня!

Калинка, калинка, калинка моя!
В саду ягода малинка, малинка моя!

Катюша

Му́зыка М. Бла́нтера
Слова́ М. Исако́вского

Расцвета́ли я́блони и гру́ши,
Поплыли́ тума́ны над реко́й.
Выходи́ла на́ берег Катю́ша,
На высо́кий бе́рег, на круто́й.

Выходи́ла, пе́сню заводи́ла
Про степно́го си́зого орла́,
Про того́, кото́рого люби́ла,
Про того́, чьи пи́сьма берегла́.

Ой ты, пе́сня, пе́сенка деви́чья,
Ты лети́ за я́сным со́лнцем вслед.
И бойцу́ на да́льнем пограни́чье
От Катю́ши переда́й приве́т.

Пусть он вспо́мнит де́вушку
просту́ю,
Пусть услы́шит, как она́ поёт,
Пусть он зе́млю бережёт родну́ю,
А любо́вь Катю́ша сбережёт.

Расцвета́ли я́блони и гру́ши,
Поплыли́ тума́ны над реко́й.
Выходи́ла на́ берег Катю́ша,
На высо́кий бе́рег, на круто́й.

Пе́сня о дру́ге

(Из кинофи́льма ”Вертика́ль”)

Слова́ и му́зыка Влади́мира Высо́цкого

Если друг оказа́лся вдруг
И не друг и не враг — а так...
Если сра́зу не разберёшь,
Плох он и́ли хоро́ш,
Па́рня в го́ры тяни́ — рискни́!
Не броса́й одного́ его́:
Пусть он в свя́зке одно́й с тобо́й —
Там поймёшь, кто тако́й.

Если па́рень в гора́х — не ах,
Если сра́зу раски́с — и вниз,
Шаг ступи́л на ледни́к — и сник,
Оступи́лся — и в крик,
Зна́чит, ря́дом с тобо́й — чужо́й,
Ты его́ не брани́ — гони́:
Вверх таки́х не беру́т и тут
Про таки́х не пою́т.

Если ж он не скули́л, не ныл,
Если хмур был и зол, но шёл,
А когда́ ты упа́л со скал,
Он стона́л, но держа́л;
Если шёл он с тобо́й, как в бой,
На верши́не стоя́л хмельно́й,
Зна́чит, как на себя́ самого́,
Положи́сь на него́.

Поворо́т

Му́зыка А. Ку́тикова, П. Подгороде́цкого
Слова́ А. Макаре́вича

Мы себе́ дава́ли сло́во
Не сходи́ть с пути́ прямо́го.
Но так уж суждено́. М-м-м
   Иль уж е́сли открове́нно —
   Всех пуга́ют переме́ны.
   Но тут уж всё равно́. М-м-м

   Вот но́вый поворо́т,
   И мото́р ревёт.
   Что он нам несёт:
   Про́пасть и́ли взлёт,
   Омут и́ли брод.
   Ты не разберёшь,
   Пока́ не повернёшь
   За поворо́т.

И пуга́ться нет причи́ны,
Если мы ещё мужчи́ны,
Мы кое-в-чём сильны́. М-м-м
   Поезжа́йте за воро́та
   И не бо́йтесь поворо́та,
   Пусть до́брым бу́дет путь. М-м-м

   Вот но́вый поворо́т,
   И мото́р ревёт.
   Что он нам несёт:
   Про́пасть и́ли взлёт,
   Омут и́ли брод.
   Ты не разберёшь,
   Пока́ не повернёшь
   За поворо́т.

Россия

Слова и музыка Игоря Талькова

Листая старую тетрадь
Расстрелянного генерала,
Я тщетно силился понять,
Как ты смогла себя отдать
На растерзание вандалам.
    Из мрачной глубины веков
    Ты поднималась исполином,
    Твой Петербург мирил врагов
    Высокой доблестью полков
    В век золотой Екатерины.

Россия!
Россия!

Священной музыкой времён
Над златоглавою Москвою
Струился колокольный звон,
Но, даже самый тихий, он
Кому-то не давал покоя.
    А золотые купола
    Кому-то чёрный глаз слепили;
    Ты раздражала силы зла и,
    Видно, так их доняла,
    Что ослепить тебя решили.

Россия!
Россия!

Разверзлись с треском небеса,
И с визгом ринулись оттуда,
Срубая головы церквям
И славя нового царя
Новоявленные иуды.
    Тебя связали кумачом
    И опустили на колени,
    Сверкнул топор над палачом,
    А приговор тебе прочёл
    Кровавый царь — великий гений.

Россия!
Россия!

Листая старую тетрадь
Расстрелянного генерала,
Я тщетно силился понять,
Как ты смогла себя отдать
На растерзание вандалам.
    О генеральская тетрадь —
    Забытой правды возрожденье,
    Как тяжело тебя читать
    Обманутому поколенью.

Россия!

Appendix

Russian Names

Russian Feminine First Names and Nicknames (Diminutives)

First Names	Diminutive(s)
Алекса́ндра	Са́ша, Шу́ра
Анастаси́я	На́стя
А́нна	А́ня
Валенти́на	Ва́ля
Ве́ра	—
Викто́рия	Ви́ка
Гали́на	Га́ля
Да́рья	Да́ша
Евге́ния	Же́ня
Евдоки́я	Ду́ся
Екатери́на	Ка́тя
Еле́на	Ле́на
Елизаве́та	Ли́за
Зо́я	—
Ири́на	И́ра
Ксе́ния	Ксе́ня
Лари́са	Ла́ра
Ли́дия	Ли́да
Любо́вь	Лю́ба
Людми́ла	Лю́да, Лю́ся
Маргари́та	Ри́та
Мари́на	—
Мари́я	Ма́ша
Наде́жда	На́дя
Ната́лия	Ната́ша
Ни́на	—
О́льга	О́ля
Поли́на	По́ля
Светла́на	Све́та
Со́фья	Со́ня
Тама́ра	То́ма
Татья́на	Та́ня
Ю́лия	Ю́ля

Russian Masculine First Names and Nicknames (Diminutives)

First Names	Diminutive(s)
Алекса́ндр	Са́ша, Шу́ра
Алексе́й	Алёша
Анато́лий	То́ля
Андре́й	—
Анто́н	—
Бори́с	Бо́ря
Валенти́н	Ва́ля
Васи́лий	Ва́ся
Ви́ктор	Ви́тя
Влади́мир	Воло́дя, Во́ва
Вячесла́в	Сла́ва
Генна́дий	Ге́на
Григо́рий	Гри́ша
Дми́трий	Ди́ма
Евге́ний	Же́ня
Ива́н	Ва́ня
Игорь	—
Илья́	—
Кири́лл	—
Константи́н	Ко́стя
Лев	Лёва
Леони́д	Лёня
Макси́м	—
Михаи́л	Ми́ша
Ники́та	—
Никола́й	Ко́ля
Оле́г	Алик
Па́вел	Па́ша
Пётр	Пе́тя
Рома́н	Ро́ма
Серге́й	Серёжа
Юрий	Юра
Яков	Яша

Tables of Russian Grammar

Masculine Nouns

Number	Case	Inanimate ∅*	Animate ∅*	-ь	-й
Singular	*Nominative*	стол	ученик	словарь	музей
	Genitive	стола́	ученика́	словаря	музея
	Dative	столу́	ученику́	словарю	музею
	Accusative	стол	ученика́	словарь	музей
	Instrumental	столо́м	ученико́м	словарём	музеем
	Prepositional	о столе́	об ученике́	о словаре́	о музе́е
Plural	*Nominative*	столы́	ученики́	словари́	музе́и
	Genitive	столо́в	ученико́в	словаре́й	музе́ев
	Dative	стола́м	ученика́м	словаря́м	музе́ям
	Accusative	столы́	ученико́в	словари́	музе́и
	Instrumental	стола́ми	ученика́ми	словаря́ми	музе́ями
	Prepositional	о стола́х	об ученика́х	о словаря́х	о музе́ях

* Most masculine nouns have what is known as a "∅" ("zero" or "null") ending in the nominative singular.

Feminine Nouns

Number	Case	-а	-я	-ия	-ь
Singular	Nominative	па́рта	дере́вня	лаборато́рия	пло́щадь
	Genitive	па́рты	дере́вни	лаборато́рии	пло́щади
	Dative	па́рте	дере́вне	лаборато́рии	пло́щади
	Accusative	па́рту	дере́вню	лаборато́рию	пло́щадь
	Instrumental	па́ртой	дере́вней	лаборато́рией	пло́щадью
	Prepositional	о па́рте	о дере́вне	о лаборато́рии	о пло́щади
Plural	Nominative	па́рты	дере́вни	лаборато́рии	пло́щади
	Genitive	па́рт*	дереве́нь*	лаборато́рий*	площаде́й*
	Dative	па́ртам	деревня́м	лаборато́риям	площадя́м
	Accusative	па́рты	дере́вни	лаборато́рии	пло́щади
	Instrumental	па́ртами	деревня́ми	лаборато́риями	площадя́ми
	Prepositional	о па́ртах	о деревня́х	о лаборато́риях	о площадя́х

---

* Most feminine nouns have what is known as a "Ø" ("zero" or "null") ending in the genitive plural.

Neuter Nouns

Number	Case	-o	-e	-ие
Singular	*Nominative*	письмо́	мо́ре	зда́ние
	Genitive	письма́	мо́ря	зда́ния
	Dative	письму́	мо́рю	зда́нию
	Accusative	письмо́	мо́ре	зда́ние
	Instrumental	письмо́м	мо́рем	зда́нием
	Prepositional	о письме́	о мо́ре	о зда́нии
Plural	*Nominative*	пи́сьма	моря́	зда́ния
	Genitive	пи́сем*	море́й*	зда́ний*
	Dative	пи́сьмам	моря́м	зда́ниям
	Accusative	пи́сьма	моря́	зда́ния
	Instrumental	пи́сьмами	моря́ми	зда́ниями
	Prepositional	о пи́сьмах	о моря́х	о зда́ниях

---

* Most neuter nouns have what is known as a "θ" ("zero" or "null") ending in the genitive plural.

Hard Stem Adjectives

	Singular			Plural
Case	Masculine	Feminine	Neuter	
Nominative	но́вый*	но́вая	но́вое	но́вые
Genitive	но́вого	но́вой	но́вого	но́вых
Dative	но́вому	но́вой	но́вому	но́вым
Accusative				
(inanimate)	но́вый	но́вую	но́вое	но́вые
(animate)	но́вого	но́вую	—	но́вых
Instrumental	но́вым	но́вой	но́вым	но́выми
Prepositional	о но́вом	о но́вой	о но́вом	о но́вых

* Hard stem adjectives that are ending-accented have the ending -о́й in the masculine nominative singular and inanimate accusative singular: большо́й, плохо́й.

Soft Stem Adjectives

	Singular			Plural
Case	Masculine	Feminine	Neuter	
Nominative	си́ний*	си́няя	си́нее	си́ние
Genitive	си́него	си́ней	си́него	си́них
Dative	си́нему	си́ней	си́нему	си́ним
Accusative				
(inanimate)	си́ний	си́нюю	си́нее	си́ние
(animate)	си́него	си́нюю	—	си́них
Instrumental	си́ним	си́ней	си́ним	си́ними
Prepositional	о си́нем	о си́ней	о си́нем	о си́них

Personal Pronouns

Case							
Nominative	я	ты	он	она́	мы	вы	они́
Genitive	меня́	тебя́	(н)его́*	(н)её*	нас	вас	(н)их*
Dative	мне	тебе́	(н)ему́*	(н)ей*	нам	вам	(н)им*
Accusative	меня́	тебя́	(н)его́*	(н)её*	нас	вас	(н)их*
Instrumental	мной	тобо́й	(н)им*	(н)ей*	на́ми	ва́ми	(ни́ми)*
Prepositional	обо мне́	о тебе́	о нём*	о ней*	о нас	о вас	о них*

* The third person pronoun forms add an "н" when they serve as objects of prepositions.

Possessive Adjectives (Nominative Case Forms)

Person	Singular			Plural
	Masculine	Feminine	Neuter	
я	мой	моя́	моё	мои́
ты	твой	твоя́	твоё	твои́
он	его́	(Same for all genders and plural)		
она́	её	(Same for all genders and plural)		
мы	наш	на́ша	на́ше	на́ши
вы	ваш	ва́ша	ва́ше	ва́ши
они́	их	(Same for all genders and plural)		

Like all adjectives, the possessive adjectives must agree with the noun modified in case, number, and gender.

Singular Forms of the Possessive Adjective мой and наш

(мой, твой, and наш, ваш have the same endings in all cases)

		Singular		Plural
Case	Masculine	Feminine	Neuter	
Nominative	мой	моя́	моё	мой
	наш	на́ша	на́ше	на́ши
Genitive	моего́	мое́й	моего́	мои́х
	на́шего	на́шей	на́шего	на́ших
Dative	моему́	мое́й	моему́	мои́м
	на́шему	на́шей	на́шему	на́шим
Accusative				
(inanimate)	мой	мою́	моё	мой
	наш	на́шу	на́ше	на́ши
(animate)	моего́	мою́	—	мои́х
	на́шего	на́шу	—	на́ших
Instrumental	мои́м	мое́й	мои́м	мои́ми
	на́шим	на́шей	на́шим	на́шими
Prepositional	о моём	о мое́й	о моём	о мои́х
	о на́шем	о на́шей	о на́шем	о на́ших

Typical Verb Conjugation Patterns
(See the Dictionary for specific verbs)

PRESENT TENSE

	Conjungation I		Conjungation II	
	(non-reflexive)	(reflexive)	(non-reflexive)	(reflexive)
infinitive	знать	занима́ться	говори́ть	учи́ться
я	зна́ю	занима́юсь	говорю́	учу́сь
ты	зна́ешь	занима́ешься	говори́шь	у́чишься
он/она́	зна́ет	занима́ется	говори́т	у́чится
мы	зна́ем	занима́емся	говори́м	у́чимся
вы	зна́ете	занима́етесь	говори́те	у́читесь
они́	зна́ют	занима́ются	говоря́т	у́чатся

PAST TENSE

Subject				
Masculine	знал	занима́лся	говори́л	учи́лся
Feminine	зна́ла	занима́лась	говори́ла	учи́лась
Neuter	зна́ло	занима́лось	говори́ло	учи́лось
Plural	зна́ли	занима́лись	говори́ли	учи́лись

Some Useful Classroom Expressions

Читáйте!	Read!
Пишúте!	Write!
Слýшайте!	Listen!
Повторя́йте!	Repeat!
Идúте к доскé!	Go to the board!
Садúтесь!	Sit down!
Открóйте кнúги!	Open your books!
Открóйте тетрáди!	Open your notebooks!
Закрóйте кнúги!	Close your books!
Тúхо!	Quitely! Be quiet!
Прáвильно!	Correct!
Молодéц!	Fine fellow! Fine girl!
Когó сегóдня нет?	Who's not here today?
Мóжно вы́йти?	May I leave the room?

Russian—English Vocabulary

This vocabulary contains all of the words encountered in Lessons 1-20 and in the Pre-Lesson with the exception of first names, patronymics and surnames, which can be found in a special section, and vocabulary which occurs only in the reading passages in section **D**. Some proper nouns (primarily names of countries, states and cities) are capitalized in both English and Russian. In other cases, capitalization follows the rules of the language in which words are given. The lesson and section number where each word first appeared is shown. "PL" refers to the Pre-Lesson. Where no letter reference is given, the word first appeared at the very beginning of the lesson.

Nouns are listed according to their nominative singular forms, unless they do not normally use singular forms. The last consonant that is retained in spelling the various case forms of the word is followed by the symbol "|". Fill (or fleeting) vowels are enclosed in parentheses ( ). The spelling for the nominative and genitive singular and for the nominative and genitive plural is given. The singular and plural forms are separated by a semi-colon (;). When the genitive plural is equal to the stem, this is shown by the symbol "Ø". The genitive plural of feminine and neuter nouns that require the addition of a fill vowel is provided, since the spelling cannot always be deduced. Accents are marked throughout, except when they occur on upper case letters or on monosyllabic forms.

Adjectives, ordinal numbers, and possessive adjectives are listed in their masculine nominative singular forms and the final stem element, which is retained in spelling their forms, is followed by the symbol "|". The spelling of the endings for feminine, neuter, and plural forms in the nominative case is given.

For verbs, the final present tense stem consonant of the infinitive is followed by the symbol "|" and the correct spelling of the first and second person singular and third person plural of the non-past is given. Stems which differ from the infinitive are given, followed by a "+". Forms which are not consistent with these principles are spelled out in their entirety.

The following abbreviations are used in this Russian-English vocabulary.

abbrev.	abbreviation	*m.*	masculine
acc.	accusative	*neg.*	negative
adj.	adjective	*n.*	neuter
adv.	adverb	*no.*	number
affirm.	affirmative	*ord.*	ordinal
card.	cardinal	*paren.*	parenthesis
compar.	comparative	*part.*	particle
conj.	conjunction	*pf.*	perfective
dat.	dative	*phr.*	phrase
det.	determinate	*pl.*	plural
f.	feminine	*poss.*	possessive
gen.	genitive	*pred.*	predicate
impf.	imperfective	*prep.*	preposition
indecl.	indeclinable	*prepos.*	prepositional
indef.	indefinite	*pron.*	pronoun
indet.	indeterminate	*rel.*	relative
instr.	instrumental	*s.f.*	short form
interj.	interjection	*v.*	verb
interrog.	interrogative		

А

а *(conj.)* 1B1 and, but
абсолю́т, -а; -ы, -ов *(m.)* PL absolute
абсолю́тно *(adv.)* 18D3 absolutely
авто́бус, -а; -ы, -ов *(m.)* PL bus
автомобили́ст, -а; -ы, -ов *(m.)* 12D3 motorist
ага́ *(interj.)* 12A2 ahah
агроно́м, -а; -ы, -ов *(m.)* PL agronomist
адвока́т, -а; -ы, -ов *(m.)* PL lawyer
администра́ци│я, -и; -и, -й *(f.)* PL administration
а́дрес, -а; -а́, -о́в *(m.)* 4A4 address
Азербайджа́н, -а *(m.)* PL Azerbaidjan
Ази│я, -и *(f.)* PL Asia
акаде́мик, -а; -и, -ов *(m.)* PL academician
акаде́ми│я, -и; -и, -й *(f.)* PL academy
А как же...? *(phr.)* 14A1 And what about..?
акроба́т, -а; -ы, -ов *(m.)* 14C1 acrobat
акт, -а; -ы, -ов *(m.)* PL act
актёр, -а; -ы, -ов *(m.)* PL actor
а́лгебр│а, -ы *(f.)* 7A4 algebra
алло́ *(interj.)* 3B1 hello
альпини́зм, -а *(m.)* 17D2 mountain-climbing
Алма-Ат│а́, -ы́ *(f.)* PL Alma-Ata
Аля́ск│а, -и *(f.)* PL Alaska
Аме́рик│а, -и *(f.)* PL America
америка́н(е)ц, -а; -ы, -ев *(m.)* PL American (male)
америка́нк│а, -и; -и, америка́нок *(f.)* PL American (female)
америка́нск│ий, -ая, -ое, -ие *(adj.)* 8B1 American
Англи│я, -и *(f.)* PL England
англи́йск│ий, -ая, -ое, -ие *(adj.)* 6C1 English
англича́нин, -а; англича́н│е, ∅ *(m.)* PL Englishman
англича́нк│а, -и; -и, англича́нок *(f.)* PL Englishwoman
а́нгло-ру́сск│ий, -ая, -ое, -ие *(adj.)* 9B3 English-Russian
анте́нн│а, -ы; -ы, ∅ *(f.)* PL antenna
антраци́т, -а; -ы, -ов *(m.)* 11B7 anthracite
аппара́т, -а; -ы, -ов *(m.)* PL apparatus
апре́л│ь, -я *(m.)* 15/13 April
апте́к│а, -и; -и, ∅ *(f.)* 3B6 drugstore, pharmacy
аре́н│а, -ы; -ы, ∅ *(f.)* PL arena
Арме́ни│я, -и *(f.)* PL Armenia
а́рми│я, -и; -и, -й *(f.)* 13A2 army
армяни́н, -а; армя́н│е, ∅ *(m.)* 15/13 Armenian
арти́ст, -а; -ы, -ов *(m.)* PL actor
архите́ктор, -а; -ы, -ов *(m.)* 9C5 architect
архитекту́р│а, -ы *(f.)* 18B6 architecture
ассамбле́│я, -и *(f.)* PL assembly
ассоциа́ци│я, -и; -и, -й *(f.)* PL association
ата́к│а, -и; -и, ∅ *(f.)* PL attack
атле́тик│а, -и *(f.)* PL athletics
атмосфе́р│а, -ы *(f.)* PL atmosphere
а́том, -а; -ы, -ов *(m.)* PL atom
аттракцио́н, -а; -ы, -ов *(m.)* PL attraction
акт, -а; -ы, -ов *(m.)* PL act
афи́ш│а, -и; -и, ∅ *(f.)* 6C3 playbill, poster
Ашхаба́д, -а *(m.)* PL Ashkhabad
аэро́бик│а, -и *(f.)* 18D2 aerobics

Б

ба́бочк│а, -и; -и, ба́бочек *(f.)* 16C4 butterfly
ба́бушк│а, -и; -и, ба́бушек *(f.)* 3A1 grandmother

бабье лето *(n. phr.)* 16C2 Indian summer

багаж, -á *(m.)* PL luggage, baggage

бадминтóн, -a *(m.)* PL badminton

бáз|a, -ы; -ы, ∅ *(f.)* PL base

Байкáл, -a *(m.)* PL Lake Baikal

бактéри|я, -и; -и, -й *(f.)* PL bacteria

Бакý *(indecl.)* PL Baku

балалáйк|a, -и; -и, балалáек *(f.)* 19B5 balalaika

балéт, -a; -ы, -ов *(m.)* PL ballet

Бáлтик|a, -и *(f.)* PL Baltic Sea

Балтимóр, -a *(m.)* 4C5 Baltimore

баскетбóл, -a *(m.)* PL basketball

бассéйн, -a; -ы, -ов *(m.)* 10/16 swimming pool

бег, -a *(m.)* 17A5 run, running

бéжев|ый, -ая, -ое, -ые *(adj.)* 11B7 beige

бейсбóл, -a *(m.)* PL baseball

бейсбóльн|ый, -ая, -ое, -ые *(adj.)* 20/13 baseball

Беларýс|ь, -и *(f.)* PL Byelarus

бéл|ый, -ая, -ое, -ые *(adj.)* 11B1 white

библиотéк|a, -и; -и, ∅ *(f.)* 4A7 library

бизнесмéн, -a; -ы, -ов *(m.)* 7C3 businessman

билéт, -a; -ы, -ов *(m.)* 12C3 ticket, pass

биологическ|ий, -ая, -ое, -ие *(adj.)* 9C5 biological

биолóги|я, -и *(f.)* 18B1 biology

блин, -á; -ы́, -óв *(m.)* 16C10 pancake

бокс, -a *(m.)* PL boxing

боксёр, -a; -ы, -ов *(m.)* PL boxer

болéть (-ю, -ешь, -ют) за (+ *acc.*) *(impf.)* 13A3 to root for

больниц|a, -ы; -ы, ∅ *(f.)* 3B6 hospital

бóльше *(compar.)* 9C5 more; larger

больш|óй, -áя, -óe, -úе *(adj.)* 9A1 big

бóмб|a, -ы; -ы, ∅ *(f.)* PL bomb

борщ, -á *(m.)* PL borshch

Бóстон, -a *(m.)* 8A1 Boston

Брáйтон, -a *(m.)* 15/13 Brighton

браслéт, -a; -ы, -ов *(m.)* 19B5 bracelet

брат, -a; брáтья, -ев *(m.)* 3A1 brother

брысь *(interj.)* 2A9 scat

брюнéт, -a; -ы, -ов *(m.)* PL dark (-haired) man

бýкв|a, -ы; -ы, ∅ *(f.)* 6C2 letter (of alphabet)

букéт, -a; -ы, -ов *(m.)* PL bouquet

бумáг|a, -и *(f.)* 18D2 paper

буфéт, -a; -ы, -ов *(m.)* 2B3 buffet, snack bar

бывáть (-ю, -ешь, -ют) *(impf. v.)* 16C10 to be sometimes, visit

бы́стро *(adv.)* 11D4 quickly

быть (бýд+ -у, -ешь, -ут) *(pf. v.)* 6B1 to be

В

в (+ *prepos.* or + *acc.*) *(prep.)* 2D3 in, into

вáз|a, -ы; -ы, ∅ *(f.)* PL vase

вам *(pron.)* 9C1 *dat.* of вы

варéнь|е, -я; -я, варéний *(n.)* 16C10 preserves

вас *(pron.)* 1B1 *acc./gen./prepos.* of вы

ваш, вáша, вáше, вáши *(adj.)* 3A7 your

вдруг *(adv.)* 20/2 suddenly

век, -a; -á, -óв *(m.)* 10 century

велосипéд, -a; -ы, -ов *(m.)* 12C2 bicycle

весн|á, -ы; вёсн|ы, вёсен *(f.)* 9B5 spring

веснóй *(adv.)* 16C2 in spring

вéт(e)р, -a; -ы, -ов *(m.)* 16B1 wind, breeze

вéчер, -a; -á, -óв *(m.)* 1A5 evening

вéчн|ый, -ая, -ое, -ые *(adj.)* 16D8 eternal

вéчером *(adv.)* 19C4 in (during) the evening

взять (возьм+ -ý, -ёшь, -ýт) *(pf. v.)* 18D3 to take

вид, -a; -ы, -ов *(m.)* 13A2 kind

видеокáмер|a, -ы; -ы, ∅ *(f.)* 8A9 videocamera

видеомагнитофóн, -a; -ы, -ов *(m.)* 10/16 videorecorder

вид|еть (вúжу, -ишь, -ят) *(impf.)* 11A1 to see

ви́з|а, -ы; -ы, 0 *(f.)* PL visa

визи́т, -а; -ы, -ов *(m.)* PL visit, call

Ви́лков|о, -а *(n.)* 12A6 Vilkovo

Ви́льнюс, -а *(m.)* PL Vilnius

Владивосто́к, -а *(m.)* 14A7 Vladivostok

вме́сте *(adv.)* 8C2 together

внук, -а; -и, -ов *(m.)* 3A9 grandson

вну́чк|а, -и; -и, вну́чек *(f.)* 3A9 granddaughter

вод|а́, -ы; во́ды, 0 *(f.)* 12A6 water

води́тел|ь, -я; -и, -ей *(m.)* 11B6 driver

во́дное по́ло *(indecl.)* 17A6 waterpolo

Во́лг|а, -и *(f.)* PL Volga

Волгогра́д, -а *(m.)* 20/25 Volgograd

волейбо́л, -а *(m.)* PL volleyball

волк, -а; -и, -о́в *(m.)* 2A7 wolf

вон *(adv.)* 4A10 over there

вопро́с, -а; -ы, -ов *(m.)* 6B2 question

восемна́дцат|ый, -ая, -ое, -ые *(ord. no.)* 18 eighteenth

во́сем|ь, восьми́ *(card. no.)* 13A4 eight

восемна́дцат|ь, -и *(card. no.)* 13A4 eighteen

во́семьдесят, восьми́десяти *(card. no.)* 13B5 eighty

воскресе́нь|е, -я *(n.)* 14A1 Sunday

восто́чн|ый, -ая, -ое, -ые *(adj.)* 16D1 east, eastern

восьм|о́й, -а́я, -о́е, -ы́е *(ord. no.)* 8 eighth

вот *(adv.)* 2C1 here (is)

врач, -а́; -и́, -е́й *(m.)* 3D2 doctor

времена́ми *(adv.)* 16D2 from time to time

времена́ го́да *(phr.)* 16C2 seasons

вре́м|я, вре́мени; времена́, времён *(n.)* 7B6 time

все *(pron.)* 18C1 all, everybody

всё *(pron.)* 11D4 all, everything

всё вре́мя *(phr.)* 7B6 all the time

всегда́ *(adv.)* 18B1 always

встать (вста́н+ -у, -ешь, -ут) *(pf. v.)* 18D3 to stand up, get up

вто́рник, -а *(m.)* 7A7 Tuesday

втор|о́й, -а́я, -о́е, -ы́е *(ord. no.)* 2 second

вчера́ *(adv.)* 13B1 yesterday

вчера́шн|ий, -яя, -ее, -ие *(adj.)* 14B6 yesterday's

вы *(pron.)* 3C5 you *(plural/polite)*

вы́брать (вы́бер+ -у, -ешь, -ут) *(pf.v.)* 18A1 to select, choose

вы́игра|ть (-ю, -ешь, -ют) *(pf. v.)* 15/18 to win

вы́игрыш, -а; -и, -ей *(m.)* 13D3 winnings

выступа́|ть (-ю, -ешь, -ют) *(impf. v.)* 14C1 to perform, speak

вы́уч|ить (-у, -ишь, -ат) *(pf. v.)* 19A3 to learn

Г

газ, -а *(m.)* PL gas

газе́т|а, -ы; -ы, 0 *(f.)* 2B3 newspaper

ГАИ *(indecl. acronym)* 11A2 GAI, traffic police

га́лстук, -а; -и, -ов *(m.)* 20/15 tie, necktie

гандбо́л, -а *(m.)* PL handball

гара́ж, -а́; -и́, -е́й *(m.)* PL garage

гастроно́м, -а; -ы, -ов *(m.)* 4A7 delicatessen

где *(adv.)* 2C1 where, in what place

генера́л, -а; -ы, -ов *(m.)* PL general

геогра́фи|я, -и *(f.)* 7A7 geography

геоме́три|я, -и *(f.)* 7A4 geometry

гимна́стик|а, -и *(f.)* 13C5 gymnastics

гимна́стк|а, -и; -и, гимна́сток *(f.)* 17B1 gymnast

гита́р|а, -ы; -ы, 0 *(f.)* 8A8 guitar

глаго́лиц|а, -ы *(f.)* PL Glagolytic alphabet

говор|и́ть (-ю́, -и́шь, -я́т) *(impf.)* 7B1 to speak, say, tell

год, -а; -ы, -о́в *(m.)* 9C5 year

гол, -а; -ы́, -о́в *(m.)* PL goal

голов|а́, -ы́; го́ловы, голо́в *(f.)* 20/22 head

голуб|о́й, -а́я, -о́е, -ы́е *(adj.)* 11B1 light blue

гольф, -a *(m.)* PL golf

гóрн|ый, -ая, -ое, -ые *(adj.)* 17D2 mountain

гóрод, -а; -á, -óв *(m.)* 2C5 city, town

господúн, -а; господ|á, госпóд *(m.)* 4A3 mister, Mr.

госпож|á, -й; -й, -éй *(f.)* 4A3 Miss; Mrs.

гостúниц|а, -ы; -ы, ∅ *(f.)* 4B4 hotel

готóв|ить (готóвлю, -ишь, -ят) *(impf.)* 14C3 to prepare

грáдус, -а; -ы, -ов *(m.)* 16A1 degree

грамм, -а; -ы, -ов [грамм] *(m.)* PL gram

граммáтик|а, -и *(f.)* 7A2 grammar

гриб, á; -ы́, -óв *(m.)* 14B4 mushroom

Грýзи|я, -и *(f.)* PL Georgia

гуля|ть (-ю, -ешь, -ют) *(impf.)* 12D3 to stroll, walk

ГУМ, -а *(m. acronym)* 4A8 GUM, State Department Store

Д

да *(adv.)* 1C1 yes

да|вáть (-ю, -ёшь, -ют) *(impf.)* 12D3 to give

дай *(impf. of дать)* 11A8 give

дáйте *(impf. of давáть)* 9B1 give

дáт|а, -ы; -ы, ∅ *(f.)* PL date

дать *(pf.)* 2D3 to give

дáч|а, -и; -и, ∅ *(f.)* 14B4 dacha, country home

два *(card. no.)* 9D3 two; grade of two (D)

двадцáт|ый, -ая, -ое, -ые *(ord. no.)* 20 twentieth

двáдцат|ь, -й *(card. no.)* 13A4 twenty

двенáдцат|ый, -ая, -ое, -ые *(ord. no.)* 12 twelfth

двенáдцат|ь, -и *(card. no.)* 13A4 twelve

двер|ь, -и; -и, -éй *(f.)* 12D1 door

Двин|á, -ы́ PL Dvina

двóечник, -а; -и, -ов *(m.)* 9D3 D student (male)

двóйк|а, -и; -и, двóек *(f.)* 9D3 two, grade of two (D)

двор(é)ц, -á; -ы́, -óв *(m.)* 19C1 palace

дéвочк|а, -и; -и, дéвочек *(f.)* 13C1 girl, young girl

дéвушк|а, -и; -и, дéвушек *(f.)* 9B5 girl, young lady

девянóст|о, -а *(card. no.)* 13B5 ninety

дéвят|ь, -й *(card. no.)* 13A4 nine

девятнáдцат|ь, -и *(card. no.)* 13A4 nineteen

девятнáдцат|ый, -ая, -ое, -ые *(ord. no.)* 19 nineteenth

девя́т|ый, -ая, -ое, -ые *(ord. no.)* 9 ninth

дéдушк|а, -и; -и, дéдушек *(m.)* 3A1 grandfather

дéла|ть (-ю, -ешь, -ют) *(impf.)* 6A2 to do, make

делегáци|я, -и; -и, -й *(f.)* 2D3 delegation

дéл|о, -а; -á, ∅ *(n.)* 1A16 affair, pursuit

дельфúн, -а; -ы, -ов *(m.)* PL dolphin

д(é)н|ь, -я́; -й, -éй *(m.)* 1A5 day

день рождéния *(phr.)* 20/13 birthday

дéньги, дéнег *(pl.)* 18C1 money

дерéвн|я, -и; -и, деревéнь *(f.)* 2C5 village

дéрев|о, -а; дерéвь|я, -ев *(n.)* 4C3 tree

дéсят|ь, -й *(card. no.)* 13A4 ten

деся́т|ый, -ая, -ое, -ые *(ord. no.)* 10 tenth

дéт|и, -éй *(pl.)* 3A3 children

дéтск|ий, -ая, -ое, -ие *(adj.)* 1D4 children's

дéтский сад *(phr.)* 3A3 kindergarten

дéтств|о, -а *(n.)* 16D2 childhood

джаз, -а *(m.)* 7C5 jazz

дивáн, -а; -ы, -ов *(m.)* 18D3 divan, couch, sofa

дизáйнер, -а; -ы, -ов *(m.)* 7C3 designer

диктáнт, -а; -ы, -ов *(m.)* 6C2 dictation

дипломáт, -а; -ы, -ов *(m.)* 18A2 diplomat

дирéктор, -а; -á, -óв *(m.)* PL director

дискотéк|а, -и *(f.)* 15/16 discotheque

для (+ *gen.*) *(prep.)* 19C8 for

дневни́к, -á; -и́, -óв *(m.)* 2B1 diary, daybook

Днепр, -á *(m.)* PL Dnieper

Днестр, -á *(m.)* PL Dnestr

днём *(adv.)* 19C4 in (during) the afternoon

до *(prep.)* 20 until

довести́ (довед+ -ý, -ёшь, -ýт) *(pf.)* 20 to get (here)

до свида́ния *(phr.)* 1A13 goodbye

дóбр|ый, -ая, -ое, -ые *(adj.)* 1A5 good, kind

дожд|ь, -я́; -и́, -éй *(m.)* 16B2 rain

дóктор, -а; -á, -óв *(m.)* PL doctor

дóллар, -а; -ы, -ов *(m.)* PL dollar

дом, -а; -á, -óв *(m.)* 2C5 house, building

дóма *(adv.)* 3B1 at home

домáшн|ий, -яя, -ее, -ие *(adj.)* 15/5 home

домóй *(adv.)* 12A6 homeward

Дон, Дóна *(m.)* PL Don

дорóг|а, -и; -и, θ *(f.)* 15/13 road

дорóгу оси́лит иду́щий *(phr.)* 18B2 the one who goes will reach the end of the road

дорог|óй, -áя, -óе, -и́е *(adj.)* 6A6 dear; expensive

доск|á, -и́; дóски, досóк *(f.)* 2B3 board, chalkboard

доч|ь, -ери; -ери, -ерéй *(f.)* 3A9 daughter

дрáм|а, -ы; -ы, θ *(f.)* PL drama

друг, -а; друзь|я́, друзéй *(m.)* 8A2 friend

друг|óй, -áя, -óе, -и́е *(adj.)* 13B1 other, another

дрýжб|а, -ы *(f.)* 5/12 friendship

друзья́ *(pl.)* 17A1 *see* друг

дýма|ть (-ю, -ешь, -ют) *(indet. impf.)* 11C1 to think

дурáк, -á; -и́, -óв *(m.)* 2A9 fool

Душанбé *(indecl.)* PL Dushanbe

дуэ́т, -а; -ы, -ов *(m.)* PL duet

Е, Ё

еврé|й, -я; -и, -ев *(m.)* 15/13 Jew

Еврóп|а, -ы *(f.)* PL Europe

егó *(pron.)* 2A1 *acc./gen.* of он

егó *(adj.)* 7B6 his

едини́ц|а, -ы; -ы, θ *(f.)* 2C8 one, grade of one (F)

еди́н|ый, -ая, -ое, -ые *(adj.)* 12C3 united; common

её *(pron.)* 2A1 *acc./gen* of онá

её *(adj.)* 11A3 her

ей *(pron.)* 9C2 *dat.* of онá

ёж, -á; еж|и́, ежéй *(m.)* 2C5 hedgehog

éзд|ить (éзжу, -ишь, -ят) *(indet. impf.)* 11D4 to go, ride, drive

емý *(pron.)* 9C2 *dat.* of он

Еревáн, -а *(m.)* PL Yerevan

есть *(impf.)* 4D4 to be, is

éхать (éд+ -у, -ешь, -ут) *(det. impf.)* 11D4 to go by vehicle, ride

ещё *(adv.)* 7B1 still, furthermore

Ж

жáрко *(s.f. adj.)* 16A3 (it's) hot

же *(emphatic part.)* 12B1

желá|ть (-ю, -ешь, -ют) *(impf.)* 15/4 to wish

желéзная дорóга *(phr.)* 15/13 railroad

жёлт|ый, -ая, -ое, -ые *(adj.)* 11B1 yellow

жен|á, -ы́; жёны, θ *(f.)* 3A9 wife

жéнск|ий, -ая, -ое, -ие *(adj.)* 13C1 womanly, female

жéнщин|а, -ы; -ы, θ *(f.)* 3C8 woman

жизн|ь, -и; -и, -ей *(f.)* 17C1 life

жирáф, -а; -ы, -ов *(m.)* 9C5 giraffe

жить (жив+ -ý, -ёшь, -ýт) *(impf.)* 4C1 to live

жонглёр, -а; -ы, -ов *(m.)* 14C1 juggler

журнáл, -а; -ы, -ов *(m.)* PL journal, magazine

журнали́стик|а, -и *(f.)* 9C5 journalism

З

за (+ *acc.*) *(prep.)* 13A3 for

забы́ть (забу́д+ -у, -ешь, -ут) *(pf.)* 14A1 to forget

заво́д, -а; -ы, -ов *(m.)* 3B6 plant, factory, mill

за́втра *(adv.)* 13A1 tomorrow

зада́ни|е, -я; -я, -й *(n.)* 15/5 task, job

зада́ч|а, -и; -и, Ø *(f.)* 18C5 problem, task, aim

закрыва́|ться (-ется, -ются) *(impf.)* 12D1 to close

зал, -а; -ы, -ов *(m.)* 10/25 hall, auditorium

занима́|ться (-юсь, -ешься, -ются) *(impf.)* 17A1 to be occupied with

заня́ти|я, -й *(pl.)* 17A1 occupation; activity; class

за́падн|ый, -ая, -ое, -ые *(adj.)* 16D1 west, western

зараба́тыва|ть (-ю, -ешь, -ют) *(impf.)* 18C1 to earn

за́(я)ц, за́йц|а; -ы, -ев *(m.)* 2A7 hare

звать (зов+ -у́, -ёшь, -у́т) *(impf.)* 1B1 to call, name

звезд|а́, -ы́; звёзд|ы, Ø *(f.)* 9A1 star

зда́ни|е, -я; -я, -й *(n.)* 9A2 building, edifice

здесь *(adv.)* 4A10 here, in this place

здра́вствуй(те) (greeting) 1A1 hello

зелён|ый, -ая, -ое, -ые *(adj.)* 11B1 green

зим|а́, -ы́; зи́мы, Ø *(f.)* 16C1 winter

зи́мн|ий, -яя, -ее, -ие *(adj.)* 16B8 winter

зимо́й *(adv.)* 16C2 in winter

зна|ть (-ю, -ешь, -ют) *(impf.)* 3C1 to know

знак, -а; -и, -ов *(m.)* 11A1 sign

знач(о́)к, -а́; -и́, -о́в *(m.)* 7C2 badge, pin

зову́т 1B1 *see* звать

золот|о́й, -а́я, -о́е, -ы́е *(adj.)* 15/20 gold(en)

зо́н|а, -ы; -ы, Ø *(f.)* 16B8 zone

зооло́ги|я, -и *(f.)* 7A7 zoology

И, Й

и *(conj.)* 1A1 and

и т. д. *(abbrev.* from и так да́лее*)* 18C2 et cetera; and so forth

игр|а́, -ы́; и́гр|ы, Ø *(f.)* 10/33 game

игра́|ть (-ю, -ешь, -ют) *(impf.)* 8B1 to play

иде́|я, -и; -и, -й *(f.)* PL idea, notion, concept

ид|ти́ (-у́, -ёшь, -у́т) *(det. impf.)* 12A2 to go on foot

иду́щ|ий, -ая, -ее, -ие *(v. adj.)* 18D2 the one who is going

извини́те *(imper.)* 4A1 excuse me

изде́ли|е, -я; -я, -й *(n.)* 4D3 wares, manufactured goods

икр|а́, -ы́ *(f.)* 16C10 caviar

и́ли *(conj.)* 5/11 or

им *(pron.)* 9C2 dat. of они́

и́м|я, и́мени; имена́, имён *(n.)* 1A2 name

и́ндекс, -а *(m.)* 19B1 index, postal code

инди́ец, инди́йца; инди́йц|ы, -ев *(m.)* PL Indian

индиа́нк|а, -и; -и, индиа́нок *(f.)* PL Indian

Инди|я, -и *(f.)* PL India

инжене́р, -а; -ы, -ов *(m.)* 3D2 engineer

институ́т, -а; -ы, -ов *(m.)* PL institute

интере́с, -а; -ы, -ов *(m.)* PL interest

интере́сно *(adv.)* 19B1 (it's) interesting

интере́сн|ый, -ая, -ое, -ые *(adj.)* 18A1 interesting

инъе́кци|я, -и; -и, -й *(f.)* PL injection

Ирку́тск, -а *(m.)* 12D1 Irkutsk

испа́нск|ий, -ая, -ое, -ие *(adj.)* 7A8 Spanish

исто́рик, -а; -и, -ов *(m.)* 18A6 historian

истори́ческ|ий, -ая, -ое, -ие *(adj.)* 9C5 historical

исто́ри|я, -и *(f.)* 7A4 history

их *(pron.)* 11A3 their

K

Кавка́з, -а *(m.)* PL Caucasus

ка́жд|ый, -ая, -ое, -ые *(adj.)* 15/4 each, every

Казахста́н, -а *(m.)* PL Kazakhstan

как *(adv.)* 1A16; 8A2 how, like

как|о́й, -а́я, -о́е, -и́е *(adj.)* 9A1 what, what kind of

Ка́м|а, -ы *(f.)* PL Kama

Кана́д|а, -ы *(f.)* PL Canada

кана́д(е)ц, -а; -ы, -ев *(m.)* PL Canadian (male)

кана́дк|а, -и; -и, кана́док *(f.)* PL Canadian (female)

кани́кул|ы, 0 *(pl.)* 16C2 vacation, holidays

капита́н, -а; -ы, -ов *(m.)* 17C2 captain

каранда́ш, -а́; -и́, -е́й *(m.)* 2B3 pencil

карата́ *(indecl.)* 13C5 karate

ка́рт|а, -ы; -ы, 0 *(f.)* 4B4 map

карти́н|а, -ы; -ы, 0 *(f.)* 4B4 painting, picture

ка́рт|ы, 0 *(pl.)* 19D3 playing cards

Каспи́йское мо́ре *(phr.)* PL Caspian Sea

ката́ни|е, -я; -я, -й *(n.)* 17D2 skating, rolling

кафе́ *(indecl.)* 4A7 cafe

кварти́р|а, -ы; -ы, 0 *(f.)* 4B4 apartment

ке́ды *(pl.)* 18D3 sports shoes

кем *(pron.)* 18 *instr.* of кто

Ки́ев, -а *(m.)* PL Kiev

Ки́евская Русь *(phr.)* PL Kievan Rus

киломе́тр, -а; -ы, -ов *(m.)* 15/6 kilometer

кино́ *(indecl.)* 7C2 movie, movie theater

кинотеа́тр, -а; -ы, -ов *(m.)* 4A4 movie theater

кио́ск, -а; -и, -ов *(m.)* 18A9 kiosk, booth

Кыргызста́н, -а *(f.)* PL Kirgizstan

кири́ллиц|а, -ы *(f.)* PL Cyrillic alphabet

Кишинёв, -а *(m.)* PL Kishinev

класс, -а; -ы, -ов *(m.)* PL classroom; class group

классифика́ци|я, -и; -и, -й *(f.)* 17C4 classification

кли́мат, -а *(m.)* 16C1 climate

кло́ун, -а; -ы, -ов *(m.)* 14C4 clown

клуб, -а; -ы, -ов *(m.)* 3B6 club

ключ, -а́; -и́, -е́й *(m.)* 10/23 key

кни́г|а, -и; -и, 0 *(f.)* 2B3 book

когда́ *(adv.)* 14A7 when, at what time

когда́ как *(phr.)* 16C1 it depends

кого́ *(acc./gen.* of кто) 7A5

ко́лледж, -а; -ы, -ей *(m.)* 5/22 college

кольц|о́, -а́; ко́льца, коле́ц *(n.)* 2C5 ring

кома́нд|а, -ы; -ы, 0 *(f.)* 13A1 team, command, order

ко́микс, -а; -ы, -ов *(m.)* 9D2 comic strip

коммуника́ци|я, -и *(f.)* PL communication

ко́мнат|а, -ы; -ы, 0 *(f.)* 2C5 room

ко́мпас, -а; -ы, -ов *(m.)* 10/22 compass

кому́ *(pron.)* 19B1 *dat.* of кто

компью́тер, -а; -ы, -ов *(m.)* 20/11 computer

конве́рт, -а; -ы, -ов *(m.)* 4B4 envelope

кон(е́)ц, -а́; -ы́, -о́в *(m.)* 12B8 end

коне́чно *(adv.)* 8A6 of course

ко́нкурс, -а; -ы, -ов *(m.)* 18B1 competition

контро́л|ь, -я *(m.)* PL control

контро́льн|ый, -ая, -ое, -ые *(adj.)* 12A6 planned, scheduled

конфе́т|а, -ы; -ы, 0 *(f.)* 7C4 candy

конча́|ться (-ется, -ются) *(impf.)* 16C10 to end, be ended

конце́рт, -а; -ы, -ов *(m.)* 12B3 concert

конёк|и́, -о́в *(pl.)* 17D2 skates

коре́йск|ий, -ая, -ое, -ие *(adj.)* 11C1 Korean

кори́чнев|ый, -ая, -ое, -ые *(adj.)* 11B1 brown

короле́в|а, -ы; -ы, 0 *(f.)* 18D2 queen

корт, -а; -ы, -ов *(m.)* PL court (for sports)

ко́смос, -а *(m.)* PL space, cosmos

костю́м, -а; -ы, -ов *(m.)* 2C5 suit, costume

кот, -á; -ы́, -óв *(m.)* PL cat, tomcat

котóр|ый, -ая, -ое, -ые *(pron.)* 16A1 which, who

коттéдж, -а; -и, -ей *(m.)* 4C7 cottage

кóшк|а, -и; -и, кóшек *(f.)* 2C5 cat

крáсн|ый, -ая, -ое, -ые *(adj.)* 9A1 red

красúво *(adv.)* 16A1 beautifully

красúв|ый, -ая, -ое, -ые *(adj.)* 9A1 beautiful, handsome

красот|á, -ы́ *(f.)* 18D2 beauty

кратковрéменн|ый, -ая, -ое, -ые *(adj.)* 16D2 momentary, transitory

Крéмл|ь, -я́ *(m.)* 4D2 Kremlin

крокодúл, -а; -ы, -ов *(m.)* 2A7 crocodile

крýш|а, -и; -и, Ø *(f.)* 4C3 roof, housetop

кто *(pron.)* 2A1 who

кудá *(adv.)* 12A6 which way, to where

культýр|а, -ы *(f.)* PL culture

культурúзм, -а *(m.)* PL bodybuilding

куп|úть (куплю́, -ишь, -ят) *(pf.)* 19A1 to buy, purchase

Л

лаборатóри|я, -и; -и, -й *(f.)* 2B3 laboratory

лáгер|ь, -я; -и, -ей *(m.)* 2C5 camp

лáдно *(affirm. part.)* 14C1 all right, very well

лáмп|а, -ы; -ы, Ø *(f.)* 2B3 lamp

Лáтви|я, -и *(f.)* PL Latvia

латúнск|ий, -ая, -ое, -ие *(adj.)* 15/17 Latin

лёгк|ий, -ая, -ое, -ие *(adj.)* 17D2 light

леж|áть (-ý, -ишь, -áт) *(impf.)* 16B8 to lie, be lying

Лéн|а, -ы *(f.)* PL Lena

Ленингрáд, -а *(m.)* PL Leningrad

Лéнинские гóры *(phr.)* 9C5 Lenin hills

лес, -а; -á, -óв *(m.)* 16C2 woods, forest

лет 9B5 *see* год

лéт|о, -а; -а, Ø *(n.)* 16C1 summer

лéтом *(adv.)* 16C1 in summer

лúли|я, -и; -и, -й *(f.)* 16C9 lily

лилóв|ый, -ая, -ое, -ые *(adj.)* 11B7 violet

Литв|á, -ы́ *(f.)* PL Lithuania

литератýр|а, -ы *(f.)* 7A4 literature

лов|úть (ловлю́, -ишь, -ят) *(pf.)* 14B4 to fish

лóзунг, -а; -и, -ов *(m.)* 6C3 slogan

лóшад|ь, -и; -и, -éй *(f.)* 14C2 horse

лы́ж|и, Ø *(pl.)* 16C4 skis

люб|úть (люблю́, -ишь, -ят) *(impf.)* 7B4 to love, like

лю́д|и, -éй *(pl.* of человéк) 14B4 people

М

мавзолé|й, -я; -и, -ев *(m.)* 4D2 mausoleum

магазúн, -а; -ы, -ов *(m.)* 3B6 store

магнитофóн, -а; -ы, -ов *(m.)* 8A8 tape recorder

мá|й, -я *(m.)* PL May

майóр, -а; -ы, -ов *(m.)* PL major

мáленьк|ий, -ая, -ое, -ие *(adj.)* 9A1 little, small

мáло *(adv.)* 7B1 few, little

мáльчик, -а; -и, -ов *(m.)* 2A9 boy

мáм|а, -ы; -ы, Ø *(f.)* PL mama

мáрк|а, -и; -и, мáрок *(f.)* 4D3 stamp

Марс, -а *(m.)* PL Mars

март, -а *(m.)* 16C10 March

Мáслениц|а, -ы *(f.)* 16C10 Shrovetide

мáсл|о, -а *(n.)* 16C10 butter

мáстер, -а; -á, -óв *(m.)* 3D2 foreman; expert, master

мáстер спóрта *(phr.)* 17C2 master of sport

матемáтик|а, -и *(f.)* 7A2 mathematics

математúческ|ий, -ая, -ое, -ие *(adj.)* 9C5 mathematical

матрёшк|а, -и; -и, матрёшек *(f.)* 9B3 nested Russian doll

матч, -а; -и, -ей *(m.)* 13B1 match

мат|ь, мáтери; мáтер|и, -éй *(f.)* 3A9 mother

маши́н|а, -ы; -ы, ∅ *(f.)* 4B4 car, machine, automobile

машини́ст, -а; -ы, -ов *(m.)* 18C2 machinist

машини́стк|а, -и; -и, машини́сток *(f.)* 18A4 typist

МГУ *(indecl. acronym)* 6A8 MGU, Moscow State University

медици́нск|ий, -ая, -ое, -ие *(adj.)* 18A6 medical

ме́дленно *(adv.)* 12A6 slowly

мёд, -а *(m.)* 16C10 honey

медве́д|ь, -я; -и, -ей *(m.)* 14C1 bear

медсестр|а́, -ы́; медсёстры, медсестёр *(f.)* 18A2 nurse

междунаро́дн|ый, -ая, -ое, -ые *(adj.)* 17C3 international

ме́неджер, -а; -ы, -ов *(m.)* 3A12 manager

меня́ *(pron.)* 1B1 *acc./gen.* of я

мерзлот|а́, -ы́; -ы, ∅ *(f.)* 16B8 frost

ме́ст|о, -а; -а́, ∅ *(n.)* 16B8 place, spot, site

мета́лл, -а *(m.)* PL metal

метро́ *(n.)* PL subway

меха́ник, -а; -и, -ов *(m.)* 20/14 mechanic

милиционе́р, -а; -ы, -ов *(m.)* 4D2 policeman, militiaman

миллио́н, -а; -ы, -ов *(m.)* 2D3 million

ми́л|я, -и; -и, ∅ *(f.)* 11D4 mile

Минск, -а *(m.)* PL Minsk

ми́нус, -а; -ы, -ов *(m.)* 15/10 minus

мину́т|а, -ы; -ы, ∅ *(f.)* 11A1 minute

мир, -а *(m.)* 1D2 peace; world

мира́ж, -а́; -и, -ей *(m.)* PL mirage, optical illusion

мне *(pron.)* 9B1 *dat.* of я

мно́го *(indef. no.)* 2D3 many, much, a lot

мо́д|а, -ы *(f.)* PL mode, fashion, style

мо́жет быть 11C1 perhaps, maybe

мо́жно *(pred.)* 11A1 one may, one can

мо|й, -я, -ё, -и *(pron.)* 3A1 my

Молдо́в|а, -ы *(f.)* PL Moldova

молод(е́)ц, -а́; -ы́, -о́в *(m.)* 7B6 fine fellow, fine girl

монасты́р|ь, -я́; -и́, -е́й *(m.)* 9A2 monastery

мо́нголо-тата́рск|ий *(adj.)* PL Mongol-Tatar

монта́жник, -а; -и, -ов *(m.)* 18C2 assembler

мо́р|е, -я; -я́, -е́й *(n.)* PL sea

морж, -а́; -и́, -е́й *(m.)* 16A8 walrus

моро́з, -а *(m.)* 16A2 frost, freeze

Москв|а́, -ы́ *(f.)* PL Moscow

москви́чк|а, -и; -и, москви́чек *(f.)* 4A1 Moscovite (female)

москви́ч, -а́; -и́, -е́й *(m.)* 4A2 Moscovite (male)

моско́вск|ий, -ая, -ое, -ие *(adj.)* 9A2 Moscow

мото́р, -а; -ы, -ов *(m.)* PL motor

мотоци́кл, -а; -ы, -ов *(m.)* 8A5 motorcycle

мочь (могу́, мо́ж+ -ешь, мо́гут) *(impf.)* 13B6 to be able

муж, -а; мужь|я́, муже́й *(m.)* 3A9 husband

мужск|о́й, -а́я, -о́е, -и́е *(adj.)* 13 masculine, male

мужчи́н|а, -ы; -ы, ∅ *(m.)* 13A12 man, male

музе́|й, -я; -и, -ев *(m.)* 4A7 museum

му́зык|а, -и *(f.)* 7C5 music

музыка́льн|ый, -ая, -ое, -ые *(adj.)* 17B7 musical

музыка́нт, -а; -ы, -ов *(m.)* PL musician

мы *(pron.)* 4C1 we

мя́гк|ий, -ая, -ое, -ие *(adj.)* PL soft

мя́с|о, -а *(n.)* 2C5 meat

мяч, -а́; -и́, -е́й *(m.)* 4B4 ball

Н

на (+*prepos.*) *(prep.)* 2D3 on, in, at

на (+ *acc.*) *(prep.)* 12B2 onto, to, into

надзе́мн|ый, -ая, -ое, -ые *(adj.)* 15/13 elevated, above ground на́до *(pred.)* 18D3 necessary, needed

найти́ (найд+ -у́, -ёшь, -у́т) *(pf.)* 18D3
   to find

назва́ни|е, -я; -я, -й *(n.)* 19B1 name,
   title

называ́|ть (-ю, -ешь, -ют) *(pf. v.)* 12A6
   to be called

называ́|ться (-ется, -ются) *(impf.)* 9B5
   to be called

нале́во *(adv.)* 9A1 left, on/to the left

нам *(pron.)* 9C1 dat. of мы

наоборо́т *(adv.)* 19B1 on the contrary

написа́ть (напишу́, напи́ш+ -ешь, -ут)
   (pf.) 16D3 to write

напра́во *(adv.)* 9A1 right, on/to the right

наприме́р *(paren.)* 17A1 for example

нарисова́ть (нарису́+ -ю, -ешь, -ют)
   (pf.) 9D2 to draw

насте́нн|ый, -ая, -ое, -ые *(adj.)* 19D4
   wall

насто́льн|ый, -ая, -ое, -ые *(adj.)* 17D2
   table, desk

настоя́щ|ий, -ая, -ее, -ие *(adj.)* 13 real

нахо́д|и́ться (нахожу́сь, нахо́дишься,
   -ятся) *(impf.)* 2D3 to be located

нача́ть (начн+ -у́, -ёшь, -у́т) *(pf.)* 18D3
   to begin

начина́|ть (-ю, -ешь, -ют) *(impf.)* 18D3
   to begin

начина́|ться (-ется, -ются) *(impf.)*
   16C10 to begin, be begun

наш, -а, -е, -и *(pron.)* 3A1 our

не *(part.)* 2B1 not

небольш|о́й, -а́я, -о́е, -и́е *(adj.)* 9C1 not
   large, small

Нев|а́, -ы́ *(f.)* PL Neva

недалеко́ *(adv.)* 20/10 not far away

неде́л|я, -и; -и, Ø *(f.)* 18D2 week

незави́симост|ь, -и *(f.)* 18D2
   independence

неинтере́сн|ый, -ая, -ое, -ые *(adj.)*
   20/11 not interesting

некраси́в|ый, -ая, -ое, -ые *(adj.)* 20/2
   not beautiful

нельзя́ *(pred.)* 11A1 (it is) impossible,
   not permitted

неме́цк|ий, -ая, -ое, -ие *(adj.)* 11C1
   German

немно́го *(adv.)* 7B4 a bit, some

непло́хо *(adv.)* 12D3 not bad, pretty
   good

неплох|о́й, -а́я, -о́е, -и́е *(adj.)* 10/22 not
   bad

непра́вд|а, -ы; -ы, Ø *(f.)* 11C3 untruth,
   falsehood

непра́вильно *(adv.)* 13C6 incorrect(ly)

не́сколько *(indef. no.)* 18A8 several,
   some

нет *(neg.)* 1C1 no, (there is) no

нетру́дн|ый, -ая, -ое, -ые *(adj.)* 9C3 not
   difficult, easy

неудовлетвори́тельно *(adv.)* 2C8
   unsatisfactory, grade of two (D)

нехорошо́ *(adv.)* 18D3 not good, not well

никак|о́й, -а́я, -о́е, -и́е *(adj.)* 18D3 no,
   not any

никогда́ *(adv.)* 20/14 never

ничего́ *(adv./pred.)* 3C4 (it's) nothing,
   all right

ничья́ *(pron.)* 13A3 tie score, draw

но *(conj.)* 7B1 but

Новосиби́рск, -а 14A7 Novosibirsk

но́в|ый, -ая, -ое, -ые *(adj.)* 9A2 new

нол|ь, -я́; -и́, -е́й *(m.)* 16A2 none, zero

но́мер, -а; -а́, -о́в *(m.)* 12D3 number,
   issue

но́т|ы, Ø *(pl.)* 4D3 sheet music, notes

ноч|ь, -и; -и, -е́й *(f.)* 14A4 night

но́чью *(adv.)* 19C4 at (during) the night

ноя́бр|ь, -я́ *(m.)* 16C10 November

нра́в|иться (нра́влюсь, -ишься, -ятся)
   (impf.) 9C1 to be pleasing

ну *(part.)* 8B1 well

О

о (+ *prepos.*) *(prep.)* 16D3 about

о́блачност|ь, -и *(f.)* 16D1 cloudiness

объе́кт, -а; -ы, -ов *(m.)* PL object

объявле́ни|е, -я; -я, -й *(n.)* 18C2
   announcement

одёжд|а, -ы *(f.)* 4D3 clothes, garments

Одёсс|а, -ы *(f.)* PL Odessa

оди́н, одна́, одно́, одни́ *(card. no.)* 11A1 one (some)

оди́ннадцат|ый, -ая, -ое, -ые *(ord. no.)* 11 eleventh

оди́ннадцат|ь, -и *(card. no.)* 13A4 eleven

одна́жды *(adv.)* 11D4 once

о́зер|о, -а; озёр|а, ∅ *(n.)* PL lake

Ок|а́, -и́ *(f.)* PL Oka

окн|о́, а́; о́кна, о́кон *(n.)* 2B3 window

о́коло *(prep.)* 19C1 near (+ *gen.*)

октя́бр|ь, -я́ *(m.)* 15/13 October

оли́вков|ый, -ая, -ое, -ые *(adj.)* 11B7 olive-colored

Омск, -а *(m.)* 14A7 Omsk

он *(pron.)* 2C1 he, it

она́ *(pron.)* 2C1 she, it

они́ *(pron.)* 2C6 they

оно́ *(pron.)* 2C2 it

о́пер|а, -ы; -ы, ∅ *(f.)* 19C8 opera

ора́нжев|ый, -ая, -ое, -ые *(adj.)* 11B7 orange-colored

Ор(ё)л, Орла́ *(m.)* 19B3 Oryol

орке́стр, -а; -ы, -ов *(m.)* PL orchestra

оса́дк|и, оса́дков *(pl.)* 16D1 precipitation

о́сен|ь, -и *(f.)* 16C2 fall, autumn

о́сенью *(adv.)* 16C2 in fall, in autumn

останов|и́ть (остановлю́, -ишь, -ят) *(pf.)* 11D4 to stop

осторо́жно *(adv.)* 12D1 careful, carefully

отве́т, -а; -ы, -ов *(m.)* 8A9 answer

отвеча́|ть (-ю, -ешь, -ют) *(impf.)* 4D2 to answer

от(е́)ц, -а́; -ы́, -о́в *(m.)* 3A9 father

откры́тк|а, -и; -и, откры́ток *(f.)* 4B4 postcard

откры́ть (откро́+ -ю, -ешь, -ют) *(impf.)* 9C5 to open

отли́чник, -а; -и, -ов *(m.)* 9D3 A student (male)

отли́чниц|а, -ы; -ы, ∅ *(f.)* 9D3 A student (female)

отли́чно *(adv.)* 2C8 excellent(ly); grade of five (A)

отстаю́щ|ий, -ая, -ее, -ие *(adj.)* 9D3 slow, backwards

о́тчеств|о, -а; -а, ∅ *(n.)* 1B4 patronymic

о́фис, -а; -ы, -ов *(m.)* 3B6 office

ох *(interj.)* 19D3 oh

охо́тник, -а; -и, -ов *(m.)* 15/4 hunter

о́чень *(adv.)* 2A2 very

очк|о́, -а́; -и́, -о́в *(n.)* 13D3 point

П

па́п|а, -ы; -ы, ∅ *(m.)* 3A1 papa

Пари́ж, -а *(m.)* 8A1 Paris

парикма́хер, -а; -ы, -ов *(m.)* 18C1 barber, hairdresser

парк, -а; -и, -ов *(m.)* 4A7 park

па́рт|а, -ы; -ы, ∅ *(f.)* 2B3 desk (for two)

па́рти|я, -и; -и, -й *(f.)* 15/18 game, set

партнёр, -а; -ы, -ов *(m.)* PL partner

парфюме́рн|ый, -ая, -ое, -ые *(adj.)* 4D3 perfume

педагоги́ческ|ий, -ая, -ое, -ие *(adj.)* 18B3 pedagogical

пе́рв|ый, -ая, -ое, -ые *(ord. no.)* 1 first

переме́нн|ый, -ая, -ое, -ые *(adj.)* 16D1 periodic

пиани́но *(indecl.)* 8B2 piano, spinet

пик, -а; -и, -ов *(m.)* 12C3 rush hour; peak

пикни́к, -а́; -и́, -о́в *(m.)* 14B4 picnic

пинг-по́нг, -а *(m.)* PL ping pong

пионе́р, -а; -ы, -ов *(m.)* 19C1 pioneer (children's organization member)

пиро́г, -а; -и́, -о́в *(m.)* 4B4 pie, pastry

писа́тел|ь, -я; -и, -ей *(m.)* 16D2 writer

писа́ть (пиш+ -у́, -ешь, -ут) *(impf.)* 6A1 to write

письм|о́, -а́; пи́сьма, пи́сем *(n.)* 2C2 letter

пи́щ|а, -и *(f.)* PL food

пла́вани|е, -я *(n.)* 17A5 swimming

плака́т, -а; -ы, -ов *(m.)* 4D3 placard, poster

план, -а; -ы, -ов *(m.)* 18D3 plan

пласти́нк|а, -и; -и, пласти́нок *(f.)* 19D4 record

плат(о́)к, -а́; -и́, -о́в *(m.)* 19B5 shawl; kerchief

плеер, -а; -ы, -ов *(m.)* 8A2 walkman

пло́хо *(adv.)* 2C8 poor(ly), grade of two (D)

плох|о́й, -а́я, -о́е, -и́е *(adj.)* 7B6 poor

пло́щад|ь, -и; -и, -е́й *(f.)* 2C5 square

плюс, -а; -ы, -ов *(m.)* 15/10 plus

по (+ *dat.*) *(prep.)* 16A1 on, along, by

по-англи́йски *(adv.)* 6B1 in English

победи́тельниц|а, -ы; -ы, ∅ *(f.)* 18D1 winner

победи́|ть (-и́шь, -я́т) *(pf.)* 13B1 to conquer, win

по́вар, -а; -а́, -о́в *(m.)* 18C2 cook

повторе́ни|е, -я *(n.)* 5 repetition

пого́д|а, -ы *(f.)* 16A1 weather

погоди́: ну, погоди́ 3D2 just you wait

пода́р(о)к, -а; -и, -ов *(m.)* 4B! gift, present

подпи́счик, -а; -и, -ов *(m.)* 19D3 subscriber

подру́г|а, -и; -и, ∅ *(f.)* 8A1 friend (girl)

подсне́жник, -а; -и, -ов *(m.)* 16C8 snowdrop

подстака́нник, -а; -и, -ов *(m.)* 19D4 glass holder

пойти́ (пойд+ -у́, -ёшь, -у́т) *(pf.)* 18A1 to go

пожа́луйста *(particle)* 3B9 please

поздравля́|ть (-ю, -ешь, -ют) *(impf.)* 13B1 to congratulate

пока́ *(adv.)* 1A16 for the present

показа́ть (покаж+ -у́, -ешь, -ут) *(pf.)* 19B1 to show

покупа́|ть (-ю, -ешь, -ют) *(impf.)* 3A12 to buy, shop for

поликли́ник|а, -и; -и, ∅ *(f.)* 3B6 clinic

поли́тик, -а; -и, -ов *(m.)* 17A5 politician

поли́тик|а, -и *(f.)* PL politics

полоте́нц|е, -а; -а, полоте́нец *(n.)* 19D4 towel

полице́йск|ий, -ая, -ое, -ие *(adj.)* 11D4 policeman

полуша́ри|е, -я; -я, -ев *(n.)* 16B8 hemisphere

по́люс, -а; -ы, -ов *(m.)* 16B8 pole

помо́чь (помогу́, помо́ж+ -ешь, помо́гут) *(pf.)* 11A6 to help

понеде́льник, -а; -и, -ов *(m.)* 7A7 Monday

понима́|ть (-ю, -ешь, -ют) *(impf.)* 5/17 to understand

поня́тно *(s.f. adj.)* 6C1 (it's) understood

попуга́|й, -я; -и, -ев *(m.)* 7D2 parrot

популя́рн|ый, -ая, -ое, -ые *(adj.)* 13A2 popular

пораже́ни|е, -я; -я, -й *(n.)* 13D3 defeat

поросён(о)к, -а; порося́т|а, ∅ *(m.)* 9C3 piglet

портре́т, -а; -ы, -ов *(m.)* PL portrait

портфе́л|ь, -я; -и, -ей *(m.)* 2C5 briefcase

по-ру́сски *(adv.)* 6B1 in Russian

поря́д(о)к, -а; -и, -ов *(m.)* 19B1 order

по́сле (+*gen.*) *(prep.)* 18C1 after

посмотр|е́ть (-ю, -ишь, -ят) *(pf.)* 9A1 to look

пост, -а́; -ы́, -о́в *(m.)* PL post

постро́|ить (-ю, -ишь, -ят) *(pf.)* 9C5 to build

поступ|и́ть (поступлю́, посту́пишь, -ят) *(pf.)* 18B1 to enroll in

пото́м *(adv.)* 14C1 then, afterwards

потому́ (что) *(conj.)* 17C1 because

по-францу́зски *(adv.)* 7B5 in French

почему́ *(adv.)* 12A6 why

по́чт|а, -ы; -ы, ∅ *(f.)* 3B6 post office

почти́ *(adv.)* 11D4 almost, nearly

почто́в|ый, -ая, -ое, -ые *(adj.)* 4D3 postage, postal

поэ́т, -а; -ы, -ов *(m.)* 15/24 poet

поэ́тому *(adv.)* 18B1 therefore

пра́вд|а, -ы *(f.)* 6D4 truth; it's true

пра́вил|о, -а; -а, ∅ *(n.)* 16A5 rule

пра́вильно *(adv.)* 9C1 correct(ly)

пра́здник, -а; -и, -ов *(m.)* 16C10 holiday

пра́ктик|а, -и; -и, ∅ *(f.)* 7B6 practice

предложёни|е, -я; -я, -й (n.) 6C2 sentence

президёнт, -а; -ы, -ов (n.) 11D4 president

привёт, -а (m.) 1A16 hi; greeting
с привётом 19D2 best regards

приёхать (приёд+ -у, -ешь, -ут) (pf.) 16A1 to arrive

прйнцип, -а; -ы, -ов (m.) 18D2 principle

прирóд|а, -ы (f.) 16C9 nature|

прийтно (s.f. adj.) 2A2 (it's) pleasant

проблём|а, -ы; -ы, ∅ (f.) 18C1 problem

проводйть врёмя (phr.) 14B4 to pass, spend time

прóвод|ы, -ов (pl. noun) 16C10 send-off, seeing off

прогрáмм|а, -ы; -ы, ∅ (f.) 14C1 program

продав(ё)ц, -á; -ы́, -óв (m.) 18A4 salesclerk, salesperson

продолжá|ться (-ется, -ются) (impf.) 16B1 to continue

продýкт|ы, -ов (pl. noun) PL produce; groceries

продýкци|я, -и (f.) PL production; output

продю́сер, -а; -ы, -ов (m.) 7C3 producer

проéкт, -а; -ы, -ов (m.) 3D4 project, design

проснý|ться (-ýсь, -ёшься, -ýтся) (pf.) 14A1 to awaken (oneself)

проспéкт, -а; -ы, -ов (m.) 1D2 boulevard, avenue

протéст, -а; -ы, -ов (m.) PL protest, remonstrance

профессионáльно-технйческ|ий (adj.) 18C2 professional-technical

профéсси|я, -и; -и, -й (f.) 18A1 profession

прочитá|ть (-ю, -ешь, -ют) (pf.) 8C4 to read

прямо (adv.) 9A2 directly

ПТУ (indecl. acronym) 18C1 Professional Technical Institute

пýблик|а, -и (f.) PL public

пут|ь, -й; -й, -ёй (m.) 12A2 path, way

пятёрк|а, -и (f.) 9D3 five, grade of five (A)

пятнáдцат|ь, -и (card. no.) 13A4 fifteen

пятнáдцат|ый, -ая, -ое, -ые (card. no.) 15 fifteenth

пятниц|а, -ы (f.) 7A7 Friday

пят|ый, -ая, -ое, -ые (card. no.) 5 fifth

пят|ь, -й (card. no.) 9D3 five; grade of five (A)

пятьдесят, пятидесяти (card. no.) 13B4 fifty

Р

робóт|а, -ы; -ы, ∅ (f.) 3C8 work, job

робóта|ть (-ю, -ешь, -ют) (impf.) 5/17 to work

робóч|ий, -ая, -ее, -ие (m. noun/adj.) 18A4 worker, factory worker

рáдио (indecl.) 6A7 radio

рáдуг|а, -и; -и, ∅ (f.) 16B2 rainbow

ракéтк|а, -и; -и, ракéток (f.) 15/5 racquet

раз, -а; -ы́, раз (adv.) 11D4 once

рáзве (particle) 13A3 really, actually

разговáрива|ть (-ю, -ешь, -ют) (impf.) 14B1 to converse

разговóр, -а; -ы, -ов (m.) 15/20 conversation

разря́д, -а; -ы, -ов (m.) 17C3 rank, category

рáньше (adv.) 20/11 earlier

расписáни|е, -я; -я, -й (n.) 7A7 schedule

рассказáть (расскаж+ -ý, расскáжешь, -ут) (pf.) 18B1 to narrate

расскáзыва|ть (-ю, -ешь, -ют) (impf.) 18B7 to narrate

ребя́т|а, ∅ (pl. n.) 1A6 kids, fellows

рéгби (indecl.) PL rugby

результáт, -а; -ы, -ов (m.) 18D3 result

рек|á, -й; рéки, ∅ (f.) 9C1 river

реклáм|а, -ы; -ы, ∅ (f.) 6C3 advertising

рекóрд, -а; -ы, -ов (m.) 18D3 record

респу́блик|а, -и; -и, ∅ *(f.)* PL republic

рестора́н, -а; -ы, -ов *(m.)* 4A7 restaurant

реша́|ть (-ю, -ешь, -ют) *(impf.)* 19A3 to decide, solve

реши́тельно *(adv.)* 18D3 resolutely, decisively

реш|и́ть (-у́, -и́шь, -а́т) *(pf.)* 18C1 to decide, solve

рисова́ни|е, -я *(m.)* 17A5 drawing, sketching

рисова́ть (рису́+ -ю, -ешь, -ют) *(impf.)* 7C5 to draw

рису́н(о)к,-а; -и, -ов *(m.)* 20/24 drawing, sketch

ро́бот, -а; -ы, -ов *(m.)* 4B4 robot

род|и́ться (рожу́сь, -и́шься, -я́тся) *(impf.)* 18D3 to be born

родн|о́й, -а́я, -о́е, -ы́е *(adj.)* 7B4 native

рожде́ни|е, -я *(n.)* 20/13 birth

ро́з|а, -ы; -ы, ∅ *(f.)* PL rose

ро́зов|ый, -ая, -ое, -ые *(adj.)* 11B7 pink

рок-конце́рт, -а; -ы, -ов *(m.)* 15/14 rock concert

рок-н-ро́л, -а *(m.)* 6B6 rock and roll

ро́кер, -а; -ы, -ов *(m.)* 3A12 motorcycle club member

Росси́|я, -и *(f.)* PL Russia

Росто́в, -а *(m.)* PL Rostov

руба́шк|а, -и; -и, руба́шек *(f.)* 19D4 shirt

рук|а́, -и́; ру́ки, ∅ *(f.)* 13C4 hand

руковод|и́ть (руковожу́, -и́шь, -я́т) *(impf.)* 19C8 to direct, lead

ру́сск|ая, -ой; -ие, -их *(f.)* PL Russian (female)

ру́сск|ий, -ого; -ие, -их *(m.)* PL Russian (male)

ру́сск|ий, -ая, -ое, -ие *(adj.)* PL Russian

ру́сско-англи́йск|ий, -ая, -ое, -ие *(adj.)* 10/22 Russian-English

Рус|ь, Руси́ *(f.)* PL Rus

ру́чк|а, -и; -и, ру́чек *(f.)* 2B3 pen

ры́б|а, -ы *(f.)* 14B4 fish

ры́н(о)к, -а; -и, -ов *(m.)* 4A7 market

С

с (+*instr.*) *(prep.)* 14B1 with, along with

сади́сь *(imper.)* 12C1 sit down, be seated

сала́т, -а; -ы, -ов *(m.)* PL salad; lettuce

сала́тн|ый, -ая, -ое, -ые *(adj.)* 11B7 light green, lettuce-colored

салю́т, -а; -ы, -ов *(m.)* PL salute

самолёт, -а; -ы, -ов *(m.)* 2C5 airplane

са́м|ый, -ая, -ое, -ые *(adj.)* 9C5 the most, the very

Санкт-Петербу́рг, -а *(m.)* PL St. Petersburg

Свердло́вск, -а *(m.)* 14A7 Sverdlovsk

свет, -а *(m.)* 12B8 world, light

свобо́д|а, -ы *(f.)* 18D2 freedom

свобо́дн|ый, -ая, -ое, -ые *(adj.)* 17C1 free

сво|й, -я́, -ё, -и́ *(adj.)* 19C8 one's own

сде́ла|ть (-ю, -ешь, -ют) *(pf.)* 19A3 to do, make

се́верн|ый, -ая, -ое, -ые *(adj.)* 16B8 north, northern

сего́дня *(adv.)* 12A6 today

седьм|о́й *(ord. no.)* 7 seventh

сейча́с *(adv.)* 2D3 now, right away

секре́т, -а; -ы, -ов *(m.)* PL secret

секрета́р|ь, -я́; -и́, -е́й *(m.)* 18A3 secretary

семна́дцат|ь, -и *(card. no.)* 13A4 seventeen

семна́дцат|ый, -ая, -ое, -ые *(ord. no.)* 17 seventeenth

сем|ь, -и́ *(card. no.)* 13A4 seven

се́мьдесят, семи́десяти *(card. no.)* 13B5 seventy

семь|я́, -и́; се́мьи, семе́й *(f.)* 3A1 family

Сент-Лу́ис, -а *(m.)* 20/8 St. Louis

се́рвис, -а *(m.)* 11D2 service

се́р|ый, -ая, -ое, -ые *(adj.)* 14B3 grey

сестр|а́, -ы́; сёстры, сестёр *(f.)* PL sister

сза́ди *(adv.)* 9C1 behind

Сиби́р|ь, -и *(f.)* PL Siberia

сигаре́т|а, -ы; -ы, ∅ *(f.)* 3A12 cigarette

сигна́л, -а; -ы, -ов *(m.)* 12D3 signal

сид|е́ть (сижу́, -и́шь, -я́т) *(impf.)* 15/4 to sit, be sitting

си́льн|ый, -ая, -ое, -ые *(adj.)* 16D2 strong

симфони́ческ|ий, -ая, -ое, -ие *(adj.)* 7C5 symphony, symphonic

си́н|ий, -яя, -ее, -ие *(adj.)* 11B1 blue, dark blue

систе́м|а, -ы; -ы, ∅ *(f.)* PL system

Сиэ́тл, -а *(m.)* 17D4 Seattle

скажи́, скажи́те *(imper.)* 3B1 say, tell me

сказа́ть (скаж+ -у́, ска́жешь, -ут) *(pf.)* 3B1 to say, tell

ска́терт|ь, -и; -и, -е́й *(f.)* 19D4 table cloth

ско́лько *(interrog.)* 14A1 how much, how many

скри́пк|а, -и; -и, скри́пок *(f.)* 8B2 violin

сла́б|ый, -ая, -ое, -ые *(adj.)* 16D2 weak

сле́дующ|ий, -ая, -ее, -ие *(adj.)* 12D1 next, following

сле́сар|ь, -я; -я́, -е́й *(m.)* 18A4 metal craftsman, locksmith

слова́р|ь, -я́; -и́, -е́й *(m.)* 2B3 dictionary

сло́в|о, -а; -а́, ∅ *(n.)* 6B2 word

случ|и́ться (-и́тся) *(pf.)* 11D4 to happen, occur

слу́ша|ть (-ю, -ешь, -ют) *(impf.)* 6A1 to listen to

смета́н|а, -ы *(f.)* 16C10 sour cream

смотр|е́ть (-ю́, -ишь, -ят) *(impf.)* 7C2 to look, look at

снача́ла *(adv.)* 14C1 first, at first

снег, -а *(m.)* 16B2 snow

соба́к|а, -и; -и, ∅ *(f.)* 2C5 dog

собира́|ть (-ю, -ешь, -ют) *(impf.)* 7C2 to collect, gather

собо́р, -а; -ы, -ов *(m.)* 4D2 cathedral

сове́тск|ий, -ая, -ое, -ие *(adj.)* PL Soviet

со́д|а, -ы *(f.)* PL baking soda

соединённ|ый PL united

со́лнц|е, -а; -а, ∅ *(n.)* 9B5 sun

со́рок, -а́ *(card. no.)* 13B5 forty

сорт, -а; -а́, -о́в *(m.)* PL kind, sort

социалисти́ческ|ий, -ая, -ое, -ие *(adj.)* PL socialist(ic)

сою́з, -а; -ы, -ов *(m.)* PL union

спаси́бо *(particle)* 1A16 thanks

спекта́кл|ь, -я; -и, -ей *(m.)* PL play, performance

специа́льн|ый, -ая, -ое, -ые *(adj.)* 14C3 special

специа́льно *(adv.)* 19C8 especially, specially

спо́нсор, -а; -ы, -ов *(m.)* 3A12 sponsor

спо́р|ить (-ю, -ишь, -ят) *(impf.)* 18B7 to argue

спорт, -а *(m.)* PL sport(s)

спортза́л, -а; -ы, -ов *(m.)* 2B3 gym, gymnasium

спортлото́ *(indecl. n.)* 17D3 sports loto

спорти́вн|ый, -ая, -ое, -ые *(adj.)* 4D3 sports

спортто́вар|ы, -ов *(pl. n.)* 4D3 sporting goods

спортсме́н, -а; -ы, -ов *(m.)* 3A7 athlete, sportsman

спра́шива|ть (-ю, -ешь, -ют) *(impf.)* 4D2 to ask

спрос|и́ть (спрошу́, -ишь, -ят) *(pf.)* 20/30 to ask

спу́тник, -а; -и, -ов *(m.)* PL companion; satellite

сред|а́, -ы́ *(f.)* 7A7 Wednesday

СССР *(indecl. acronym)* PL U.S.S.R.

ста́в|ить (ста́влю, -ишь, -ят) *(impf.)* 19C8 to stage, produce

стадио́н, -а; -ы, -ов *(m.)* PL stadium

стальн|о́й, -а́я, -о́е, -ы́е *(adj.)* 11B7 steel, steel-colored

станда́рт, -а; -ы, -ов *(m.)* PL standard

ста́нци|я, -и; -и, -й *(f.)* 12D1 station

стака́н, -а; -ы, -ов *(m.)* 19D4 drinking glass

ста́р|ый, -ая, -ое, -ые *(adj.)* 9A2 old

старт, -а; -ы, -ов *(m.)* PL start

стартова́ть (старту́+ -ю, -ет, -ют) *(impf.)* 15/13 to start

стать (стан+ -у, -ешь, -ут) *(pf.)* 17C2 to become

стих|и́, -о́в (pl.) 18D2 verses, poetry

стихотворе́ни|е, -я; -я, -й (n.) 16D1 poem, verse

сто (card. no.) 13B5 hundred

стол, -а́; -ы́, -о́в (m.) 2B3 table

столи́ц|а, -ы; -ы, ∅ (f.) 4D2 capital

столо́в|ая, -ой; -ые, -ых (f.) 2B3 dining room

сто|я́ть (-ю, -и́шь, -я́т) (impf.) 11A1 to stand, be standing

стран|а́, -ы́; стра́ны, ∅ (f.) 2C5 country

строи́тел|ь, -я; -и, -ей (m.) 18A2 builder

строи́тельн|ый, -ая, -ое, -ые (adj.) 18A6 building

стро́|ить (-ю, -ишь, -ят) (impf.) 18A5 to build

студе́нт, -а; -ы, -ов (m.) PL college student (male)

студе́нтк|а, -и; -и, студе́нток (f.) 3D2 college student (female)

суббо́т|а, -ы (f.) 7A7 Saturday

субъе́кт, -а; -ы, -ов (m.) PL subject

сувени́р, -а; -ы, -ов (m.) PL souvenir

су́мк|а, -и; -и, су́мок (f.) 2B3 bag

схе́м|а, -ы; -ы, ∅ (f.) 19C7 diagram, sketch, map

счастли́в|ый, -ая, -ое, -ые (adj.) 12A2 happy, fortunate, lucky

счёт, -а; -а́, -о́в (m.) 13A3 score

США (indecl. acronym) PL U.S.A.

сын, -а; сынов|ья́, сынове́й (m.) 3A9 son

сюда́ (adv.) 12C1 to here

Т

таба́к, -а́ (m.) 4D3 tobacco

табли́ц|а, -ы; -ы, ∅ (f.) 17C4 table

Таджикиста́н, -а (m.) PL Tadzhikistan

так (adv.) 11B1 so

так|о́й, -а́я, -о́е, -и́е (pron.) 16A1 such

такси́ (indecl. n.) 12Q taxi

Та́ллинн, -а (m.) PL Tallinn

там (adv.) 4A10 there, in that place

Тамбо́в, -а (m.) 19B4 Tambov

танцева́ть (танцу́+ -ю, -ешь, -ют) (impf.) 7C5 to dance

таре́лк|а, -и; -и, таре́лок (f.) 19D4 plate

тата́рин, -а; тата́р|ы, ∅ (m.) 15/13 Tatar

Ташке́нт, -а (m.) PL Tashkent

Тбили́си (indecl.) PL Tbilisi

Твер|ь, -и́ (f.) 19B3 Tver

твёрд|ый, -ая, -ое, -ые (adj.) PL hard

твой, твоя́, твоё, твой (pron.) 1B5 your

теа́тр, -а; -ы, -ов (m.) 3B6 theater

театра́льн|ый, -ая, -ое, -ые (adj.) 20/11 theater, theatrical

тебя́ (pron.) 1B1 acc./gen. of ты

текст, -а; -ы, -ов (m.) PL text; written selection

телеви́зор, -а; -ы, -ов (m.) PL television

телегра́мм|а, -ы; -ы, ∅ (f.) PL telegram

телефо́н, -а; -ы, -ов (m.) 4A4 telephone

тём|а, -ы; -ы, ∅ (f.) PL theme

температу́р|а, -ы (f.) 16A1 temperature

те́ннис, -а (m.) PL tennis

тепе́рь (adv.) 16Q now

тепло́ (pred.) 16A2 (it's) warm

тепл|о́, -а́ (n.) 16A3 warmth

термо́метр, -а; -ы, -ов (m.) PL thermometer

террито́ри|я, -и; -и, -й (f.) 16A5 territory

тетра́д|ь, -и; -и, -ей (f.) 2B1 notebook

те́хник|а, -и (f.) 18A5 technics; technology

те́хникум, -а; -ы, -ов (m.) 8C4 technical school

техни́ческ|ий, -ая, -ое, -ие (adj.) 20/11 technical

тёпл|ый, -ая, -ое, -ые (adj.) 16C2 warm

тигр, -а; -ы, -ов (m.) 14C2 tiger

това́рищ, -а; -и, -ей (m.) 1A6 comrade

то́же (adv.) 3C1 also

то́кар|ь, -я; -и, -ей (m.) 18A4 turner, lathe operator

то́лько (adv.) 11A1 only, just

Тольятти (indecl. n.) 11C5 Tolyatti

том, -а; -а́, -о́в (m.) PL tome, volume

Russian-English vocabulary 467

томáт, -а; -ы, -ов *(m.)* PL tomato

торт, -а; -ы, -ов *(m.)* 6D2 torte, pastry cake

тост, -а; -ы, -ов *(m.)* PL toast

тóчно *(adv.)* 13C1 exact(ly)

трамвá|й, -я; -и, -ев *(m.)* 12C2 streetcar

трéнер, -а; -ы, -ов *(m.)* 17B1 trainer, coach

тренирóвк|а, -и; -и, тренирóвок *(f.)* 17C2 training, practice

трéт|ий, -ья, -ье, -ьи *(ord. no.)* 3 third

три *(card. no.)* 9D3 three; grade of three (C)

трúдцат|ь, -й *(card. no.)* 13B5 thirty

тринáдцат|ь, -и *(card. no.)* 13A4 thirteen

тринáдцат|ый, -ая, -ое, -ые *(ord. n.)* 13 thirteenth

трóйк|а, -и; -и, трóек *(f.)* 9D3 three, grade of three (C)

троллéйбус, -а; -ы, -ов *(m.)* 12C2 trolleybus

труд, -á; -ы́, -óв *(m.)* 7A7 labor

трýдно *(adv.)* 8C1 with difficulty

трýдност|ь, -и; -и, -ей *(f.)* 18D3 difficulty

трýдн|ый, -ая, -ое, -ые *(adj.)* 18B1 difficult

туалéт, -а; -ы, -ов *(m.)* 2B3 toilet

турúст, -а; -ы, -ов *(m.)* 4D2 tourist, hiker

Туркмéни|я, -и *(f.)* PL Turkmenia

ты *(pron.)* 3C1 you *(singular/familiar)*

тяжёл|ый, -ая, -ое, -ые *(adj.)* 17D2 heavy

У

у (+ *gen.*) *(prep.)* 8A1 by, near

увéренн|ый, -ая, -ое, -ые в себé *(adj.)* 18D2 confident, sure

увúд|еть (увúжу, -ишь, -ят) *(pf.)* 19D2 to see, catch sight of

удовлетворúтельно *(adv.)* 2C8 satisfactorily, grade of three (C)

ужé *(adv.)* 17B3 already

Узбекистáн, -а *(m.)* PL Uzbekistan

узнá|ть (-ю, -ешь, -ют) *(pf.)* 18D3 to find out, learn

Украйн|а, -ы *(f.)* PL Ukraine

украйн(е)ц, -а; -ы, -ев *(m.)* 15/13 Ukrainian (male)

ýлиц|а, -ы; -ы, ∅ *(f.)* 3B6 street

ýмн|ый, -ая, -ое, -ые *(adj.)* 13A12 intelligent

универмáг, -а; -и, -ов *(m.)* 4A7 department store

университéт, -а; -ы, -ов *(m.)* 5/22 university

универсáм, -а; -ы, -ов *(m.)* 4A7 self-service grocery store

уникáльн|ый, -ая, -ое, -ые *(adj.)* 19C8 unique

упражнéни|е, -я; -я, -й *(n.)* 2C3 exercise

урá *(interj.)* 7D2 hurrah

Урáл, -а *(m.)* PL Ural

урóк, -а; -и, -ов *(m.)* 1 lesson

усúлива|ть (-ю, -ет, -ют) *(impf.)* 18D3 to strengthen

ýтр|о, -а; -а, ∅ *(n.)* 1A5 morning

ýтром *(adv.)* 19C4 in (during) the morning

уф *(interj.)* 16A1 ugh

Уф|á, -ы́ *(f.)* 14A7 Ufa

учéбник, -а; -и, -ов *(m.)* 2B3 textbook

ученúк, -á; -й, -óв *(m.)* 7B6 pupil, school student (male)

ученúц|а, -ы; -ы, ∅ *(f.)* 7B6 pupil, school student (female)

учúлищ|е, -а; -а, ∅ *(n.)* 13C3 school (for professional training)

учúтел|ь, -я; -я, -éй *(m.)* 6B5 teacher

учúтельниц|а, -ы; -ы, ∅ *(f.)* 3A7 teacher

учúтельск|ий, -ая, -ое, -ие *(adj.)* 18B6 teachers', of teachers

уч|úть (-ý, -ишь, -ат) *(impf.)* 7A1 to study, learn

уч|úться (-ýсь, -ишься, -атся) *(impf.)* 8C1 to study, learn

Ф

фа́брик|а, -и; -и, ∅ *(f.)* 3B6 factory

фаза́н, -а; -ы, -ов *(m.)* 15/4 pheasant

факульте́т, -а; -ы, -ов *(m.)* 9C5 department

фами́ли|я, -и; -и, -й *(f.)* 1A7 family name, last name

фана́т, -а; -ы, -ов *(m.)* 13C2 fanatic, strong fan

фана́тик, -а; -и, -ов *(m.)* 19C8 fan

Фаренге́йт, -а *(m.)* 16A1 Fahrenheit

фа́ртук, -а; -и, -ов *(m.)* 19D4 apron

фе́рмер, -а; -ы, -ов *(m.)* 18A3 farmer

фигу́рн|ый, -ая, -ое, -ые *(adj.)* 17D2 figure

фи́зик, -а; -и, -ов *(m.)* 18A6 physicist

фи́зик|а, -и *(f.)* 7A7 physics

физи́ческ|ий, -ая, -ое, -ие *(adj.)* 9C5 physics

физкульту́р|а, -ы *(f.)* 7A7 physical education

филологи́ческ|ий, -ая, -ое, -ие *(adj.)* 9C5 philological

фило́лог, -а; -и, -ов *(m.)* 18A6 philologist

филосо́фи|я, -и *(f.)* 5/10 philosophy

фильм, -а; -ы, -ов *(m.)* 10/13 film

финиши́ровать (финиши́ру+ -ю, -ешь, -ют) *(impf.)* 15/13 to finish

фиоле́тов|ый, -ая, -ое, -ые *(adj.)* 11B7 violet

фи́рм|а, -ы; -ы, ∅ *(f.)* 3B6 firm, company

Флори́д|а, -ы *(f.)* 20/8 Florida

фо́кус, -а; -ы, -ов *(m.)* 15/18 magic trick

фо́кусник, -а; -и, -ов *(m.)* 14C2 magician

фонта́н, -а; -ы, -ов *(m.)* PL fountain

фо́рм|а, -ы; -ы, ∅ *(f.)* PL form, shape

фотоаппара́т, -а; -ы, -ов *(m.)* 8A9 camera

фото́граф, -а; -ы, -ов *(m.)* PL photographer

фотогра́фи|я, -и; -и, -й *(f.)* PL photography

фра́з|а, -ы; -ы, ∅ *(f.)* PL phrase

францу́зск|ий, -ая, -ое, -ие *(adj.)* 7A8 French

фрукт, -а; -ы, -ов *(m.)* PL fruit

фу *(interj.)* 2A9 scat (to a dog)

футбо́л, -а *(m.)* PL soccer

футболи́ст, -а; -ы, -ов *(m.)* 20/22 soccer player

футбо́льн|ый, -ая, -ое, -ые *(adj.)* 15/13 soccer

X

ха́ки *(indecl. adj.)* 11B7 khaki-colored

хара́ктер, -а; -ы, -ов *(m.)* PL character

хи́мик, -а; -и, -ов *(m.)* 18A3 chemist

хими́ческ|ий, -ая, -ое, -ие *(adj.)* 9C5 chemical

хи́ми|я, -и *(f.)* PL chemistry

хлеб, -а *(m.)* 8A6 bread

хокке́|й, -я *(m.)* PL hockey

хо́лод, -а *(m.)* 16A2 cold

хо́лодно *(pred.)* 16A1 (it's) cold

холо́дн|ый, -ая, -ое, -ые *(adj.)* 16B8 cold

хор, -а; -ы, -ов *(m.)* PL choir, chorus

хоро́ш|ий, -ая, -ее, -ие *(adj.)* 2A9 good

хорошо́ *(adv.)* 1A16; 2C8 good, well; grade of four (B)

хот|е́ть (хочу́, хо́чешь, хо́чет; -и́м, -и́те, -я́т) *(impf.)* 16B1 to want

Храм Васи́лия Блаже́нного *(phr.)* 10/21 Cathedral of Vasily the Blessed

хулига́н, -а; -ы, -ов *(m.)* PL hooligan, ruffian

худо́жественн|ый, -ая, -ое, -ые *(adj.)* 17C1 artistic

Ц

цар|ь, -я́; -и́, -е́й *(m.)* PL tsar, czar

цвет(о́)к, -а́; цвет|ы́, -о́в *(m.)* 4B1; 16C3; 11B8 flower, blossom; color

Цéльси|й, -я *(m.)* 16A1 Celsius

цемéнт, -а *(m.)* PL cement

центр, -а; -ы, -ов *(m.)* PL center; downtown

центрáльн|ый, -ая, -ое, -ые *(adj.)* 13A2 central

цивилизáци|я, -и; -и, -й *(f.)* PL civilization

цирк, -а; -и, -ов *(m.)* PL circus

ЦСКА *(indecl. acronym)* 13A1 Army Central Sports Club

Ч

час, -а; -ы́, -óв *(m.)* 11D4 hour

час|ы́, -óв *(pl. n.)* 14A6 watch, clock

чей, чья, чьё, чьи *(pron.)* 11A1 whose

чек, -а; -и, -ов *(m.)* PL check

человéк, -а; лю́ди, -éй *(m.)* 20/30; 11D4 person, man

чем 16B8 *instr.* of что

чемпиóн, -а; -ы, -ов *(m.)* PL champion

чемпионáт, -а; -ы, -ов *(m.)* 15/13 championship

чемпиóнк|а, -и; -и, чемпиóнок *(f.)* 17D1 female champion

чёрн|ый, -ая, -ое, -ые *(adj.)* PL black

черчéни|е, -я *(n.)* 7A7 drawing

четвéрг, -á *(m.)* 7A7 Thursday

четвёрк|а, -и *(f.)* 9D3 four, grade of four (C)

четвёрт|ый, -ая, -ое, -ые *(ord. no.)* 4 fourth

четы́ре *(card. no.)* 9D3 four; grade of four (C)

четы́рнадцат|ь, -и *(card. no.)* 13A4 fourteen

четы́рнадцат|ый, -ая, -ое, -ые *(ord. no.)* 14 fourteenth

читá|ть (-ю, -ешь, -ют) *(impf.)* 6A1 to read

что *(conj.)* 7B6 that

что *(pron.)* 2B1 what

чудéсн|ый, -ая, -ое, -ые *(adj.)* 16B1 marvelous

Чукóтк|а, -и *(f.)* 16A5 Chukotka

Ш

шáпк|а, -и; -и, шáпок *(f.)* 4B4 hat

шарм, -а *(m.)* PL charm

шáхмат|ы, ∅ *(pl.)* 14B4 chess

шахтёр, -а; -ы, -ов *(m.)* 18A4 miner

шáшк|и, шáшек *(pl.)* 17D3 checkers

шестнáдцат|ь, -и *(card. no.)* 13A4 sixteen

шестнáдцат|ый, -ая, -ое, -ые *(ord. no.)* 16 sixteenth

шест|óй, -áя, -óе, -ы́е *(ord. no.)* 6 sixth

шест|ь, -й *(card. no.)* 13A4 six

шестьдеся́т, шести́десяти *(card. no.)* 13B5 sixty

шкату́лк|а, -и; -и, шкату́лок *(f.)* 19B5 box, case

шкаф, -а; -ы́, -óв *(m.)* 18D3 cupboard, dresser

шкóл|а, -ы; -ы, ∅ *(f.)* 1C4 school

шкóльник, -а; -и, -ов *(m.)* 17A1 schoolchild

шкóльн|ый, -ая, -ое, -ые *(adj.)* 20/13 school

шок, -а; -и, -ов *(m.)* PL shock

шоколáд, -а *(m.)* 7C4 chocolate

шоколáдн|ый, -ая, -ое, -ые *(adj.)* 6D3 chocolate

шофёр, -а; -ы, -ов *(m.)* 18A9 driver (of taxi, bus, etc.)

штат, -а; -ы, -ов *(m.)* 13D5 state

шторм, -а; -ы, -ов *(m.)* PL storm

Щ

щи, щей *(pl.)* PL shchi, a soup

Э

эй *(interj.)* 12C1 Hey!

эква́тор, -а *(m.)* PL equator

экза́мен, -а; -ы, -ов *(m.)* PL examination

эколо́ги|я, -и *(f.)* PL ecology

эконо́мик|а, -и *(f.)* PL economics

экономи́ст, -а; -ы, -ов *(m.)* 18A6 economist

экономи́ческ|ий, -ая, -ое, -ие *(adj.)* 9C5 economic

экску́рси|я, -и; -и, -й *(f.)* 12B3 excursion

экспериме́нт, -а; -ы, -ов *(m.)* PL experiment

экспе́рт, -а; -ы, -ов *(m.)* PL expert

э́кспорт, -а; -ы, -ов *(m.)* PL export

эмигра́нт, -а; -ы, -ов *(m.)* PL emigrant

электротова́р|ы, -ов *(pl. n.)* 4D3 electrical appliances

Эсто́ни|я, -и *(f.)* PL Estonia

э́то *(pron.)* 1A1 this; this is

э́тот, э́та, э́то, э́ти *(pron.)* 9B1 this

Ю

ю́жн|ый, -ая, -ое, -ые *(adj.)* 16D1 south, southern

ю́мор, -а *(m.)* PL humor

юриди́ческ|ий, -ая, -ое, -ие *(adj.)* 18B3 legal

юри́ст, -а; -ы, -ов *(m.)* PL lawyer

Я

я *(pron.)* 2A2 I

язы́к, -а́; -и́, -о́в *(m.)* 6C1 language

Ялт|а, -ы *(f.)* PL Yalta

япо́нск|ий, -ая, -ое, -ие *(adj.)* 11C1 Japanese

я́сл|и, -ей *(pl.)* 3A3 day nursery

English—Russian Vocabulary

This vocabulary contains most of the words encountered in
Lessons 1-20 and in the Pre-Lesson with the exception of most of
the geographical names and proper nouns refering to persons. Some
other words that are used infrequently in everyday Russian have
also been omitted. The lesson and section number where each word
first appeared is shown. "PL" refers to the Pre-Lesson. Where no
letter reference is given, the word first appeared at the very
beginning of the lesson.

Nouns are listed according to their nominative singular forms,
unless they do not normally use singular forms. The last consonant
that is retained in spelling the various case forms of the word is
followed by the symbol " | ". Fill (or fleeting) vowels are enclosed in
parentheses ( ). The spelling for the nominative and genitive
singular and for the nominative and genitive plural is given. The
singular and plural forms are separated by a semi-colon (;). When
the genitive plural is equal to the stem, this is shown by the symbol
"Ø". The genitive plural of feminine and neuter nouns that require
the addition of a fill vowel is provided, since the spelling cannot
always be deduced. Accents are marked throughout, except when
they occur on upper case letters or on monosyllabic forms.

Adjectives, ordinal numbers, and possessive adjectives are listed
in their masculine nominative singular forms and the final stem
element, which is retained in spelling their forms, is followed by
the symbol " | ". The spelling of the endings for feminine, neuter,
and plural forms in the nominative case is given.

For verbs, the final present tense stem consonant of the
infinitive is followed by the symbol " | " and the correct spelling of
the first and second person singular and third person plural of the
non-past is given. Stems which differ from the infinitive are given,
followed by a "+". Forms which are not consistent with these
principles are spelled out in their entirety.

The following abbreviations are used in this English-Russian vocabulary.

abbrev.	abbreviation	*m.*	masculine
acc.	accusative	*neg.*	negative
adj.	adjective	*n.*	neuter
adv.	adverb	*no.*	number
affirm.	affirmative	*ord.*	ordinal
card.	cardinal	*paren.*	parenthesis
compar.	comparative	*part.*	particle
conj.	conjunction	*pf.*	perfective
dat.	dative	*phr.*	phrase
det.	determinate	*pl.*	plural
f.	feminine	*poss.*	possessive
gen.	genitive	*pred.*	predicate
impf.	imperfective	*prep.*	preposition
indecl.	indeclinable	*prepos.*	prepositional
indef.	indefinite	*pron.*	pronoun
indet.	indeterminate	*rel.*	relative
instr.	instrumental	*s.f.*	short form
interj.	interjection	*v.*	verb
interrog.	interrogative		

A

able 13B6 *(impf.)* мочь (могу́, мо́ж+
-ешь, мо́гут)

about 16D3 *(prep.)* о (+ *prepos.*)

above ground 15/13 *(adj.)* надзе́мн|ый,
-ая, -ое, -ые

absolute PL *(m.)* абсолю́т, -а; -ы, -ов

absolutely 18D3 *(adv.)* абсолю́тно

academician PL *(m.)* акаде́мик, -а; -и,
-ов

academy PL *(f.)* акаде́ми|я, -и; -и, -й

acrobat 14C1 *(m.)* акроба́т, -а; -ы, -ов

act PL *(m.)* акт, -а; -ы, -ов

activity 17A1 *(pl.)* заня́ти|я, -й

actor PL *(m.)* актёр, -а; -ы, -ов

actor PL *(m.)* арти́ст, -а; -ы, -ов

actually 13A3 *(particle)* ра́зве

address 4A4 *(m.)* а́дрес, -а; -а́, -о́в

administration PL *(f.)* администра́ци|я,
-и; -и, -й

advertising 6C3 *(f.)* рекла́м|а, -ы; -ы, Ø

aerobics 18D2 *(f.)* аэро́бик|а, -и

affair 1A16 *(n.)* де́л|о, -а; -а́, Ø

after, afterwards 18C1 *(prep.)* по́сле
(+ *gen.*)

after 14C1 *(adv.)* пото́м

agronomist PL *(m.)* агроно́м, -а; -ы,
-ов

ahah 12A2 *(interj.)* ага́

aim 18C5 *(f.)* зада́ч|а, -и; -и, Ø

airplane 2C5 *(m.)* самолёт, -а; -ы, -ов

Alaska PL *(f.)* Аля́ск|а, -и

algebra 7A4 *(f.)* а́лгебр|а, -ы

all 11D4 *(pron.)* всё

all 18C1 *(pron.)* все

all right 3C4 *(adv./pred.)* ничего́

all right 14C1 *(affirm. part.)* ла́дно

all the time 7B6 *(phr.)* всё вре́мя

almost 11D4 *(adv.)* почти́

along 16A1 *(prep.)* по (+ *dat.*)

already 17B3 *(adv.)* уже́

also 3C1 *(adv.)* то́же

always 18B1 *(adv.)* всегда́

America PL *(f.)* Аме́рик|а, -и

American (male) PL *(m.)* америка́н(е)ц,
-а; -ы, -ев

American (female) PL *(f.)* америка́нк|а,
-и; -и, америка́нок

American 8B1 *(adj.)* америка́нск|ий,
-ая, -ое, -ие

and 1A1 *(conj.)* и

and 1B1 *(conj.)* а

  and what about...? 14A1 *(phr.)* а как
  же...?

  and so forth 18C2 *(abbrev.)* и так
  да́лее (и т. д.)

announcement 18C2 *(n.)* объявле́ни|е,
-я; -я, -й

another 13B1 *(adj.)* друг|о́й, -а́я, -о́е,
-и́е

answer 8A9 *(m.)* отве́т, -а; -ы, -ов

answer 4D2 *(impf.)* отвеча́|ть (-ю, -ешь,
-ют)

antenna PL *(f.)* анте́нн|а, -ы; -ы, Ø

anthracite 11B7 *(m.)* антраци́т, -а; -ы,
-ов

apartment 4B4 *(f.)* кварти́р|а, -ы; -ы, Ø

apparatus PL *(m.)* аппара́т, -а; -ы, -ов

April 15/13 *(m.)* апре́л|ь, -я

apron 19D4 *(m.)* фа́ртук, -а; -и, -ов

architect 9C5 *(m.)* архите́ктор, -а; -ы,
-ов

architecture 18B6 *(f.)* архитекту́р|а, -ы

arena PL *(f.)* аре́н|а, -ы; -ы, Ø

argue 18B7 *(impf.)* спо́р|ить (-ю, -ишь,
-ят)

Armenia PL *(f.)* Арме́ни|я, -и

Armenian 15/13 армяни́н, -а; армя́н|е,
Ø

army 13A2 *(f.)* а́рми|я, -и; -и, -й

Army Central Sports Club 13A1 *(indecl.
acronym)* ЦСКА

arrive 16A1 *(pf.)* прие́хать (прие́д+ -у,
-ешь, -ут)

artistic 17C1 *(adj.)* худо́жественн|ый, -ая, -ое, -ые

Ashkhabad PL *(m.)* Ашхаба́д, -а

Asia PL *(f.)* Ази|я, -и

ask 4D2 *(impf.)* спра́шива|ть (-ю, -ешь, -ют)

ask 20/30 *(pf.)* спрос|и́ть (спрошу́, -ишь, -ят)

assembly PL *(f.)* ассамбле́|я, -и; -и, -й

assembler 18C2 *(m.)* монта́жник, -а; -и, -ов

assignment 15/5 *(n.)* зада́ни|е, -я; -я, -й

association PL *(f.)* ассоциа́ци|я, и; -и, -й

at 1C4 *(prep.)* в (+ *prepos.*)

at 2D3 *(prep.)* на (+ *prepos.*)

athlete 3A7 *(m.)* спортсме́н, -а; -ы, -ов

athletics PL *(f.)* атле́тик|а, -и

atmosphere PL *(f.)* атмосфе́р|а, -ы

atom PL *(m.)* а́том, -а; -ы, -ов

attack PL *(f.)* ата́к|а, -и; -и, Ø

attraction PL *(m.)* аттракцио́н, -а; -ы, -ов

auditorium 10/25 *(m.)* зал, -а; -ы, -ов

automobile 4B4 *(f.)* маши́н|а, -ы; -ы, Ø

automobile 11D4 *(m.)* автомоби́л|ь, -я; -и, -ей

automobile 11D4 *(adj.)* автомоби́льн|ый, -ая, -ое, -ые

automobile driver 12D3 *(m.)* автомобили́ст, -а; -ы, -ов

autumn 16C2 *(f.)* о́сен|ь, -и

avenue 1D2 *(m.)* проспе́кт, -а; -ы, -ов

awaken (oneself) 14A1 *(pf.)* просн|у́ться (-у́сь, -ёшься, -у́тся)

Azerbaidjan PL *(m.)* Азербайджа́н, -а

B

bacteria PL *(f.)* бакте́ри|я, -и; -и, -й

bad, not good *or* well 18D3 *(adv.)* нехорошо́

bad 2C8 *(adv.)* пло́хо

badge 7C2 *(m.)* знач(о́)к, -а́; -й, -о́в

badminton PL *(m.)* бадминто́н, -а

bag 2B3 *(f.)* су́мк|а, -и; -и, су́мок

baggage PL *(m.)* бага́ж, -а́

baking soda PL *(f.)* со́д|а, -ы

Baku PL *(indecl.)* Баку́

balalaika 19B5 *(f.)* балала́йк|а, -и; -и, балала́ек

ball 4B4 *(m.)* мяч, -а́; -й, -е́й

ballet PL *(m.)* бале́т, -а

Baltic Sea PL *(f.)* Ба́лтика, -и

Baltimore 4C5 *(m.)* Ба́лтимор, -а

barber 18C1 *(m.)* парикма́хер, -а; -ы, -ов

base PL *(f.)* ба́за, -ы; -ы, Ø

baseball PL *(m.)* бейсбо́л, -а

baseball 20/13 *(adj.)* бейсбо́льн|ый, -ая, -ое, -ые

basketball PL *(m.)* баскетбо́л, -а

be 6B1 *(impf., pf.)* быть (бу́д+ -у, -ешь, -ут)

be sometimes 16C10 *(impf.)* быва́|ть (-ю, -ешь, -ют)

bear 14C1 *(m.)* медве́д|ь, -я; -и, -ей

beautiful 9A1 *(adj.)* краси́в|ый, -ая, -ое, -ые

beautifully 16A1 *(adv.)* краси́во

beauty 18D2 *(f.)* красот|а́, -ы

because 17C1 *(conj.)* потому́ (что)

become 17C2 *(pf.)* стать (ста́н+ -у, -ешь, -ут)

begin 16C10 *(impf.)* начина́|ться (-ется, -ются)

begin 18D3 *(impf.)* начина́|ть (-ю, -ешь, -ют)

begin 18D3 *(pf.)* нача́ть (начн| -у́, -ёшь, -у́т)

behind 9C1 *(adv.)* сза́ди

beige 11B7 *(adj.)* бе́жев|ый, -ая, -ое, -ые

bicycle 12C2 *(m.)* велосипе́д, -а; -ы, -ов

big 9A1 *(adj.)* больш|о́й, -а́я, -о́е, -и́е

bigger 9C5 *(compar.)* бо́льше

biological 9C5 *(adj.)* биологи́ческ|ий, -ая, -ое, -ие

biology 18B1 *(f.)* биоло́ги|я, -и

birth 20/13 *(n.)* рожде́ни|е, -я

birthday 20/13 *(phr.)* день рожде́ния

bit, a bit 7B4 *(adv.)* немно́го

black PL *(adj.)* чёрн|ый, -ая, -ое, -ые

blackboard 2B3 *(f.)* доск|а́, -и́; до́ски, досо́к

blossom 16C3 *(m.)* цвет(о́)к, -а; цвет|ы́, -о́в

blue (light) 11B1 *(adj.)* голуб|о́й, -а́я, -о́е, -ы́е

blue (dark) 11B1 *(adj.)* си́н|ий, -яя, -ее, -ие

board 2B3 *(f.)* доск|а́, -и́; до́ски, досо́к

bodybuilding PL *(m.)* культури́зм, -а

bomb PL *(f.)* бо́мб|а, -ы; -ы, Ø

book 2B3 *(f.)* кни́г|а, -и; -и, Ø

booth 18A9 *(m.)* кио́ск, -а; -и, -ов

born: to be born 18D3 *(impf. n.)* род|и́ться (рожу́сь, -и́шься, -я́тся)

borshch PL *(m.)* борщ, -а́

Boston 8A1 *(m.)* Бо́стон, -а

boulevard 1D2 *(m.)* проспе́кт, -а; -ы, -ов

bouquet PL *(m.)* буке́т, -а; -ы, -ов

box 19B5 *(f.)* шкату́лк|а, -и; -и, шкату́лок

boxer PL *(m.)* боксёр, -а; -ы, -ов

boxing PL *(m.)* бокс, -а

boy 2A9 *(m.)* ма́льчик, -а; -и, -ов

bracelet 19B5 *(m.)* брасле́т, -а; -ы, -ов

bread 8A6 *(m.)* хлеб, -а

breeze 16B1 *(m.)* ве́т(е)р,-а; -ы, -о́в

brief 16D1 *(adj.)* кратковре́менн|ый, -ая, -ое, -ые

briefcase 2C5 *(m.)* портфе́л|ь, -я; -и, -ей

Brighton 15/13 *(m.)* Бра́йтон, -а

brother 3A1 *(m.)* брат, -а; бра́ть|я, -ев

brown 11B1 *(adj.)* кори́чнев|ый, -ая, -ое, -ые

brunette PL *(m.)* брюне́т, -а; -ы, -ов

buffet 2B3 *(m.)* буфе́т, -а; -ы, -ов

build 18A5 *(impf.)* стро́|ить (-ю, -ишь, -ят)

build 9C5 *(pf.)* постро́|ить (-ю, -ишь, -ят)

builder 18A2 *(m.)* строи́тел|ь, -я; -и, -ей

building 2C5 *(m.)* дом, -а; -а́, -о́в

building 9A2 *(n.)* зда́ни|е, -я; -я, -й

building 18A6 *(adj.)* строи́тельн|ый, -ая, -ое, -ые

bus PL *(m.)* авто́бус, -а; -ы, -ов

business 1A13 *(n.)* де́л|о, -а; -а́, Ø

businessman 7C3 *(m.)* бизнесме́н, -а; -ы, -ов

but 1B1 *(conj.)* а

but 7B1 *(conj.)* но

butter 16C10 *(n.)* ма́сл|о, -а

butterfly 16C4 *(f.)* ба́бочк|а, -и; -и, ба́бочек

buy 19A1 *(pf.)* куп|и́ть (куплю́, ку́пишь, -ят)

buy 3A12 *(impf.)* покупа́|ть (-ю, -ешь, -ют)

by 8A1 *(prep.)* у (+ *gen.*)

by 16A1 *(prep.)* по (+ *dat.*)

Byelarus PL *(f.)* Белару́с|ь, -и

C

cafe 4A7 *(indecl.)* кафе́

call PL *(m.)* визи́т, -а; -ы, -ов

call 1B1 *(impf.)* звать (зов|у́, -ёшь, -у́т)

called, is called 9B5 *(impf.)* называ́|ться (-ется, -ются)
to be called 12A6 *(impf.)* называ́|ть (-ю, -ешь, -ют)

camera 8A9 *(m.)* фотоаппара́т, -а; -ы, -ов

camp 2C5 *(m.)* ла́гер|ь, -я; -и, -е́й

can 13B6 *(impf.)* мочь (могу́, мо́ж+ -ешь, мо́гут)
one can 11A2 *(pred.)* мо́жно

Canada PL *(f.)* Кана́д|а, -ы

Canadian (male) PL *(m.)* кана́д(е)ц, -а; -ы, кана́дцев

Canadian (female) PL *(f.)* кана́дк|а, -и; -и, кана́док

candy 7C4 *(f.)* конфе́т|а, -ы; -ы, Ø

capital 4D2 *(f.)* столи́ц|а, -ы; -ы, Ø

captain 17C2 *(m.)* капита́н, -а; -ы, -ов

car 4B4 *(f.)* маши́н|а, -ы; -ы, Ø

car 11D4 *(m.)* автомоби́л|ь, -я; -и, -ей

car 11D4 *(adj.)* автомоби́льн|ый, -ая, -ое, -ые

cards (playing) 19D3 *(pl.)* ка́рт|ы, Ø

careful, carefully 12D1 *(adv.)* осторо́жно

case, box 19B5 *(f.)* шкату́лк|а, -и; -и, шкату́лок

Caspian Sea PL Каспи́йское мо́ре

cat PL *(m.)* кот, -а́; -ы́, -о́в

cat 2C5 *(f.)* ко́шк|а, -и; -и, ко́шек

category 17C3 *(m.)* разря́д, -а; -ы, -ов

cathedral 4D2 *(m.)* собо́р, -а; -ы, -ов

Cathedral of Vasily the Blessed 10/21 *(phr.)* Храм Васи́лия Блаже́нного

Caucasus PL *(m.)* Кавка́з, -а

caviar 16C10 *(f.)* икр|а́, -ы́

Celsius 16A1 *(m.)* Це́льси|й, -я

cement PL *(m.)* цеме́нт, -а; -ы, -ов

center PL *(m.)* центр, -а; -ы, -ов

central 13A2 *(adj.)* центра́льн|ый, -ая, -ое, -ые

century 10 *(m.)* век, -а; -а́, -о́в

certainly 8A6 *(adv.)* коне́чно

certainly 3B8 *(particle)* пожа́луйста

chalkboard 2B3 *(f.)* доск|а́, -й; до́ски, досо́к

champion (male) PL *(m.)* чемпио́н, -а; -ы, -ов

champion (female) 17D1 *(f.)* чемпио́нк|а, -и; -и, чемпио́нок

championship 15/13 *(m.)* чемпиона́т, -а; -ы, -ов

character PL *(m.)* хара́ктер, -а; -ы, -ов

charm PL *(m.)* шарм, -а

check PL *(m.)* чек, -а; -и, -ов

checkers 17D3 *(pl.)* ша́шк|и, ша́шек

cheer (for) 13A3 *(impf.)* боле́ть (-ю, -ешь, -ют) за (+ *acc.*)

chemical 9C5 *(adj.)* хими́ческ|ий, -ая, -ое, -ие

chemist 18A3 *(m.)* хи́мик, -а; -и, -ов

chemistry PL *(f.)* хи́ми|я, -и

chess 14B4 *(pl.)* ша́хмат|ы, Ø

childhood 16D2 *(n.)* де́тств|о, -а

children 3A3 *(pl.)* де́т|и, -е́й

children 1D4 *(adj.)* де́тск|ий, -ая, -ое, -ие

chocolate 7C4 *(m.)* шокола́д, -а

chocolate 6D3 *(adj.)* шокола́дн|ый, -ая, -ое, -ые

choir PL *(m.)* хор, -а; -ы́, -о́в

choose 18A1 *(pf.)* вы́брать (вы́бер|у, -ешь, -ут)

chorus PL *(m.)* хор, -а; -ы́, -о́в

Chukotka 16A5 *(f.)* Чуко́тк|а, -и

cigarette 3A12 *(f.)* сигаре́т|а, -ы; -ы, Ø

circus PL *(m.)* цирк, -а; -и, -ов

city 2C5 *(m.)* го́род, -а; -а́, -о́в

civilization PL *(f.)* цивилиза́ци|я, -и; -и, -й

class (group; room) PL *(m.)* класс, -а; -ы, -ов

class (lesson) 1 *(m.)* уро́к, -а; -и, -ов

class (lesson) 17A1 *(pl.)* заня́ти|я, -й

classification 17C4 *(f.)* классифика́ци|я, -и; -и, -й

classroom PL *(m.)* класс, -а; -ы, -ов

climate 16C1 *(m.)* кли́мат, -а

clinic 3B6 *(f.)* поликли́ник|а, -и; -и, Ø

clock 14A6 *(pl.)* час|ы́, -о́в

close 12D1 *(impf.)* закрыва́|ться (-ется, -ются)

clothes 4D3 *(f.)* оде́жд|а, -ы

cloudiness 16D1 *(f.)* о́блачност|ь, -и

clown 14C4 *(m.)* кло́ун, -а; -ы, -ов

club 3B6 *(m.)* клуб, -а; -ы, -ов

coach 17B1 *(m.)* тре́нер, -а; -ы, -ов

cold 16A2 *(m.)* хо́лод, -а

cold 16A1 *(pred.)* хо́лодно

cold 16B8 *(adj.)* холо́дн|ый, -ая, -ое, -ые

collect 7C2 *(impf.)* собира́|ть (-ю, -ешь, -ют)

college 5/22 *(m.)* ко́лледж, -а; -ы, -ей

color 11B8 *(m.)* цвет(о́)к, -а́; цвет|ы́, -о́в

comic strip 9D2 *(m.)* ко́микс, -а; -ы,
-ов

command 13A1 *(f.)* кома́нд|а, -ы; -ы, Ø

common 12C3 *(adj.)* еди́н|ый, -ая, -ое,
-ые

communication PL *(f.)* коммуника́ци|я,
-и

companion PL *(m.)* спу́тник, -а; -и,
-ов

company 3D2 *(f.)* фи́рма, -ы; -ы, Ø

compass 10/22 *(m.)* ко́мпас, -а; -ы,
-ов

competition 18B1 *(m.)* ко́нкурс, -а; -ы,
-ов

computer 20/11 *(m.)* компью́тер, -а; -ы,
-ов

comrade 1A6 *(m.)* това́рищ, -а; -и, -ей

concept PL *(f.)* иде́|я, -и; -и, -й

concert 12B3 *(m.)* конце́рт, -а; -ы, -ов

confident 18D2 *(adj.)* уве́ренн|ый, -ая,
-ое, -ые

congratulate 13B1 *(impf.)* поздравля́|ть
(-ю, -ешь, -ют)

conquer 13B1 *(pf.)* побед|и́ть (-и́шь,
-я́т)

continue 16B1 *(impf.)* продолжа́|ться
(-ется, -ются)

contrary, on the contrary 19B1 *(adv.)*
наоборо́т

control PL *(m.)* контро́л|ь, -я

conversation 15/20 *(m.)* разгово́р, -а;
-ы, -ов

converse 14B1 *(impf.)* разгова́рива|ть
(-ю, -ешь, -ют)

cook 18C2 *(m.)* по́вар, -а; -а́, -о́в

correctly 9C1 *(adv.)* пра́вильно

cosmos PL *(m.)* ко́смос, -а

costume 2C5 *(m.)* костю́м, -а; -ы, -ов

cottage 4C7 *(m.)* котте́дж, -а; -и, -ей

couch 18D3 *(m.)* дива́н, -а; -ы, -ов

country 2C5 *(f.)* дере́вн|я, -и; -и,
дереве́нь

country (nation) 2C5 *(f.)* стран|а́, -ы́;
стра́|ны, Ø

country home 14B4 *(f.)* да́ча, -и; -и, Ø

course, of course 8A6 *(adv.)* коне́чно

court (for sports) PL *(m.)* корт, -а; -ы,
-ов

crocodile 2A7 *(m.)* крокоди́л, -а; -ы,
-ов

culture PL *(f.)* культу́р|а, -ы

cupboard 18D3 *(m.)* шкаф, -а; -ы́, -о́в

Cyrillic (alphabet) PL *(f.)* кири́ллица,
-ы

czar PL *(m.)* царь, -я́; -и́, -е́й

D

D student 9D3 *(m.)* дво́ечник, -а; -и,
-ов

D (grade of two) 9D3 *(f.)* дво́йк|а, -и;
-и, дво́ек

dacha 14B4 *(f.)* да́ча, -и; -и, Ø

dance 7C5 *(impf.)* танцева́ть (танцу́+
-ю, -ешь, -ют)

dark(-haired) man PL *(m.)* брюне́т, -а;
-ы, -ов

date PL *(f.)* да́та, -ы; -ы, Ø

daughter 3A9 *(f.)* доч|ь, -ери; -ери,
-ере́й

day 1A5 *(m.)* д(е)н|ь, -я́; -и́, -е́й
the next day 13B1 на друго́й день

daybook 2B1 *(m.)* дневни́к, -а́; -и́, -о́в

dear 6A6 *(adj.)* дорог|о́й, -а́я, -о́е, -и́е

decide 19A3 *(impf.)* реша́|ть (-ю, -ешь,
-ют)

decide 18C1 *(pf.)* реш|и́ть (-у́, -и́шь,
-а́т)

decisively 18D3 *(adv.)* реши́тельно

defeat 13D3 *(n.)* пораже́ние, -я; -я, -й

degree (of temperature) 16A1 *(m.)*
гра́дус, -а; -ы, -ов

delegation 2D3 *(f.)* делега́ци|я, -и; -и,
-й

delicatessen 4A7 *(m.)* гастроно́м, -а; -ы,
-ов

department (of educational institution)
9C5 *(m.)* факульте́т, -а; -ы, -ов

depend: it depends 16C1 *(phr.)* когда́
как

design 3D4 *(m.)* проéкт, -а; -ы, -ов

designer (of planes, rockets, etc.) 7C3 *(m.)* дизáйнер, -а; -ы, -ов

desk 2B3 *(m.)* стол, -á; -ы́, -óв

desk (for two) 2B3 *(f.)* пáрт|а, -ы; -ы, Ø

desk 17D2 *(adj.)* настóльный, -ая, -ое, -ые

diagram 19C7 *(f.)* схéм|а, -ы; -ы, Ø

diary 2B1 *(m.)* дневни́к, -á; -й, -óв

dictation 6C2 *(m.)* диктáнт, -а; -ы, -ов

dictionary 2B3 *(m.)* словáр|ь, -я́; -й, -éй

different 13B1 *(adj.)* друг|óй, -áя, -óе, -и́е

difficult 18B1 *(adj.)* трýдн|ый, -ая, -ое, -ые

difficult 8C1 *(adv.)* трýдно

difficulty 18D3 *(f.)* трýдность, -и; -и, -ей

dining-room 2B3 *(f.)* столóвая, -ой; -ые, -ых

diplomat 18A2 *(m.)* дипломáт, -а; -ы, -ов

direct 19C8 *(impf.)* руковод|и́ть (руковожý, -и́шь, -я́т)

direct(ly) 9A2 *(adv.)* прямо

director PL *(m.)* дирéктор, -а; -á, -óв

discotheque 15/16 *(f.)* дискотéк|а, -и

divan 18D3 *(m.)* дивáн, -а; -ы, -ов

Dnestr PL *(m.)* Днестр, -á

Dnieper PL *(m.)* Днепр, -á

do 6A2 *(impf.)* дéла|ть (-ю, -ешь, -ют)

do 19A3 *(pf.)* сдéла|ть (-ю, -ешь, -ют)

doctor 3D2 *(m.)* врач, -á; -й, -éй

doctor PL *(m.)* дóктор, -а; -á, óв

dog 2C5 *(f.)* собáк|а, -и; -и, Ø

dollar PL *(m.)* дóллар, -а; -ы, -ов

dolphin PL *(m.)* дельфи́н, -а; -ы, -ов

Don PL *(m.)* Дон, Дóна

downtown PL *(m.)* центр, -а; -ы, -ов

drama PL *(f.)* дрáм|а, -ы; -ы, Ø

draw 7C5 *(impf.)* рисовáть (рисý+ -ю, -ешь, -ют)

draw 9D2 *(pf.)* нарисовáть (нарисý+ -ю, -ешь, -ют)

draw (game score) 13A3 *(pron.)* ничья́

drawing (picture) 20/24 *(m.)* рисýн(о)к, -а; -и, -ов

drawing (school subject) 7A7 *(n.)* черчéни|е, -я

drawing (activity) 17A5 *(m.)* рисовáни|е, -я

dresser 18D3 *(m.)* шкаф, -а; -ы́, -óв

drive 12A4 *(det. impf.)* éхать (éд+ -у, -ешь, -ут)

drive 1D4 *(indet. impf.)* éзд|ить (éзжу, -ишь, -ят)

driver 11B6 *(m.)* води́тел|ь, -я; -и, -ей

driver 18A9 *(m.)* шофёр, -а; -ы, -ов

driver 12D3 *(m.)* автомобили́ст, -а; -ы, -ов

drugstore 3B6 *(f.)* аптéк|а, -и; -и, Ø

duet PL *(m.)* дуэ́т, -а; -ы, -ов

Dushanbe PL *(indecl.)* Душанбé

Dvina PL *(f.)* Двинá, -ы́

E

each 15/4 *(adj.)* кáжд|ый, -ая, -ое, -ые

earlier 20/11 *(adv.)* рáньше

earn 18C1 *(impf.)* зарабáтыва|ть (-ю, -ешь, -ют)

eastern 16D1 *(adj.)* востóчн|ый, -ая, -ое, -ые

ecology PL *(f.)* эколóги|я, -и

economic 9C5 *(adj.)* экономи́ческ|ий, -ая, -ое, -ие

economics PL *(f.)* эконóмик|а, -и

economist 18A6 *(m.)* экономи́ст, -а; -ы, -ов

edifice 9A2 *(n.)* здáние, -я; -я, -й

eight 13A4 *(card. no.)* вóсем|ь, восьми́

eighteen 13A4 *(card. no.)* восемнáдцат|ь, -и

eighteenth 18 *(ord. no.)* восемнáдцат|ый, -ая, -ое, -ые

eighth 8 *(ord. no.)* восьм|óй, -áя, -óе, -ы́е

eighty 13B5 *(card. no.)* во́семьдесят, восьми́десяти

electrical appliances 4D3 *(pl.)* электротова́ры, -ов

elevated 15/13 *(adj.)* надзе́мн|ый, -ая, -ое, -ые

eleven 13A4 *(card. no.)* оди́ннадцат|ь, -и

eleventh 11 *(ord. no.)* оди́ннадцат|ый, -ая, -ое, -ые

emigrant PL *(m.)* эмигра́нт, -а; -ы, -ов

end 12B8 *(m.)* кон(е́)ц, -а́; -ы́, -о́в

end 16C10 *(impf.)* конча́|ться (-ется, -ются)

engineer 3D2 *(m.)* инжене́р, -а; -ы, -ов

England PL *(f.)* Англи|я, -и

English 6C1 *(adj.)* англи́йск|ий, -ая, -ое, -ие
    in English 6B1 *(adv.)* по-англи́йски

English-Russian 9B3 *(adj.)* а́нгло-ру́сск|ий, -ая, -ое, -ие

Englishman PL *(m.)* англича́нин, -а; англича́н|е, Ø

Englishwoman PL *(f.)* англича́нк|а, -и; -и, англича́нок

enroll in 18B1 *(pf.)* поступ|и́ть (поступлю́, посту́пишь, -ят)

envelope 4B4 *(m.)* конве́рт, -а; -ы, -ов

equator PL *(m.)* эква́тор, -а

especially 19C8 *(adv.)* специа́льно

Estonia PL *(f.)* Эсто́ни|я, -и

eternal 16B8 *(adj.)* ве́чн|ый, -ая, -ое, -ые

Europe PL *(f.)* Евро́п|а, -ы

evening 1A5 *(m.)* ве́чер, -а; -а́, -о́в
    in (during) the evening 19C4 *(adv.)* ве́чером

every 15/4 *(adj.)* ка́жд|ый, -ая, -ое, -ые

everybody 18C1 *(pron.)* все

everything 11D4 *(pron.)* всё

exact(ly) 13C1 *(adv.)* то́чно

examination PL *(m.)* экза́мен, -а; -ы, -ов

example, for example 17A1 *(paren.)* наприме́р

excellent(ly) 2C8 *(adv.)* отли́чно

excursion 12B3 *(f.)* экску́рси|я, -и; -и, -й

excuse me 4A1 *(imper.)* извини́те

exercise 2C3 *(n.)* упражне́ни|е, -я; -я, -й

expensive 6A6 *(adj.)* дорог|о́й, -а́я, -о́е, -и́е

experiment PL *(m.)* экспериме́нт, -а; -ы, -ов

expert 3D2 *(m.)* ма́стер, -а; -а́, -о́в

expert PL *(m.)* экспе́рт, -а; -ы, -ов

export PL *(m.)* э́кспорт, -а; -ы, -ов

F

factory 3B6 *(f.)* фа́брик|а, -и; -и, Ø

factory 3B6 *(m.)* заво́д, -а; -ы, -ов

Fahrenheit 16A1 *(m.)* Фаренге́йт, -а

fall 16C2 *(f.)* о́сен|ь, -и
    in fall, in autumn 16C2 *(adv.)* о́сенью

falsehood 11C3 *(f.)* непра́вд|а, -ы; -ы, Ø

family 3A1 *(f.)* семь|я́, -й; се́мьи, семе́й

family name 1A7 *(f.)* фами́ли|я, -и; -и, -й

fan, fanatic 13C2; 19C8 *(m.)* фана́т, -а; -ы, -ов; фана́тик, -а; -и, -ов

farmer 18A3 *(m.)* фе́рмер, -а; -ы, -ов

fashion PL *(f.)* мо́д|а, -ы

father 3A9 *(m.)* от(е́)ц, -а́; -ы́, -о́в

fellows 1A6 *(pl.)* ребя́т|а, Ø

female 13C1 *(adj.)* же́нск|ий, -ая, -ое, -ие

few 7B1 *(adv.)* ма́ло

fifteen 13A4 *(card. no.)* пятна́дцат|ь, -и

fifteenth 15 *(card. no.)* пятна́дцат|ый, -ая, -ое, -ые

fifth 5 *(card. no.)* пят|ый, -ая, -ое, -ые

fifty 13B4 *(card. no.)* пятьдеся́т, пяти́десяти

figure 17D2 *(adj.)* фигу́рн|ый, -ая, -ое,
-ые

film 10/13 *(m.)* фильм, -а; -ы,
-ов

find 18D3 *(pf.)* найти́ (найд+ -у́, -ёшь,
-у́т)

    find out 18D3 *(pf.)* узна́|ть (-ю,
-ешь, -ют)

fine fellow, fine girl 7B6 *(m.)* молод(е́)ц,
-а́; -ы́, -о́в

finish 16C10 *(impf.)* конча́|ться (-ется,
-ются)

finish 15/13 *(impf.)* финиши́ровать
(финиши́ру+ -ю, -ешь, -ют)

firm 3B6 *(f.)* фи́рм|а, -ы; -ы, Ø

first 1 *(ord. no.)* пе́рв|ый, -ая, -ое,
-ые

    at first 14C1 *(adv.)* снача́ла

fish 14B4 *(f.)* ры́б|а, -ы

fish 14B4 *(pf.)* лов|и́ть (ловлю́, -ишь,
-ят)

five 9D3 *(card. no.)* пят|ь, -и́

five (grade) 9D3 *(f.)* пятёрк|а, -и

flame 6C2 *(m.)* огон(ё)к, огоньк|а́;
огоньки́, огонько́в

Florida 20/8 *(f.)* Флори́д|а, -ы

flower 4B1 *(m.)* цвет(о́)к, -а́; цвет|ы́,
-о́в

following 12D1 *(adj.)* сле́дующ|ий, -ая,
-ее, -ие

food PL *(f.)* пи́щ|а, -и

food store 4A8 *(m.)* гастроно́м, -а; -ы,
-ов

foodstuffs PL *(pl.)* проду́кт|ы, -ов

fool 2A9 *(m.)* дура́к, -а́; -и́, -о́в

for 13A3 *(prep.)* за (+ *acc.*)

for 19C8 *(prep.)* для (+ *gen.*)

for now, in the meantime 1A13 *(adv.)*
пока́

foreman 3D2 *(m.)* ма́стер, -а; -а́, -о́в

forest 16C2 *(m.)* лес, -а; -а́, -о́в

forget 14A1 *(pf.)* забы́ть (забу́д+ -у,
-ешь, -ут)

form PL *(f.)* фо́рм|а, -ы; -ы, Ø

fortunate 12A2 *(adj.)* счастли́в|ый, -ая,
-ое, -ые

forty 13B5 *(card. no.)* со́рок, -а́

fountain PL *(m.)* фонта́н, -а; -ы, -ов

four 9D3 *(card. no.)* четы́ре

four (grade) 9D3 *(f.)* четвёрк|а, -и

fourteen 13A4 *(card. no.)*
четы́рнадцат|ь, -и

fourteenth 14 *(ord. no.)*
четы́рнадцат|ый, -ая, -ое, -ые

fourth 4 *(ord. no.)* четвёрт|ый, -ая, -ое,
-ые

free 17C1 *(adj.)* свобо́дн|ый, -ая, -ое,
-ые

freedom 18D2 *(f.)* свобо́д|а, -ы

freeze 16A2 *(m.)* моро́з, -а

French 7A8 *(adj.)* францу́зск|ий, -ая,
-ое, -ие

    in French 7B5 *(adv.)* по-францу́зски

Friday 7A7 *(f.)* пя́тниц|а, -ы

friend 8A2 *(m.)* друг, -а; друзь|я́,
друзе́й

friend (girl) 8A1 *(f.)* подру́г|а, -и; -и,
Ø

friendship 5/12 *(f.)* дру́жб|а, -ы

frost 16A2 *(m.)* моро́з, -а

frost 16B8 *(f.)* мерзлот|а́, -ы́; -ы, Ø

fruit PL *(m.)* фру́кт, -а; -ы, -ов

furthermore 7B1 *(adv.)* ещё

G

GAI, traffic police 11A2 *(indecl.
acronym)* ГАИ

game 10/33 *(f.)* игр|а́, -ы́; и́гры, Ø

game (set) 15/18 *(f.)* па́рти|я, -и; -и,
-й

garage PL *(m.)* гара́ж, -а́; -и́, -е́й

garments 4D3 *(f.)* оде́жд|а, -ы

gas PL *(m.)* газ, -а

gather 7C2 *(impf.)* собира́|ть (-ю, -ешь,
-ют)

general PL *(m.)* генера́л, -а; -ы, -ов

geography 7A7 *(f.)* геогра́фи|я, -и

geometry 7A4 *(f.)* геоме́три|я, -и

Georgia PL *(f.)* Гру́зи|я, -и

German 7A8 *(adj.)* неме́цк|ий, -ая, -ое, -ие

get (here) 20 *(pf.)* довести́ (дове́д+ -у́, -ёшь, -у́т)

get up 18D3 *(pf.)* встать (вста́н+ -у, -ешь, -ут)

gift 4B1 *(m.)* пода́р(о)к, -а; -и, -ов

giraffe 9C5 *(m.)* жира́ф, -а; -ы, -ов

girl (young) 13C1 *(f.)* де́вочк|а, -и; -и, де́вочек

girl (young lady) 9B5 *(f.)* де́вушк|а, -и; -и, де́вушек

give 2D3 *(pf.)* дать

give 9B1 *(imper. of* дава́ть*)* да́йте

give 11A8 *(imper. of* дать*)* дай

give 12D3 *(impf.)* да|ва́ть (-ю, -ёшь, -ют)

Glagolytic alphabet PL *(f.)* глаго́лиц|а, -ы

glass (drinking) 19D4 *(m.)* стака́н, -а; -ы, -ов

glass holder 19D4 *(m.)* подстака́нник, -а; -и, -ов

go (by vehicle) 11D4 *(indet. impf.)* е́зд|ить (е́зжу, -ишь, -ят)

go (by vehicle) 11D4 *(det. impf.)* е́хать (е́д+ -у, -ешь, -ут)

go (on foot) 18A1 *(pf.)* пойти́ (пойд+ -у́, -ёшь, -у́т)

go (on foot) 12A2 *(det. impf.)* ид|ти́ (-у́, -ёшь, -у́т)

the one who is going 18D2 *(v. adj.)* иду́щ|ий, -ая, -ее, -ие

goal PL *(m.)* гол, -а; -ы, -о́в

gold(en) 15/20 *(adj.)* золот|о́й, -а́я, -о́е, -ы́е

golf PL *(m.)* гольф, -а

good 2A9 *(adj.)* хоро́ш|ий, -ая, -ее, -ие

good (grade) 1A16; 2C8 *(adv.)* хорошо́

good 1A5 *(adj.)* до́бр|ый, -ая, -ое, -ые

goodbye 1A13 *(phr.)* до свида́ния

grade of two (D) 2C8 *(adv.)* неудовлетвори́тельно, пло́хо

grade of five (A) 2C8 *(adj.)* отли́чно

grade of five (A) 9D3 *(f.)* пятёрка

grade of three (C) 2C8 *(adv.)* удовлетвори́тельно

gram (measure of weight) PL *(m.)* грамм, -а; -ы, -ов (грамм)

grammar 7A2 *(f.)* грамма́тик|а, -и

granddaughter 3A9 *(f.)* вну́чк|а, -и; -и, вну́чек

grandfather 3A1 *(m.)* де́душк|а, -и; -и, де́душек

grandmother 3A1 *(f.)* ба́бушк|а, -и; -и, ба́бушек

grandson 3A9 *(m.)* внук, -а; -и, -ов

green 11B1 *(adj.)* зелён|ый, -ая, -ое, -ые

green (light) 11B7 *(adj.)* сала́тн|ый, -ая, -ое, -ые

greeting 1A16 *(m.)* приве́т, -а

grey 14B3 *(adj.)* се́р|ый, -ая, -ое, -ые

groceries PL *(pl.)* проду́кт|ы, -ов

guitar 8A8 *(f.)* гита́р|а, -ы; -ы, Ø

gym, gymnasium 2B3 *(m.)* спортза́л, -а; -ы, -ов

gymnast (female) 17B1 *(f.)* гимна́стк|а, -и; -и, гимна́сток

gymnastics 13C5 *(f.)* гимна́стик|а, -и

H

hairdresser 18C1 *(m.)* парикма́хер, -а; -ы, -ов

hall (auditorium) 10/25 *(m.)* зал, -а; -ы, -ов

hand 13C4 *(f.)* рук|а́, -и́; ру́ки, Ø

handball PL *(m.)* гандбо́л, -а

handsome 9A1 *(adj.)* краси́в|ый, -ая, -ое, -ые

happen 11D4 *(pf.)* случ|и́ться (-и́тся)

happy 12A2 *(adj.)* счастли́в|ый, -ая, -ое, -ые

hard PL *(adj.)* твёрд|ый, -ая, -ое, -ые

hard (difficult) 18B1 *(adj.)* тру́дн|ый, -ая, -ое, -ые

hard 8C1 *(adv.)* тру́дно

hare 2A7 *(m.)* за́(я)ц, за́йц|а; -ы, -ев

hat 4B4 *(f.)* ша́пк|а, -и; -и, ша́пок

he 2C1 *(pron.)* он

head 20/22 *(f.)* голов|а́, -ы́; го́ловы, голо́в

heavy 17D2 *(adj.)* тяжёл|ый, -ая, -ое, -ые

hedgehog 2C5 *(m.)* ёж, -а́; ежи́, ежей

hello 3B1 *(interj.)* алло́

hello 1A1 *(greeting)* здра́вствуй (те)

help 11A6 *(pf.)* помо́чь (помогу́, помо́ж+ -ешь, помо́гут)

her 2A1 *(pron.)* её *(acc./gen.* of она́*)*

her 11A3 *(poss. adj.)* её

here 2C1 *(adv.)* вот

here 4A10 *(adv.)* здесь

here 12C1 *(adv.)* сюда́

Hey! 12C1 *(interj.)* Эй!

hi 1A16 *(m.)* приве́т, -а

hiker 4D2 *(m.)* тури́ст, -а; -ы, -ов

him 2A1 *(pron.)* его́

his 7B6 *(poss. adj.)* его́

historian 18A6 *(m.)* исто́рик, -а; -и, -ов

historical 9C5 *(adj.)* истори́ческ|ий, -ая, -ое, -ие

history 7A4 *(f.)* исто́ри|я, -и

hockey PL *(m.)* хокке́|й, -я

holiday 16C2 *(pl.)* кани́кулы, Ø

holiday 16C10 *(m.)* пра́здник, -а; -и, -ов

home 3A4 *(m.)* дом, -а; -а́, -о́в

   at home 3B1 *(adv.)* до́ма

home 15/5 *(adj.)* дома́шн|ий, -яя, -ее, -ие

homeward 12A6 *(adv.)* домо́й

honey 16C10 *(m.)* мёд, -а

hooligan PL *(m.)* хулига́н, -а; -ы, -ов

horse 14C2 *(f.)* ло́шад|ь, -и; -и, -е́й

hospital 3B6 *(f.)* больни́ц|а, -ы; -ы, Ø

hot 16A3 *(s.f. adj.)* жа́рко

hotel 4B4 *(f.)* гости́ниц|а, -ы;, -ы, Ø

hour 11D4 *(m.)* час, -а; -ы́, -о́в

house 2C5 *(m.)* дом, -а; -а́, -о́в

house 9A2 *(n.)* зда́ни|е, -я; -я, -й

housetop 4C3 *(f.)* кры́ш|а, -и, -и, Ø

how 1A16; 8A2 *(adv.)* как

how many 14A1 *(interrog.)* ско́лько

how much 14A1 *(interrog.)* ско́лько

humor PL *(m.)* ю́мор, -а

hundred 13B5 *(card. no.)* сто

hunter 15/4 *(m.)* охо́тник, -а; -и, -ов

hurrah 7D2 *(interj.)* ура́

hurt 13A3 *(impf.)* боле́|ть (-ю, -ешь, -ют) за (+ acc.)

husband 3A9 *(m.)* муж, -а; мужья́, муже́й

I

I 2A2 *(pron.)* я

idea PL *(f.)* иде́|я, -и; -и, -й

impossible 11A1 *(pred.)* нельзя́

in 2D3 *(prep.)* в (+ prepos.)

in 2D3 *(prep.)* на (+ prepos.)

incorrect(ly) 13C6 *(adv.)* непра́вильно

independence 18D2 *(f.)* незави́симост|ь, -и

index 19B1 *(m.)* и́ндекс, -а

India PL *(f.)* Инди|я, -и

Indian (male) PL *(m.)* инди́ец, инди́йца; инди́йц|ы, -ев

Indian (female) PL *(f.)* индиа́нк|а, -и; -и, индиа́нок

Indian summer 16C2 *(phr.)* ба́бье ле́то

injection PL *(f.)* инъе́кци|я, -и; -и, -й

institute PL *(m.)* институ́т, -а; -ы, -ов

intelligent 13A12 *(adj.)* у́мн|ый, -ая, -ое, -ые

interest PL *(m.)* интере́с, -а; -ы, -ов

interesting 18A1 *(adj.)* интере́сн|ый, -ая, -ое, -ые

   (it's) interesting 19B1 *(adv.)* интере́сно

international 17C3 *(adj.)* междунаро́дн|ый, -ая, -ое, -ые

into 2D3 *(prep.)* в (+ acc.)

into 12B2 *(prep.)* на (+ acc.)

Irkutsk 12D1 *(m.)* Ирку́тск, -а

is 4D4 *(impf.)* есть

issue 12D3 *(m.)* но́мер, -а; -а́, -о́в

it 2C1 *(pron.)* он

it 2C1 *(pron.)* она́
it 2C2 *(pron.)* оно́

J

Japanese 11C1 *(adj.)* япо́нск|ий, -ая,
-ое, -ие
jazz 7C5 *(m.)* джаз, -а
Jew 15/13 *(m.)* евре́|й, -я; -и, -ев
job 15/5 *(n.)* зада́ни|е, -я; -я, -й
job 3C8 *(f.)* рабо́т|а, -ы; -ы, Ø
journal PL *(m.)* журна́л, -а; -ы, -ов
journalism 9C5 *(f.)* журнали́стик|а, -и
juggler 14C1 *(m.)* жонглёр, -а; -ы, -ов
just 11A1 *(adv.)* то́лько

K

Kama PL *(f.)* Ка́м|а, -ы
karate 13C5 *(indecl.)* карата́
Kazakhstan PL *(m.)* Казахста́н, -а
kerchief 19B5 *(m.)* плат(о́)к, -а́; -и́, -о́в
key 10/23 *(m.)* ключ, -а́; -и́, -е́й
khaki-colored 11B7 *(indecl. adj.)* ха́ки
kids 1A6 *(pl.)* ребя́т|а, Ø
Kiev PL *(m.)* Ки́ев, -а
Kievan Rus PL Ки́евская Русь
kilometer 15/6 *(m.)* киломе́тр, -а; -ы,
-ов
kind 13A2 *(m.)* вид, -а; -ы, -ов
kind PL *(m.)* сорт, -а; -а́, -о́в
kind 1A5 *(adj.)* до́бр|ый, -ая, -ое, -ые
kindergarten 3A3 *(phr.)* де́тский сад
kiosk 18A9 *(m.)* кио́ск, -а; -и, -ов
Kirgizstan PL *(f.)* Кыргызста́н, -а
Kishinev PL *(m.)* Кишинёв, -а
know 3C1 *(impf.)* зна|ть (-ю, -ешь, -ют)
Korean 11C1 *(adj.)* коре́йск|ий, -ая,
-ое, -ие
kremlin, walled fortress 4D2 *(m.)*
кремл|ь, -я́

L

labor 7A7 *(m.)* труд, -а́; -ы́, -о́в
laboratory 2B3 *(f.)* лаборато́ри|я, -и; -и,
-й
lake PL *(n.)* о́зер|о, -а; озёр|а, Ø
Lake Baikal PL *(m.)* Байка́л, -а
lamp 2B3 *(f.)* ла́мп|а, -ы; -ы, Ø
language 6C1 *(m.)* язы́к, -а́; -и́, -о́в
larger 9C5 *(compar.)* бо́льше
lathe operator 18A4 *(m.)* то́кар|ь, -я; -и,
-е́й
Latin 15/17 *(adj.)* лати́нск|ий, -ая, -ое,
-ие
Latvia PL *(f.)* Ла́тви|я, -и
lawyer PL *(m.)* адвока́т, -а; -ы, -ов
lawyer PL *(m.)* юри́ст, -а; -ы, -ов
lead 19C8 *(impf.)* руковод|и́ть
(руковожу́, -и́шь, -я́т)
learn 7A1 *(impf.)* уч|и́ть (-у́, -ишь,
-ат)
learn 8C1 *(impf.)* уч|и́ться (-у́сь,
-ишься, -атся)
learn 19A3 *(pf.)* вы́уч|ить (-у, -ишь,
-ат)
learn (find out) 18D3 *(pf.)* узна́|ть (-ю,
-ешь, -ют)
left, on/to the left 9A1 *(adv.)* нале́во
legal 18B3 *(adj.)* юриди́ческ|ий, -ая,
-ое, -ие
Lena PL *(f.)* Ле́н|а, -ы
Lenin hills 9C5 Ле́нинские го́ры
Leningrad PL *(m.)* Ленингра́д, -а
lesson 1 *(m.)* уро́к, -а; -и, -ов
letter 2C2 *(n.)* письм|о́,-а́; пи́сьма,
пи́сем
letter (of alphabet) 6C2 *(f.)* бу́кв|а, -ы;
-ы, Ø
lettuce PL *(m.)* сала́т, -а; -ы, -ов
lettuce-colored 11B7 *(adj.)* сала́тн|ый,
-ая, -ое, -ые
library 4A7 *(f.)* библиоте́к|а, -и; -и, Ø
lie, be lying 16B8 *(impf.)* леж|а́ть (-у́,
-и́шь, -а́т)
life 17C1 *(f.)* жизн|ь, -и; -и, -ей

light 17D2 *(adj.)* лёгк|ий, -ая, -ое, -ие
light 12B8 *(m.)* свет, -а
like 1A16; 8A2 *(adv.)* как
like 7B4 *(impf.)* люб|и́ть (люблю́, -ишь, -ят)
like 9C1 *(impf.)* нра́в|иться (нра́влюсь, -ишься, -ятся)
lilac 11B8 *(adj.)* лило́в|ый, -ая, -ое, -ые
lily 16C9 *(f.)* ли́ли|я, -и; -и, -й
listen 6A1 *(impf.)* слу́ша|ть (-ю, -ешь, -ют)
literature 7A4 *(f.)* литерату́р|а, -ы
Lithuania PL *(f.)* Литв|а́, -ы́
little 7B1 *(adv.)* ма́ло
little 9A1 *(adj.)* ма́леньк|ий, -ая, -ое, -ие
live 4C1 *(impf.)* жить (жив+ -у́, -ёшь, -у́т)
located 2D3 *(impf.)* нахо́д|ится (нахожу́сь, -ишься, -ятся)
locksmith 18A4 *(m.)* сле́сар|ь, -я; -я́, -е́й
look 7C2 *(impf.)* смотр|е́ть (-ю, -ишь, -ят)
look 9A1 *(pf.)* посмотр|е́ть (-ю, -ишь, -ят)
lot, a lot 2D3 *(indef. no.)* мно́го
love 7B4 *(impf.)* люб|и́ть (люблю́, -ишь, -ят)
lucky 12A2 *(adj.)* счастли́в|ый, -ая, -ое, -ые
luggage PL *(m.)* бага́ж, -а́

M

machine 4B4 *(f.)* маши́н|а, -ы; -ы, Ø
machinist 18C2 *(m.)* машини́ст, -а; -ы, -ов
magazine PL *(m.)* журна́л, -а; -ы, -ов
magic trick 15/18 *(m.)* фо́кус, -а; -ы, -ов
magician 14C2 *(m.)* фо́кусник, -а; -и, -ов
major PL *(m.)* майо́р, -а; -ы, -ов

make 6A2 *(impf.)* де́ла|ть (-ю, -ешь, -ют)
make 19A3 *(pf.)* сде́ла|ть (-ю, -ешь, -ют)
male 13 *(adj.)* мужск|о́й, -а́я, -о́е, -и́с
male 13A12 *(m.)* мужчи́н|а, -ы; -ы, Ø
mama PL *(f.)* ма́м|а, -ы; -ы, Ø
man 13A12 *(m.)* мужчи́н|а, -ы; -ы, Ø
  (man's) 13C1 *(adj.)* мужск|о́й, -а́я, -о́е, -и́е
man 20/30; 11D4 *(m.)* челове́к, -а; лю́ди, -е́й
manager 3A12 *(m.)* ме́неджер, -а; -ы, -ов
manufactured goods 4D4 *(n.)* изде́ли|е, -я; -я, -й
many 2D3 *(indef. no.)* мно́го
map 4B4 *(f.)* ка́рт|а, -ы; -ы, Ø
March 16C10 *(m.)* март, -а
market 4A7 *(m.)* ры́н(о)к, -а; -и, -ов
Mars PL *(m.)* Марс, -а
marvelous 16B1 *(adj.)* чуде́сн|ый, -ая, -ое, -ые
masculine 13 *(adj.)* мужск|о́й, -а́я, -о́е, -и́е
master 3D2 *(m.)* ма́стер, -а; -а́, -о́в
  (master athlete) 17C2 *(phr.)* ма́стер спо́рта
match 13B1 *(m.)* матч, -а; -и, -ей
mathematical 9C5 *(adj.)* математи́ческ|ий, -ая, -ое, -ие
mathematics 7A2 *(f.)* матема́тик|а, -и
matryoshka (nested Russian doll) 9B3 *(f.)* матрёшк|а, -и; -и, матрёшек
mausoleum 4D2 мавзоле́|й, -я; -и, -ев
May PL *(m.)* ма|й, -я
may, one may 11A1 *(pred.)* мо́жно
maybe 11C1 мо́жет быть
meat 2C5 *(n.)* мя́с|о, -а
mechanic 20/14 *(m.)* меха́ник, -а; -и, -ов
medical 18A6 *(adj.)* медици́нск|ий, -ая, -ое, -ие
metal PL *(m.)* мета́лл, -а
metal craftsman 18A4 *(m.)* сле́сар|ь, -я; -я́, -е́й

MGU (Moscow State University) 6A8 *(indecl. acronym)* МГУ

mile 11D4 *(f.)* мил|я, -и; -и, -ей

militiaman 4D2 *(m.)* милиционе́р, -а; -ы, -ов

mill 3B6 *(m.)* заво́д, -а; -ы, -ов

million 2D3 *(m.)* миллио́н, -а; -ы, -ов

miner 18A4 *(m.)* шахтёр, -а; -ы, -ов

Minsk PL *(m.)* Минск, -а

minus 15/10 *(m.)* ми́нус, -а; -ы, -ов

minute 11A1 *(f.)* мину́т|а, -ы; -ы, Ø

mirage PL *(m.)* мира́ж, -а́; -и́, -е́й

Miss 4A3 *(f.)* госпож|а́, -и́; -и́, -е́й

mister, Mr. 4A3 *(m.)* господи́н, -а; госпо́д|а́, госпо́д

mode PL *(f.)* мо́д|а, -ы

Moldova PL *(f.)* Молдо́в|а, -ы

momentary 16D2 *(adj.)* кратковре́менн|ый, -ая, -ое, -ые

monastery 9A2 *(m.)* монасты́р|ь, -я́; -и́, -е́й

Monday 7A7 *(m.)* понеде́льник, -а; -и, -ов

money 18C1 *(pl.)* де́ньги, де́нег

Mongol-Tatar PL *(adj.)* монго́ло-тата́рск|ий, -ая, -ое, -ие

more 9C5 *(compar.)* бо́льше

morning 1A5 *(n.)* у́тр|о, -а; -а, -Ø
in (during) the morning 19C4 *(adv.)* у́тром

Moscovite (female) 4A1 *(f.)* москви́чк|а, -и; -и, москви́чек

Moscovite (male) 4A2 *(m.)* москви́ч, -а́; -и́, -е́й

Moscow PL *(f.)* Москв|а́, -ы́

Moscow 9A2 *(adj.)* моско́вск|ий, -ая, -ое, -ие

most, the most 9C5 *(adj.)* са́м|ый, -ая, -ое, -ые

mother 3A9 *(f.)* мать, ма́тери; ма́тер|и, -е́й

motor PL *(m.)* мото́р, -а; -ы, -ов

motorcycle 8A5 *(m.)* мотоци́кл, -а; -ы, -ов

motorcycle club member 3A12 *(m.)* ро́кер, -а; -ы, -ов

motorist 12D3 *(m.)* автомобили́ст, -а; -ы, -ов

mountain 17D2 *(adj.)* го́рн|ый , -ая, -ое, -ые

mountain-climbing 17D3 *(m.)* альпини́зм, -а

movie theater 4A4 *(m.)* кинотеа́тр, -а; -ы, -ов

movies 7C2 *(indecl.)* кино́

Mrs. 4A3 *(f.)* госпож|а́, -и́; -и́, -е́й

much 2D3 *(indef. no.)* мно́го

museum 4A7 *(m.)* музе́|й, -я; -и, -ев

mushroom 14B4 *(m.)* гриб, -а́; -ы́, -о́в

music 7C5 *(f.)* му́зык|а, -и

music 17B7 *(adj.)* музыка́льн|ый, -ая, -ое, -ые

musician PL *(m.)* музыка́нт, -а; -ы, -ов

my 3A1 *(pron.)* мо|й, -я́, -ё, -и́

N

name (first) 1A2 *(n.)* и́м|я, и́мени; имена́, имён

name (last) 1A7 *(f.)* фами́ли|я, -и; -и, -й

name 1B1 *(impf.)* звать (зов+ -у́, -ёшь, -у́т)

name 19B1 *(n.)* назва́ни|е, -я; -я, -й

narrate 18B1 *(pf.)* рассказа́ть (расскаж+ -у́, расска́жешь, -ут)

narrate 18B7 *(impf.)* расска́зыва|ть (-ю, -ешь, -ют)

native 7B4 *(adj.)* родн|о́й, -а́я, -о́е, -ы́е

nature 16C9 *(f.)* приро́д|а, -ы

near 8A1 *(prep.)* у (+ *gen.*)

near 19C1 *(prep.)* о́коло (+ *gen.*)

near (not far away) 20/10 *(adv.)* недалеко́

nearly 11D4 *(adv.)* почти́

necessary, needed 18D3 *(pred.)* на́до

necktie 20/15 *(m.)* га́лстук, -а; -и, -ов

Neva PL *(f.)* Нев|а́, -ы́

never 20/14 *(adv.)* никогда́

new 9A2 *(adj.)* нóв|ый, -ая, -ое, -ые

newspaper 2B3 *(f.)* газéт|а, -ы; -ы, Ø

next 12D1 *(adj.)* слéдующ|ий, -ая, -ее, -ие

night 14A4 *(f.)* ноч|ь, -и; -и, -éй
  at (during) the night 19C4 *(adv.)* нóчью

nine 13A4 *(card. no.)* дéвят|ь, -й

nineteen 13A4 *(card. no.)* девятнáдцат|ь, -й

nineteenth 19 *(ord. no.)* девятнáдцат|ый, -ая, -ое, -ые

ninth 9 *(ord. no.)* девя́т|ый, -ая, -ое, -ые

ninety 13B5 *(card. no.)* девянóст|о, -а

no, not any 18D3 *(adj.)* никак|óй, -áя, -óе, -йе

no, there is no 1C1 *(neg.)* нет

none 16A2 *(m.)* нол|ь, -я́; -й, -éй

north, northern 16B8 *(adj.)* сéверн|ый, -ая, -ое, -ые

not 2B1 *(part.)* не

not bad 10/22 *(adj.)* неплох|óй, -ая, -ое, -ие

not bad, pretty good 12D3 *(adv.)* неплóхо

not beautiful 20/2 *(adj.)* некрасив|ый, -ая, -ое, -ые

not difficult, easy 9C3 *(adj.)* нетрýдн|ый, -ая, -ое, -ые

not interesting 20/11 *(adj.)* неинтерéсн|ый, -ая, -ое, -ые

not permitted 11A1 *(pred.)* нельзя́

notebook 2B1 *(f.)* тетрáд|ь, -и; -и, -ей

notes 4D3 *(pl.)* нóт|ы, Ø

nothing 3C4 *(adv./pred.)* ничегó

notion PL *(f.)* идé|я, -и; -и, -й

November 16C10 *(m.)* ноябр|ь, -я́

Novosibirsk 14A7 *(m.)* Новосибирск, -а

now (right away) 2D3 *(adv.)* сейчáс

now *(adv.)* тепéрь

number 12D3 *(m.)* нóмер, -а; -á, -óв

nurse 18A2 *(f.)* медсестр|á, -ы́; медсёстры, медсестёр

nursery school 3A3 *(pl.)* ясл|и, -ей

O

object PL *(m.)* объéкт, -а; -ы, -ов

.occupation 17A1 *(pl.)* занятти|я, -й

occupy oneself 17A1 *(impf.)* занимá|ться (-юсь, -ешься, -ются)

occur 11D4 *(pf.)* случ|иться (-ится)

October 15/13 *(m.)* октябр|ь, -я́

Odessa PL *(f.)* Одéсс|а, -ы

office 3B6 *(m.)* óфис, -а; -ы, -ов

oh 19D3 *(interj.)* ох

Oka PL *(f.)* Ок|á, -й

old 9A2 *(adj.)* стáр|ый, -ая, -ое, -ые

olive-colored 11B7 *(adj.)* оливков|ый, -ая, -ое, -ые

Omsk 14A7 *(m.)* Омск, -а

on 2D3 *(prep.)* на (+ *prepos.*)

on 16A1 *(prep.)* по (+ *dat.*)

once 11D4 *(adv.)* раз, однáжды

one 11A1 *(card. no.)* один, однá, однó, одни

one (grade) 2C8 *(f.)* единиц|а, -ы; -ы, Ø

only 11A1 *(adv.)* тóлько

onto 12B2 *(prep.)* на

open 9C5 *(impf.)* открыть (открó+ -ю, -ешь, -ет)

opera 19C8 *(f.)* óпер|а, -ы; -ы, Ø

optical illusion PL *(m.)* мирáж, -á; -й, -éй

or 5/11 *(conj.)* или

orange-colored 11B7 *(adj.)* орáнжев|ый, -ая, -ое, -ые

orchestra PL *(m.)* оркéстр, -а; -ы, -ов

order 13A1 *(f.)* кóманд|а, -ы; -ы, Ø

order 19B1 *(m.)* поря́д(о)к, -а; -и, -ов

Oryol 19B3 *(m.)* Орёл, Орлá

other 13B1 *(adj.)* друг|óй, -áя, -óе, -йе

our 3A1 *(pron.)* наш, -а, -е, -и

output PL *(f.)* продýкци|я, -и

outside 16A2 *(phr.)* на ýлице

over there 4A10 *(adv.)* вон (там)

own, one's own 19C8 *(adj.)* сво|й, -я́, -ё, -й

P

painting 4B4 *(f.)* карти́н|а, -ы; -ы, Ø

palace 19C1 *(m.)* двор(е́)ц, -а́; -ы́, -о́в

pancake 16C10 *(m.)* блин, -а́; -ы́, -о́в

papa 3A1 *(m.)* па́п|а, -ы; -ы, Ø

paper 18D2 *(f.)* бума́г|а, -и

Paris 8A1 *(m.)* Пари́ж, -а

park 4A7 *(m.)* парк, -а; -и, -ов

parrot 7D2 *(m.)* попуга́|й, -я; -и, -ев

partner PL *(m.)* партнёр, -а; -ы, -ов

pass 12C3 *(m.)* биле́т, -а; -ы, -ов

pass (time) 14B4 *(phr.)* проводи́ть вре́мя

pastry 4B4 *(m.)* пиро́г, -а́; -и́, -о́в

pastry cake 6D2 *(m.)* торт, -а; -ы, -ов

path 12A2 *(m.)* пут|ь, -и́; -и́, -е́й

patronymic 1B4 *(n.)* о́тчеств|о, -а; -а, Ø

peace 1D2 *(m.)* мир, -а

peak 12C3 *(m.)* пик, -а; -и, -ов

pedagogical 18B3 *(adj.)* педагоги́ческ|ий, -ая, -ое, -ие

pen 2B3 *(f.)* ру́чк|а, -и; -и, ру́чек

pencil 2B3 *(m.)* каранда́ш, -а́; -и́, -е́й

people 14B4 *(pl.* of челове́к) лю́ди

perform 14C1 *(impf.)* выступа́|ть (-ю, -ешь, -ют)

performance PL *(m.)* спекта́кл|ь, -я; -и, -ей

perfume 4D3 *(adj.)* парфюме́рн|ый, -ая, -ое, -ые

perhaps 11C1 мо́жет быть

periodic 16D1 *(adj.)* переме́нн|ый, -ая, -ое, -ые

person 20/30 *(m.)* челове́к, -а; 11D4 *(pl.)* лю́д|и, -е́й

pharmacy 3B6 *(f.)* апте́к|а, -и; -и, Ø

pheasant 15/4 *(m.)* фаза́н, -а; -ы, -ов

philological 9C5 *(adj.)* филологи́ческ|ий, -ая, -ое, -ие

philologist 18A6 *(m.)* фило́лог, -а; -и, -ов

philosophy 5/10 *(f.)* филосо́фи|я, -и

photographer PL *(m.)* фото́граф, -а; -ы, -ов

photography PL *(f.)* фотогра́фи|я, -и; -и, -й

phrase PL *(f.)* фра́з|а, -ы; -ы, Ø

physical education 7A7 *(f.)* физкульту́р|а, -ы

physicist 18A6 *(m.)* фи́зик, -а; -и, -ов

physics 7A7 *(f.)* фи́зик|а, -и

physics 9C5 *(adj.)* физи́ческ|ий, -ая, -ое, -ие

piano 8B2 *(indecl.)* пиани́но

picnic 14B4 *(m.)* пикни́к, -а́; -и́, -о́в

picture 4B4 *(f.)* карти́н|а, -ы; -ы, Ø

pie 4B4 *(m.)* пиро́г, -а́; -и́, -о́в

piglet 9C3 *(m.)* порсён(о)к, -а; порося́та, Ø

pin 7C2 *(m.)* знач(о́)к, -а́; -и́, -о́в

ping pong PL *(m.)* пинг-по́нг, -а

pink 11B7 *(adj.)* ро́зов|ый, -ая, -ое, -ые

pioneer (children's organization member) 19C1 *(m.)* пионе́р, -а; -ы, -ов

placard 4D3 *(m.)* плака́т, -а; -ы, -ов

place 16B8 *(n.)* ме́ст|о, -а; -а́, Ø

in this place 4A10 *(adv.)* здесь

plan 18D3 *(m.)* план, -а; -ы, -ов

planned 12A6 *(adj.)* контро́льн|ый, -ая, -ое, -ые

plant 3B6 *(m.)* заво́д, -а; -ы, -ов

plate 19D4 *(f.)* таре́лк|а, -и; -и, таре́лок

play PL *(m.)* спекта́кл|ь, -я; -и, -ей

play 8B1 *(impf.)* игра́|ть (-ю, -ешь, -ют)

playbill 6C3 *(f.)* афи́ш|а, -и; -и, Ø

pleasant(ly) 2A2 *(s.f. adj.)* прия́тно

please 3B9 *(particle)* пожа́луйста

please, be pleasing 9C1 *(impf.)* нра́в|иться (нра́влюсь, -ишься, -ятся)

plus 15/10 *(m.)* плюс, -а; -ы, -ов

poem 16D1 *(n.)* стихотворе́ни|е, -я; -я, -й

poet 15/24 *(m.)* поэ́т, -а; -ы, -ов

poetry 18D2 *(pl.)* стих|и́, -о́в

point 13D3 *(n.)* очк|о́, -а́; -и́, -о́в

pole 16B8 *(m.)* по́люс, -а; -ы, -ов

police 11D4 *(adj.)* полицейск|ий, -ая,
-ое, -ие

policeman 4D2 *(m.)* милиционе́р, -а; -ы,
-ов

politician 17A5 *(m.)* поли́тик, -а; -и,
-ов

politics PL *(f.)* поли́тик|а, -и

poor 7B6 *(adj.)* плох|о́й, -а́я, -о́е, -и́е

poor 2C8 *(adv.)* пло́хо

popular 13A2 *(adj.)* популя́рн|ый, -ая,
-ое, -ые

portrait PL *(m.)* портре́т, -а; -ы, -ов

possible, it is possible 11A1 *(pred.)*
мо́жно

post PL *(m.)* пост, -а́; -ы́, -о́в

post office 3B6 *(f.)* по́чт|а, -ы; -ы, Ø

postage, postal 4D3 *(adj.)* почто́в|ый,
-ая, -ое, -ые

postal code 19B1 *(m.)* и́ндекс, -а

postcard 4B4 *(f.)* откры́тк|а, -и; -и,
откры́ток

poster 4D3 *(m.)* плака́т, -а; -ы, -ов

poster 6C3 *(f.)* афи́ш|а, -и; -и, Ø

practice 7B6 *(f.)* пра́ктик|а, -и; -и, Ø

practice 17C2 *(f.)* трениро́вк|а, -и

precipitation 16D1 *(pl.)* оса́дк|и,
оса́дков

prepare 14C3 *(impf.)* гото́в|ить
(гото́влю, -ишь, -ят)

present 4B1 *(m.)* пода́р(о)к, -а; -и, -ов
for the present 1A16 *(adv.)* пока́

preserves 16C10 *(n.)* варе́нь|е, -я; -я,
варе́ний

president 11D4 *(n.)* президе́нт, -а; -ы,
-ов

principle 18D2 *(m.)* при́нцип, -а; -ы,
-ов

problem 18C5 *(f.)* зада́ч|а, -и; -и, Ø

problem 18C1 *(f.)* пробле́м|а, -ы; -ы, Ø

produce PL *(pl.)* проду́кт|ы, -ов

produce 19C8 *(impf.)* ста́в|ить (ста́влю,
-ишь, -ят)

producer 7C3 *(m.)* продю́сер, -а; -ы, -ов

production PL *(f.)* проду́кци|я, -и

profession 18A1 *(f.)* профе́сси|я, -и; -и,
-й

Professional Technical Institute 18C1
(indecl. acronym) ПТУ

professional-technical 18C2 *(adj.)*
профессиона́льно-техни́ческ|ий, -ая,
-ое, -ие

program 14C1 *(f.)* програ́мм|а, -ы; -ы,
Ø

project 3D4 *(m.)* прое́кт, -а; -ы, -ов

proposal 6C2 *(n.)* предложе́ни|е, -я; -я,
-й

prospect 1D2 *(m.)* проспе́кт, -а; -ы,
-ов

protest PL *(m.)* проте́ст, -а; -ы, -ов

public PL *(f.)* пу́блик|а, -и

pupil (male) 7B6 *(m.)* учени́к, -а́; -й,
-о́в

pupil (female) 7B6 *(f.)* учени́ц|а, -ы;
-ы, Ø

purchase 19A1 *(pf.)* куп|и́ть (куплю́,
-ишь, -ят)

purchase 3A12 *(impf.)* покупа́|ть (-ю,
-ешь, -ют)

pursuit 1A16 *(n.)* де́л|о, -а; -а́, Ø

Q

queen 18D2 *(f.)* короле́в|а, -ы; -ы, Ø

question 6B2 *(m.)* вопро́с, -а; -ы, -ов

quick(ly) 11D4 *(adv.)* бы́стро

R

racquet 15/5 *(f.)* раке́тк|а, -и; -и,
раке́ток

radio 6A7 *(indecl.)* ра́дио

railroad 15/13 *(phr.)* желе́зная доро́га

rain 16B2 *(m.)* дожд|ь, -я́; -и́, -е́й

rainbow 16B2 *(f.)* ра́дуг|а, -и; -и, Ø

rank 17C3 *(m.)* разря́д, -а; -ы, -ов

read 6A1 *(impf.)* чита́|ть (-ю, -ешь,
-ют)

read 8C4 *(pf.)* прочита́|ть (-ю, -ешь,
-ют)

real 2A10 *(adj.)* ве́рн|ый, -ая, -ое, -ые

real 13 (adj.) настоящ│ий, -ая, -ее, -ие
really 13A3 (particle) páзве
record 19D4 (f.) пластинк│а, -и; -и, пластинок
record 18D3 (m.) рекóрд, -а; -ы, -ов
red 9A1 (adj.) красн│ый, -ая, -ое, -ые
remonstrance PL (m.) протéст, -а; -ы, -ов
repetition 5 (n.) повторéни│е, -я
republic PL (f.) респýблик│а, -и; -и, Ø
resolutely 18D3 (adv.) решительно
restaurant 4A7 (m.) ресторáн, -а; -ы, -ов
result 18D3 (m.) результáт, -а; -ы, -ов
reverse, in reverse 19B1 (adv.) наоборóт
ride 11D4 (det. impf.) éхать (éд+ -у, -ешь, -ут)
ride 11D4 (indet. impf.) éзд│ить (éзжу, -ишь, -ят)
Riga PL (f.) Pи́г│а, -и
right, on/to the right 9A1 (adv.) напрáво
ring 2C5 (n.) кольц│ó, -á; кóльца, колéц
rise 18D2 (pf.) встать (встáн+ -у, -ешь, -ут)
river 9C1 (f.) рек│á, -й; рéки, Ø
road 15/13 (f.) дорóг│а, -и; -и, Ø
robot 4B4 (m.) рóбот, -а; -ы, -ов
rock and roll 6B6 (m.) рок-н-рóл, -а
rock concert 15/14 (m.) рок-концéрт, -а; -ы, -ов
rolling 17D2 (n.) катáни│е, -я; -я, -й
roof 4C3 (f.) крыш│а, -и; -и, Ø
room 2C5 (f.) кóмнат│а, -ы; -ы, Ø
root for 13 „болéть" за
rose PLA3 (f.) рóз│а, -ы; -ы, Ø
Rostov PL (m.) Ростóв, -а
ruffian PL (m.) хулигáн, -а; -ы, -ов
rugby PL (indecl.) рéгби
rule 16A5 (n.) прáвил│о, -а; -а, Ø
run, running 17A5 (m.) бег, -а
Rus PL (f.) Рус│ь, -й
rush hour 12C3 (m.) пик, -а; -и, -ов
Russia PL (f.) Росси́│я, -и

Russian PL (adj.) рýсск│ий, -ая, -ое, -ие
Russian (female) PL (f.) рýсск│ая, -ой; -ие, -их
Russian (male) PL (m.) рýсск│ий, -ого; -ие, -их
in Russian 6B1 (adv.) по-рýсски
Russian-English 10/22 (adj.) рýсско-английск│ий, -ая, -ое, -ие

S

salad PL (m.) салáт, -а; -ы, -ов
salesclerk, salesperson 18A4 (m.) продав(é)ц, -á; -ы́, -óв
salute PL (m.) салю́т, -а; -ы, -ов
satisfactorily 2C8 (adv.) удовлетвори́тельно
satellite PL (m.) спýтник, -а; -и, -ов
Saturday 7A7 (f.) суббóт│а, -ы
say 3B1 (pf.) сказáть (скаж+ -ý, -ешь, -ут)
say 3B1 (imper.) скажи́, скажи́те
say 7B1 (impf.) говор│и́ть (-ю́, -и́шь, -я́т)
scat (to a dog) 2A9 (interj.) брысь, фу
schedule 7A7 (n.) расписáни│е, -я; -я, -й
scheduled 12A6 (adj.) контрóльн│ый, -ая, -ое, -ые
school 1C4 (f.) шкóл│а, -ы; -ы, Ø
   nursery school 3A3 (pl.) я́сл│и, -ей
   technical school 8C4 (m.) тéхникум, -а; -ы, -ов
school (for professional training) 13C3 (n.) учи́лищ│е, -а; -а, Ø
school 20/13 (adj.) шкóльн│ый, -ая, -ое, -ые
schoolchild 17A1 (m.) шкóльник, -а; -и, -ов
score 13A3 (m.) счёт, -а; -á, -óв
sea PL (n.) мóр│е, -я; -я́, -éй
seasons 16C2 (phr.) временá гóда
Seattle 17D4 (m.) Сиэ́тл, -а
second 2 (ord. no.) втор│óй, -áя, -óе, -ы́е
secret PL (m.) секрéт, -а; -ы, -ов

secretary 18A3 *(m.)* секрета́р|ь, -я́; -и́,
-е́й

see 11A1 *(impf.)* ви́д|еть (ви́жу, -ишь,
-ят)

see 19D2 *(pf.)* уви́д|еть (уви́жу, -ишь,
-ят)

seeing off 16C10 *(pl.)* про́вод|ы, -ов

select 18A1 *(pf.)* вы́брать (вы́бер+ -у,
-ешь, -ут)

send-off 16C10 *(pl.)* про́вод|ы, -ов

sentence 6C2 *(n.)* предложе́ни|е, -я; -я,
-й

service 11D2 *(m.)* се́рвис, -а

settee 18D2 *(m.)* дива́н, -а; -ы, -ов

seven 13A4 *(card. no.)* сем|ь, -и́

seventeen 13A4 *(card. no.)* семна́дцат|ь,
-и

seventeenth 17 *(ord. no.)* семна́дцат|ый,
-ая, -ое, -ые

seventh 7 *(ord. no.)* седьм|о́й, -а́я, -о́е,
-ы́е

seventy 13B5 *(card. no.)* се́мьдесят,
семи́десяти

several 18A8 *(indef. no.)* не́сколько

shawl 19B5 *(m.)* плат|о́к, -а́; -и́, -о́в

shape PL *(f.)* фо́рм|а, -ы; -ы, Ø

shchi PL *(pl.)* щи, щей

she, it 2C1 *(pron.)* она́

sheet music 4D3 *(pl.)* но́т|ы, Ø

shirt 19D4 *(f.)* руба́шк|а, -и; -и,
руба́шек

shock PL *(m.)* шок, -а; -и, -ов

shop 3A12 *(impf.)* покупа́|ть (-ю, -ешь,
-ют)

show 19B1 *(pf.)* показ|а́ть (покажу́,
-ешь, -ут)

Shrovetide 16C10 *(f.)* Ма́слениц|а, -ы

Siberia PL *(f.)* Сиби́р|ь, -и

sick, be sick 13A3 *(impf.)* боле́|ть (-ю,
-ешь, -ют) за (+ *acc.*)

sight, catch sight of 19D2 *(pf.)* уви́д|еть
(уви́жу, -ишь, -ят)

sign 11A1 *(m.)* знак, -а; -и, -ов

signal 12D3 *(m.)* сигна́л, -а; -ы, -ов

sister PL *(f.)* сестр|а́, -ы́; сёстры,
сестёр

sit, be sitting 15/4 *(impf.)* сид|е́ть
(сижу́, -и́шь, -я́т)

sit down, be seated 12C1 *(imper.)*
сади́сь

site 16B8 *(n.)* ме́ст|о, -а; -а́, Ø

six 13A4 *(card. no.)* шест|ь, -и́

sixteen 13A4 *(card. no.)* шестна́дцат|ь,
-и

sixteenth 16 *(ord. no.)* шестна́дцат|ый,
-ая, -ое, -ые

sixth 6 *(ord. no.)* шест|о́й, -а́я, -о́е,
-ы́е

sixty 13B5 *(card. no.)* шестьдеся́т,
шести́десяти

skates 17D2 *(pl.)* конёк|и́, -о́в

skating 17D2 *(n.)* ката́ни|е, -я; -я, -й

sketch 20/24 *(m.)* рису́н(о)к, -а; -и,
-ов

sketch 19C7 *(f.)* схе́м|а, -ы; -ы, Ø

sketching 17A5 *(m.)* рисова́ни|е, -я

skis 16C4 *(pl.)* лы́ж|и, Ø

slogan 6C3 *(m.)* ло́зунг, -а; -и, -ов

slow, backwards 9D3 *(adj.)* отстаю́щ|ий,
-ая, -се, -ие

slowly 12A6 *(adv.)* ме́дленно

small 9A1 *(adj.)* ма́леньк|ий, -ая, -ое,
-ие

snack bar 2B3 *(m.)* буфе́т, -а; -ы, -ов

snow 16B2 *(m.)* снег, -а

snowdrop 16C8 *(m.)* подсне́жник, -а; -и,
-ов

so 11B1 *(adv.)* так

soccer PL *(m.)* футбо́л, -а

soccer 15/13 *(adj.)* футбо́льн|ый, -ая,
-ое, -ые

soccer player 20/22 *(m.)* футболи́ст, -а;
-ы, -ов

socialist(ic) PL *(adj.)*
социалисти́ческ|ий, -ая, -ое, -ие

sofa 18D3 *(m.)* дива́н, -а; -ы, -ов

soft PL *(adj.)* мя́гк|ий, -ая, -ое, -ие

solve 19A3 *(impf.)* реша́|ть (-ю, -ешь,
-ют)

solve 18C1 *(pf.)* реш|и́ть (-у́, -и́шь,
-а́т)

some 7B4 *(adv.)* немно́го

some 11A1 *(card. no.)* одни́

some 18A8 *(indef. no.)* не́сколько

son 3A9 *(m.)* сын, -а; сыновья́, сынове́й

sort PL *(m.)* сорт, -а; -а́, -о́в

sour cream 16C10 *(f.)* смета́н|а, -ы

south, southern 16D1 *(adj.)* ю́жн|ый, -ая, -ое, -ые

souvenir PL *(m.)* сувени́р, -а; -ы, -ов

Soviet PL *(adj.)* сове́тск|ий, -ая, -ое, -ие

space PL *(m.)* ко́смос, -а

Spanish 19D2 *(adj.)* испа́нск|ий, -ая, -ое, -ие

speak 7B1 *(impf.)* говор|и́ть (-ю́, -и́шь, -я́т)

speak 14C1 *(impf.)* выступа́|ть (-ю, -ешь, -ют)

special 14C3 *(adj.)* специа́льн|ый, -ая, -ое, -ые

specially 19C8 *(adv.)* специа́льно

spend time 14B4 *(phr.)* проводи́ть вре́мя

spinet 8B2 *(indecl.)* пиани́но

sponsor 3A12 *(m.)* спо́нсор, -а; -ы, -ов

spot 16B8 *(n.)* ме́ст|о, -а; -а́, Ø

sport(s) PL *(m.)* спорт, -а

sport(s) 4D3 *(adj.)* спорти́вн|ый, -ая, -ое, -ые

sporting goods 4D3 *(pl.)* спортова́р|ы, -ов

sports loto 17D3 *(indecl.)* спортлото́

sports shoes 18D3 *(pl.)* ке́ды, Ø

sportsman 3A7 *(m.)* спортсме́н, -а; -ы, -ов

spring 9B5 *(f.)* весн|а́, -ы́; вёсн|ы, вёсен

in spring 16C2 *(adv.)* весно́й

sputnik PL *(m.)* спу́тник, -а; -и, -ов

square 2C5 *(f.)* пло́щад|ь, -и; -и, -е́й

stadium PL *(m.)* стадио́н, -а; -ы, -ов

stage (a play) 19C8 *(impf.)* ста́в|ить (ста́влю, -ишь, -ят)

stamp 4D3 *(f.)* ма́рк|а, -и; -и, ма́рок

stand 11A1 *(impf.)* сто|я́ть (-ю́, -и́шь, -я́т)

stand 18A8 *(m.)* кио́ск, -а; -и, -ов

standard PL *(m.)* станда́рт, -а; -ы, -ов

stand up 18D3 *(pf.)* встать (вста́н+ -у, -ешь, -ут)

star 9A1 *(f.)* звезд|а́, -ы́; звёзд|ы, Ø

start 16C10 *(impf.)* начина́|ться (-ется, -ются)

start 15/13 *(impf.)* стартова́ть (старту́+ -ю, -ет, -ют)

start PL *(m.)* старт, -а; -ы, -ов

state 13D5 *(m.)* штат, -а; -ы, -ов

State Department Store 4A8 *(m. acronym)* ГУМ

station 12D1 *(f.)* ста́нци|я, -и; -и, -й

steel, steel-colored 11B7 *(adj.)* стальн|о́й, -а́я, -о́е, -ы́е

still 7B1 *(adv.)* ещё

St. Louis 20/8 *(m.)* Сент-Луи́с, -а

St. Petersburg PL *(m.)* Санкт-Петербу́рг, -а

stop 11D4 *(pf.)* останов|и́ть (остановлю́, остано́вишь, -ят)

store 3B6 *(m.)* магази́н, -а; -ы, -ов

department store 4A7 *(m.)* универма́г, -а; -и, -ов

self-service grocery 4A7 *(m.)* универса́м, -а; -ы, -ов

storm PL *(m.)* шторм, -а; -ы, -ов

street 3B6 *(f.)* у́лиц|а, -ы; -ы, Ø

streetcar 12C2 *(m.)* трамва́|й, -я; -и, -ев

strengthen 18D3 *(impf.)* уси́лива|ть (-ю, -ет, -ют)

stroll 12D3 *(impf.)* гуля́|ть (-ю, -ешь, -ют)

strong 16D2 *(adj.)* си́льн|ый, -ая, -ое, -ые

student (male) 7B6 *(m.)* учени́к, -а́; -и́, -о́в

A student (male) 9D3 *(m.)* отли́чник, -а; -и, -ов

college student (male) PL *(m.)* студе́нт, -а; -ы, -ов

student (female) 7B6 *(f.)* учени́ц|а, -ы; -ы, Ø

A student (female) 9D3 *(f.)*

отлѝчниц|а, -ы; -ы, Ø
college student (female) 3D2 (f.)
студѐнтк|а, -и; -и, студѐнток

study 7A1 (impf.) уч|ѝть (-ý, -ишь, -ат)

study 8C1 (impf.) уч|ѝться (-ýсь, -ишься, -атся)

study 16D2 (pf.) вы́уч|ить (-у, -ишь, -ат)

study 17A1 (impf.) занимá|ться (-юсь, -ешься, -ются)

style PL (f.) мóд|а, -ы

subject PL (m.) субъéкт, -а; -ы, -ов

subscriber 19D3 (m.) подпѝсчик, -а; -и, -ов

subway PL (indecl. n.) метрó

such 16A1 (adj.) так|óй, -áя, -óе, -ѝе

suddenly 20/2 (adv.) вдруг

suggestion 6C2 (n.) предложéни|е, -я; -я, -й

suit 2C5 (m.) костю́м, -а; -ы, -ов

summer 16C1 (n.) лéт|о, -а; -а, Ø
in summer 16C1 (adv.) лéтом

sun 9B5 (n.) сóлнц|е, -а; -а, Ø

Sunday 14A1 (n.) воскресéнь|е, -я

sure 18D2 (adj.) увéренн|ый, -ая, -ое, -ые

surname 1A7 (f.) фамѝли|я, -и; -и, -й

Sverdlovsk 14A7 (m.) Свердлóвск, -а

swimming 17A5 (n.) плáвани|е, -я

swimming pool 10/16 (m.) бассéйн, -а; -ы, -ов

symphony, symphonic 7C5 (adj.)
симфонѝческ|ий, -ая, -ое, -ие

system PL (f.) систéм|а, -ы; -ы, Ø

T

table 2B3 (m.) стол, -á; -ы́, -ов
list 17C4 (f.) таблѝц|а, -ы; -ы, Ø

table 17D2 (adj.) настóльн|ый, -ая, -ое, -ые

table cloth 19D4 (f.) скáтерт|ь, -и; -и, -ей

table tennis PL (m.) пинг-пóнг, -а

Tadzhikistan PL (m.) Таджикистáн, -а

take 18D3 (pf.) взять (возьм+ -ý, -ёшь, -ýт)

Tallinn PL (m.) Тáллинн, -а

Tambov PL (m.) Тамбóв, -а

taperecorder 8A8 (m.) магнитофóн, -а; -ы, -ов

Tashkent PL (m.) Ташкéнт, -а

task 15/5 (n.) задáни|е, -я; -я, -й

task 18C5 (f.) задáч|а, -и; -и, Ø

tatar 15/13 (m.) татáрин, -а; татáры, Ø

taxi 12Q (indecl.) таксѝ

Tbilisi PL (indecl.) Тбилѝси

teacher (male) 6B5 (m.) учѝтел|ь, -я; -я́, -éй

teacher (female) 3A7 (f.) учѝтельниц|а, -ы; -ы, Ø

teacher 18B6 (adj.) учѝтельск|ий, -ая, -ое, -ие

team 13A1 (f.) комáнд|а, -ы; -ы, Ø

technical 20/11 (adj.) технѝческ|ий, -ая, -ое, -ие

technical school 8C4 (m.) тéхникум, -а; -ы, -ов

techniques 18A5 (f.) тéхник|а, -и

technology 18A5 (f.) тéхник|а, -и

telegram PL (f.) телегрáмм|а, -ы; -ы, Ø

telephone 4A4 (m.) телефóн, -а; -ы, -ов

television PL (m.) телевѝзор, -а; -ы, -ов

tell 3B1 (pf.) сказáть (скаж+ -ý, -ешь, -ут)

tell 3B1 (imper.) скажѝ, скажѝте

tell 7B1 (impf.) говор|ѝть (-ю́, -ѝшь, -я́т)

tell 18B7 (impf.) рассказывá|ть (-ю, -ешь, -ют)

tell 20/15 (pf.) рассказáть (расскаж+ -ý, расскáжешь, -ут)

temperature 16A1 (f.) температýр|а, -ы

temple 10/21 (m.) храм, -а; -ы, -ов

ten 13A4 (card. no.) дéсят|ь, -ѝ

tennis PL (m.) тéннис, -а

tenth 10 (ord. no.) деся́т|ый, -ая, -ое, -ые

territory 16A5 (f.) территóри|я, -и; -и, -й

text PL *(m.)* текст, -а; -ы, -ов

textbook 2B3 *(m.)* учебник, -а; -и, -ов

thanks 1A16 *(particle)* спасибо

that 7B6 *(conj.)* что

theater 3B6 *(m.)* театр, -а; -ы, -ов
> movies 4A4 *(m.)* кинотеатр, -а; -ы, -ов
> movies 7C2 *(indecl.)* кино

theater 20/11 *(adj.)* театральн|ый, -ая, -ое, -ые

their 11A3 *(pron.)* их

theme PL *(f.)* тем|а, -ы; -ы, -∅

then 14C1 *(adv.)* потом

there 4A10 *(adv.)* там

there 4A10 *(adv.)* вон

therefore 18B1 *(adv.)* поэтому

thermometer PL *(m.)* термометр, -а; -ы, -ов

they 2C6 *(pron.)* они

think 11C1 *(indet. impf.)* дума|ть (-ю, -ешь, -ют)

third 3 *(ord. no.)* трет|ий, -ья, -ье, -ьи

thirteen 13A4 *(card. no.)* тринадцат|ь, -и

thirteenth 13 *(ord. n.)* тринадцат|ый, -ая, -ое, -ые

thirty 13B5 *(card. no.)* тридцат|ь, -й

this 1A1 *(pron.)* это

this 9B1 *(pron.)* этот, эта, это, эти

three 9D3 *(card. no.)* три, трёх

Thursday 7A7 *(m.)* четверг, -а

ticket 12C3 *(m.)* билет, -а; -ы, -ов

tie 20/15 *(m.)* галстук, -а; -и, -ов

tie score 13A3 *(pron.)* ничья

tiger 14C2 *(m.)* тигр, -а; -ы, -ов

time 7B6 *(n.)* врем|я, времени; времен|а, времён
> from time to time 16D1 *(adv.)* временами
> at what time 14A7 *(adv.)* когда

title 19B1 *(n.)* названи|е, -я; -я, -й

to 12B2 *(prep.)* на

toast PL *(m.)* тост, -а; -ы, -ов

tobacco 4D3 *(m.)* табак, -а

today 12A6 *(adv.)* сегодня

together 8C2 *(adv.)* вместе

toilet 2B3 *(m.)* туалет, -а; -ы, -ов

Tolyatti (city) 11C5 *(indecl.)* Тольятти

tomato PL *(m.)* томат, -а; -ы, -ов

tomcat PL *(m.)* кот, -а; -ы, -ов

tome PL *(m.)* том, -а; -а, -ов

tomorrow 13A1 *(adv.)* завтра

torte 6D2 *(m.)* торт, -а; -ы, -ов

tourist 4D2 *(m.)* турист, -а; -ы, -ов

towel 19D4 *(n.)* полотенц|е, -а; -а, полотенец

Toyota 11B4 *(f.)* тойот|а, -ы

traffic police 11A2 *(indecl. acronym)* ГАИ

trainer 17B1 *(m.)* тренер, -а; -ы, -ов

training 17C2 *(f.)* тренировк|а, -и; -и, тренировок

transitory 16D2 *(adj.)* кратковременн|ый, -ая, -ое, -ые

tree 4C3 *(n.)* дерев|о, -а; деревья, -ев

trick 15/18 *(m.)* фокус, -а; -ы, -ов

trip 11D4 *(f.)* поездк|а, -и; -и, поездок

trolleybus 12C2 *(m.)* троллейбус, -а; -ы, -ов

true 2A10 *(adj.)* верн|ый, -ая, -ое, -ые

true, truth 6D4 *(f.)* правд|а, -ы

tsar PL *(m.)* цар|ь, -я; -й, -ей

Tuesday 7A7 *(m.)* вторник, -а

Turkmenia PL *(f.)* Туркмени|я, -и

turner 18A4 *(m.)* токар|ь, -я; -и, -ей

Tver 19B3 *(f.)* Твер|ь, Твери

twelfth 12 *(ord. no.)* двенадцат|ый, -ая, -ое, -ые

twelve 13A4 *(card. no.)* двенадцат|ь, -и

twentieth 20 *(ord. no.)* двадцат|ый, -ая, -ое, -ые

twenty 13A4 *(card. no.)* двадцат|ь, -й

two 9D3 *(card. no.)* два, двух

typist 18A4 *(f.)* машинистк|а, -и; -и, машинисток

U

Ufa 14A7 Уф|а, -ы

ugh 16A1 *(interj.)* уф

Ukraine PL Украин|а, -ы

Ukrainian 15/13 *(m.)* украйн(е)ц, -а;
-ы, -ев
understand 5/17 *(impf.)* понимá|ть (-ю,
-ешь, -ют)
understood 6C1 *(s.f. adj.)* понятно
uniform PL *(f.)* фóрм|а, -ы; -ы, Ø
union PL *(m.)* союз, -а; -ы, -ов
unique 19C8 *(adj.)* уникáльн|ый, -ая,
-ое, -ые
united 12C3 *(adj.)* едúн|ый, -ая, -ое,
-ые
university 5/22 *(m.)* университéт, -а; -ы,
-ов
unsatisfactory 2C8 *(adv.)*
неудовлетворúтельно
until 20 *(prep.)* до
untruth 11C3 *(f.)* непрáвд|а, -ы; -ы, Ø
Ural PL *(m.)* Урáл, -а
U.S.A. PL *(indecl. acronym)* США
U.S.S.R. PL *(indecl. acronym)* СССР
Uzbekistan PL *(m.)* Узбекистáн, -а

V

vacation 16C2 *(pl.)* канúкулы, Ø
vase PL *(f.)* вáз|а, -ы; -ы, Ø
vehicle 11D4 *(det. impf.)* éхать (éд+ -у,
-ешь, -ут)
verse 16D1 *(n.)* стихотворéни|е, -я; -я,
-й
verses 18D2 *(pl.)* стих|ú, -óв
very 2A2 *(adv.)* óчень
the very 9C5 *(adj.)* сáм|ый, -ая, -ое,
-ые
videocamera 8A9 *(f.)* видеокáмер|а, -ы;
-ы, Ø
videorecorder 10/16 *(m.)*
видеомагнитофóн, -а; -ы, -ов
Vilkovo 12A6 *(n.)* Вúлков|о, -а
village 2C5 *(f.)* дерéвн|я, -и; -и,
деревéнь
Vilnius PL *(m.)* Вúльнюс, -а
violet 11B7 *(adj.)* фиолéтов|ый, -ая, -ое,
-ые

violet 11B7 *(adj.)* лилóв|ый, -ая, -ое,
-ые
violin 8B2 *(f.)* скрúпк|а, -и; -и,
скрúпок
visa PL *(f.)* вúз|а, -ы; -ы, Ø
visit PL *(m.)* визúт, -а; -ы, -ов
visit 16C10 *(impf.)* бывá|ть (-ю, -ешь,
-ют)
Vladivostok 14A7 *(m.)* Владивостóк, -а
Volga PL *(f.)* Вóлг|а, -и
Volgograd 20/25 *(m.)* Волгогрáд, -а
volleyball PL *(m.)* волейбóл, -а
volume PL *(m.)* том, -а; -á, -óв

W

wake up (oneself) 14A1 *(pf.)*
просн|ýться (-ýсь, -ёшься, -ýтся)
walk 12D3 *(impf.)* гуля|ть (-ю, -ешь,
-ют)
walkman 8A2 *(m.)* плéер, -а; -ы, -ов
wall 19D4 *(adj.)* настéнн|ый -ая, -ое,
-ые
walrus 16A8 *(m.)* морж, -á; -и, -éй
want 16B1 *(impf.)* хот|éть (хочý,
хóчешь, хóчет; -úм, -úте, -ят)
wares 4D3 *(n.)* издéли|е, -я; -я, -й
warm 16C2 *(adj.)* тёпл|ый, -ая, -ое,
-ые
warm(ly) 16A2 *(pred.)* теплó
warmth 16A3 *(n.)* теплó
watch 14A6 *(pl.)* час|ы́, -óв
water 12A6 *(f.)* вод|á, -ы́; вóд|ы, Ø
waterpolo 17A6 *(indecl.)* вóдное пóло
way 12A2 *(m.)* пут|ь, -и; -и, -éй
which way 12A6 *(adv.)* кудá
we 4C1 *(pron.)* мы
weak 16D2 *(adj.)* слáб|ый, -ая, -ое,
-ые
weather 16A1 *(f.)* погóд|а, -ы
Wednesday 7A7 *(f.)* сред|á, -ы́
week 18D2 *(f.)* недéл|я, -и; -и, Ø
welcome, you're welcome 3B8 *(particle)*
пожáлуйста

well 8B1 *(part.)* ну

well 1A16; 2C8 *(adv.)* хорошо́
    very well 14C1 *(affirm. part.)* ла́дно

west, western 16D1 *(adj.)* за́падн│ый,
    -ая, -ое, -ые

what 2B10 *(pron.)* что

what 9A1 *(adj.)* как│о́й, -а́я, -о́е, -и́е

what kind of 9A1 *(adj.)* как│о́й, -а́я, -о́е,
    -и́е

when 14A7 *(adv.)* когда́

where (in what place) 2C1 *(adv.)* где

where (to) 12A6 *(adv.)* куда́

which 7D2 *(adj.)* как│о́й, -а́я, -о́е, -и́е

which 16A1 *(pron.)* кото́р│ый, -ая, -ое,
    -ые

white 11B1 *(adj.)* бе́л│ый, -ая, -ое, -ые

who 2A1 *(pron.)* кто

who 16A1 *(pron.)* кото́р│ый, -ая, -ое,
    -ые

whose 11A1 *(pron.)* чей, чья, чьё, чьи

why 12A6 *(adv.)* почему́

wife 3A9 *(f.)* жен│а́, -ы́; жён│ы, Ø

win 13B1 *(pf.)* побед│и́ть (-и́шь, -я́т)

win 15/18 *(pf.)* вы́игра│ть (-ю, -ешь,
    -ют)

wind 16B1 *(m.)* ве́т(е)р, -а; -ы, -о́в

window 2B3 *(n.)* окн│о́, а́; о́кна, о́кон

winner 18D1 *(f.)* победи́тельниц│а, -ы;
    -ы, Ø

winnings 13D3 *(m.)* вы́игрыш, -а; -и,
    -ей

winter 16C1 *(f.)* зим│а́, -ы́; зи́м│ы, Ø

winter 16B8 *(adj.)* зи́мн│ий, -яя, -ее, -ие
    in winter 16C2 *(adv.)* зимо́й

wish 15/4 *(impf.)* жела́│ть (-ю, -ешь,
    -ют)

with, along with 14B1 *(prep.)* с (+ *instr.*)

wolf 2A7 *(m.)* волк, -а; -и, -о́в

woman 3C8 *(f.)* же́нщин│а, -ы; -ы, Ø

womanly 13C1 *(adj.)* же́нск│ий, -ая, -ое,
    -ие

woods 16C2 *(m.)* лес, -а; -а́, -о́в

word 6B2 *(n.)* сло́в│о, -а; -а́, Ø

work 5/17 *(impf.)* рабо́та│ть (-ю, -ешь,
    -ют)

work 3C8 *(f.)* рабо́т│а, -ы; -ы, Ø

worker, factory worker 18A4 *(masc.
noun/adj.)* рабо́ч│ий, -его; -ие, -их

world 1D2 *(m.)* мир, -а

world 12B8 *(m.)* свет, -а

write 6A1 *(impf.)* писа́ть (пиш+ -у́,
    -ешь, -ут)

write 16D3 *(pf.)* написа́ть (напишу́,
    напи́ш+ -ешь, -ут)

writer 16D2 *(m.)* писа́тел│ь, -я; -и,
    -ей

written selection PL *(m.)* текст, -а; -ы,
    -ов

Y

Yalta PL *(f.)* Ялт│а, -ы

year 9C5 *(m.)* год, -а; -ы, -о́в

yellow 11B1 *(adj.)* жёлт│ый, -ая, -ое,
    -ые

Yerevan PL *(m.)* Ерева́н, -а

yes 1C1 *(adv.)* да

yesterday 13B1 *(adv.)* вчера́

yesterday's 14B6 *(adj.)* вчера́шн│ий,
    -яя, -ее, -ие

you *(plural/polite)* 3C5 *(pron.)* вы

you *(singular/familiar)* 3C1 *(pron.)* ты

your *(plural/polite)* 3A7 *(adj.)* ваш,
    ва́ша, ва́ше, ва́ши

your *(singular/familiar)* 1B5 *(pron.)*
    твой, твоя́, твоё, твои́

Z

zero 16A2 *(m.)* нол│ь, -я́; -и́, -е́й

zone 16B8 *(f.)* зо́н│а, -ы; -ы, Ø

zoology 7A7 *(f.)* зооло́ги│я, -и